本书得到2021年度教育部人文社会科学研究规划基金项目"战国时代副词研究"(批准号21YJA740019)资助

战国时代副词研究

刘春萍 著

中国社会科学出版社

图书在版编目（CIP）数据

战国时代副词研究 / 刘春萍著. —北京：中国社会科学出版社，2024.6
ISBN 978 - 7 - 5227 - 3501 - 6

Ⅰ.①战… Ⅱ.①刘… Ⅲ.①古汉语—副词—研究—战国时代 Ⅳ.①H141

中国国家版本馆 CIP 数据核字（2024）第 083647 号

出 版 人	赵剑英
责任编辑	张　浯
责任校对	姜志菊
责任印制	李寡寡

出　　版	中国社会科学出版社
社　　址	北京鼓楼西大街甲 158 号
邮　　编	100720
网　　址	http://www.csspw.cn
发 行 部	010 - 84083685
门 市 部	010 - 84029450
经　　销	新华书店及其他书店
印　　刷	北京明恒达印务有限公司
装　　订	廊坊市广阳区广增装订厂
版　　次	2024 年 6 月第 1 版
印　　次	2024 年 6 月第 1 次印刷
开　　本	710×1000　1/16
印　　张	26.5
插　　页	2
字　　数	434 千字
定　　价	149.00 元

凡购买中国社会科学出版社图书，如有质量问题请与本社营销中心联系调换
电话：010 - 84083683
版权所有　侵权必究

凡　　例

1. 本书中对出土文献的释文，一般采用权威考释，同时也注意吸收学术界新的研究成果。如"庸有得之，庸有失之?"(《上博楚简三·恒先》)此两句释文与原书不同，均按廖名春《上博藏楚竹书〈恒先〉新释》释文，(《中国哲学史》2004年第3期)，同时结合李零等其他学者意见。

2. 释文中使用的主要符号：

甲（乙），表示甲为通假字、异体字、古字等，乙为本字、正体字、今字。□代表简帛或铭文中的残缺，一个□代表残缺一个字。【】表示根据上下文或传世典籍对照拟补的缺文。

3. 例句出处的标示，一般使用简称，如《上海博物馆藏战国楚竹书》简称为"上博楚简"，《殷周金文集成》简称"集成"，《清华大学藏战国竹简》简称"清华简"等等。书中引用金文在引例后的括号内注明《殷周金文集成》中器名及其编号，如"《信安君鼎铭》《集成》5·2773"，引用上博楚简、清华简、郭店楚简、睡虎地秦简等在引例后的括号内注明篇名，引用新蔡楚简、包山楚简等在括号中注明竹简编号，如"《包山楚简》107"，即107号竹简。

4. 全书使用简体字，有的涉及具体问题时用繁体字。

5. 进行语法分析时使用了一些字母或符号，这些字母或符号所代表的是：

NP：代表名词或名词性短语。

VP：代表动词性短语。

V：代表动词。

目　　录

绪　论 …………………………………………………………………… 1
　第一节　研究意义 ……………………………………………………… 1
　第二节　研究现状 ……………………………………………………… 5
　第三节　研究目标 ……………………………………………………… 10
　　一　研究目标 ………………………………………………………… 10
　　二　研究方法 ………………………………………………………… 11
　第四节　研究材料 ……………………………………………………… 12
　　一　传世战国文献 …………………………………………………… 12
　　二　出土战国文献 …………………………………………………… 13

第一章　战国时代副词的分类 …………………………………………… 18
　第一节　副词的定义及其语法功能 …………………………………… 18
　第二节　副词与其他词类的区别 ……………………………………… 20
　　一　副词与形容词的区别 …………………………………………… 20
　　二　副词与时间名词的区别 ………………………………………… 22
　　三　副词与连词的区别 ……………………………………………… 23
　第三节　战国时代副词的分类 ………………………………………… 25

第二章　战国时代情状方式副词 ………………………………………… 27
　第一节　情状方式副词与实词及其他类副词的区别 ………………… 27
　第二节　情状方式副词的分类及特征 ………………………………… 30
　　一　关涉主体类 ……………………………………………………… 31
　　二　关涉动作类 ……………………………………………………… 37

  三　关涉结果类 ……………………………………… 40
第三节　情状方式副词的来源 …………………………… 42
  一　来源于动词 …………………………………… 42
  二　来源于形容词 ………………………………… 44
  三　来源于名词 …………………………………… 47
小　结 …………………………………………………………… 49

第三章　战国时代程度副词 ……………………………… 50

第一节　程度副词的分类及范围 ………………………… 50
  一　程度副词的分类 ……………………………… 50
  二　程度副词的范围 ……………………………… 51
第二节　程度副词的语义特征及句法功能 ……………… 53
  一　绝对程度副词 ………………………………… 53
  二　相对程度副词 ………………………………… 61
第三节　程度副词修饰形容词、动词的认知解释 ……… 68
小　结 …………………………………………………………… 71

第四章　战国时代范围副词 ……………………………… 73

第一节　范围副词的定义和类别 ………………………… 73
  一　范围副词的定义 ……………………………… 73
  二　范围副词的分类 ……………………………… 74
第二节　总括范围副词的语义指向和句法功能 ………… 76
  一　总括范围副词的语义指向 …………………… 76
  二　总括范围副词的句法功能 …………………… 83
第三节　总括范围副词的个体性语义特征 ……………… 86
  一　"皆"类词凸显个体性的句法证据 ………… 88
  二　"尽""毕""备"凸显整体性的句法证据 … 92
  三　总括副词凸显个体性或整体性特征的原因 … 93
第四节　总括范围副词的来源 …………………………… 96
  一　以往的研究 …………………………………… 96
  二　"皆"与"俱" ………………………………… 98

三　"毕"与"具" ……………………………………………………… 104
　　四　"尽"与"悉" ……………………………………………………… 109
　　五　"皆"与"尽"的区别 ……………………………………………… 117
　　六　共性与个性 ……………………………………………………… 120
　　七　结语 ……………………………………………………………… 122
第五节　协同范围副词 …………………………………………………… 123
　　一　协同范围副词的语义指向和句法功能 ………………………… 123
　　二　协同范围副词的来源 …………………………………………… 124
第六节　统计范围副词和分指范围副词 ………………………………… 129
第七节　限定范围副词的语义特征和句法功能 ………………………… 130
　　一　限定范围副词的语义指向与句法功能 ………………………… 130
　　二　限定范围副词的句式特征 ……………………………………… 138
第八节　限定范围副词的来源 …………………………………………… 141
　　一　"独" ……………………………………………………………… 141
　　二　"专" ……………………………………………………………… 147
　　三　"徒" ……………………………………………………………… 149
　　四　"适" ……………………………………………………………… 151
　　五　"直" ……………………………………………………………… 156
　　六　"特" ……………………………………………………………… 157
　　七　"祇" ……………………………………………………………… 160
　　八　结语 ……………………………………………………………… 160
小　结 ……………………………………………………………………… 162

第五章　战国时代时间副词 …………………………………………… 165
第一节　时间副词的定义、分类及范围 ………………………………… 165
　　一　时间副词的定义 ………………………………………………… 165
　　二　时间副词的分类与范围 ………………………………………… 166
　　三　兼类词辨析 ……………………………………………………… 171
第二节　时点时间副词 …………………………………………………… 174
　　一　先时时间副词 …………………………………………………… 174
　　二　同时时间副词 …………………………………………………… 184

三　后时时间副词 …………………………………… 185
　第三节　时段时间副词 ………………………………… 196
　　一　长时时间副词 …………………………………… 196
　　二　短时时间副词 …………………………………… 199
　第四节　战国时间副词与现代汉语时间副词的比较 …… 202
　小　结 …………………………………………………… 205

第六章　战国时代频率副词 ……………………………… 207
　第一节　频率副词概述 ………………………………… 207
　第二节　从出土战国文献看频率副词"又"和"复"的区别 …… 210
　　一　出现频率 ………………………………………… 211
　　二　语义特征 ………………………………………… 212
　　三　结语 ……………………………………………… 216

第七章　战国时代否定副词 ……………………………… 219
　第一节　叙述否定 ……………………………………… 219
　　一　"不" ……………………………………………… 219
　　二　"弗" ……………………………………………… 222
　　三　"未" ……………………………………………… 222
　　四　"毋" ……………………………………………… 223
　　五　"勿" ……………………………………………… 223
　　六　"莫" ……………………………………………… 224
　　七　"亡""无""靡""恶""微""否" …………………… 225
　第二节　已然否定 ……………………………………… 226
　第三节　判断否定 ……………………………………… 228
　第四节　禁止否定 ……………………………………… 229
　　一　"毋" ……………………………………………… 229
　　二　"勿" ……………………………………………… 230
　　三　"莫""无""恶" …………………………………… 231

第八章　战国时代关联副词 ……… 233
第一节　关联副词概述 ……… 233
第二节　战国文献中的关联副词"亦" ……… 238
　　一　重复副词"亦" ……… 238
　　二　关联副词"亦" ……… 240

第九章　战国时代语气副词 ……… 247
第一节　语气副词的定义、分类和范围 ……… 247
　　一　语气副词的定义和分类 ……… 247
　　二　语气副词的范围 ……… 249
第二节　知识类语气副词 ……… 251
　　一　肯定类 ……… 251
　　二　推断类 ……… 262
第三节　义务类语气副词 ……… 278
　　一　意志类 ……… 278
　　二　情感类 ……… 283
　　三　评价类 ……… 295
　　四　语气副词连用 ……… 298
第四节　语气副词的主观性特点及其认知解释 ……… 300
　　一　修饰的中心语特点 ……… 301
　　二　句式特点 ……… 307
　　三　句法位置特点 ……… 308
小　结 ……… 308

第十章　战国时代副词连用 ……… 310
第一节　同类副词连用 ……… 310
第二节　异类副词连用 ……… 311
　　一　两个副词连用 ……… 311
　　二　三个副词连用 ……… 321
　　三　四个副词连用 ……… 323
第三节　副词连用的顺序及其认知解释 ……… 323

小　结 ··· 327

附录一　出土战国文献中的副词"乃" ···························· 328
　　一　以往的研究 ·· 328
　　二　关联副词"乃" ·· 330
　　三　语气副词"乃" ·· 334
　　四　"乃"由关联副词发展为语气副词的原因和机制 ············ 342
　　五　结语 ·· 344

附录二　出土战国文献中的虚词"又（有）" ······················ 346
　　一　引言 ·· 346
　　二　副词"又（有）" ·· 348
　　三　连词"又（有）" ·· 356
　　四　语缀助词"又（有）" ··· 362
　　五　结语 ·· 365

附录三　出土战国文献中的虚词"唯（隹）" ······················ 368
　　一　引言 ·· 368
　　二　副词"唯" ·· 370
　　三　连词"唯（虽）" ·· 379
　　四　结语 ·· 387

附录四　连词"而后"的词汇化过程探究 ···························· 390
　　一　"后"的语法化 ·· 391
　　二　"而后"的词汇化 ·· 396
　　三　"而后"词汇化的动因和机制 ································· 400

引用书目 ··· 402

参考文献 ··· 405

后　记 ··· 415

绪　　论

这部分内容主要谈战国时代副词研究的意义，以往的研究，研究战国时代副词所使用的语料，研究目标、内容和方法等。

第一节　研究意义

目前，学术界对现代汉语副词的研究比较充分，研究所依据的理论、方法或角度都较新，研究成果也比较多。相比来说，古代汉语副词的研究方法、理论视角较为陈旧，研究成果也不多。这是多方面原因造成的。首先副词本身就是一个较为复杂的词类，关于其性质，学术界至今还有虚实之争。副词内部分类标准不一，内部成员个性大于共性。其次古代汉语副词研究主要依据传世文献或出土文献这些书面材料，对于某些词的具体含义、词性等可能还有争议，加之古代汉语中一词多用、一词多义现象较之现代汉语更为普遍，很多副词、介词等正在形成之中，与实词纠葛更多，这就使古代汉语的虚词特别是副词更加复杂。再次现代汉语有"语感"可以借鉴，而"在历时的领域中，我们不能依赖语感，不能靠对比可以接受的形式与不可接受的形式来得出或验证某种结论"[1]。因此，古代汉语副词的研究更为困难。但是，古代汉语副词研究，尤其是断代的历时副词研究无疑是十分重要的。战国时代是汉语史上重要时期，战国时代副词研究具有重要意义和价值。

首先，战国时代副词研究对于汉语史研究具有重要价值。副词是汉语词类中非常重要的一类，但是迄今为止，关于副词还有许多争议。如关于

---

[1]　董秀芳：《词汇化：汉语双音词的衍生和发展》，商务印书馆2011年版，第20—21页。

副词的判定标准，副词的性质——实词、虚词的归属问题，副词的内部分类，副词与其他词类的区别等。唯其复杂性，才需要进一步研究，揭开汉语副词的真正面貌。

战国时代是汉语词汇、语法发展的重要时期，也是绝大多数汉语副词形成的关键时期。虽然甲骨文、金文中已经有副词，但甲金文中副词数量很少，出现频率也不高，对于一些词是否副词还有争议。如向熹认为甲骨文中有14个副词①，张玉金认为有36个②，张国艳认为有35个③，杨逢彬认为甲骨文中可以认定为副词的有17个④。这样看来，甲骨文中副词数量至多不会超过36个。西周金文中副词数量有所增加。据梁华荣，西周金文中共有副词67个⑤。武振玉认为两周金文中副词共有47个⑥。战国时代副词数量开始激增，兰碧仙认为出土战国文献中副词共有188个⑦。如以范围副词为例，甲骨文中一般认为是范围副词的有"皆、率、咸、同、历、亦"等，西周金文中新增"具、并、凡、唯"等，在战国时代产生的范围副词主要有"交、共、直、徒、相、互、相与、兼"等。这些副词有的一直到现代汉语中还很常见。

战国时代副词数量多、出现频率较高。甲骨文中除语气副词、否定副词用量较大以外，大多数副词不仅数量少，出现频率也不高。甚至一些副词如"皆、同、历"等，"由于例句太少，难以确定其词性"⑧。两周金文限于体例和内容，副词出现频率更低，如武振玉认为两周金文中的总括范围副词总体特点是出现频率都很低⑨。战国时代汉语文献典籍激增，文字数量庞大，相应地副词出现频率也很高。如"皆"在甲骨文中是否有范围副词的用法尚有争议，据武振玉，两周金文中仅有2例可以确定的范围副词⑩。范围副词"皆"的用量在战国时期迅猛增加，据我们统计，传世和

---

① 向熹编著：《简明汉语史》（下），高等教育出版社1993年版，第10—13页。
② 张玉金：《甲骨文语法学》，学林出版社2001年版，第35页。
③ 张国艳：《甲骨文副词研究》，硕士学位论文，西南师范大学，2002年。
④ 杨逢彬：《殷墟甲骨刻辞词类研究》，花城出版社2003年版，第237页。
⑤ 梁华荣：《西周金文虚词研究》，博士学位论文，四川大学，2005年。
⑥ 武振玉：《两周金文词类研究（虚词篇）》，博士学位论文，吉林大学，2006年。
⑦ 兰碧仙：《出土战国文献副词研究》，博士学位论文，厦门大学，2010年。
⑧ 杨逢彬：《殷墟甲骨刻辞词类研究》，花城出版社2003年版，第237页。
⑨ 武振玉：《两周金文词类研究（虚词篇）》，博士学位论文，吉林大学，2006年。
⑩ 武振玉：《两周金文词类研究（虚词篇）》，博士学位论文，吉林大学，2006年。

出土战国文献中多达1651例。又如"先"在甲骨文中是否有时间副词的用法尚有争议，两周金文中仅8例①，用作时间副词，而战国文献中时间副词"先"共453例。战国时代副词的大量使用为副词研究提供了充足的材料。

战国时代文献丰富，战国语言是典范的文言。战国文献种类繁多，数量庞大，内容丰富，释义清晰。战国文献不仅包括传世文献，也包括出土文献。传世文献主要包括《论语》《墨子》《左传》《孟子》《庄子》《荀子》《战国策》《韩非子》《吕氏春秋》等多部典籍，出国文献包括楚简帛、秦简、战国金文、战国玉石文字等几十种语料。不像甲金文存在许多文字释读问题，战国文献意义基本清楚。尤其是经过近二三十年来的整理、研究，楚简、秦简、楚帛书等不仅注释、集释类的成果多，语法研究类的成果也比较多。总之，战国时代语料丰富，副词数量众多，出现频率较高，论证材料的充足会使得出来的结论更可靠。

其次，战国时代副词研究对于现代汉语副词研究具有重要价值。目前现代汉语副词研究可谓成果卓越，一些从新的理论视角研究副词的论著层出不穷。如张谊生的《现代汉语副词研究》对副词的分类、副词的虚实问题提出了许多新的见解。但是现代汉语副词研究也存在一些问题，如邵敬敏指出："传统的副词研究……忽略了从纷繁的义项中去寻找它的基本语法意义，因而各义项似乎都是互不相干的，而且各义项的界线也是不甚分明或内涵互含的。"②副词都有它的基本语法意义，如邵敬敏认为现代汉语副词"又"的基本语法意义是"表示同类动作、状态或性质的加合关系。"③我们的研究认为，"又"的基本语法意义战国时代已经形成。副词"又"来源于动词"有（又）"，甲骨文中动词"有（又）"可以用于相同连动结构的累加，在战国时代动词"有（又）"虚化为副词"有（又）"和连词"有（又）"，表示同类动作、性质或数量的加合关系。现代汉语副词中有相当一部分在先秦已经形成，如时间副词"将""已""先""后"

---

① 武振玉：《两周金文词类研究（虚词篇）》，博士学位论文，吉林大学，2006年。
② 邵敬敏：《说"又"——兼论副词研究的方法》，载邵敬敏《汉语语法的立体研究》，商务印书馆2000年版，第15页。
③ 邵敬敏：《说"又"——兼论副词研究的方法》，载邵敬敏《汉语语法的立体研究》，商务印书馆2000年版，第4页。

等,频率副词"又""复""更"等,范围副词"共""同""各""仅"等,程度副词"最""甚"等。如果不从源头了解一个副词的形成和发展过程,就无法准确掌握其基本语法意义及其各个义项之间的源流演变关系,就无法正确认识其在当前的语法意义和句法功能。

再次,战国时代副词研究对汉语语法化研究具有重要价值。汉语是缺乏形态变化的语言,主要靠虚词和词序表达语法。因此,实词虚化研究(传统的古代汉语虚词研究包括副词)在汉语语法研究中显得特别重要。

副词不仅是汉语实词虚化的重要环节,而且常常是中间环节,是汉语词类发展演变的重要阶段。汉语副词绝大多数是由实词虚化而来,如学术界普遍认为总括范围副词"皆""俱""毕""具""备""尽"等由同形动词虚化而来。实词虚化为副词后,有的进一步虚化为介词、连词等。如张玉金认为:"出土战国文献中的'既'本为动词,由此虚化为副词,由副词又虚化为连词。"① "介词'方'源于副词。"② 又如我们研究发现副词"乃"的基本语法意义是表示时间承接,在此基础上发展出表示逻辑关系的关联副词的用法,又进一步虚化为连词。有的虚化为另一类副词,如武振玉认为"咸"经历了由动词虚化为时间副词,又由时间副词虚化为范围副词的过程③。

战国文献是汉语语法化研究的重要材料。虽然汉语实词语法化可能从甲金文时代就已经开始,但甲金文中虚词(包括副词)数量很少,出现频率低。这可能是因为甲金文时期汉语大多数虚词尚未形成,也可能是囿于体例、内容等限制。"战国时代是汉语虚词成熟的时期"④。如现代汉语副词"并"经历了"动词→方式副词→范围副词→语气副词"的语法化过程,战国时代"并"已经实现了动词到方式副词、范围副词的虚化。战国时代副词数量激增,同时相当一部分副词还保留有实词的用法,如"尽""毕""具"等既可作动词,又可作副词,意义有相通之处。在同一个时代,一个词同时作实词和虚词,意义之间有关联,就能够为语言发展提供清晰的脉络,有利于揭示实词虚化的机制,有助于揭示汉语副词形成的规律。

---

① 张玉金:《出土战国文献中的虚词"既"》,《殷都学刊》2010年第3期。
② 张玉金:《出土战国文献中的介词"在""方""当"》,《古文字研究》2009年第1期。
③ 武振玉:《殷周金文实词虚化研究》,《求是学刊》2013年第5期。
④ 寇占民:《西周金文动词语法化初探》,《天津大学学报》(社会科学版)2014年第5期。

实际上，语法化研究也有助于对汉语副词的研究，从语法化角度研究副词可以更加深入理解副词的性质。副词由实词直接虚化而来，但是它又没有连词、介词虚化得彻底，它往往带有实词一些残留的特点，可以作句法成分，因此显得亦实亦虚或半实半虚。现代语法化理论认为，实词虚化具有保持原则，即"实词虚化为语法成分以后，多少还保持原来实词的一些特点，残存的特点也对虚词的具体用法施加一定的限制"①。根据我们的研究，总括范围副词"皆"等不仅由同形动词虚化而来，而且动词的语义特征、及物属性、配价特点等决定了虚化为副词后的语义特征、语义指向、句法位置等。因此，汉语语法化研究和战国时代副词研究是相得益彰、密不可分的。

总之，战国时代副词研究不仅对于汉语史研究、现代汉语研究有重要意义，而且有助于将汉语语法化的研究推向深入。

第二节 研究现状

目前还没有见到专门研究战国时代副词的论著。学术界对战国副词的研究主要有两大类：一是对传世战国文献副词的研究。这多为专书研究，如何乐士的《〈左传〉范围副词》（岳麓书社1994年版）和《〈左传〉虚词研究》（商务印书馆2004年版）。何乐士把《左传》范围副词分为两大类：表总括和表限定②。何文全面分析了《左传》范围副词的作用、意义和特点，并比较了义近副词的区别，如"皆"和"尽"的异同，"偕"与"俱"的区别等，其中有很多创见性的发现，对我们的研究有很大启发。崔立斌的《〈孟子〉词类研究》一书把《孟子》的副词分为"否定副词、情态副词、时间副词、范围副词、程度副词、谦敬副词"六类③，分析了每一类副词成员的频率，意义和用法。殷国光的《〈吕氏春秋〉词类研究》一书把《吕氏春秋》中的副词分为"范围副词、程度副词、时间副词、否定副词、语气副词、谦敬副词、连接副词、情状副词"八类，详尽分析了

---

① 沈家煊：《"语法化"研究综观》，《外语教学与研究》1994年第4期。
② 何乐士：《〈左传〉范围副词》，岳麓书社1994年版，第291页。
③ 崔立斌：《〈孟子〉词类研究》，河南大学出版社2004年版，第195页。

各小类副词的范围、语义指向、句法位置以及语法特点①。黄珊的《〈荀子〉虚词研究》讨论了《荀子》中的副词，把副词分为"时间副词、范围副词、程度副词、否定副词、肯定副词、语气副词、关联副词、情态副词、频率副词、谦敬副词"等十类②，每类副词下面再细分小类，侧重分析副词的语法功能特点。另外还有近年来数量繁多的学位论文，如邹璐的《〈战国策〉副词研究》（湖南师范大学硕士学位论文，2006年）、赵娟的《〈战国策〉副词研究》（山东师范大学硕士学位论文，2005年），左梁的《〈论语〉虚词研究》（四川师范大学硕士学位论文，2010年）、于生洋的《〈墨子〉副词研究》（东北师范大学硕士学位论文，2011年）、张海涛的《〈庄子〉副词研究》（广西师范大学硕士学位论文，2003年）、孙玲的《〈韩非子〉副词研究》（安徽师范大学硕士学位论文，2004年）等。

  二是出土战国文献副词的研究。这主要包括两种，一种是以一种出土文献为语料的研究，如魏德胜的《〈睡虎地秦墓竹简〉语法研究》把《睡虎地秦墓竹简》中的副词分为"程度副词、范围副词、方式副词、否定副词、肯定副词、频度副词、时间副词、语气副词"等八类③，分析了每一小类成员的频率、句法功能等问题。吉仕梅的《〈睡虎地秦墓竹简〉副词考察》一文把《睡虎地秦墓竹简》中的副词分为"描摹性副词、评注性副词、程度副词、时间副词、范围副词、否定副词、重复副词"等七类④。该文不仅详细分析各小类副词的语义和语法特点，而且还指出一些《睡虎地秦墓竹简》中新出副词。其他还有邓跃敏的《郭店楚简语法研究》（四川大学博士学位论文，2007年）讨论了郭店楚简中副词的频率、用法等问题⑤，韩剑南、郝晋阳的《〈周家台秦简〉虚词研究》[《淮北煤炭师范学院学报》（哲学社会科学版）2004年第4期]分析了周家台秦简中副词的频率和用法⑥。一种是以多种出土文献为语料的研究，如胡波的《秦简副

---

① 殷国光：《〈吕氏春秋〉词类研究》，商务印书馆2008年版，第284页。
② 黄珊：《〈荀子〉虚词研究》，河南大学出版社2005年版，第4页。
③ 魏德胜：《〈睡虎地秦墓竹简〉语法研究》，首都师范大学出版社2000年版，第151页。
④ 吉仕梅：《〈睡虎地秦墓竹简〉副词考察》，《西南民族学院学报》（哲学社会科学版）2003年第5期。
⑤ 邓跃敏：《郭店楚简语法研究》，博士学位论文，四川大学，2007年。
⑥ 韩剑南、郝晋阳：《〈周家台秦简〉虚词研究》，《淮北煤炭师范学院学报》（哲学社会科学版）2004年第4期。

词研究》（西南大学硕士学位论文，2010年）考察了《睡虎地秦墓竹简》《周家台秦简》《里耶秦简》《放马滩秦简》《龙岗秦简》等几种秦简中的副词。熊昌华的博士论文《简帛副词研究》（西南大学博士学位论文，2013年）探讨了秦简、楚简帛及汉代简帛等几十种出土文献中副词的意义、用法等问题，所使用的语料庞大，种类繁多，但把出土战国简帛和汉代简帛混在一起讨论，不能体现出副词的时代性特征。李明晓的《战国楚简语法研究》（武汉大学出版社2010年版）一书分析了包括上博简、郭店楚简、信阳楚简、望山楚简、九店楚简、新蔡楚简、仰天湖楚简等十几种出土战国楚地竹简的副词。兰碧仙的《出土战国文献副词研究》（厦门大学博士学位论文，2012年）分析了战国几十种出土文献，包括出土楚简和秦简的副词，该文不仅全面列举了出土战国文献中出现的全部副词，对副词进行小类划分，从总体上描写出土战国文献中副词的语义、句法特点，还详细分析了"唯""再""再三""有（又）"等一些副词的来源与发展过程。

以上学者们都从不同的角度对战国时代副词进行分析，为我们认识战国副词的面貌提供了丰厚的基础，使我们能够在前人时贤已有研究成果的基础上继续前进。但以往的研究也存在明显的不足之处。

首先，利用的材料有限。如战国时代专书副词研究对比较详细地揭示某一作品或某一地域副词的特点是非常必要且有价值的，但由于内容、体例、使用习惯等因素，可能某一类副词或某一个副词在该文献中出现频率是有限的，这样就难以从整体上把握整个时代副词面貌和特点。出土文献副词的研究也是如此，即使使用了多种出土文献，甚至利用了全部出土战国文献，也有显而易见的不足，即出土文献语料数量有限，且很多出土文献为卜筮类、遣策类，副词出现的概率很小。如出土战国文献中的限定范围副词、时间副词等不仅数量少，出现频率也不高，这样就难以看见战国时代副词全貌。目前尚未见到把出土文献和传世文献结合起来，系统地研究战国副词的论著。出土和传世文献的结合可以弥补只利用一种文献的不足，通过比较相关副词在传世文献和出土文献中用法的异同，可以纠正讹误、解决困惑。如李宗江的《汉语重复副词的演变》一文通过调查传世文献，认为上古汉语中"又"主要表示已然的重复，但偶尔也可以表示未然的重复①。我们调查出土战国文献发现"又"没有表示未然重复的例子。据张国艳的《居延汉简的频率副词》，时代较后的居延汉简中的频率副词"又"也没有表未然的重复的例子②。因此李宗江提到的极其偶尔的用例也可能是传抄的讹误。又如先秦汉语中用量极大的语气副词"唯（佳）"战国以后用量逐渐减少并趋于消失，这是什么原因呢？一个虚词不会无缘无故地产生或消失。我们的研究发现，传世文献中的连词"虽"在出土文献中写作"唯（佳）"，战国时期语气副词"唯（佳）"虚化为限定副词"唯"和让步连词"虽"。因此，虽然战国以后语气副词"唯（佳）"逐渐减少，但限定副词"唯"和让步连词"虽"却大量使用开来。

其次，以往的专书或出土文献副词研究多着眼于共时层面，较少从历时的角度作副词的语法化研究，尤其是关于副词的来源、形成以及进一步发展演变等问题的研究。战国时代是汉语副词形成的重要时期，战国时代副词是汉语语法化研究的重要材料。从语法化角度研究战国副词有利于揭示实词虚化的机制，揭示汉语副词形成的规律，从而深入理解副词的性质。如我们的调查发现汉语限定范围副词不像其他副词由实词直接虚化而来，而是实词先虚化为情状方式副词，再由情状方式副词进一步虚化为限定副词，限定副词都出现在肯定否定相对待的语境中，限定副词还可以进一步发展为语气副词或关联副词等。

再次，研究的理论视角、方法有待更新。以往的研究多为句法语义视角下的本体研究，较少认知功能视角下的功能研究。例如较多描写副词的语义特征和句法功能，且多运用传统的形式主义方法描写。自从20世纪末功能主义和认知主义语言理论引进国内以来，相关研究成果十分可观，但绝大多数集中在现代汉语领域，古代汉语副词研究借鉴相关理论成果还不多。此外，还有其他一些较新的语言理论和方法如主观化理论、量化语法、关联理论等，都可以为古代汉语副词研究所用。

如本书在研究战国范围副词、程度副词时借鉴了量化理论，从数量或量级的角度研究范围副词、程度副词的语义特征和句法功能。如我们发现战国文献中限定范围副词"独""徒""仅""特"等主要表示"唯一性"，

---

① 李宗江：《汉语重复副词的演变》，载《汉语史研究集刊》（第5辑），巴蜀书社2002年版，第13—14页。

② 张国艳：《居延汉简的频率副词》，《唐山师范学院学报》2008年第6期。

很少与数量词同用，是非量级用法（限质）。在战国末期"独"等才开始和"一"以上的数量词同现，发展出少量的量级用法（限量）。非量级用法与其本义有关，表示"单一性""唯一性"，意义更实一些。量级用法与其"单一性"的本义完全脱离，意义更加虚化，表示主观小量，是限定副词进一步虚化的表现。这与学者们对现代汉语限定副词"才"等发展历程的研究是一致的，可见，"非量级用法＞量级用法"是限定副词发展的一般规律。

又如本书在研究语气副词和关联副词时，运用了主观化理论，充分分析语气副词、关联副词的主观性特征及形式表现。学界对语气副词的主观性关注较多，对关联副词的主观性鲜有论及。我们的调查发现一些关联副词如"顾""反""亦"等表示主观性的句法形式证据，如主要修饰主观性较强的能愿动词、比较动词等。除了运用当代较新的语言理论和方法，我们也注重吸收现代汉语副词研究成果。如传统的对古代汉语时间副词的分类不区分时体和时制，也不区分主、客观时间参照点，这样的分类缺乏系统性。我们充分调查现代汉语时间副词的分类情况，结合战国时间副词的实际，尝试对战国时间副词进行系统分类。首先把战国时代时间副词分为时点和时段两个类别，再依照与一定的时间参照点的关系，每一种下面分为绝对和相对两小类。

最后，以往的研究侧重描写，较少从认知的角度对副词的用法、功能进行解释。如董秀芳所说："古代汉语中丰富的语料仍未能在当代语言学理论的指导下得到充分合理的分析和解释，这不能不说是令人遗憾的。"[①]因此，我们的研究试图弥补这些缺憾，力图利用较为丰富的战国文献语料，在描写战国副词基本面貌的同时，运用认知语言学相关理论解释语言现象背后的深层认知机制和原因。如我们认为总括范围副词"皆""俱"等主要总括具体的、可数的名词集合，对对象范围的总括带有"逐一看待"的特性，强调个体性特征；而"尽""毕""备"等可以总括抽象的、不可数名词集合，具有整体性特征。从认知角度看，对于具体的可数的名词集合，由于集合中的个体是可见的，可离散的，人们更容易采取"次第扫描"的认知模式，因此"皆"类词强调个体性特征。对于不可数的抽象

[①] 董秀芳：《词汇化——汉语双音词的衍生和发展》，商务印书馆2011年版，第16页。

名词，由于其不可见、不可离散性，人们更容易采取静态的、整体的"总括扫描"的认知模式，这种扫描方式解释了"尽""毕""备"强调整体性的特征。

总之，目前学术界对副词研究的现状是：现代汉语副词研究成果多，古代汉语副词研究成果少；战国时代专书研究、某种出土文献研究成果多，系统研究战国时代副词成果少；现代汉语副词研究理论、方法较新，古代汉语副词研究方法、视角较为陈旧。汉语是有着几千年文献记载的语言，战国文献不仅反映了汉语副词产生的情况，而且也忠实记录了汉语副词的发展变化过程，是我们探索汉语语法化机制和规律的宝贵语料。因此，运用功能主义、认知主义等当代语言学理论、方法研究战国时代副词十分必要。

第三节 研究目标

一 研究目标

1. 以传世战国文献和出土战国文献为语料，在前人时贤研究的基础上，对战国时代副词进行分类，厘清各个小类之间的界限划分等问题。根据语义特征对每一类副词再分次类，描写每一类副词的范围、出现频率、语义特征、功能特征、语用特征等，描写战国副词全貌，为战国副词建立一个基本框架。

2. 由于战国副词基本上是汉语副词的源头，是副词从无到有的一个重要阶段，很多副词在这时候产生、形成并进一步发展，因此我们对一些有兼类用法、较为复杂的常用副词进行历时发展演变的讨论，试图归纳副词的来源及其进一步发展演变的轨迹，并分析汉语词义演变的规律以及副词语法化的途径、条件和机制。

需要说明的是，由于我们利用的材料繁多，加上时间、精力有限，我们并不打算对战国时代传世文献或出土文献中出现过的每一个副词都加以详细、全面地讨论、分析，实际上也不大可能做到。即使那样做了，也只是材料的堆砌。因为有些副词可能只出现在某一部典籍或文献中，如限定范围副词"索"仅见于睡虎地秦简，可能是秦地方言词。又如总括范围副词"屯"仅见于楚简,杨泽生怀疑是带有楚地色彩的一个词①。其他出土战国文献和传世战国文献很少见到这些副词,这样的词对于专书或地域研究十分重要,但对于我们的目标——战国时代副词基本面貌的研究可能意义并不大,因此本书不予分析这些副词。对于战国时代核心副词或常用副词,尤其是一些绵延到后代甚至现代汉语中仍然使用的副词,如时间副词"将""既""已""先""后"等,频率副词"又""复"等,范围副词"共""同""各""仅"等,程度副词"最""甚"等,是我们重点讨论分析的对象。有的副词虽然现代汉语中很少使用,但在整个古代社会中使用频率都很高,如"乃""唯""独""适""正"等。这些词语法意义丰富,词性复杂多样,一般都是兼类词,有实词和虚词用法,同时虚词用法中可能还有副词、介词或连词等各种不同用法,在各个时代又有不同的意义和用法的发展演变。这些词也是我们讨论的重点。

二 研究方法

1. 定量分析与定性分析结合。战国文献中出现频率较高、意义用法较为复杂的核心副词,如频率副词"又""复"等,范围副词"皆""尽""独""专""特"等,程度副词"最""甚"等,关联副词"又""乃""亦"等,语气副词"唯""固""实"等是我们重点讨论分析的对象。对于这些副词尽可能采用穷尽性的定量分析,结合各个义项的使用频率,对其主要用法、次要用法进行分析讨论。

2. 共时描写与历时分析相结合。对于战国核心副词或常用副词,我们既要对其在战国时代出现的频率、意义和用法进行详细描述分析,又试图从实词虚化的角度来分析这些副词的来源、形成以及发展演变,分析汉语词义演变的规律以及副词语法化的途径、条件和机制。

3. 语法意义、语法形式、语法功能、语用功能相结合的研究方法。我们的研究发现,汉语中一个词的语法意义与其语法形式、语法功能、语用特征是统一的。无论对于副词内部的小类划分还是具体副词的特征分析,我们始终坚持意义、形式、功能结合的方法,避免偏重意义忽略形

---

① 杨泽生:《楚地出土简帛中的总括副词》,载《简帛语言文字研究》(第2辑),巴蜀书社2006年版,第17页。

式、功能或者相反的做法，力求最大限度描写汉语副词的面貌。

4. 比较研究。主要包括两类文献的比较和古今汉语副词的比较。如出土战国文献中副词的功能、用法与传世战国文献相比较，以见其异同并分析原因。战国副词的意义、用法与现代汉语同类副词的意义、功能或用法比较，以见其发展演变。

5. 描写与解释相结合。我们不仅希望全面描写战国时代副词的分类与范围，描写各个小类的特征，而且力图用认知语言学理论解释语言现象背后的认知机制。

第四节　研究材料

本书的研究语料主要包括传世战国文献和出土战国文献两大类。

一　传世战国文献

本书考察的传世战国文献主要包括《左传》《论语》《墨子》《孟子》《荀子》《庄子》《韩非子》《战国策》《吕氏春秋》。由于诗歌中的语言有一定的特殊性，我们主要考察战国时期历史文献或诸子散文，不包括战国后期的诗集《楚辞》。关于战国早期的三部传世文献《左传》《论语》《墨子》的成书年代问题，史学界、文学界的争议颇大。

关于《左传》的写作年代，我们主要采纳杨伯峻先生在《春秋左传注》中的观点。杨伯峻用《左传》中的语言文字、历史内容来考证，认为《左传》成书在公元前 403 年魏斯为侯之后，周安王十三年（公元前 389 年以前）。王和的《〈左传〉的成书年代与编纂过程》（《中国史研究》2003 年第 4 期）认为，《左传》成书年代上限在郑亡之后，下限不迟于公元前 360 年。战国的起止年代是公元前 475 年到公元前 221 年，而上述学者的研究结果基本认为《左传》成书是在战国初期，这一点争议不算太大。

关于《论语》的成书年代，我们赞同杨伯峻先生在《论语译注》（古籍出版社 1958 年版）导言中的观点。他认为该书着笔开始于春秋末期，而编辑成书则在战国初期。由此看来，《论语》既然是在战国时代编撰而成的，而且文中语句多为人物的话语，所以对于战国时代语法研究的价值不言而喻。

最后,关于《墨子》的作者和成书年代,目前学术界还有分歧。关于《墨子》的作者,我们同意徐希燕在《墨学研究》(商务印书馆 2001 年版)中的观点,他综合了各家观点后认为:《墨子》中,《经上》《经下》《经说上》《经说下》《大取》《小取》为墨子所著;《耕柱》《贵义》《公孟》《鲁问》《公输》等篇争议最小,是墨子弟子(很可能是禽子等)对墨子言行的记载。《备城门》以下诸篇,系禽子门人所记载的墨子军事思想,也有可能归纳了后期墨家弟子守城思想、经验。

关于墨子生卒年,学界看法不一。比较有代表性的观点是,孙诒让在《墨子闲诂·墨子年表》(中华书局,2001 年版)中认为墨子生于周定王之初年,卒于安王之季,即约前 468—前 376。吴毓江在《墨子校注》(中华书局 1993 年版)中认为墨子生卒年约为前 488 至 478—前 385。当代学者徐希燕综合各家观点,在《墨子姓名里籍年代考》[《复旦学报》(社会科学版)1999 年第 1 期]一文中认为:"墨子生于前 480 年(前后误差不超过 3 年),卒于前 389 年(前后误差不超过 5 年)。"[①] 这样看来,墨子是春秋、战国之际的人,时代略晚于孔子。

战国中后期的《孟子》《庄子》《荀子》《韩非子》《战国策》《吕氏春秋》这几部传世文献争议不大,一般认为是战国时代的作品。

《左传》《论语》《墨子》等书经常引用《诗经》《尚书》或其他典籍的语句,因其形成或出现时代不是战国时期,为了保证语料相对封闭、纯粹,这些引用的语言不予讨论。除引用前代文献资料的语句外,其余语料都应该列入战国时代语法研究的范围。

二 出土战国文献

出土战国文献主要包括战国金文、战国帛书、战国竹简文字、战国玉石文字等。

战国金文主要依据《殷周金文集成》(本文简称《集成》,第 1—18 册,中华书局,1984 年至 1994 年版)、《近出殷周金文集录》(第 1—4 册,中华书局 2002 年版)中收录的关于战国时代的金文。

---

① 徐希燕:《墨子姓名里籍年代考》,《复旦学报》(社会科学版)1999 年第 1 期。

战国帛书主要指子弹库楚帛书，本书主要依据李零的《长沙子弹库战国楚帛书研究》（中华书局1985年版）。据李零考证，随葬帛书的长沙子弹库楚墓，其年代大体定在战国中、晚期之间，帛书的年代当与之相去不远。楚帛书释文主要结合李零的释文以及何琳仪《长沙帛书通释》（《江汉考古》1986年第1期、第2期）的释文。此外，还参考了刘波的《〈楚帛书·甲篇〉集释》（吉林大学硕士学位论文，2009年）和陈媛媛的《〈楚帛书·乙篇〉集释》（吉林大学硕士学位论文，2009年）。

战国竹简文字主要包括：

长台关楚简，又叫信阳楚简，释文主要依据河南省文物研究所编的《信阳楚墓》（文物出版社1986年版），又见商承祚《战国楚竹简汇编》（齐鲁书社1995年版）。此外，还参考了房振三《信阳楚简文字研究》（安徽大学硕士学位论文，2003年）和田河《信阳长台关楚简遣策集释》（吉林大学硕士学位论文，2004年）。

望山楚简，释文见湖北省文物考古研究所编的《江陵望山沙冢楚墓》（文物出版社1996年版）和《望山楚简》（中华书局1995年版），又见商承祚《战国楚竹简汇编》（齐鲁书社1995年版）。此外，还参考了程燕的《望山楚简文字研究》（安徽大学硕士学位论文，2002年）。

九店楚简，释文见《九店楚简》（中华书局2000年版）。

包山楚简，释文见《包山楚简》（文物出版社1991年版），又见陈伟《包山楚简初探》（武汉大学出版社1996年版）、罗小华、李汇洲《包山楚简选释三则》（《江汉考古》2010年第1期）、王颖《包山楚简词汇研究》（厦门大学出版社2008年版）。

仰天湖楚简，发掘情况见《长沙仰天湖第25号木椁墓》（《考古学报》1957年第2期），释文见史叔青《长沙仰天湖出土楚简研究》（群联出版社1955年版），又见商承祚《战国楚竹简汇编》（齐鲁书社1995年版）。

曾侯乙墓简，释文见《曾侯乙墓》（文物出版社1989年版），还参考了萧圣中《曾侯乙墓竹简释文补正暨车马制度研究》（武汉大学博士学位论文，2005年）。

郭店楚简，释文见荆门市博物馆编《郭店楚墓竹简》（文物出版社1998年版），又见李零《郭店楚简校读记》（北京大学出版社2002年版）、刘钊《郭店楚简校释》（福建人民出版社2003年版），还参考了张静《郭店楚简文字研究》（安徽大学博士学位论文，2006 年）。

上海博物馆藏战国楚竹书（本书简称上博楚简）释文见：

马承源主编《上海博物馆藏战国楚竹书》（一）（上海古籍出版社，2001 年版）。

马承源主编《上海博物馆藏战国楚竹书》（二）（上海古籍出版社，2002 年版）。

马承源主编《上海博物馆藏战国楚竹书》（三）（上海古籍出版社，2003 年版）。

马承源主编《上海博物馆藏战国楚竹书》（四）（上海古籍出版社，2004 年版）。

马承源主编《上海博物馆藏战国楚竹书》（五）（上海古籍出版社，2005 年版）。

马承源主编《上海博物馆藏战国楚竹书》（六）（上海古籍出版社，2007 年版）。

马承源主编《上海博物馆藏战国楚竹书》（七）（上海古籍出版社，2008 年版）。

马承源主编《上海博物馆藏战国楚竹书》（八）（上海古籍出版社，2011 年版）。

马承源主编《上海博物馆藏战国楚竹书》（九）（上海古籍出版社，2012 年版）。

又见《上博馆藏战国楚竹书研究》（上海书店出版社 2002 年版）、《上博馆藏战国楚竹书研究续编》（上海书店出版社 2004 年版）、季旭升等《上海博物馆藏战国楚竹书（一）读本》（［台湾］万卷楼图书股份有限公司 2002 年版）、季旭升等《上海博物馆藏战国楚竹书（二）读本》（［台湾］万卷楼图书股份有限公司 2003 年版）、季旭升等《上海博物馆藏战国楚竹书（三）读本》（［台湾］万卷楼图书股份有限公司 2005 年版）、季旭升等《上海博物馆藏战国楚竹书（四）读本》（［台湾］万卷楼图书股份有限公司 2007 年版）等。

清华大学藏战国竹简（本书简称清华简），释文见《清华大学藏战国竹简》（壹）、（贰）、（叁）、（肆），（中西书局，2010 年，2011 年，2012 年，2013 年）。

五里牌楚简、杨家湾楚简，释文见商承祚《战国楚竹简汇编》（齐鲁书社 1995 年版）。

新蔡楚简，释文见《新蔡葛陵楚墓》（大象出版社 2003 年版），研究情况见袁金平《新蔡葛陵楚简字词研究》（安徽大学博士学位论文，2007 年）、蔡丽利《新蔡葛陵楚墓卜筮简集释》（吉林大学硕士学位论文，2007 年）、宋华强《新蔡葛陵楚简初探》（武汉大学出版社 2010 年版）。

睡虎地秦简，竹简概括见《云梦睡虎地秦简概述》（《文物》1976 年第 5 期），释文见《睡虎地秦墓竹简》（文物出版社 1990 年版）。

睡虎地秦牍：释文见《湖北云梦睡虎地十一座秦墓发掘简报》（《文物》1976 年第 9 期），又见李均明、何双全《散见简牍合辑》（文物出版社 1990 年版）。

青川秦牍：释文与考释见于豪亮《释青川秦墓木牍》（《文物》1982 年第 1 期），又见李均明、何双全《散见简牍合辑》（文物出版社 1990 年版）。

放马滩秦简，竹简概括见何双全《天水放马滩秦简概述》（《文物》1989 年第 2 期），释文见甘肃省文物考古研究所编《天水放马滩秦简》（中华书局 2009 年版），李学勤《放马滩简中的志怪故事》（《文物》1990 年第 4 期）等。

龙岗秦简，释文见刘信芳、梁柱《云梦龙岗秦简》（科学出版社 1997 年版）、中国文物研究所和湖北省文物考古研究所主编《龙岗秦简》（中华书局 2001 年版）。

周家台秦简，释文见《关沮秦汉墓简牍》（中华书局 2001 年版）。

战国玉石文字，主要包括石鼓文、诅楚文、峄山刻石（见赵超《石刻古文字》，文物出版社 2006 年版）、岣嵝碑（见曹锦炎《岣嵝碑研究》，见于《鸟虫书通考》，上海书画出版社 1999 年）、秦骃玉版铭（见李零《秦骃祷病玉版研究》，见于《国学研究·第六卷》，北京大学出版社 1999 年版）。战国诅楚文是战国时期秦王命宗祝诅咒楚国军队的文字，刻在不同的石头上，主要包括告巫咸、大沈厥湫和亚驼三神之石。本书诅楚文释文主要依据姜亮夫《秦诅楚文考释》（《楚辞学论文集》上海古籍出版社 1984 年版）以及赵超《石刻古文字》（文物出版社 2006 年）。

关于战国竹简、帛书的断代问题，有几点需要说明一下：

1. 信阳楚简

关于信阳楚墓的年代，过去大体有三种意见：

（1）春秋晚期。郭沫若同志认为信阳墓与蔡侯墓年代相仿，属春秋晚期。

（2）战国中、晚期。中山大学古文字研究室的同志认为信阳墓的遗物与江陵望山墓诸多雷同，随着望山墓的年代的断定（公元前309—前306年之后），信阳墓也被定在战国中、晚期。

（3）战国早期。《信阳楚墓》编者根据信阳墓的遗物情况断定它早于望山墓，晚于蔡侯墓，属战国早期。

综合分析各家的观点，我们赞同中山大学古文字研究室的观点，认为信阳楚墓属于战国中期偏晚。

2. 郭店楚简

湖北荆门市郭店1号墓是1993年10月进行清理发掘的，共出土竹简800余枚。结合墓葬形制和出土器物分析，郭店1号墓的年代大致为战国中期偏晚。

3. 上博楚简

上博楚简是上海博物馆1994年从香港文物市场购得，竹简主要记载的是战国时代儒家、道家、兵家、阴阳家等的作品，包括《周易》、《孔子诗论》、《缁衣》、《鲁邦大旱》、《子羔》、《孔子闲居》、《彭祖》、《乐礼》、《子路》、《曹沫之陈》、《四帝二王》、《颜渊》等篇章。经过年代测定，这些竹简的年代均为战国晚期。其中上博简《周易》可与传世本《周易》相对照，属西周时期的作品，我们在研究时应将之剔除。

关于战国时代其他出土文献的年代问题，学术界争议不大，这里不再一一讨论。

此外，目前学术界对出土战国文献的年代已经有详细的考证和说明，可参考张玉金《出土战国文献虚词研究》（人民出版社2011年版，42—43页），本书不再赘述。

第一章　战国时代副词的分类

本章内容主要包括副词的定义及其语法功能，副词与其他词类的区别，战国时代副词的分类等问题。

第一节　副词的定义及其语法功能

关于副词的定义，学术界基本上认可的是，副词是主要修饰、限制动词或形容词，在句子中主要作状语的词。

关于副词能否修饰副词。张静的《论汉语副词的范围》[①]、赵元任的《汉语口语语法》等曾经提出副词可以修饰别的副词[②]。王力先生在《中国现代语法》中认为："两个以上的副词相连接的时候，不该认为甲副词修饰乙副词，只该认为甲副词修饰乙副词所在的整个伪语。"[③] 即不存在副词修饰副词，只存在副词的连用，两个或两个以上副词连用时，都是前一副词修饰后面副词所在的整个短语。学术界现在已经普遍接受了这种观点，研究副词连用顺序的成果也非常多见。战国文献中副词连用现象极为常见。例如：

(1) 今亡之秦，不亦太亟忘乎！（《韩非子·内储说下》）

(2) 子盍蚤自贰焉。（《左传·僖公二十三年》）

(3) 尧、舜之贤而死，孟贲之勇而死，人固皆死。（《吕氏春秋·慎行》）

(4) 然已与疑言者，亦必复决之于蔡妪也。（《韩非子·外储说右上》）

[①]　张静：《论汉语副词的范围》，《中国语文》1961年第8期。
[②]　赵元任：《汉语口语语法》，吕叔湘译，商务印书馆1979年版，第339页。
[③]　王力：《中国现代语法》，商务印书馆1985年版，第139页。

第一章 战国时代副词的分类

关于副词能否修饰名词。赵元任说:"副词修饰名词的时候,实际是修饰名词或名词性词语作为谓语,或者作为主语。换句话说,副词修饰的是句子成分,不是把词作为词,短语作为短语来加以修饰。"① 这个意见是非常正确的。张谊生分析了副词修饰名词的深层机制,认为:"副词之所以能够修饰名词,其深层的原因和制约的因素其实并不仅仅在于修饰语副词,而主要在于那些被修饰的名词——或者是具有特定的语义基础,或者是功能发生了转化。"② 战国文献中存在相当多的副词修饰名词现象,主要是修饰作谓语的名词。如范围副词、语气副词都可以修饰名词谓语。例如:

(5) 叁王者之乍也,皆人子也。(《上博楚简二·子羔》)
(6) 非独其臣也,天下皆且与之。(《吕氏春秋·应同》)
(7) 使人问之,果豫让。(《战国策·赵一》)
(8) 子诚齐人也,知管仲、晏子而已矣。(《孟子·公孙丑上》)

副词还可以修饰作谓语的代词或数名结构,例如:

(9) 贾市、行财皆然。(《放马滩秦简·日书》乙种243)
(10) 不听臣计,今果何如?(《战国策·中山》)
(11) 髡将复见之,岂特七士也。(《战国策·齐三》)
(12) 疑臣者不适三人。(《战国策·秦二》)
(13) 驾传马,一食禾,其顾来有(又)一食禾,皆八马共。(《睡虎地秦简·仓律》)

副词还可以修饰作谓语的介词短语,例如:

(14) 六帝兴於古,咸由此也。(《郭店楚简·唐虞之道》)

---

① 赵元任:《汉语口语语法》,吕叔湘译,商务印书馆1979年版,第340页。
② 张谊生:《名词的语义基础及功能转化与名词修饰名词》,《语言教学与研究》1996年第4期。

关于副词作补语。杨伯峻、何乐士《古汉语语法及其发展》认为："（副词）有时位于谓语后作补语。"① 战国文献副词作补语较少见，仅见于程度副词"甚""极"。例如：

（15）戊寅，风甚。壬午，大甚。（《左传·昭公十八年》）

（16）三年之丧，称情而立文，所以为至痛极也。（《荀子·礼论》）

第二节　副词与其他词类的区别

副词的主要功能是在句子中作状语修饰、限制谓词，但在句子中作状语修饰谓词的不光有副词，还有形容词、时间名词等，副词容易与形容词、时间名词混淆。一部分副词如关联副词还有连接分句的功能，这就容易与连词混淆。应该如何区分副词与形容词、名词、连词等其他词类呢？我们认为应该坚持以功能和分布为主、意义和功能相结合的原则。

一　副词与形容词的区别

副词容易与形容词混淆不仅因为二者都能修饰谓词作状语，还由于有一部分副词是由同形形容词直接虚化而来。如范围副词"独""直""正""空"等，程度副词"甚"，情状方式副词"妄""亟""固""善""微"等。词类是一个原型范畴而不是经典范畴，词类之间并没有非此即彼的清晰的界限，只有典型成员与非典型成员的区别。那么，如何界定一个形容词已经虚化为副词了呢？有的学者主张以意义标准来区分形容词和副词。如黄珊认为："情态副词是最难界定的一类副词，区分它与动词、形容词的标准，除了依靠副词本身的特点（不能作谓语，不受程度副词修饰，不能修饰名词）外，更重要的是看其意义是否发生了变化；词义引申且虚化了的是副词，否则只能看作是动词或形容词作状语。……如果没有虚化，没有产生出新义，只是处在状语的位置上，那么出现频率再高，仍然不是副词；反之，则可以作兼类词处理。"② 基于这种认识，黄珊把一般认为是

---

① 杨伯峻、何乐士：《古汉语语法及其发展》，语文出版社2001年版，第226页。
② 黄珊：《〈荀子〉虚词研究》，河南大学出版社2005年版，第58页、第62页。

第一章 战国时代副词的分类

情状方式副词的词如"正、佯"等看作动词或形容词①。李杰群也持有相同观点,如他认为"甚"在先秦只是形容词,并没有副词的用法,不能看作兼类词,因为"'甚'不管在句中充当什么成分,它的意思都是一样的,相当于现代汉语的'厉害'"②。

我们认为意义发生变化可以看作是实词虚化的参考标准,但不是主要标准,更不是唯一标准。一般说来实词虚化后词义会发生变化,但也可能存在词义变化不大的情况。有时候虚化前后两种意义差别细微,或者几乎相同。如由形容词"独"虚化来的情状方式副词"独"和它作形容词时意义差别不大,都表示"单独",不同的是形容词"独"带有轻微的感情色彩,有"孤单、孤独"之义,而情状方式副词"独"表示动作是"单独、独自"进行的,表示动作进行的客观状态。意义本身主观性较强,此外,语法化过程通常包含一个"两可"的阶段,往往两种意义、两种解释都说得通,因此意义标准往往不好操作,导致多种理解。

我们认为区别形容词和副词应该以句法功能为主要标准,结合意义标准,同时参考频率标准。判断一个词是实词还是已经虚化为副词应该主要看其句法特征和分布特点,如果该词在一定时期内主要作状语,那么即使其意义与它作实词时没有明显的变化,也应该视作已经虚化。如对于表示"独自"义、作状语的"独",有的学者认为是可状形容词,如崔立斌③。中科院编撰的《古代汉语虚词词典》、杨树达认为是副词④。据我们调查,战国文献中表示"单独"或"独自"义的"独"共234例,其中作状语213例,占91%,主要修饰动词;作谓语9例,占4%;作定语5例,占2%;作宾语7例,占3%。我们认为作状语的"独"是情状方式副词,作谓语、定语、宾语的"独"是形容词。

又如"甚",李杰群根据意义标准把"甚"看作形容词⑤。但是魏德胜认为"甚"在上古汉语中有副词用法⑥。李明晓认为楚简中用作状语的

---

① 黄珊:《〈荀子〉虚词研究》,河南大学出版社2005年版,第62页。
② 李杰群:《商君书虚词研究》,中国文史出版社2000年版,第60页。
③ 崔立斌:《〈孟子〉词类研究》,河南大学出版社2004年版,第97页。
④ 中国社会科学院语言研究所古代汉语研究室编:《古代汉语虚词词典》,商务印书馆1999年版,第107页;杨树达:《词诠》,上海古籍出版社2007年版,第50页。
⑤ 李杰群:《商君书虚词研究》,中国文史出版社2000年版,第58—61页。
⑥ 魏德胜:《〈睡虎地秦墓竹简〉语法研究》,首都师范大学出版社2000年版,第151页。

"甚"应视为程度副词①，兰碧仙也持相同看法②。学者们将战国时期的"甚"看作副词的依据是"甚"主要作状语，但都没有详加分析。我们认为战国时期修饰动词或形容词、作状语的"甚"是程度副词，原因是：首先，从意义上看，"甚"作状语无论修饰形容词还是动词，都不宜译为"厉害"，都是"很、非常"的意思，和作谓语的"甚"语义差别很大。其次，从句法功能看，战国时代的文献中，作状语的"甚"共334例，修饰形容词224例，约占67%；修饰动词106例，约占33%；修饰代词4例。"甚"主要修饰心理状态动词、属性动词等，很少修饰变化动词和动作动词。"甚"的这些句法功能特点和现代汉语中程度副词"很"大致相同，因此可以认定为程度副词。

我们也反对李杰群所说："只有当某个词全部作状语时，它才是副词。"③语法化过程是一个长期的渐变的过程，范畴的边界不是清晰、明确的，所以实际上"某个词全部作状语"的情况很少发生，特例和不完美的样本总是存在的。此外，频率标准也是语法化的重要参考标准。刘正光引用Hopper & Tragott（1993：103）的观点认为："语言实体非范畴化的一个重要指标就是其语法地位的增加，其判断标志之一就是使用频率的提高，因为使用频率的提高说明其使用范围的扩大与泛化。"④ 因此，我们认为只要一个词在语言使用频率上主要是作状语的，且符合副词某种小类的其他语法特征（如组合、搭配功能）等，哪怕意义没有发生明显的变化，也可视作副词。

二 副词与时间名词的区别

关于时间副词与时间名词的区别，我们同意张谊生的看法，认为时间副词主要在句中作状语，不能充当主语、宾语和补语，而时间名词可以；时间名词可以被体词、谓词和数量短语修饰，时间副词既不能作定语，通常也不能接受其他词语的修饰⑤。如"昔、今、曩、曩者、乡、乡也、乡者"等表示具体时间，意为"从前、以前"，不表示时间关系，是时间名

---

① 李明晓：《战国楚简语法研究》，武汉大学出版社2010年版，第204页。
② 兰碧仙：《出土战国文献副词研究》，博士学位论文，厦门大学，2012年。
③ 李杰群：《商君书虚词研究》，中国文史出版社2000年版，第42页。
④ 刘正光：《语言非范畴化——语言范畴化理论的重要组成部分》，上海外语教学出版社2006年版，第254页。
⑤ 张谊生：《现代汉语副词探索》，学林出版社2004年版，第166—168页。

词。例如"今":

(1) 楚王始不信瞻应之计矣，今公及征甲及粟于周，此告楚病也。(《战国策·西周》)
(2) 始也吾以为其人也，而今非也。(《庄子·养生主》)
(3) 曩子行，今子止；曩子坐，今子起。(《庄子·齐物论》)

例(1)—(3)中的"今"常常和时间名词"始""曩"共现，"今"很少直接修饰动词或动词短语，而是经常作句首状语，修饰整个小句。"昔、曩、曩者、乡、乡也、乡者"也是如此，几乎不能单独修饰谓词，一般位于句首主语前。"今"还可以作宾语和定语，意义和其作状语时完全相同。例如：

(4) 自古及今，未尝之有也。(《墨子·节葬下》)
(5) 管仲相桓公，霸诸侯，一匡天下，民到于今受其赐。(《论语·宪问》)
(6) 见独而后能无古今；无古今而后能入于不死不生。(《庄子·大宗师》)
(7) 今夕有奸人当人矣。(《战国策·东周》)
(8) 今之乐犹古之乐也。(《孟子·梁惠王下》)

例(4)—(6)"今"作宾语，例(7)(8)作定语。因此，可以认为"今"是时间名词。

三 副词与连词的区别

关联副词和连词都能够连接词、词组、句子和句群，都有篇章连接的作用。二者的区别是什么呢？关于这个问题，很多学者都有讨论，如吕叔湘[①]、赵元任[②]、张宝林等[③]。这些观点普遍认同句法位置标准，即只能位于主语

[①] 吕叔湘：《汉语语法分析问题》，商务印书馆1979年版，第45页。
[②] 赵元任：《汉语口语语法》，吕叔湘译，商务印书馆1979年版，第352页。
[③] 张宝林：《关联副词的范围及其与连词的区分》，载胡明扬主编《词类问题考察》，北京语言学院出版社1996年版，第399页。

前，或既能位于主语前又能位于主语后的，是连词，不能位于主语前，只能在主语后的是副词。唐贤清在句法位置的标准上又加上"句意自足"标准："凡在一个句子形式中永远不能出现在主语前面，只能出现在主语之后、谓语之前的，是副词；凡能出现在主语之前（并不排斥可以出现在主语之后、谓语之前），而单独一个句子能够自足的，也是副词；凡能出现在主语之前（并不排斥可以出现在主语之后、谓语之前），但单独一个句子不能自足的，是连词。"① 关联副词仍然是副词，对谓词有修饰限制作用，因此它和直接修饰成分在意义上可以独立成句。

近年来有学者注意到关联副词的主观化特征。如姚小鹏认为具有连接功能的副词往往同时具有两种功能：连接功能和评注功能②。关联副词既能连接词、词组、句子或句段，又能表达情态，显示说话人的观点与态度等。我们的研究也证实了这一点，如战国文献中关联副词"亦、乃、顾、反、尚、犹"等都具有双重功能，既在句子或篇章中起关联作用，又能表达语用含义，表达说话人对命题或事件的主观判断、心理感觉等。关联副词的主观性特征也有句法形式标志，如多修饰主观性较强的能愿动词、心理动词等，多用于表示主观判断的判断句中。

因此，我们判断战国文献中连词和关联副词的标准有三个：其一是句法功能标准，关联副词是副词，在句中修饰限制谓词作状语。其二是句法位置标准，关联副词一般只能出现在主语后、谓语前，几乎不能出现在主语前。其三是意义和语用功能标准，关联副词所在小句是自足的，在连接句子或篇章的同时，也表达说话人的主观认识、态度或情感。如表示顺承的关联副词"亦"在语义上相当于连词"则"，但无论是连接功能还是句法功能都和"则"有本质区别。首先，从关联的角度看，连词"则"表示一般的事理顺承，"亦"除了在复句层面表示逻辑顺承关系外，还能够在更大一级语法单位——句段或篇章层面表示照应追补。这是因为关联副词"亦"源于重复副词"亦"，依然保持其"类同追加"的意义特征。其次，从句法的角度看，连词"则"只起单纯的连接作用，关联副词"亦"除了关联分句以外，还对谓词进行修饰限制。再次，从语用的角度看，连词

---

① 唐贤清：《〈朱子语类〉副词研究》，湖南人民出版社2004年版，第12页。
② 姚小鹏：《汉语副词连接功能研究》，博士学位论文，上海师范大学，2011年。

"则"不像副词"亦",不会触发相关的命题,也不包含说话人的主观态度、认识或情感。用"亦"的句子,往往命题内容中包含巨大信息落差,使得说话人的情绪十分饱满。

副词与其他实词或其他词类的区别学术界一般争议不大,这里就不再赘述。

第三节 战国时代副词的分类

关于副词分类的标准,一般都采用意义和形式、功能相结合的标准。目前各家对副词的次类划分,大多都包括"程度副词""范围副词""时间副词""否定副词"这些次类。还有一些副词次类名称各异,如传统上所说的"语气副词",学者们虽然都承认这一类副词的存在,但名称各不相同,如有的称为"评注性副词",有的称作"情态副词"。又如"情状方式副词"又叫作"方式副词""情状副词""情态副词""描摹性副词"等。另外,关于频率副词、关联副词是单列还是归入其他类副词,各家也不相同。有的将频率副词归入时间副词,有的归入情状方式副词,有的单列。关联副词也是如此,有的把关联副词归到其他类别,大多数学者单列。此外,古代汉语中还有谦敬副词,也存在合并或单列的问题。

在副词次类划分问题上,我们同意张谊生的看法:"副词的次类划分,仅仅以语义为标准是不够的,还应该兼顾功能、分布、位序等各方面的特征。尤其要结合语义和功能两方面的特点,互相补充,互为印证。"[①] 虽然"对内一致性、对外排他性"这个完美的分类标准不大容易做到,因为词类是原型范畴,各次类之间有交叉和纠葛不清的关系是客观事实,但是我们依照形式、意义和功能相结合的方法,尤其是根据各个次类内部较为相近的语义特征、分布特征、搭配功能、语用特征等,还是能够把不同次类的副词区分开来。如我们依据在一定时轴上表示的是时间点(或时间相对位置)还是时间段,把战国时代时间副词分为时点和时段两个类别,依照与一定的时间参照点的先后关系,把时点副词分为先时、后时、同时三类;根据表示的时间长度,把时段副词分为长时和短时两类。按照这个标

---

① 张谊生:《现代汉语副词研究》(修订本),商务印书馆2014年版,第17页。

准,像"又、再、更"等表示重复的副词既不表示时间段或时间点,也不表示基于时间参照点的时间先后关系,就不能划分到时间副词中。

再如我们研究发现谦敬副词无论在句法位置、表达语气或修饰动词的类别上都与其他语气副词十分相似。如主要表达说话人或谦或敬的感情或态度,带有强烈的主观性;修饰的动词多为表达主观认识的言语类动词、心理动词等。可见,无论从外部形式还是内部表达意义来看,谦敬副词都属于语气副词的一类。

因此,我们对副词次类的划分依据的是狭义的标准,目的是尽量保证同一小类内部语义特征、句法特征(分布、组合和搭配特征)和句法功能的一致性。

综上,我们依照形式、意义和功能相结合的方法,把战国时代副词分为八大类:情状方式副词、程度副词、范围副词、否定副词、时间副词、频率副词、语气副词、关联副词。

第二章　战国时代情状方式副词

本章主要包括情状方式副词与实词及其他类副词的区别，情状方式副词的分类、语义特征、句法功能、来源等问题。战国文献中情状方式副词可分为三类：关涉主体类、关涉动作类、关涉结果类。情状方式副词主要修饰动作动词，一般紧邻谓语动词。

第一节　情状方式副词与实词及其他类副词的区别

情状方式副词，也叫"情状副词""方式副词""描摹性副词"或"情态副词"等，是描摹动作行为发生的情形、状态或方式、手段的副词。由于副词本身的复杂性，情状方式副词与实词以及其他类副词有各种纠葛关系。

首先来看情状方式副词与实词的区别。前面我们谈到，区分副词与实词应该以句法功能为主要标准，结合意义标准，同时参考频率标准。据此，有的学者认为是情状方式副词，而我们认为是形容词或动词的主要有"私""擅""徐""强""速""趋""缓"等，理由是这些词作谓语、定语或状语时意义大致相同，而且作状语是少数，因此判断为实词作状语。如战国文献中"私"作谓语、主语、宾语、定语、状语时意义基本一致，表示"私有、偏爱"或"私下、私自"，且作谓语、主语、宾语、定语占大多数，因此是动词作状语。如《荀子》中"擅"共17例，作谓语11例，状语6例；《韩非子》中"擅"共41例，作谓语24例，作状语17例，"擅"作谓语、状语都表示"擅自""擅有"，因此认为是动词作状语。又如"徐"在《庄子》中作谓语1例、主语2例，作状语2例，意思都是"慢慢地"，因此是形容词作状语。其余"强""速""趋""缓"等情况与"私"等类似，在战国文献中应该是实词作状语。

也有一些词有的学者认为是实词，而我们认为是情状方式副词。如"佯"，黄珊认为是动词①。"佯"出土战国文献未见，传世战国文献中共29例，表示主体的态度，意为"假装"，仅见于《荀子》《韩非子》《吕氏春秋》《战国策》等典籍。其中，1例作名词，2例修饰形容词作状语，26例修饰动词或动词短语作状语。战国文献中"佯"主要作状语修饰谓语动词，同时符合一般情状方式副词的特点，如紧贴动词，可以出现在静态的短语组合中等。因此，根据"佯"的意义和句法分布，判断其为情状方式副词。

其次关于情状方式副词与副词内部其他小类的区别。如情状方式副词与时间副词的区别。李杰群把表示前后两种行为在时间或情理上的关联的"乃"看作情态副词（情状方式副词）②，而学术界一般看作时间副词或关联副词。李杰群③、殷国光把一般看作时间副词，表示"还、仍然"的"犹""尚"看作情状副词④。殷国光承认情状副词基本都修饰动词，他把情状副词"犹"修饰代词"是"当作特例。又如情状方式副词与语气副词的区别。李杰群把一般看作语气副词，表示"本来""原来"的"固"看作情态副词⑤，殷国光把一般看作语气副词的"果""几"看作情状副词，并认为他们修饰形容词或名词语是特例⑥。另外还有情状方式副词与频率副词的区别。有的学者把表示时间频率的"又""复""再""更"等当作情态副词，黄珊认为这几个词"与情态无内在联系，宜归入频率副词"⑦。

那么情状方式副词与上述时间副词、语气副词、频率副词的区别是什么呢？

唐贤清认为："情状方式是动词的基本属性，典型的动词（动作动词和变化动词）能够受情状方式副词的修饰。各种语言的'情状'范畴往往

---

① 黄珊:《〈荀子〉虚词研究》，河南大学出版社2005年版，第65页。
② 李杰群:《商君书虚词研究》，中国文史出版社2000年版，第123页。
③ 李杰群:《商君书虚词研究》，中国文史出版社2000年版，第122页，127页。
④ 殷国光:《〈吕氏春秋〉词类研究》，商务印书馆2008年版，第321—322页。
⑤ 李杰群:《商君书虚词研究》，中国文史出版社2000年版，第123页。
⑥ 殷国光:《〈吕氏春秋〉词类研究》，商务印书馆2008年版，第322—324页。
⑦ 黄珊:《〈荀子〉虚词研究》，河南大学出版社2005年版，第67页。

第二章 战国时代情状方式副词

是通过情状方式副词来表现。"① 史金生认为情状副词基本上只能作状语修饰一部分动词（主要是表动作变化的动态动词）②。陈一把这类专职的动词前加词称为状态词③。张谊生认为描摹性副词（情状方式副词）只能修饰动词④。据杨荣祥，近代汉语各类副词中只能修饰动词的只有情状方式副词⑤。这是就现代汉语或近代汉语情状方式副词而言，古代汉语情状方式副词的基本语法特征是否也是如此呢？根据我们的调查，战国文献中情状方式副词的主要语法特征是修饰动词，除了在诗歌中，很少修饰形容词。而其他小类的副词，如时间副词、频率副词、范围副词等几乎都既能修饰动词，又能修饰形容词，语气副词还可以修饰名词性谓语或句子等。所以修饰动词的句法功能可以作为判断情状方式副词与其他小类副词的主要标志，同时可以辅以意义标准。朱德熙先生说："根据语法功能分出的类，在意义上也有一定的共同点。可见词的语法功能和意义之间有密切的联系。"⑥ 杨荣祥认为这句话也可以倒过来理解："有共同语义特征的副词次类，在语法功能方面也有一定的共同点。"⑦ 副词内部各个小类之间的语法特征并非完全相同，有的甚至存在较大的差别。

因此，我们认为情状方式副词与时间副词、语气副词、频率副词等的主要区别有两个方面，一是语义方面，二是句法功能方面。如果一个词在意义上主要表示动作行为的情状、方式，在句法上主要修饰一部分动作动词并只能修饰动词，很少修饰其他成分，我们就认为是情状方式副词。

据我们调查，表示时间先后的"乃"既可用于现在时，又可用于过去时中，因此是相对后时时间副词。表示"还、仍然"的"犹""尚"主要表示时段，也可以用于现在时或过去时中，是相对长时时间副词。此外，"乃""犹""尚"等都可以修饰形容词或名词性谓语。表示"本来""原来"的"固"以及表示"果然、果真"的"果"等符合语气副词的一般句法特点，如主要修饰主观性较强的心理动词、存现动词、名词谓语等，

---

① 唐贤清：《〈朱子语类〉副词研究》，湖南人民出版社2004年版，第88页。
② 史金生：《情状副词的类别和共现顺序》，《语言研究》2003年第4期。
③ 陈一：《试论专职的动词前加词》，《中国语文》1989年第1期。
④ 张谊生：《现代汉语副词研究》（修订本），商务印书馆2014年版，第38页。
⑤ 杨荣祥：《近代汉语副词研究》，商务印书馆2005年版，第76—77页。
⑥ 朱德熙：《语法讲义》，商务印书馆1982年版，第38页。
⑦ 杨荣祥：《近代汉语副词研究》，商务印书馆2005年版，第47页。

应归入语气副词。

总之，我们坚持句法功能、分布为主要标准，结合意义标准，辅以频率标准来区分情状方式副词和实词及其他类副词。战国文献中情状方式副词主要是修饰动词的，很少修饰形容词或名词性谓语。

第二节　情状方式副词的分类及特征

由于各家对情状方式副词内部再分类标准不一致，所分类别不同，因此归纳的情状方式副词成员也有很大不同。情状方式副词内部可以依据意义、构成语素等再分类。如张谊生根据构成语素、表义特点和形成来源，把描摹性副词（情状方式副词）分为四类：表方式、表状态、表情状、表比况[1]。史金生根据语义特点把情状副词分为六类：意志类、时机类、同独类、依照类、状态类、方式类[2]。唐贤清根据语义把情状方式副词分为八个小类：表反复、表躬亲、表交互、各自与独一、表特意、任意、表暗自、公然、表直接、表徒然、表极力等[3]。毛帅梅根据动词的事件框架包括行为主体、行为客体、行为过程三个方面，把方式副词分为"涉主方式副词""涉行方式副词""涉客方式副词"三类[4]。

总之，大多数学者都是按照语义特点对情状方式副词进行内部分类。我们认为情状方式副词数量较多，在语义方面也纷纭繁杂，如果按照语义分类会导致分类过于琐碎，没有系统性。同时由于语义的模糊性和命名的差异性，分类名称也会五花八门。此外，现代汉语和古代汉语情状方式副词在构成语素、语义等方面都有较大不同，张谊生、史金生等的分类更适合现代汉语情状方式副词的情况。我们赞同按照动词的事件框架对动作的情状、方式进行分类，有些情状方式副词明显与动作主体联系更紧密，如"亲自""亲"等；有些与动作客体或行为对象联系更多一些，如"逐""逐一""总"等；有些语义直接指向动作行为本身，如"直""适""正"

---

[1] 张谊生：《现代汉语副词研究》（修订本），商务印书馆2014年版，第25—28页。
[2] 史金生：《情状副词的类别和共现顺序》，《语言研究》2003年第4期。
[3] 唐贤清：《〈朱子语类〉副词研究》，湖南人民出版社2004年版，第89—119页。
[4] 毛帅梅：《现代汉语副词及类副词的功能层级研究》，博士学位论文，上海外国语大学，2012年。

等。而且依据动词涉及的要素对情状方式副词进行分类能够兼顾古今，分类简单，易于学习和掌握。结合战国文献中情状方式副词的实际特点，我们依据事件框架中动词涉及的主体、客体、动作行为过程以及动作后果等因素把战国文献中情状方式副词分为三大类：关涉主体类、关涉动作类、关涉结果类。应该说明的是，有些副词既可理解为关涉行为主体，又可理解为关涉行为本身，如"互""相""交"等，由于这类副词一般都关联复数性主语，语义指向复数主语，我们将之归入关涉主体类。这三类下面再根据语义分为小的类别。

一 关涉主体类

战国文献中与动作行为的主体有密切关系的情状方式副词主要有以下三个小类：表示躬亲、独自类，如"亲""自""躬""独""专"等；表示主观意志类，如"特""故""姑""固""善""佯"等；表示互相、一起类，如"相""交""交相""相与"等。

（一）表示躬亲、独自类

1. 表示躬亲类，主要有"亲""亲自""自""躬""身""躬亲"等词语，以"亲"最为常见，可译为"亲自"等。例如：

（1）吾不能亏主之法令而亲刖子之足。（《韩非子·外储说左下》）

（2）禹亲执耒耜。（《上博楚简二·容成氏》）

（3）孟尝君令人礼貌而亲郊送之。（（《吕氏春秋·报更》）

（4）亲迎之礼，父南向而立，子北面而跪。（《荀子·大略》）

（5）昔者由也闻诸夫子曰：亲于其身为不善者，君子不入也。（《论语·阳货》）

（6）越王亲自鼓其士而进之。（《墨子·兼爱中》）

（7）安值将卑势出劳，并耳目之乐，而亲自贯日而治详。（《荀子·君道》）

（8）三军出，君自率。（《上博楚简四·曹沫之陈》）

（9）文公躬擐甲胄，跋履山川。（《左传·成公十三年》）

（10）取妻，身迎。（《墨子·非儒下》）

(11) 公乃身命祭。(《上博楚简五·鲍叔牙与隰朋之谏》)
(12) 禹傅土，平天下，躬亲为民行劳苦。(《荀子·成相》)

例（1）（2），例（6）—（11）等情状方式副词直接修饰谓语动词或动词短语，一般修饰动作动词；例（3）（5）（12）情状方式副词与动词之间插入了处所状语"郊"、介词短语"于其身""为民"；例（4）情状方式副词"亲"出现在静态的短语组合中。

2. 表示独自类，主要有"独""专"等。

"独"

(1) 陈亢问于伯鱼曰："子亦有异闻乎？"对曰："未也。尝独立，鲤趋而过庭。曰：'学诗乎？'对曰：'未也。'"(《论语·季氏》)
(2) 昭侯必独卧，惟恐梦言泄于妻妾。(《韩非子·外储说右上》)
(3) 凡於路无畏，毋独言。独处则习父兄之所乐。(《郭店楚简·性自命出》)
(4) 独居而同欲兮。(《上博楚简八·有皇将起》)
(5) 吾愿去君之累，除君之忧，而独与道游于大莫之国。(《庄子·山木》)
(6) 乙独与妻丙晦卧堂上。(《睡虎地秦简·封诊式》)
(7) 天下有大灾，子独先离之。(《庄子·则阳》)
(8) 专诸是也，独手举剑至而已矣。(《吕氏春秋·论威》)

例（1）—（8）"独"表"单独""独自"义。表"单独"的"独"主要修饰动词谓语，除了在诗歌中外，很少修饰形容词，战国时代仅《楚辞》偶见情状副词"独"修饰形容词。"独"所修饰的多为动作性较强的动词，如上引例（1）—（4），又如"独往独来"（《庄子·在宥》)、"独耕"（《墨子·鲁问》）等。固定词组"独自"可以修饰形容词，如"已无邮人，我独自美。"（《荀子·成相》)"子独自苦而为义，子不若已。"（《墨子·贵义》）情状方式副词"独"一般紧邻谓语，考察范围内情状方式副词"独"共193例，紧邻谓语的182例，占93%。战国中期开始

"独"与中心语之间也可插入介词短语或其他副词,但不多见,考察范围内仅10例,占7%,如例(5)—(7)。战国末期"独"偶尔可以修饰主谓短语,仅1例,如例(8)。

(9) 立濞于沛为吴王,已拜,受印。高帝昭濞相之,谓曰:"若状有反相。"心独悔。(《史记·吴王濞列传》)

(10) 有独知之虑者,必被庶人之恐。(《战国策·赵二》)

例(9)"独"表"暗自""私下"。这是由独的"独自"义发展而来,战国时期比较少见,汉代始多见。例(10)"独"表"独特""独到",独的"独特"义也是其"独自"义引申而来。表"暗自""独特"的"独"意义更为抽象,可以修饰抽象意义的动词。

"专"

(1) 鄢氏、费氏自以为王,专祸楚国。(《左传·昭公二十七年》)

(2) 使于四方,不能专对。(《论语·子路》)

(3) 专杀臧,非杀臧也。专杀盗,非杀盗也。(《墨子·大取》)

(4) 韩自以专有齐国,五战五不胜。(《战国策·齐一》)

(5) 君以其言授之事,专以其事责其功。(《韩非子·二柄》)

情状方式副词"专"表示"专门""专独",主要修饰动作动词,一般紧邻谓语动词,如例(1)—(4)。战国末期"专"与中心语之间偶尔可以插入介宾短语作状语,如例(5)。

(二) 表示主观意志类

1. 表示特意、故意,有"特""故""姑"等。例如:

(1) 特会朝雨祛步堂下,谓其侍者曰:"我何若?"(《吕氏春秋·达郁》)

(2) 观辜曰:"鲍幼弱,在荷褓之中,鲍何与识焉。官臣观辜特为之。"(《墨子·明鬼下》)

(3) 秦特出锐师取韩地，而随之怨悬于天下。（《韩非子·存韩》）

(4) 已而谒归，故失期。（《战国策·楚四》）

(5) 抑君赐不终，姑又使其刑臣礼于士。（《左传·襄公十七年》）

(6) 臣出，必故之楚，以顺王与仪之策，而明臣之楚与不也。（《战国策·秦一》）

例（1）—（4），例（6）情状方式副词"特""故"直接修饰谓语动词，例（5）情状方式副词"姑"后有副词"又"。

2. 表示"坚决地""努力地"，主要有"固（故）"。例如：

(1) 寡君敢不固请于齐？（《左传·襄公二十七年》）

(2) 今故兴事动众以增国城，是重吾罪也。（《吕氏春秋·制乐》）

(3) 屠黍不对。威公固问焉。（《吕氏春秋·先识》）

3. 表示"善于"或"好好地"，主要有"善"。例如：

(1) 伯乐善治马，而陶匠善治埴木。（《庄子·马蹄》）

(2) 庄公又问曰："善攻者奚如？"（《上博楚简四·曹沫之陈》）

(3) 君子谓合左师善守先代，子产善相小国。（《左传·昭公四年》）

(4) 百发失一，不足谓善射；千里蹞步不至，不足谓善御；伦类不通，仁义不一，不足谓善学。（《荀子·劝学》）

(5) 是良史也，子善视之。（《左传·昭公十二年》）

例（1）—（4）情状方式副词"善"表示"善于"，例（5）"善"表示"好好地"。例（1）（3）（5）"善"出现在动态的句子组合中，例（2）（4）"善"出现在静态的短语组合中，考察范围内"善"绝大部分出现在短语中。

第二章　战国时代情状方式副词

4. 表示"假装",主要有"佯"。例如:

(1) 人主不佯憎爱人,佯爱人不得复憎也,佯憎人不得复爱也。(《韩非子·外储说右下》)
(2) 乃佯有罪,出走入齐。(《战国策·楚一》)
(3) 使之资说于我,而佯不知也以资其智。(《韩非子·说难》)
(4) 利心无足而佯无欲者也。(《荀子·非十二子》)
(5) 箕子佯狂。(《荀子·尧问》)
(6) 然则孙卿怀将圣之心,蒙佯狂之色。(《荀子·尧问》)

例(1)—(4)情状方式副词"佯"修饰动词短语,例(5)修饰形容词,例(6)"佯"出现在静态的短语组合中。

5. 表示"随便地""轻易地""轻率地""虚妄地",主要有"妄"。例如:

(1) 予尝为女妄言之,女以妄听之。(《庄子·齐物论》)
(2) 然岂可以贪爵禄而使吾君有妄施之名乎?(《庄子·让王》)
(3) 夫饥约则不辞妄取以活身。(《墨子·非儒下》)
(4) 不敢妄兴师以征伐。(《战国策·燕一》)
(5) 故不敢妄贺。(《战国策·秦二》)
(6) 尔作言造语,妄称文、武。(《庄子·盗跖》)

例(1)—(3)"妄"表示"随便地",例(4)表示"轻易地""轻率地",例(5)(6)表示"凭空地""虚妄地"。

表示主观故意类情状方式副词一般直接修饰动词或动词短语,并紧邻谓语中心语。

(三) 表示互相、一起类

1. 表示互相,主要有"相""交""交相"。例如:

(1) 父子不相见,兄弟妻子离散。(《孟子·梁惠王下》)
(2) 哀乐相生。(《上博楚简二·民之父母》)

(3) 是言上下之交不相乱也。(《荀子·儒效》)

(4) 然即之交兼者，果生天下之大利者与？(《墨子·兼爱下》)

(5) 欲利而不为所非，交亲而不比。(《荀子·不苟》)

(6) 官断不用，左右交争。(《韩非子·饰邪》)

(7) 知与恬交相养，而和理出其性。(《庄子·缮性》)

(8) 世与道交相丧也。(《庄子·缮性》)

(9) 细大贱贵，交相为赞。(《吕氏春秋·务大》)

以上例子中的"相""交""交相"是指代性副词，修饰不带宾语的动词，主语一般为复数名词或不可数名词，一般修饰动作动词，如"亲、见、生、争、伐、斗"等。

2. 表示"一起""共同"，主要有"相""相与"。例如：

(1) 齐之好勇者，其一人居东郭，其一人居西郭，卒然相遇于途曰："姑相饮乎？"(《吕氏春秋·当务》)

(2) 鲁孟孙、叔孙、季孙相戮力劫昭公。(《韩非子·内储说下》)

(3) 共工氏固次作难矣，五帝固相与争矣。(《吕氏春秋·荡兵》)

(4) 有土偶人与桃梗相与语。(《战国策·齐三》)

(5) 荀寅，范吉射之姻也，而相与睦。(《左传·定公十三年》)

情状方式副词"相""相与"的主语一般为复数名词语，主要修饰动作动词，如例(1)—(4)，偶尔可修饰形容词，如例(5)。

3. 表示偏向一方，主要有"相"。例如：

(1) 王诚相助，臣请必能。(《吕氏春秋·忠廉》)

(2) 乃令复役，无得相代。(《吕氏春秋·重言》)

(3) 夫诸侯之会，事既毕矣，侯伯致礼，地主归饩，以相辞也。(《左传·哀公十二年》)

(4) 故神之为上礼，上礼神而众人贰，故不能相应。(《韩非子·解老》)

以上表互相类情状方式副词一般直接修饰动作动词，并紧邻谓语。

总之，关涉主体类情状方式副词有的关涉主体的数量与范围，如"亲""身""躬亲""独""专""相""交""相与"等，有的关涉主体的态度，如"特""故""佯""善""妄"等，都以修饰动词为主。

二 关涉动作类

关涉动作类的情状方式副词主要有七个小类：表示动作的私密，如"潜""微""窃"等；表示动作的轮流、相继、交错，如"代""迭""递""狎""更"等；表示行为的苟且，如"偷""苟"等；表示动作的渐进，如"浸（寖）""渐""稍"等；表示动作的直接，如"直"；表示动作的自然，如"自""案自"等；表示动作的快慢，如"疾""骤"等。

1. 表示动作的私密，主要有"潜""微""窃""阴""密"等，可译为"偷偷地""私下""暗中""秘密地"等。例如：

（1）术者，藏之于胸中，以偶众端而潜御群臣者也。（《韩非子·难三》）
（2）令张孟谈踰城潜行。（《吕氏春秋·义赏》）
（3）齐侯疾，崔杼微逆光。（《左传·襄公十九年》）
（4）守必谨微察视谒者、执盾、中涓及妇人侍前者，（《墨子·号令》）
（5）封人因窃谓仲曰。（《韩非子·外储说左下》）
（6）于是乎畏晋而窃与楚盟，故曰匿盟。（《左传·成公二年》）
（7）将恐齐、赵之合也，必阴劲之。（《战国策·东周》）
（8）我因阴结韩之亲。（《战国策·齐一》）
（9）既，乃与巴姬密埋璧于大室之庭。（《左传·昭公十三年》）

2. 表示动作的轮流、相继、交错，主要有"代""迭""递""狎""更""交""相""递相"等。例如：

（1）代翕代张，代存代亡，相为雌雄耳矣。（《荀子·议兵》）
（2）且夫三王代兴，五霸迭盛，皆不自覆也。（《战国策·燕一》）

37

(3) 三呼，皆迭对。(《左传·昭公十七年》)

(4) 四时迭起，万物循生。(《庄子·天运》)

(5) 日月递照，四时代御。(《荀子·天论》)

(6) 其卒递而相食。(《吕氏春秋·介立》)

(7) 此国〔之〕所以递兴递废也。(《吕氏春秋·持君》)

(8) 且晋楚狎主诸侯之盟也久矣。(《左传·襄公二十七年》)

(9) 守表者三人，更立邮表而望。(《墨子·杂守》)

(10) 即以甲封付某等，与里人更守之，待令。(《睡虎地秦简·封诊式》)

(11) 自以为犹宋、郑也，齐、晋又交辅之，将以害楚。(《左传·昭公二十年》)

(12) 传序相授，于今四王矣。(《左传·昭公七年》)

(13) 羞者献体改服于门外，执羞者坐行而入，执钺者夹承之，及体以相授也。(《左传·昭公二十七年》)

(14) 不忧强秦，而递相罢弱。(《战国策·齐一》)

以上情状方式副词"代"等都修饰动词，主语一般是复数名词。这类情状方式副词可以单用，如例(3)(4)(6)，例(8)—(13)等。但常常连续使用，如例(1)是"代……代……，代……代……"的格式，例(2)是"代……，迭……"的格式，例(5)是"递……，代……"的格式，例(7)是"递……递……"的格式，例(14)"递相"连用。

3. 表示行为的苟且，主要有"偷""苟"等。例如：

(1) 以欺愚者而淖陷之，以偷取利焉。(《荀子·正论》)

(2) 不恤君之荣辱，不恤国之臧否，偷合苟容以持禄养交而已耳，谓之国贼。(《荀子·臣道》)

(3) 今夫偷生浅知之属，曾此而不知也。(《荀子·荣辱》)

(4) 生亦我所欲，所欲有甚于生者，故不为苟得也。(《孟子·告子上》)

(5) 吴起事悼王，使私不害公，谗不蔽忠，言不取苟合，行不取苟容，行义不固毁誉，必有伯主强国，不辞祸凶。(《战国策·秦三》)

4. 表示动作的渐进，主要有"浸（寖）""渐""稍"等。例如：

（1）浸假而化予之左臂以为鸡，予因以求时夜；浸假而化予之右臂以为弹，予因以求鸮炙；浸假而化予之尻以为轮。（《庄子·大宗师》）

（2）夫婴儿不剔首则腹痛，不揊痤则寖益。（《韩非子·显学》）

（3）杀气浸盛，阳气日衰。（《吕氏春秋·仲秋》)）

（4）夫人臣之侵其主也，如地形焉，即渐以往，使人主失端，东西易面而不自知。（《韩非子·有度》）

（5）渐更以离通比。（《韩非子·八经》）

（6）以柴木土稍杜之，以急为故。（《墨子·备城门》）

5. 表示动作的直接，主要有"直"。例如：

（1）老聃曰："胡不直使彼以死生为一条，以可不可为一贯者，解其桎梏，其可乎？"（《庄子·德充符》）

（2）正义直指，举人之过，非毁疵也。（《荀子·不苟》）

（3）令公子裸而解发直出门。（《韩非子·内储说下》）

（4）聂政直入，上阶刺韩傀韩傀走而抱哀侯。（《战国策·韩二》）

（5）直以剑伐痍丁，夺此首。（《睡虎地秦简·封诊式》）

（6）适当世明主之意，则有直任布衣之士，立为卿相之处。（《韩非子·奸劫弑臣》）

6. 表示动作的自然。主要有"自""案自"等。例如：

（1）而神明自得，圣心备焉。（《荀子·劝学》）

（2）是以厚赏不行，重罚不用而民自治。（《韩非子·五蠹》）

（3）祸福之所自来，众人以为命。（《吕氏春秋·应同》）

（4）刑政平，百姓和，国俗节，则兵劲城固，敌国案自诎矣。（《荀子·王制》）

(5) 是使群臣百姓皆以制度行，则财物积，国家案自富矣。三者体此而天下服，暴国之君案自不能用其兵矣。(《荀子·王制》)

情状方式副词"自""案自"主要修饰动作动词，如例（1）—（4），偶尔也可修饰形容词或能愿动词，如例（5）。

7. 表示动作的快慢，主要有"疾""骤""遽"等，可译为"快速、迅速、赶快"等。例如：

(1) 楚人讨贰而立子囊，必改行而疾讨陈。(《左传·襄公五年》)

(2) 公以晋君语之。杞伯于是骤朝于晋而请为昏。(《左传·成公十八年》)

(3) 景公遽起，传骑又至。(《韩非子·外储说左上》)

(4) 楚、赵果遽起兵而救韩。(《战国策·齐二》)

以上关涉动作类的情状方式副词主要表示动作行为进行或发生时的情态、方式、速度等，主要修饰动作动词或趋止动词，一般紧邻谓语动词。

三 关涉结果类

关涉结果类的情状方式副词可分为两小类，表示动作的结果没有效益、徒劳无功，如"徒""空"等；表示动作结果恰到好处，如"适""正"等。

1. 表示动作的结果没有效益，主要有"徒""特""素""空"，可译为"空空地、白白地"等。例如：

(1) 攻此不用锐，且无杀而徒得此然也。(《墨子·非攻中》)

(2) 徒取诸彼以与此，然且仁者不为，况于杀人以求之乎？(《孟子·告子下》)

(3) 凡国不徒安，名不徒显，必得贤士。(《吕氏春秋·期贤》)

(4) 主以是过予，而臣以此徒取矣。主过予则臣偷幸，臣徒取则功不尊。(《韩非子·饰邪》)

第二章　战国时代情状方式副词

（5）三国固且去矣，吾特以三城送之。（《韩非子·内储说上》）
（6）与其素厉，宁为无勇。（《左传·定公十二年》）
（7）今君留之，是空绝赵。（《战国策·赵四》）
（8）臣以垣雍为空割也。（《战国策·魏四》）

情状方式副词"徒"等都直接修饰谓语动词并紧贴动词，常常修饰获得或丧失类动词，如"得、取、送、割"等。战国文献中"徒"表示徒然最为常见，"特""素"表示"徒然"非常少见。"空"只在战国末期才由实词虚化为情状方式副词，战国文献仅《战国策》中有 3 例情状方式副词"空"。

2. 表示动作结果恰到好处，有"适""正"等，可译为"正好、恰好"等。例如：

（1）我高祖少皞挚之立也，凤鸟适至，故纪于鸟。（《左传·昭公十七年》）
（2）予适有幽忧之病，方且治之。（《庄子·让王》）
（3）此时鲁仲连适游赵，会秦围赵。（《战国策·赵三》）
（4）虽有圣贤，适不遇世，孰知之？（《荀子·成相》）
（5）辅依车，车亦依辅，虞、虢之势正是也。（《韩非子·十过》）

情状方式副词"适"直接修饰动词并紧贴动词，主要修饰趋止动词如"来、去、遭、遇、会、出、至、游"等，偶尔可以修饰存现动词"有"。情状方式副词"正"较少见，战国文献中仅 1 例。

综上所述，战国时代情状方式副词可以分为关涉主体类、关涉动作类、关涉结果类三大类，共 51 个。情状方式副词的句法特征表现在：一是句法功能单一，所修饰的多为动作性较强的动词，主要有动作动词或趋止动词等，较少修饰意义抽象的动词和意义空灵的形容词。考察范围内仅关涉主体类情状副词"佯""案自""相"等偶见修饰形容词的例子，关涉动作类和关涉结果类未见修饰形容词的例子。二是句法位置固定，情状方式副词有较强的附谓性，一般紧贴谓语中心语。战国中后期始见情状方式副词与动词之间插入其他成分，但不多见。三是主要修饰动词的肯定形式，较少修饰动词的否定形式，考察范围内仅"佯""适"偶见修饰否定结构的例子。四是大多数情状方式副词既可用于动态的句子层面，也可用于静态的短语组合中，有的情状方式副词如"善"主要用于短语组合中。总之，情状方式副词的语法意义更为实在、具体，句法位置更为黏合、固定，在功能上与形容词更接近。

第三节　情状方式副词的来源

情状方式副词一般是由实词虚化而来，一部分情状方式副词还可以进一步虚化为其他类的副词，如范围副词、语气副词等。情状方式副词主要来源于动词、形容词或名词。

一　来源于动词

主要有"交""更""潜""窃""专""徒""适"等。

"交"

战国文献中"交"主要作动词，表示"交错""交往""交集"等。"交"在战国时期虚化为情状方式副词。例如：

(1) 铍交于胸，遂弑王。(《左传·昭公二十七年》)
(2) 晏平仲善与人交，久而敬之。(《论语·公冶长》)
(3) 异形离心交喻，异物名实玄纽。(《荀子·正名》)

"更"

"更"本为动词，表示"更改"，战国时期虚化为情状方式副词、频率副词等。例如：

(1) 过也，人皆见之；更也，人皆仰之。(《论语·子张》)
(2) 浸假而化予之尻以为轮，以神为马，予因以乘之，岂更驾哉！(《庄子·大宗师》)
(3) 虞不腊矣，在此行也，晋不更举矣。(《左传·僖公五年》)
(4) 中教解前后左右，卒劳者更休之。(《墨子·旗帜》)

第二章　战国时代情状方式副词

"潜"

"潜"本意为"蹚水",后引申表示"隐藏、隐没"。先秦"潜"作动词不多见,战国时期虚化为情状方式副词,表示"偷偷地""秘密地",例如:

(1) 夫至人者,上窥青天,下潜黄泉,挥斥八极,神气不变。(《庄子·田子方》)
(2) 臣请试潜行而出,见韩、魏之君。(《韩非子·十过》)

"窃"

"窃"本为动词,偷窃义,由于偷窃的行为是秘密、私下进行的,战国时期虚化为情状方式副词"窃",表示"私下里"。例如:

(1) 故视人之室若其室,谁窃?(《墨子·兼爱上》)
(2) 述而不作,信而好古,窃比于我老彭。(《论语·述而》)

"专"

战国时期"专"主要用作动词,表示"专断、独占"等。战国早中期由动词虚化为情状方式副词,表示"专门""专独""擅自"等。例如:

(1) 衣食所安,弗敢专也。(《左传·庄公十年》)
(2) 晋大夫而专制其位,是晋之县鄙也。(《左传·昭公十九年》)

"徒"

"徒"本是动词,意为"徒步"。《古代汉语虚词词典》:"不借助于交通工具行走谓之'徒',故由此引申为'空'义。"[1] 先秦"徒"作动词较少见,动词"徒"虚化为情状方式副词,表示"白白地、空"义。例如:

---

[1] 中国社会科学院语言研究所古代汉语研究室编:《古代汉语虚词词典》,商务印书馆1999年版,第581页。

(1) 吾不徒行以为之椁。以吾从大夫之后，不可徒行也。(《论语·先进》)

(2) 因载而往，徒献之。(《韩非子·内储说上》)

"适"

"适"在战国文献中主要作动词，表示"往、适合、适宜、顺从"等。《古代汉语虚词词典》："'之'且'宜'，这就是'适'。从这个核心漫延出去，就产生'适会''偶合'等义。"① 这是说，"适"的"恰好、正好"义是从动词义"适宜"引申而来。例如：

(1) 身故不肖，力不足以适二主，其势不俱适。(《韩非子·奸劫弑臣》)

(2) 丘也尝使于楚矣，适见㹠子食于其死母者。(《庄子·德充符》)

二 来源于形容词

主要有"直""正""独""特""空""妄""固""善""微"等。

"直"

"直"本义表示物体的垂直或正直，与"曲"相对。后引申表示人品格的"正直"，"直"表示物体空间状态的"垂直"和人品的"正直"是形容词用法，"直"作情状方式副词应该是由形容词"直"引申而来。例如：

(1) 为圆以规，直以绳。(《墨子·法仪》)

(2) 聂政直入，上阶刺韩傀韩傀走而抱哀侯。(《战国策·韩二》)

(3) 正义直指，举人之过，非毁疵也。(《荀子·不苟》)

"正"

战国文献中"正"可作形容词，表示其形状或空间位置的"端正"，

---

① 中国社会科学院语言研究所古代汉语研究室编：《古代汉语虚词词典》，商务印书馆1999年版，第523页。

如"割不正""正立"等(《论语·乡党》),又由物体空间形状的"端正"引申为人品、名声的"正直、公正"。形容词"正"虚化为情状方式副词,表示"正好、恰好"。从形容词"正"到情状方式副词"正"是隐喻机制的作用,即从描述空间位置这一认知域转到时间、数量或性状等认知域。例如:

(1) 君赐食,必正席先尝之。(《论语·乡党》)
(2) 辅依车,车亦依辅,虞、虢之势正是也。(《韩非子·十过》)

"独"

《说文解字·犬部》:"独,犬相得而斗也。从犬,蜀声。羊为群,犬为独也。""独"本是形容词,孤单、单独之意。战国文献中"独"作形容词并不多见,大多数"独"用作副词。表示"孤单、单独"的"独"引申出"独自"义,由形容词发展为情状方式副词。例如:

(1) 回闻卫君,其年壮,其行独。(《庄子·人间世》)
(2) 陈亢问于伯鱼曰:"子亦有异闻乎?"对曰:"未也。尝独立,鲤趋而过庭。曰:'学诗乎?'对曰:'未也。'"(《论语·季氏》)

"特"

"特"本是形容词,意为"独特、特别",战国时代"特"作形容词较为少见。"特"由形容词虚化为情状方式副词,表示"特意、特地、专门"等义。例如:

(1) 何其无特操与?(《庄子·齐物论》)
(2) 天下之人,唯各特意哉,然而有所共予也。(《荀子·大略》)
(3) 非特以为淫泰夸丽之声,将以明仁之文,通仁之顺也。(《荀子·富国》)

"空"

"空"在先秦主要作形容词，表示"空虚、空无"，战国末期始虚化为情状方式副词，表示"白白地、空"义。例如：

(1) 不信仁贤，则国空虚。(《孟子·尽心下》)
(2) 明知死者之无知矣，何为空以生所爱，葬于无知之死人哉！(《战国策·秦二》)

"妄"

"妄"在战国文献中可作形容词，表示"狂妄"。战国时期由形容词虚化为情状方式副词，例如：

(1) 立辞而不明于其所生，妄也。(《墨子·大取》)
(2) 道不拾遗，民不妄取。(《战国策·秦一》)

"固"

战国文献中"固"可作形容词，表示坚固、稳固。"固"本来形容事物的稳固，指事物的性质不容易改变，通过隐喻机制，可以指态度的坚决，从性质域转变到认知域，从而虚化为情状方式副词。例如：

(1) 荆甚固，而薛亦不量其力。(《战国策·齐三》)
(2) 中山之王欲留之，白圭固辞，乘舆而去。(《吕氏春秋·先识》)

"善"

"善"本义是"好""善良"，形容词，后虚化为情状方式副词，表示"好好地做……""擅长""擅于"等义。例如：

(1) 王曰："善哉言乎！"(《孟子·梁惠王下》)
(2) 宋人有善为不龟手之药者。(《庄子·逍遥游》)
(3) 君子生非异也，善假于物也。(《荀子·劝学》)

"微"

"微"本义指"微小",形容词,后虚化为情状方式副词,表示行为是"偷偷地""悄悄地"进行的。例如:

(1) 世衰道微。(《孟子·滕文公下》)
(2) 《春秋》之称,微而显,志而晦,婉而成章。(《左传·成公十四年》)
(3) 尝以中山之谋微告赵王。(《韩非子·内储说下》)

除了以上词语,来源于形容词的情状方式副词还有"疾""密"等。

三 来源于名词

主要有"自""身""躬""遽""代"等。

"自"

"自"本是名词,表示"自己",后虚化为情状方式副词,表示"亲自"。例如:

(1) 子曰:"见贤思齐焉,见不贤而内自省也。"(《论语·里仁》)
(2) 不如令太子将军整迎吾得于境,而君自郊迎。(《战国策·西周》)

"身""躬"

黄珊认为"身"和"躬"都是由名词虚化为代词,再由代词虚化为副词[①]。

例如:

(1) 身劳而心安,为之。(《荀子·修身》)
(2) 子曰:"古者言之不出,耻躬之不逮也。"(《论语·里仁》)
(3) 鲁人身善织屦,妻善织缟。(《韩非子·说林上》)
(4) 子曰:"躬自厚而薄责于人,则远怨矣。"(《论语·卫灵公》)

---

① 黄珊:《古汉语副词的来源》,《中国语文》1996年第3期。

(5) 越王使大夫种行乘于吴，请男为臣，女为妾，身执禽而随诸御。(《战国策·韩三》)

(6) 尧谓我：汝必躬服仁义而明言是非。(《庄子·大宗师》)

例（1）（2）"身""躬"表示"身体"；例（3）（4）"身""躬"表示"自己"；例（5）（6）"身""躬"为情状方式副词，表示"亲自"。

"遽"

黄珊认为"遽"本是名词，"驿车"的意思，后来虚化为形容词，表示"疾速"，再由形容词虚化为情状方式副词，表示"赶快、立即"①。战国文献中"遽"表示"驿车"3例，未见"遽"作形容词的例子，主要作情状方式副词。例如：

(1) 子产在鄙，闻之，惧弗及，乘遽而至。(《左传·昭公二年》)

(2) 厉之人，夜半生其子，遽取火而视之。(《庄子·天地》)

(3) 田婴闻之，即遽请于王而听其计。(《韩非子·外储说右下》)

"代"

"代"本是名词，表示"朝代""年代"，"朝代""年代"不断更替，引申为动词"代替"，又从动词虚化为情状方式副词"轮流"。

代：朝代→代替→轮流

例如：

(1) 斯民也，三代之所以直道而行也。(《论语·卫灵公》)

(2) 若子死，将谁使代子？(《韩非子·说林上》)

(3) 寡人中此，与君代兴。(《左传·昭公十二年》)

总之，情状方式副词绝大多数来源于实词，是实词虚化的第一个阶

---

① 黄珊：《古汉语副词的来源》，《中国语文》1996年第3期。

段。情状方式副词还可以进一步虚化为限定范围副词，如"独""专""空""适"等。战国时代是汉语情状方式副词产生的重要时期。

小　结

依据事件框架中动词涉及的主体、客体、动作行为过程以及动作后果等因素，可以把战国文献中情状方式副词分为关涉主体类、关涉动作类、关涉结果类三个次类。情状方式副词的句法特征主要表现在两个方面：首先，所修饰的多为动作性较强的动词，主要有动作动词或趋止动词等，很少修饰意义抽象的动词，几乎不修饰形容词，考察范围内仅关涉主体类情状副词如"佯、案自、相"偶见修饰形容词的例子。其次，有较强的附谓性，一般紧贴谓语中心语，常常用于静态的短语组合中。情状方式副词绝大多数来源于实词，是实词虚化的第一个阶段。战国时代是汉语情状方式副词产生的重要时期。

第三章 战国时代程度副词

战国时代程度副词分为绝对程度副词和相对程度副词两个次类,绝对程度副词分为"极量、高量"两个小类,相对程度副词分为"极量、高量、低量"三个小类。战国时代程度副词主要修饰形容词和心理状态动词。

第一节 程度副词的分类及范围

一 程度副词的分类

程度副词表示性质状态或动作行为达到的程度。形容词与程度副词的关系密切,这是由于形容词具有量性特征,而程度副词恰好是表示形容词的量度或级别的。形容词和程度副词的量性特征越来越受到学术界的重视。李宇明认为:"事物含有几何量和数量等因素,事件含有动作量和时间量等因素,性状含有量级等因素。"[①] 对于性状中的量级因素,学者们早已注意到。吕叔湘先生指出:"一般说来,物件有数量,性状无数量。……我们说深浅是程度的差别,其实程度的差别也就是数量的差别。"[②] 这是将"程度"归入"数量范畴"。储泽祥等认为:"程度是靠比较体现出来的,比较的双方在数量上的差别,就构成了程度的基础。程度是由数量来决定的。"[③] 由此看来,程度可以由数量或量级来表示。

王力先生曾把程度副词分为绝对程度副词和相对程度副词两类,这种分类法目前已经得到了学术界的认可,各家根据不同的标准对这两大类分别再细分小类。近年来学术界一般根据量范畴和量级因素对绝对、相对程

[①] 李宇明:《汉语量范畴研究》,华中师范大学出版社2000年版,第30页。
[②] 吕叔湘:《吕叔湘文集(第一卷)》,商务印书馆2004年版,第144—145页。
[③] 储泽祥等:《通比性的"很"字结构》,《世界汉语教学》1999年第1期。

度副词进行再分类。如张桂宾根据有无比较对象和程度量级的差别，把相对程度副词分为"最高级、更高级、比较级、较低级"四小类，把绝对程度副词分为"超高级、极高级、次高级、较低级"四小类①。蔺璜、郭姝慧从量级角度把绝对程度副词和相对程度副词分别分为"极量、高量、中量、低量"四小类②。

我们首先把战国时代程度副词分为绝对程度副词和相对程度副词两个次类，再结合蔺璜的分类方法，根据战国程度副词实际情况，把绝对程度副词分为"极量、高量"两个小类，把相对程度副词分为"极量、高量、低量"三个小类，重点考察其与形容词、动词搭配的规律和特点。

二 程度副词的范围

学术界对古代汉语程度副词的范围还有争议。如李杰群认为"加、浸、渐、稍、略、良"等6个词在唐代以前不作程度副词，"加、浸、渐"是动词，"稍"是时间副词，"略、良"是形容词。并认为"尤、甚、颇、绝、殊、差"等在先秦不是程度副词，西汉以后才发展为程度副词③。

我们基本同意李文的观点，认为"浸、渐、稍、略、良"等在战国文献中不是程度副词。但我们认为战国文献中的"加"是程度副词，黄珊④和殷国光都认为"加"是程度副词⑤。战国文献中副词"加"用例不多，大多两个并用，有时候是同义并列，如"食之则耳加聪，目加明。"(《墨子·贵义》)有时候是反义对照，如"邻国之民不加少，寡人之民不加多，何也？"(《孟子·梁惠王上》)很明显是在对比之中表示程度量的变化，与常见的相对程度副词"愈""弥"等用法相同。此外，副词"加"可以修饰心理状态动词"信"等，这些特点基本符合程度副词的语法特征。我们认为"尤、颇"等在战国文献中还没有发展为程度副词，但"甚"已具备程度副词的用法。(详见第一章)

---

① 张桂宾：《相对程度副词与绝对程度副词》，《华东师范大学学报》（哲学社会科学版）1997年第2期。
② 蔺璜、郭姝慧：《程度副词的特点范围与分类》，《山西大学学报》（哲学社会科学版）2003年第2期。
③ 李杰群：《商君书虚词研究》，中国文史出版社2000年版，第43页。
④ 黄珊：《〈荀子〉虚词研究》，河南大学出版社2005年版，第26页。
⑤ 殷国光：《〈吕氏春秋〉词类研究》，商务印书馆2008年版，第294页。

战国时代副词研究

有一些词语有人认为是程度副词，我们认为不是。如殷国光认为"多"是程度副词①，举例为："韩、荆、赵，此三国者之将帅贵人皆多骄矣，其士卒众庶皆多壮矣。"（《吕氏春秋·介立》）战国文献中"多"修饰形容词表示"很、非常"义很罕见，此例中的"多"也可以理解为动词。先秦文献中少见"多"作程度副词的例子，汉代以后的文献中也鲜见。因此我们不认为形容词或动词"多"已经虚化为程度副词，类似的词语还有"穷、深、浅"等。

由于我们研究的目的不是穷尽性地列举战国文献中的程度副词（这些以往的文献都已经列举很详尽了），而是重在揭示战国时期程度副词所修饰的形容词或动词的类别及特点，并对其进行认知解释。因此对于出现频率过低的程度副词不予分析。如兰碧仙认为"孰（熟）"是程度副词②，但仅见睡虎地秦简1例，如"值廿钱以上，孰（熟）笞之，出其器。"（《睡虎地秦简·秦律十八种》）《睡虎地秦墓竹简》："孰笞，重打。"③ 考察传世战国文献，未见"孰"表示"重"义，因此本书不予统计分析。类似的词语还有"一""祁"等。

战国时代程度副词包括绝对程度副词和相对程度副词两大类，绝对程度副词可分为"极量、高量"两个小类，极量副词主要有"太、极、至、致、綦"等，高量副词主要有"甚、大、重、殊、独、孔"等。相对程度副词可分为"极量、高量、低量"三个小类，极量副词主要有"最"，高量副词主要有"愈、逾、滋、弥、益、俞、加、更"等，低量副词主要有"少（小）"等。详见表3-1。

表3-1　　　　　　　　战国文献程度副词分类表

		极量	太 极 至 致 綦
程度副词	绝对程度副词	高量	甚 大 重 殊 独 孔
	相对程度副词	极量	最
		高量	愈 逾 滋 弥 益 俞 加 更
		低量	少（小）

---

① 殷国光：《〈吕氏春秋〉词类研究》，商务印书馆2008年版，第294页。
② 兰碧仙：《出土战国文献副词研究》，博士学位论文，厦门大学，2012年。
③ 睡虎地秦墓竹简整理小组编：《睡虎地秦墓竹简》，文物出版社1990年版，第54页。

第三章 战国时代程度副词

由上表可知，战国文献中绝对程度副词只有"极量"和"高量"两个小类，没有"低量"这个类别；"相对程度副词"中有"极量""高量"和"低量"三个小类，但低量副词很少。据蔺璜，现代汉语中低量副词较之极量、高量副词也少得多[1]。看来古今代汉语中的程度副词都有偏向"高、大、多、好"的倾向，周国光认为这是因为"所谓'属性'往往就是最突显的特征，而在对事物的认知中，'高、大、多、好'等因素最容易被突显，儿童副词习得的研究也证明了这点"[2]。

第二节 程度副词的语义特征及句法功能

程度副词主要是表示形容词的量性特征的，本节重点考察程度副词所修饰的形容词的特点。同时，程度副词还能修饰一部分动词，本节也考察能够受程度副词修饰的动词的主要特征。

一 绝对程度副词

战国时代绝对程度副词包括极量和高量两类。极量程度副词主要有"太、极、至、致、綦"等；高量程度副词主要有"甚、大、重、殊、独、孔"等。

（一）极量绝对程度副词

"太"

程度副词"太"在战国早中期的文献不多见，主要见于战国晚期的文献中，共57例，表示"太""过于"义。毛帅梅认为，跨语言的研究显示，几乎所有的语言里都有表示度量、年岁、价值和颜色四个语义类别的形容词[3]。战国时代极量程度副词主要修饰度量类、价值类形容词，很少修饰年岁类和颜色类形容词。"太"经常修饰的度量类形容词有"上、多、少、盛、泛、重、高、早、久、清"等，常修饰的价值类形容词主要有

---

[1] 蔺璜、郭姝慧：《程度副词的特点范围与分类》，《山西大学学报》（哲学社会科学版）2003年第2期。
[2] 周国光：《儿童习得副词的偏向性特点》，《汉语学习》2000年第4期。
[3] 毛帅梅：《现代汉语副词及类副词的功能层级研究》，博士学位论文，上海外国语大学，2012年。

"仁、贵、尊、侈、毅、威、亲"等，修饰的动词主要是心理状态动词，如"信、忍"等。例如：

(1) 大（太）久而不渝，忠之至也。(《郭店楚简·忠信之道》)
(2) 故太巨、太小、太清、太浊皆非适也。(《吕氏春秋·适音》)
(3) 爱臣太亲，必危其身；人臣太贵，必易主位。(《韩非子·爱臣》)
(4) 大臣太重者国危，左右太亲者身危。(《战国策·秦一》)
(5) 成驩谓齐王曰："王太仁，太不忍人。"(《韩非子·内储说上》)
(6) 万乘之患，大臣太重；千乘之患，左右太信；此人主之所公患也。(《韩非子·孤愤》)

"太"除了可位于动态的句子层面的组合中，也可位于静态的短语层面的组合中，如例（2）（4）等。张桂宾认为现代汉语的"太"有两个，太$_1$表示程度极高，太$_2$相当于"过于"，"过于"表示"过分"之意，表示的不是程度加强，而是使性质向相反方向转化，体现出物极必反的道理[①]。战国文献中的"太"大多数都是表示"过分"意，用于叙述凡事作过了头，不能达到预期的目的。

"极"

战国文献中程度副词"极"用例不多，仅9例。"极"能够修饰的形容词较少，主要有"盛""贤""卑""贱""劳苦"等价值类形容词。表示"极其""甚"义，例如：

(1) 古之牧天下者，不使匠石极巧以败太山之体。(《韩非子·大体》)
(2) 极卑极贱，极远极劳。(《吕氏春秋·求人》)

---

① 张桂宾：《相对程度副词和绝对程度副词》，《华东师范大学学报》（哲学社会科学版）1997年第2期。

(3) 犯颜极谏。(《韩非子·外储说左下》)

(4) 上下一心，三军同力，与之远举极战则不可。(《荀子·富国》)

(5) 三年之丧，称情而立文，所以为至痛极也。(《荀子·礼论》)

例（1）（2）"极"修饰形容词，例（3）（4）修饰动词，例（5）"极"作补语。

"至"

程度副词"至"同"太""最"等一样，在战国早期的文献很少见到，战国中期的文献开始出现，战国晚期的文献中大量使用开来，共158例。"至"可修饰的形容词也主要是度量类和价值类，还可以修饰心理动词。表示"最""非常"义，例如：

(1) 其为气也，至大至刚。(《孟子·公孙丑上》)

(2) 以其至小，求穷其至大之域。(《庄子·秋水》)

(3) 天下者，至重也，非至强莫之能任；至大也，非至辨莫之能分；至众也，非至明莫之能和。(《荀子·正论》)

(4) 以至仁伐至不仁，而何其血之流杵也？(《孟子·尽心下》)

(5) 夫至智说至圣，然且七十说而不受。(《韩非子·难三》)

(6) 君子之内教也，回既闻矣已。敢问至明？(《上博楚简八·颜渊问于孔子》)

(7) 桀纣者，其志虑至险也，其志意至闇也，其行为至乱也。(《荀子·正论》)

(8) 已葬埋，若无丧者而止，夫是之谓至辱。(《荀子·礼论》)

(9) 今听言观行，不以功用为之的彀，言虽至察，行虽至坚，则妄发之说也。(《韩非子·问辩》)

"至"修饰的形容词范围广泛，既可修饰具有量大特征的形容词，如"大""重"等，如例（1）（3），也可修饰具有量小特征的形容词，如"小"，如例（2）。既可修饰褒义类形容词，如"仁""尊""贵""忠"

等，如例（4）—（6），也可修饰贬义类形容词，如"乱""闇""佚"等，如例（7）。"至"还可修饰心理情绪动词，如例（8）；可修饰心理认知动词，如"察""愿"等，如例（9）。"至"也可出现在静态的短语组合中，如例（2）（4）（5）（8）等。程度副词"至"在战国时代是核心副词，但由于"至"在战国文献中主要用作动词，还可作形容词，身兼数职，因此，到了中古时期程度副词"至"的核心地位逐渐下降，让位给专职的"最""极"等。

"致"

程度副词"致"主要出现在战国后期的《荀子》《吕氏春秋》中，共45例。"致"主要修饰价值类、度量类形容词和心理动词。表示"极其""最"义，例如：

(1) 食之致香以息。(《吕氏春秋·审时》)
(2) 小人反是：致乱而恶人之非己也；致不肖而欲人之贤己也。(《荀子·修身》)
(3) 志意致修，德行致厚，智虑致明，是天子之所以取天下也。(《荀子·荣辱》)
(4) 上莫不致爱其下，而制之以礼。(《荀子·王霸》)
(5) 致好之者，君子之始也。(《荀子·王制》)

例（1）—（3）"致"修饰形容词，例（4）（5）修饰心理动词。

"綦"

程度副词"綦"仅见于《荀子》中，16例。表示"极其、特别"义。例如：

(1) 刑罚綦省而威行如流，政令致明而化易如神。(《荀子·君子》)
(2) 綦大而王，綦小而亡，小巨分流者存。(《荀子·王霸》)
(3) 居则周静致下，动则綦高以钜。(《荀子·赋篇》)
(4) 故上好礼义，尚贤使能，无贪利之心，则下亦将綦辞让，致忠信，而矜于臣子矣。(《荀子·君道》)

"綦"主要修饰度量类形容词,如例(1)—(3),也可修饰动词,如例(4)。

(二)高量绝对程度副词

"甚"

程度副词"甚"在战国文献中使用频率较高,共332例。"甚"可修饰度量类、价值类形容词,还可修饰动词,表示"非常""很"义。"甚"修饰形容词的例子如:

(1)吾子齿年长矣,家性甚急,性未有所奠,愿吾子止图之也。(《上博楚简八·子道饿》)

(2)合天下而君之,饮食甚厚,声乐甚大,台谢甚高,园囿甚广。(《荀子·王霸》)

(3)故其为瞽瞍子也,甚孝;及其为尧臣也,甚忠。(《郭店楚简·唐虞之道》)

(4)甚僻违而无类,幽隐而无说。(《荀子·非十二子》)

(5)人情甚不美,又何问焉!(《荀子·性恶》)

(6)有人于此,翟甚不仁,尊天、事鬼、爱人,甚不仁,犹愈于亡也。(《墨子·公孟》)

同"至"一样,程度副词"甚"可修饰的形容词范围很广泛,主要修饰具有量大特征的形容词,如"大""多""高""长""重""厚""广""博"等,如例(1)(2);也可修饰具有量小特征的形容词,如"小""微""寡""短""简""疏""浅"等。主要修饰褒义类形容词,如"贤""尊""贵""善""雅"等,如例(3),也可修饰贬义类形容词,如"弊""恶""愚"等。主要修饰单音节形容词,但也可修饰少数几个双音节形容词,如"愚陋""僻违""素朴""神圣"等,如例(4)。主要修饰形容词的肯定形式,但偶尔可以修饰形容词的否定形式,如"不仁""不美""不荣""不安"等,如例(5)(6)。

"甚"修饰动词的例子如:

(7)公孙段相,甚敬而卑。(《左传·昭公三年》)

（8）寡人甚不喜诞者言也。（《庄子·田子方》）

（9）春平侯者，赵王之所甚爱也，而郎中甚妒之。（《战国策·赵四》）

（10）疑母甚爱信之。（《韩非子·外储说右上》）

（11）王甚悦爱子，然恶子之鼻。（《韩非子·内储说下》）

（12）吾服，女也甚忘；女服，吾也甚忘。（《庄子·田子方》）

（13）臣斯甚以为不然。（《韩非子·存韩》）

（14）王子职甚有宠。（《韩非子·内储说下》）

（15）是故求以富国家，甚得贫焉；欲以众人民，甚得寡焉；欲以治刑政，甚得乱焉。（《墨子·节葬下》）

（16）而长邪僻淫泆之民，甚害于邦，不便于民。（《睡虎地秦简·语书》）

例（7）—（11）"甚"主要修饰情绪类心理动词，例（12）（13）修饰认知类心理动词，例（10）（11）修饰双音节心理动词。"甚"常修饰的心理动词还有"好、悦、宠、恶、憎、畏、忧、信、羞、愿"等。例（14）—（16）修饰状态动词"有、得、害"等。总之，"甚"主要修饰状态动词，很少修饰变化动词和动作动词。"甚"还可以修饰名词性谓语，例如：

（17）开地书千里，此甚大功也。（《战国策·秦一》）

（18）左右对曰："甚然！"（《韩非子·难三》）

"大"

程度副词"大"在战国文献中使用频率较高，共526例，经常修饰价值类形容词，还可以修饰心理动词。表示"太""大大地"义。"大"修饰形容词的例子如：

（1）祭祀、嫁子、娶妇、入材，大吉。（《睡虎地秦简·甲种日书》）

（2）得道以持之，则大安也，大荣也，积美之源也；不得道以持

之，则大危也，大累也，有之不如无之。(《荀子·王霸》)

（3）故大贵之生常速尽。(《吕氏春秋·情欲》)

除了以上例子，程度副词"大"常常修饰的形容词还有"喜、富、旱、寒、热、忠、贤、美、顺、苦、亲、乱、静"等，还可以修饰少量双音节形容词如"仁慈、迷惑"等。

程度副词"大"同"甚"一样，能够修饰的动词的类别比较丰富，如主要修饰心理状态动词，例如：

（4）大喜、大怒、大忧、大恐、大哀，五者接神则生害矣。(《吕氏春秋·尽数》)

（5）则君不夺公位，而大敬重公，则公常用宋矣。(《韩非子·说林下》)

（6）中山君大疑公孙弘，公孙弘走出。(《战国策·中山》)

（7）于是燕王因益大信子之。(《韩非子·外储说右下》)

程度副词"大"还可修饰存现动词状态动词和一少部分的动作动词。例如：

（8）乃大有事于群望。(《左传·昭公十三年》)

（9）水已行，民大得其利。(《吕氏春秋·乐成》)

（10）先王有幸臣之意，然有大伤臣之实。(《韩非子·问田》)

（11）赏罚无方，不用法式，杀三不辜，民大不服，守法之臣，出奔周国。(《吕氏春秋·先识》)

（12）於是乎天下之兵大起。(《上博楚简二·容成氏》)

（13）民乃甚说，雨乃大至。(《吕氏春秋·顺民》)

例（8）"大"修饰存现动词，例（9）—（11）"大"修饰状态动词，例（12）（13）修饰动作动词。

总之，程度副词"大""甚"使用频率较高，用法多样，是战国时期核心程度副词。据栗学英，中古汉语中"大""甚"仍然是用量最大的甚度程度副词①。

"重"

程度副词"重"在战国文献中使用不多,共14例,主要见于《左传》《庄子》,主要修饰动词,表示"重重地""很"义。例如:

(1) 晋郤芮使夷吾重赂秦以求入。(《左传·僖公九年》)
(2) 楚左尹子重侵宋,王待诸郔。(《左传·宣公十一年》)
(3) 孟明增修国政,重施于民。(《左传·文公二年》)
(4) 大为难而罪不敢,重为任而罚不胜。(《庄子·则阳》)

例(4)"重"与前分句的程度副词"大"相对照。

"殊"

战国文献中程度副词"殊"仅6例,见于战国晚期的《战国策》《吕氏春秋》中,主要用于否定结构中。表示"很""非常"义,例如:

(1) 臣来至境,入都邑观人民谣俗,容貌颜色,殊无佳丽好美者。(《战国策·中山》)
(2) 老臣今者殊不欲食,乃自强步。(《战国策·赵四》)
(3) 寡人少,殊不知此。(《吕氏春秋·知士》)
(4) 有殊弗知甚者。(《吕氏春秋·重己》)

例(1)"殊"修饰存现动词,例(2)修饰能愿动词,例(3)(4)修饰认知心理动词。

"孔""独"

程度副词"孔""独"在战国文献中较少见,各出现2例,主要修饰形容词,表示"很""非常"义。例如:

(1) 夫以阳为充孔扬,采色不定。(《庄子·人间世》)
(2) 敬之敬之,天命孔明。(《上博楚简五·三德》)

---

① 栗学英:《中古汉语副词研究》,博士学位论文,南京师范大学,2011年。

（3）入主之爱子也，不如布衣之甚也；非徒不爱子也，又不爱丈夫子独甚。(《战国策·燕二》))

（4）太后弗听，臣是以知人主之不爱丈夫子独甚也。(《战国策·燕二》))

二　相对程度副词

战国时代相对程度副词包括极量、高量和低量三类。极量程度副词主要有"最"；高量程度副词主要有"愈""益""滋""弥""逾""俞""更""加"等；低量程度副词主要有"小（少）"。

（一）极量相对程度副词

"最"

程度副词"最"在战国文献中不多见，共33例。战国早中期的文献中"最"很少见，战国后期的文献使用逐渐增多，主要出现在《战国策》《韩非子》中。

"最"可以修饰年岁类、度量类、价值类形容词，例如：

（1）老臣贱息舒祺，最少，不肖。(《战国策·赵四》)
（2）即口邑最富者，与皆出种。(《周家台秦简·病方及其他》)
（3）今天下散而事秦，则韩最轻矣；天下合而离秦，则韩最弱矣；合离之相续，则韩最先危矣。(《战国策·韩三》)
（4）然惠施之口谈，自以为最贤。(《庄子·天下》)
（5）明主之国，令者，言最贵者也，法者，事最适者也。(《韩非子·问辩》)

"最"可以修饰方位名词，例如：

（6）端，体之无序而最前者也。(《墨子·经上》)

"最"修饰动词的例子如：

（7）赵襄子最怨知伯。(《战国策·赵一》)

(8) 桓公问管仲曰："治国何患？"对曰："最苦社鼠。"(《韩非子·外储说右上》)

(9) 凡味之本，水最为始。(《吕氏春秋·本味》)

(10) 人有气、有生、有知，亦且有义，故最为天下贵也。(《荀子·王制》)

例（7）（8）"最"修饰心理状态动词，例（9）（10）修饰属性动词"为"。由上可知，战国时期"最"虽然是新出程度副词，且用例不多，但由于其修饰的句法成分多样，用法灵活，因此汉代以后发展迅猛，成为汉语最重要的程度副词之一。据栗学英，汉代"最"的使用频率非常高，是中古时期极度副词的核心成员[①]。

（二）高量相对程度副词

"滋"

战国文献中程度副词"滋"表示程度的加深，意为"越发"。共31例，主要修饰度量类形容词，较少修饰动词，修饰的形容词多具有量大特征，如"甚、众、多、丰、大、长、侈、久、深、硕"等。例如：

(1) 正阳，是谓滋昌。(《睡虎地秦简·甲种日书》)

(2) 若是，则弟子之惑滋甚。(《孟子·公孙丑上》)

(3) 不亦去人滋久，思人滋深乎？(《庄子·徐无鬼》)

(4) 行地滋远，得民滋众。(《吕氏春秋·怀宠》)

(5) 命执之，弗得，滋怒。(《左传·定公三年》)

(6) 谋之多族，民之多违，事滋无成。(《左传·襄公八年》)

例（1）（2）（5）（6）"滋"单用，例（3）（4）是"滋……滋……"的格式，表示递进关系。例（1）—（4）"滋"修饰形容词，例（5）（6）修饰心理状态动词和其他状态动词。

"益"

战国文献中程度副词"益"表示"更加""越发"义，共76例。

[①] 栗学英：《中古汉语副词研究》，博士学位论文，南京师范大学，2011年。

"益"可以修饰度量类、价值类、颜色类形容词,也可修饰动词。"益"修饰形容词的例子如:

(1) 其士多死而兵益弱。(《战国策·齐五》)
(2) 目益明,耳益聪。(《吕氏春秋·赞能》)
(3) 权衡县而重益轻,斗石设而多益少。(《韩非子·有度》)
(4) 木益枯则劲,涂益干则轻,以益劲任益轻则不败。(《吕氏春秋·别类》)
(5) 白之顾益黑、求之愈不得者,其此义耶!(《吕氏春秋·审分》)
(6) 故主上愈卑,私门益尊。(《韩非子·孤愤》)
(7) 以亏人愈多,其不仁兹甚,罪益厚。(《墨子·非攻上》)
(8) 魏王虽无以应,韩之为不义愈益厚也。(《吕氏春秋·审应》)

例(1)程度副词"益"单用,例(2)(3)是"益……,益……"的格式,例(4)是"益……,益……,益……",益……的格式,例(5)是"益……,愈……"的格式,例(6)是"愈……,益……"的格式,例(7)是"愈……,兹……,益……"的格式,例(8)高量副词"愈""益"连用。可见,程度副词"益"经常并列使用或与其他程度副词对照使用、连用,表示递进关系,增加语言的气势。

"益"修饰动词的例子如:

(9) 绝学捐书,弟子无挹于前,其爱益加进。(《庄子·山木》)
(10) 吾犯此数患,亲交益疏,徒友益散。(《庄子·山木》)
(11) 自是晋人轻鲁币,而益敬其使。(《左传·襄公十四年》)
(12) 今大王令人执事于魏,以完其交,臣恐魏交之益疑也。(《战国策·魏二》)

例(9)高量副词"益""加"连用修饰动作动词,例(10)是"益……,益……"的格式,"益"修饰形容词"疏"和状态动词"散"。

例（11）（12）"益"修饰心理状态动词。

"愈"

战国文献中程度副词"愈"表示程度的加深，"更加""越发"义。共124例，其中，修饰形容词92例，占74%；修饰动词32例，占26%。"愈"主要修饰度量类、价值类形容词。例如：

(1) 创巨者其日久，痛甚者其愈迟。（《荀子·礼论》）
(2) 齿乎唇乎，愈惛惛乎。（《韩非子·扬权》）
(3) 所治愈下，得车愈多。（《庄子·渔父》）
(4) 王之动愈数，而离王愈远耳。（《战国策·魏四》）
(5) 吾三相楚而心愈卑，每益禄而施愈博，位滋尊而礼愈恭。（《荀子·尧问》）
(6) 身贵而愈恭，家富而愈俭，胜敌而愈戒。（《荀子·儒效》）
(7) 故乐愈侈，而民愈郁，国愈乱，主愈卑，则亦失乐之情矣。（《吕氏春秋·侈乐》）
(8) 每益禄而施愈博，位滋尊而礼愈恭。（《荀子·尧问》）

例（1）（2）程度副词"愈"单用，例（3）（4）是"愈……愈……"的格式，例（5）（6）是"愈……愈……愈……"的格式，例（7）"愈……愈……愈……愈……"的格式，例（8）是"益……愈……，滋……愈……"的格式。调查中我们发现，战国时期程度副词"愈"绝大多数都出现在连用的格式中，单用的较少。殷国光指出："表示程度变化的副词在一句之中重复出现，其谓词中心语之间在意义上往往存在着依变关系。"[①] 所谓依变关系，指后一谓词中心语在程度上随着前一谓词中心语的增减而增减。如例（3）（4）两个"愈"字句之间都是依变关系。但例（5）（6）（8）几个"愈"字句之间是并列关系。例（7）第一个"愈"字句与后面三个是依变关系，后三个句子是并列关系。

"愈"还可以修饰动词。例如：

[①] 殷国光：《〈吕氏春秋〉词类研究》，商务印书馆2008年版，第296页。

（9）亦愈不知士甚矣。(《吕氏春秋·士节》)
（10）贤主愈大愈惧，愈强愈恐。(《吕氏春秋·慎大》)
（11）乃愈自信，欲霸之亟成。(《战国策·宋卫》)
（12）藏怒而弗发，悬罪而弗诛，使群臣阴憎而愈忧惧。(《韩非子·亡征》)
（13）上者愈得，下者愈亡。(《墨子·经说下》)
（14）愈往而不知其所穷。(《庄子·山木》)

例（9）程度副词"愈"修饰认知类心理动词，例（10）—（12）修饰情绪类心理动词。此外，"愈"常修饰的心理状态动词还有"以为、怒、疑、怪、高（推崇）"等。例（13）修饰状态动词，例（14）修饰动作动词。可见，程度副词"愈"同"益"一样，修饰的动词性质较为复杂，既有心理动词，也有状态动词，也包含一部分动作动词。

"逾""俞"

战国文献中程度副词"逾""俞"表示"越发"义，"逾"6例，主要见于《墨子》《吕氏春秋》。"俞"14例，主要见于《荀子》。"逾""俞"主要修饰形容词。例如：

（1）欲安而逾危也。(《吕氏春秋·务大》)
（2）不能为君者，伤形费神，愁心劳意，然国逾危，身逾辱。(《墨子·所染》)
（3）故其乐逾繁者，其治逾寡。(《墨子·三辩》)
（4）说必不行矣，俞务而俞远。(《荀子·仲尼》)
（5）比周而誉俞少，鄙争而名俞辱，烦劳以求安利，其身俞危。(《荀子·儒效》)
（6）是故得地而权弥轻，兼人而国俞贫。(《荀子·议兵》)

例（1）"逾"单用，例（2）（3）"逾"出现在"逾……逾……"的格式中，例（4）"俞"出现在"俞……俞……"的格式中，例（5）出现在"俞……俞……俞……"的格式中，例（6）出现在"弥……俞……"的格式中。例（2）（5）"逾""俞"表示并列关系，例（3）（4）"逾"

"俞"表示依变关系。

"加"

战国文献中程度副词"加"表示"更加",共19例,主要修饰度量类形容词。例如:

(1) 登高而招,臂非加长也,而见者远;顺风而呼,声非加疾也,而闻者彰。(《荀子·劝学》)

(2) 食之则耳加聪,目加明。(《墨子·贵义》)

(3) 邻国之民不加少,寡人之民不加多,何也?(《孟子·梁惠王上》)

(4) 赏不加厚,罚不加重。(《吕氏春秋·贵直》)

(5) 今楚不加善秦而善轸,然则轸自为而不为国也。(《战国策·秦一》)

(6) 而齐未加信于足下,而忌燕也愈甚矣。(《战国策·燕一》)

例(1)—(4)程度副词"加"修饰形容词,大多两个并用,有时候是同义并列,如例(1)(2);有时候是反义对照,如例(3)(4)。例(5)(6)"加"修饰心理状态动词。

"弥"

战国文献中程度副词"弥"表示"更加",共60例,主要修饰度量类、价值类形容词。例如:

(1) 亡十九年,守志弥笃。(《左传·昭公十三年》)

(2) 然则数变业者,其人弥众,其亏弥大矣。(《韩非子·解老》)

(3) 仰之弥高,钻之弥坚。(《论语·子罕》)

(4) 其知弥精,其所取弥精;其知弥粗,其所取弥粗。(《吕氏春秋·异宝》)

(5) 王者之封建也,弥近弥大,弥远弥小。(《吕氏春秋·慎势》)

(6) 国弥大,家弥富,葬弥厚。(《吕氏春秋·节丧》)

(7) 今邦弥小而钟愈大,君其图之。(《上博楚简四·曹沫之陈》)

(8) 事之弥烦,其侵人愈甚。(《荀子·富国》)

例(1)程度副词"弥"单用,例(2)(3)是"弥……,弥……"的格式,"弥"表示程度的依变关系。例(4)(5)是"弥……弥……,弥……弥……"的格式,是两个存在程度依变关系的句式对照,表示存在相反事物或情况的依变关系。例(6)是"弥……,弥……,弥……"句式,表示并列关系。例(7)(8)是"弥……,愈……"句式,使用不同的高量相对程度副词,表示的也是程度的依变关系。

"更"

战国文献中程度副词"更"表示"更加",仅4例,见于战国晚期的《战国策》《韩非子》中,主要修饰动词。例如:

(1) 与之,即无地以给之;不与,则弃前功而后更受其祸。(《战国策·韩一》)

(2) 又必谓王曰使王轻齐,齐、魏之交已丑,又且收齐以更索于王。(《战国策·魏二》)

(3) 其智士且以治辩进业,不能以货赂事人;恃其精洁治辩,而更不能以枉法为治。(《韩非子·孤愤》)

(三)低量相对程度副词

"少(小)"

战国文献中程度副词"少(小)"共43例,表示低量,可译为"稍微"。"少"修饰形容词不多,主要修饰动词,例如:

(1) 吾抚女以从楚,辅之以晋,可以少安。(《左传·僖公四年》)

(2) 角、房大吉,须女、虚少吉。(《睡虎地秦简·日书甲》)

(3) 今予病少痊,予又且复游于六合之外。(《庄子·徐无鬼》)

(4) 占之,恒贞吉,少有感也。(《包山楚简》231)

(5) 有是施，小（少）有利，转而大有害者，有之。有是施，小（少）有害，转而大有利者，有之。(《郭店楚简·尊德义》)

(6) 太后之色少解。(《战国策·赵四》)

(7) 定公曰："善，可得少进乎？"(《荀子·哀公》)

(8) 公必曰："少却，吾恶紫臭。"(《韩非子·外储说左上》)

例（1）（2）程度副词"少"修饰形容词；例（3）—（6）修饰状态动词，例（7）（8）修饰动作动词。

第三节 程度副词修饰形容词、动词的认知解释

由上面的论述可知，战国时期程度副词主要修饰形容词和心理状态动词。程度副词修饰谓语中心语的情况如表 3-2。

表 3-2　　　　程度副词修饰谓语中心语成分统计表

	绝对程度副词										相对程度副词								
	太	极	至	致	甚	殊	重	大	独	孔	綦	最	愈	俞	逾	滋	弥	益	加	更	少
形容词	+	+	+	+	+	-	+	+	+	+	+	+	+	+	+	+	+	+	-	+
动词	+	+	+	-	+	+	+	+	-	+	+	+	+	+	+	+	-	+	+	+

由上表可知，除了出现次数较少的"殊、重、更"外，程度副词基本上都可以修饰形容词，程度副词能够修饰形容词是因为形容词具有量级特征。蔺璜、郭姝慧认为："跨语言的研究表明，程度性是形容词的本质特征，而性状的程度是有量级差别的。汉语里的程度副词是形容词量性特征的标记。"[1] 学术界一般根据能否受相关程度副词修饰来对现代汉语形容词分类。如石毓智认为，汉语形容词在量性特征上存在着"量幅"和"量点"的对立，性质形容词表示的是"量幅"特征，状态形容词表示的是"量点"特征[2]。性质形容词自身没有量的规定性，或者说表示的是连续

---

[1] 蔺璜、郭姝慧：《程度副词的特点范围与分类》，《山西大学学报》（哲学社会科学版）2003 年第 2 期。

[2] 石毓智：《现代汉语肯定性形容词》，《中国语文》1991 年第 3 期。

量,表示"量幅",因此可以受程度副词修饰。沈家煊指出,名词、动词、形容词都有"有界"和"无界"之分①。实际上,沈先生所说的形容词的"有界"和"无界"就是形容词的连续量和分离量的问题,也就是"量幅"和"量点"的对立。战国文献中的形容词绝大多数是单音节的性质形容词,如"大、小、多、高、贤"等,是"无界"形容词,不表示具体的量点,本身是一个连续量,因此可以受程度副词的修饰,对其加以量的限定。

除了少数出现频率比较低的程度副词"致、独、孔、弥"外,其余大多数程度副词都可以修饰动词。战国时期程度副词修饰的动词主要是心理状态动词,其次是其他状态动词,偶尔也会修饰一些动作动词。

这里简单谈谈动词的分类问题。现代汉语动词的分类主要有以下几种观点。马庆株把汉语动词分为"自主动词和非自主动词",其中非自主动词分为属性动词和变化动词两类,这里的属性动词也包括一般认为的状态动词②。袁明军认为非自主动词除了属性动词和变化动词,还包括专职的状态动词③。郭锐把汉语动词分为三类:状态动词,包括 Va(是、等于)、Vb(认识、知道)、Vc1(喜欢、姓)、Vc2(有、信任);动作动词;变化动词④。郭锐的状态动词也包括属性动词。综合以上观点,我们把战国文献中程度副词修饰的动词大致分为三类:状态动词,如"爱、悦、敬、有、得、病、缺"等;属性动词,如"合、为"等;动作动词,如"至、进、出、来、止"等。

战国文献中程度副词主要修饰心理状态动词。程度副词可修饰的心理状态动词非常广泛,大致可以分为三类。第一类是喜爱、尊敬类,如"好、爱、喜、悦、悦爱、赞、高(推崇)、宠、敬、羞、敬重"等;第二类是怨恨、憎恶、畏惧类,如"怨、怪、怒、诅、憎、恶、患、惊、栗、忧、忧惧、恐、骇、惧、畏、悔"等;第三类是认知记忆类,如"知、信、自信、疑、爱信、忘"等。能够修饰这些心理状态动词的既有绝对程

---

① 沈家煊:《"有界"与"无界"》,《中国语文》1995 年第 5 期。
② 马庆株:《自主动词和非自主动词》,载马庆株《汉语动词和动词性结构》,北京语言学院出版社 1992 年版,第 13 页。
③ 袁明军:《非自主动词的分类补议》,《中国语文》1998 年第 4 期。
④ 郭锐:《过程和非过程——汉语谓词性成分的两种外在时间类型》,《中国语文》1997 年第 3 期。

度副词，如"大、甚"，也有相对程度副词"愈、益"等。

心理状态动词为什么能够受程度副词修饰呢？王金鑫认为心理动词专指心理状态动词，如"爱好、害怕、喜欢、热爱、害羞、厌恶、恨、怨"等。心理状态有强弱之分，所以心理动词具有［＋程度义］，语法上表现为能受各个级别的程度副词修饰①。

战国文献中程度副词除了主要修饰心理状态动词外，还可修饰一部分其他状态动词。如绝对程度副词"大、甚"等常常修饰的状态动词主要有"有、得、亡、服、败、胜、毁、病、无、获、缺、处、害"等。相对程度副词"愈""益"等常常修饰的状态动词有"有、得、亡、无、丧"等。

为什么一般的状态动词也能受程度副词的修饰呢？郭锐把状态动词称为静态动词，认为静态动词内在时间性的特点是无限性和匀质性，它表示的是一种不间断状况，一旦动词所指的状况出现，这种状况就一直延续下去②。这是说，状态动词类似于形容词，在时间的量上是连续量而不是分离量，因此，从时间量上看，是"无界动词"，因而能受程度副词修饰，对其进行量的规定。郝琳研究了现代汉语受程度副词修饰的心理动词和一些非心理动词的特点，把能受程度副词修饰的动词称作"程度动词"，认为程度动词具有程度上的伸缩性，在时间和程度范畴方面都属无界动词③。

战国文献中程度副词还可以修饰属性动词，如"合、为"等，有的学者把属性动词归入状态动词。属性动词一般表示静态的恒久的属性，是静态动词，也是典型的"无界"动词，具有量的伸缩性，因此可以受程度副词修饰。

一般认为形容词和状态动词（包括属性动词）的句法语义特征是相似的，甚至可以划分为一类。如陈昌来认为性状动词包括状态动词和性质动词两类，像"死、牺牲、来临、出生、丢失"等是状态动词，像"好、快、满、美丽、响亮"等是性质动词，性质动词也就是一般所谓的性质形容词。语义上，性状动词一般是［－自主］的，有［性质/状态］的语义

---

① 王金鑫：《动词时间分类系统补议》，《汉语学习》1998年第5期。
② 郭锐：《过程和非过程——汉语谓词性成分的两种外在时间类型》，《中国语文》1997年第3期。
③ 郝琳：《动词受程度副词修饰的认知解释》，《佳木斯大学社会科学学报》1999年第5期。

特征①。马庆株认为属性动词（包括状态动词）是非自主动词，广义的动词可以包括形容词，按照分类标准，基本上可以划入非自主动词，关于动词的论述，对于形容词基本上也是适应的②。从词类原型范畴来看，汉语的动词和形容词是一个连续统。由于形容词、状态动词（包括属性动词）都具有相似的"无界"特点或连续性特征，它们都能够受程度副词修饰也就不足为奇了。

战国程度副词修饰形容词、心理状态动词和其他状态动词的特征与现代汉语程度副词的句法特征是相同的。但是战国程度副词也表现出与现代汉语程度副词不同的特点，能够修饰一小部分意义抽象的趋止动词和发起类动词，如"来、行、至、进、却（退却）、止、发、起"等。例如：

（1）公必曰："少却，吾恶紫臭。"（《韩非子·外储说左上》）
（2）燕因使乐毅大起兵伐齐，破之。（《战国策·燕二》）

例（1）程度副词"少"修饰趋止动词"却"。趋止动词涉及路程，路程有量的特征，如例（1）中"少却"意为"稍微退后一些"，指的是在距离上远离一些。例（2）程度副词修饰发起类动词"起"，发动军队有规模的量，"大"意为"大规模"。

战国程度副词虽然能够修饰少数动作动词，但不是其主要功能，程度副词主要还是修饰形容词以及状态动词的。

小　结

战国时代程度副词包括绝对程度副词和相对程度副词两类，绝对程度副词可分为"极量、高量"两个小类，极量副词主要有"太、极、至、致、綦"等，高量副词主要有"甚、大、重、殊、独、孔"等。相对程度副词可分为"极量、高量、低量"三个小类，极量副词主要有"最"，高量副词主要有"愈、滋、弥、益、加、逾、俞、更"等，低量副词主要有

---

① 陈昌来：《现代汉语动词的句法语义属性研究》，学林出版社2002年版，第90页。
② 马庆株：《自主动词和非自主动词》，载马庆株《汉语动词和动词性结构》，北京语言学院出版社1992年版，第21—22页。

"少（小）"。战国程度副词同现代汉语程度副词一样，都有偏向"高、大、多、好"的倾向，主要是极量、高量副词，低量副词很少。

　　战国程度副词主要修饰形容词、心理状态动词、其他状态动词以及属性动词。程度副词较多修饰形容词是因为形容词具有量级特征，战国文献中的形容词绝大多数是单音节的性质形容词，是"无界"形容词，不表示具体的量点，本身是一个连续量，因此可以受程度副词的修饰，对其加以量的限定。

　　心理状态有强弱之分，所以心理动词具有程度差别，语法上表现为能受各个级别的程度副词修饰。状态动词和属性动词是静态动词，静态动词类似于形容词，在时间的量上是连续量而不是分离量，因而能受程度副词修饰，对其进行量的规定。

第四章　战国时代范围副词

战国时代范围副词共分为五类：表总括、表限定、表协同、表统计、表分指。范围副词主要修饰谓语动词或形容词，语义可以指向主语，也可指向宾语或谓语。总括范围副词主要来源于同形动词，总括副词的含义、语义指向、表示范围等是由同形动词的特征所决定的。限定范围副词不是从实词直接虚化而来，也并不主要源于假借，而是实词先虚化为情状方式副词，再由情状方式副词进一步虚化为限定副词。限定副词的形成是副词内部进一步语法化的结果。

第一节　范围副词的定义和类别

一　范围副词的定义

学术界对范围副词的研究很多，一般说来，对范围副词的定义没有太大的分歧。如何乐士认为："范围副词是对主语或宾语与谓语发生关系时的范围、或谓语本身的范围表示总括或限定的副词。"[1] 唐贤清认为："范围副词是对主语或宾语与谓语发生关系时的范围、数量或谓语本身的范围数量表示总括或限定等的副词。"[2] 葛佳才认为："范围副词主要表示谓语所代表的动作行为涉及的主语或宾语是全体还是个别，是多数还是少数，因而粗略地讲，范围副词包括总括和限止两大类。"[3]

我们认同唐贤清的定义，并且认为范围与数量关系密切，范围往往表现为一定的数量。范围是一个比较模糊的概念，但范围本身有大小，有量

---

[1] 何乐士：《〈左传〉范围副词》，岳麓书社1994年版，第308页。
[2] 唐贤清：《〈朱子语类〉副词研究》，湖南人民出版社2004年版，第38页。
[3] 葛佳才：《东汉副词系统研究》，岳麓书社2005年版，第124页。

的规定，因此，量可以成为衡量范围的标准。现代汉语量范畴和量限理论研究愈来愈受到学者们的关注，如李宇明指出："'量'是人们认识世界、把握世界和表述世界的重要范畴。……'量'这种认知范畴投射到语言中，即通过'语言化'形成语言世界的量范畴。"①

范围副词其实是一种量化副词。曹秀玲认为人们在表达一个命题时，对所陈述的对象一般要给出一个量的范围，这个范围成为量限，表达数量范围的表达式称为量限表达式②。在对量限表达式分类时，曹文认为可以分为"全称量限、存在量限、相对量限"三类表达式，每一类都包括量限词和量限结构③。徐颂列把"全称量限"称为"总括量限"，认为根据总括方式的不同，总括量限表达式又可分为统指、逐指、任指和仅指四种类型④。显然，两位学者的分类大同小异，而且全称量限词或总括量限词包括范围副词在内。

现代形式语义学也注重从量的角度研究范围副词，如黄瓒辉认为现代汉语总括副词"都""总"等是可以对事件进行全称量化的量化副词⑤。李宝伦、张蕾、潘海华认为现代汉语总括副词"都""各""全"是全称量化副词⑥。张蕾认为现代汉语限定副词"才""就""只""光""仅""单""净"具备否定存在量化能力，是排他性副词，否定存在量化与全称量化在逻辑上等价，因此排他性副词也可以看作全称量化词⑦。

综上所述，我们认为范围副词是对主语或宾语与谓语发生关系时的范围、数量或谓语本身的范围数量进行总括或限定的量化副词。

二 范围副词的分类

对范围副词的内部分类一般依照意义标准，但分类有两类到六类不

---

① 李宇明：《汉语量范畴研究》，华中师范大学出版社2000年版，第30页。
② 曹秀玲：《现代汉语量限研究》，延边大学出版社2005年版，第2页。
③ 曹秀玲：《现代汉语量限研究》，延边大学出版社2005年版，第20页。
④ 徐颂列：《现代汉语总括表达式研究》，浙江教育出版社1998年版，第5—6页。
⑤ 黄瓒辉：《"都"和"总"事件量化功能的异同》，《中国语文》2013年第3期。
⑥ 李宝伦、张蕾、潘海华：《汉语全称量化词/分配算子的共现和语义分工—以"都""各""全"的共现为例》，《汉语学报》2009年第3期。
⑦ 张蕾：《现代汉语排他性副词的语义研究》，《东北师大学报》（哲学社会科学版）2021年第6期。

等。如何乐士把《左传》范围副词分为"表总括、表限定"两类①；唐贤清《朱子语类副词研究》把范围副词分为"表总括、表限定、表类同"三类②；葛佳才《东汉副词系统研究》把范围副词分为"表统计、表总括、表共同、表限定"四类③；高育花《中古汉语副词研究》把范围副词分为"表示总括、表示限定、表示对数量的统计、表示齐同、表示类同"五类④；魏德胜《〈睡虎地秦墓竹简〉语法研究》根据副词的语义指向把范围副词分为"表周遍性、表特指、表互指、表泛指、表兼指、表分指"六类⑤；兰碧仙《出土战国文献副词研究》把范围副词分为"总括、限定、统计、齐同、类同、分兼相指"六类⑥。

范围与数量密切相关，范围一般表现为数量。如总括范围副词可以理解为表示对象事物的全部，限定范围副词表示对象事物的一部分，可以表示"一"个对象（表示限质），也可以表示"一"以上的数量（表示限量）。因此从量的视角审视以上对范围副词的分类，会对范围副词内部小类有全新的认识。如兰碧仙对出土战国文献中范围副词所分的"总括、限定、统计、齐同、类同、分兼相指"六类中，表示"总括、限定、统计、齐同"这四类无疑与数量密切相关，属于范围副词。表示"类同"的"亦"，很多学者都归入范围副词，我们认为类同义与数量没有直接联系，与频率有关，将之归入频率副词。此外，表示"分兼相指"的"兼、各、相、互、交"等与数量的关系也不同，如表示分指的"各"意义与现代汉语中表示逐指的副词类似，是"通过对单一个体的分指陈述实现对集合内所有个体进行总括"⑦。应归入范围副词。"兼"表示一个个体同时承担两个以上的任务，表示数量关系，属于范围副词。而表示"相互"义的"交""相"等意义侧重动作行为发生的方式，我们将之归入情状方式副词。

综上所述，根据是否与一定的数量发生关系，我们把战国时代范围副

---

① 何乐士：《〈左传〉范围副词》，岳麓书社1994年版，第291页。
② 唐贤清：《〈朱子语类〉副词研究》，湖南人民出版社2004年版，第39页。
③ 葛佳才：《东汉副词系统研究》，岳麓书社2005年版，第329—331页。
④ 高育花：《中古汉语副词研究》，黄山书社2007年版，第18—21页。
⑤ 魏德胜：《〈睡虎地秦墓竹简〉语法研究》，首都师范大学出版社2000年版，第168页。
⑥ 兰碧仙：《出土战国文献副词研究》，博士学位论文，厦门大学，2012年。
⑦ 曹秀玲：《现代汉语量限研究》，延边大学出版社2005年版，第20页。

词共分为五类：表总括、表限定、表协同、表统计、表分指。其中，表总括、统计、协同、分指都是表示全量的副词，即全称量化副词；表限定是表示部分量的副词。

我们的研究重点是战国文献中使用频率较高的范围副词，从量化理论和认知语言学的角度对其语义特征、句法功能、来源、发展演变及其语法化路径、机制等进行分析和考察。因此，对于只在某一种文献中偶见的带有方言性质的范围副词，本书不予讨论和分析。如表总括的"佥""均""钦"等，"佥"仅见于《包山楚简》4例，"均"仅见于《郭店楚简》5例，"钦"仅见于《睡虎地秦简》1例。其余还有"索""屯""杂""啻"等。这些带有方言色彩的副词出现频率低，有的虽然出现数量较多，如"屯"，但仅出现于楚简的遣策简，不具有语言使用的普遍性，不是战国时代核心副词。

战国时代共有常用范围副词34个。总括副词主要包括"皆、尽、具、俱、毕、备、悉、咸、遍、举、周、胜、交、凡"等。限定副词主要包括"唯、独、仅、特、徒、直、适、才（财）、止、祇、但、专"等。统计副词主要有"凡、大凡"。协同副词主要有"并、共、同、兼、偕"等。分指副词主要有"各"。

第二节　总括范围副词的语义指向和句法功能

战国时代总括范围副词主要有"皆、尽、具、俱、毕、备、悉、咸、遍、举、周、胜、交、凡"等。总括副词语义可以指向主语（前指），也可指向宾语（后指）。总括副词主要修饰谓语动词或形容词。

一　总括范围副词的语义指向

战国时代总括副词的语义指向大致可以分为两类：第一类指向主语（前指），主要有"咸""胜""凡"等；第二类既能指向主语，也能指向宾语，主要有"皆""具""尽""备""毕""俱""举""周""遍"等。第二类又分两种情况，第一种情况是大多数指向主语，极少数指向宾语，如"皆""具""备""毕""俱""举""交"等。第二种情况是指向宾语多于指向主语，如"尽""悉""周""遍"等。见下表。

表 4-1　　　　　战国文献总括副词语义指向统计表

副词	语义指向 主语	语义指向 宾语	语义指向 兼语	总计
皆	1588	55	8	1651
尽	97	137		234
具	8	7	2	17
备	4	1		5
咸	36	0		36
悉	10	19		29
毕	38	2		40
俱	117	2		119
举	27	2		29
遍	16	25		41
周	7	10		17
胜	59	0		59
交	16	1		17
凡	461	0		461

1. 指向主语，主要有"咸""胜""凡"等。

"咸""胜"

战国文献中总括副词"咸"共36例，语义全部指向主语。"咸"是个较为古老的副词，西周时期就已出现。"胜"始出现于战国时期，仅传世文献中59例，全部用于否定句中，常见于"不可胜计""不可胜数"格式中。例如：

（1）蛰虫咸动，开户内始出。（《吕氏春秋·仲春》）
（2）五兵咸备。（《墨子·迎敌祠》）
（3）不违农时，谷不可胜食也；数罟不入洿池，鱼鳖不可胜食也；斧斤以时入山林，材木不可胜用也。谷与鱼鳖不可胜食，材木不可胜用。（《孟子·梁惠王上》）

"凡"

总括副词"凡"共461例，主要表示范围内所有的成员都具有谓语所述的某种性质，意为"凡是、所有"，"凡"在总括副词中较为特殊，语义指向的是主题主语。"凡"在句子中一般位于句首，可以修饰单个动词、名词，也可以修饰动宾短语、偏正短语、主谓短语或整个句子。例如：

(1) 凡性，或动之，或逆之，或交之。(《上博楚简一·性情论》)

(2) 凡忧思而后悲，凡乐思而后忻，凡思之用心为甚。(《郭店楚简·性自命出》)

(3) 凡不能自衣者，公衣之。(《睡虎地秦简·司空律》)

(4) 凡言不合先王，不顺礼义，谓之奸言。(《荀子·非相》)

(5) 凡为吏之道，必精洁正直，慎谨坚固。(《睡虎地秦简·为吏之道》)

(6) 凡蓄群臣，贵贱同待，禄毋负。(《上博楚简四·曹沫之陈》)

(7) 凡人虽有性，心无正志。(《上博楚简一·性情论》)

(8) 凡民将行，出其门，毋敢顾，毋止。(《睡虎地秦简·甲种日书》)

例(1)(2)"凡"修饰名词；例(3)修饰"者"字短语；例(4)修饰主谓短语；例(5)修饰偏正短语；例(6)修饰动宾短语；例(7)(8)修饰小句。

2. 主要指向主语，较少指向宾语。主要有"皆""具""备""毕""俱""举""交"等。

"皆"

出土和传世战国文献中总括副词"皆"共1651例，其中指向主语1588例，占96%；指向宾语55例，仅占3.3%；指向兼语8例。指向兼语实际上也是指向主语，因为兼语是后一主谓结构的主语，"皆"主要是修饰后一个动词的。"皆"指向主语的例子如：

(1) 耕者皆欲耕于王之野，商贾皆欲藏于王之市，行旅皆欲出于王之涂，天下之欲疾其君者皆欲赴愬于王。(《孟子·梁惠王上》)

(2) 及大车辕不胜任，折辀上，皆为用而出之。(《睡虎地秦简·司空律》)

"皆"指向宾语的例子如：

(3) 周公太子死，有五庶子，皆爱之，而无适立也。(《战国策·东周》)

(4) 旦而皆召其徒。(《左传·昭公四年》)

"皆"指向兼语的例子如：

(5) 令吏明布，令吏民皆明知之，毋岠於罪。(《睡虎地秦简·语书》)

"具"

出土与传世战国文献中总括副词"具"共17例，语义指向主语8例，指向宾语7例，指向兼语2例，指向兼语实际上也是指向主语，因此"具"指向主语多于指向宾语。副词"具"指向主语的例子如：

(1) 万民具愁。(《清华简三·芮良夫毖》)

(2) 百官具御，乃斗鼓于门。(《墨子·迎敌祠》)

"具"指向宾语例子如：

(3) 凡是日赤帝恒以开临下民而降其殃，不可具为百事，皆毋(无)所利。(《睡虎地秦简·日书甲种》)

(4) 臣请具刻诏书金石刻。(《峄山刻石》)

"具"指向兼语的例子如：

(5) 欲令之具下勿议。(《睡虎地秦简·为吏之道》)

"备"

总括副词"备"在传世战国文献中共5例，4例指向主语，例如：

(1) 五者备当，上帝其享。(《吕氏春秋·仲秋》)
(2) 凡晋、楚无相加戎，好恶同之，同恤蓄危，备救凶患。(《左传·成公十二年》)

仅1例指向宾语。例如：

(3) 险阻艰难，备尝之矣；民之情伪，尽知之矣。(《左传·僖公二十八年》)

"毕"
战国文献中总括副词"毕"共40例，38例指向主语。例如：

(1) 官作居赀赎责（债）而远其计所官者，尽八月各以其作日及衣数告其计所官，毋过九月而臂（毕）到其官。(《睡虎地秦简·秦律十八种》)
(2) 五纪必（毕）周，唯（虽）贫必攸（修）。(《上博楚简二·彭祖》)
仅2例指向宾语。例如：
(3) 子姓皆从，得厌饮食，毕治数丧，足以至矣。(《墨子·非儒下》)

"俱"
总括副词"俱"在传世战国文献中共119例，出土文献未见，仅2例指向宾语，其余全部指向主语。指向主语的例子如：

(1) 故至备，情文俱尽。(《荀子·礼论》)
(2) 庄子弗受，与使者俱往见太子。(《庄子·说剑》)

指向宾语的例子如：

(3) 皆立而待鼓音而然，即俱发之。(《墨子·备蛾傅》)

（4）自愚诬之学，杂反之辞争，而人主俱听之。（《韩非子·显学》）

"举"

总括副词"举"主要出现于传世战国文献中，共 29 例，其中 27 例指向主语。例如：

（1）乡也胥靡之人，俄而治天下之大器举在此，岂不贫而富矣哉！（《荀子·儒效》）
（2）今王鼓乐于此，百姓闻王钟鼓之声，管籥之音，举疾首蹙额而相告。（《孟子·梁惠王下》）

2. 例指向宾语，例如：

（3）大圣之治天下也，摇荡民心，使之成教易俗，举灭其贼心而皆进其独志。（《庄子·天地》）

"交"

总括副词"交"在战国文献中共 17 例，其中 16 例指向主语，仅 1 例指向宾语。指向主语的例子如：

（1）今楚、魏交退，燕救不至。（《战国策·齐六》）
（2）相与斗，交伤，皆论不也？交论。（《睡虎地秦简·法律答问》）
（3）甲、乙交与女子丙奸。（《睡虎地秦简·法律答问》）

指向宾语的例子如：

（4）王不与秦攻楚，楚且与秦攻王。王不如令秦、楚战，王交制之也。（《战国策·魏四》）

3. 指向宾语多于指向主语。主要有"尽""悉""周""遍"等。

"尽"

战国文献中总括副词"尽"共234例，其中语义指向宾语共137例，指向主语共97例。"尽"语义指向宾语的例子如：

(1) 陈相见许行而大悦，尽弃其学而学焉。(《孟子·滕文公上》)

(2) 取新乳狗子，尽煮之。(《周家台秦简·日书》)

"尽"指向主语的例子如：

(3) 为之怒，举邦尽获，汝独无得。(《上博楚简九·灵王遂申》)

(4) 逮鳏，救乏，赦罪，悉师，王卒尽行。(《左传·成公二年》)

"悉"

战国文献中总括副词"悉"共29例，指向宾语共19例，指向主语10例。"悉"语义指向宾语的例子如：

(1) 卿不远赵，而悉教以国事。(《战国策·秦五》)

(2) 诚得劫秦王，使悉反诸侯之侵地。(《战国策·楚一》)

"悉"指向主语的例子如：

(3) 卒已悉起，愿大国之信意于秦也。(《韩非子·十过》)

(4) 大夫悉属，百姓离散。(《战国策·楚一》)

"周"

总括副词"周"主要出现于传世战国文献中，共17例，语义指向宾语10例。例如：

(1) 以此周行天下上说下教。(《庄子·天下》)
(2) 循行国邑，周视原野。(《吕氏春秋·季春》)

语义指向主语 7 例，例如：

(3) 枪二十枚，周置二步中。(《墨子·备城门》)

"遍"

总括副词"遍"主要出现于传世战国文献中，共 41 例，其中 25 例指向宾语，16 例指向主语。"遍"指向宾语的例子如：

(1) 乃遍以璧见于群望。(《左传·昭公十三年》)
(2) 明君者，非遍见万物也。(《吕氏春秋·知度》)

"遍"指向主语常常是受事主语。例如：

(3) 礼乐遍行，则天下乱矣。(《庄子·缮性》)
(4) 券遍合，起矫命以责赐诸民。(《战国策·齐四》)

二 总括范围副词的句法功能

总括副词表示"全部""都"义，除了"凡"较为特殊外，其余在句子中主要修饰动词，一般紧邻谓语动词。例如：

(1) 少长贵贱见而皆说之。(《庄子·盗跖》)
(2) 险阻艰难，备尝之矣；民之情伪，尽知之矣。(《左传·僖公二十八年》)
(3) 皆立而待鼓而然火，即具发之。(《墨子·备梯》)
(4) 相里勤之弟子，五侯之徒，南方之墨者若获、巳齿、邓陵子之属，俱诵《墨经》。(《庄子·天下》)
(5) 展禽三绌，春申道缀，基毕输。(《荀子·成相》)
(6) 诸侯备闻此言，斯是用痛心疾首，昵就寡人。(《左传·成公

十三年》）

(7) 晋师悉起，将至矣。（《左传·宣公十五年》）

(8) 百工咸理，监工日号。（《吕氏春秋·季春》）

(9) 盈出，遍拜之。（《左传·襄公二十三年》）

(10) 声则凡非雅声者举废，色、则凡非旧文者举息，械用，则凡非旧器者举毁，夫是之谓复古。（《荀子·王制》）

(11) 以此周行天下，上说下教。（《庄子·天下》）

(12) 威动海内，强殆中国，然而忧患不可胜校也，至死而后知死。（《荀子·强国》）

(13) 上无忿怒之毒，下无伏怨之患，上下交扑，以道为舍。（《韩非子·大体》）

(14) 凡戾人，表以身，民将望表以戾真。（《睡虎地秦简·为吏之道》）

总括副词也可修饰形容词，但不多见。例如：

(15) 以祭，上下皆吉。（《睡虎地秦简·甲种日书》）

(16) 四疆皆熟。（《上博楚简四·柬大王泊旱》）

(17) 苟是石也白，败是石也，尽与白同。（《墨子·大取》）

(18) 天下之民举安。（《孟子·公孙丑下》）

(19) 万物毕同毕异，此之谓大同异。（《庄子·天下》）

总括副词也可修饰名词、代词、介词短语等。例如：

(20) 叁王者之乍也，皆人子也。（《上博楚简二·子羔》）

(21) 自望日以往必五六日，皆敝邑之期也。（《上博楚简七·吴命》）

(22) 是则尽不谷之罪也。（《上博楚简八·志书乃言》）

(23) 贾市、行财皆然。（《放马滩秦简·乙种日书》243）

(24) 六帝兴於古，咸由此也。（《郭店楚简·唐虞之道》）

第四章 战国时代范围副词

总括副词与中心语之间可以有其他副词、介宾短语、方位名词或等其他成分，例如：

（25）自封印，皆辄出。（《睡虎地秦简·仓律》）
（26）凡大木之所拔，二公命邦人尽复筑之。（《清华简一·金縢》）
（27）尽以其宝赐左右以使行。（《左传·文公十六年》）
（28）然秦国势便形利，权谋之士，咸先驰之。（《战国策·楚四》）
（29）故凡同类者，举相似也，何独至于人而疑之？（《孟子·告子上》）
（30）言程、主喜俱必利，不当、主怒俱必害，则人不私父兄而进其仇雠。（《韩非子·八经》）

其他副词也可以在"总括副词+VP"之前，常见于总括副词"尽""悉"之前等。例如：

（31）凡此蔽也，既尽侈。（《包山楚简》204）
（32）今又悉兴其众，张矜意怒，饰甲厎兵，奋士师以偪吾边竞。（《诅楚文》）
（33）无齐，天下必尽轻王也。（《战国策·赵四》）

总括副词与否定词结合时，一般是否定词在总括副词前面，例如：

（34）五谷尽收，则五味尽御于主，不尽收则不尽御。（《墨子·七患》）
（35）晋侯使司马女叔侯来治杞田，弗尽归也。（《左传·襄公二十九年》）
（36）尧舜之仁不遍爱人，急亲贤也。（《孟子·尽心上》）
（37）数千万里之外，有为不善者，其室人未遍知，乡里未遍闻。（《墨子·尚同中》）

85

(38) 王自听计，计不胜听，罢食，后复坐，不复暮食矣。(《韩非子·外储说右下》)

(39) 上不天则下不遍覆，心不地则物不毕载。(《韩非子·大体》)

(40) 令民无不咸出其力，以供皇天上帝。(《吕氏春秋·季夏》)

但总括副词如果是"皆""俱"，否定词就放在其后。例如：

(41) 故啬夫及丞皆不得除。(《睡虎地秦简·效律》)

(42) 不可具为百事，皆毋（无）所利。(《睡虎地秦简·乙种日书》)

(43) 韩子弗得，且望郄子之得之也；今郄子俱弗得，则民绝望于上矣。(《韩非子·难一》)

总括副词与谓语中心词的距离以及与否定词的位置关系主要受总括副词所来源的动词的句法特征影响。

第三节　总括范围副词的个体性语义特征

汉语中总括范围副词对与谓语动词发生关系的主语或宾语的范围进行总括的方式主要有两种，一种是强调整体性，一种是强调个体性。对此，学术界有一定的研究成果。如董为光认为："'都'在'总括'事物共性之前，隐含着一个'逐一看待'该复数事物的动态过程。"[①] "都"的这一特性基本上得到了学术界的认可，如学界普遍认为"都"是"分配算子"，即把谓语的特征分配给集合中每一个个体。而现代汉语总括副词"全"正好相反，周韧认为："'全'有注重整体性的性质。"[②] 董正存认为表达周遍意义的"全都""整""全"等表示周遍的方式有区别，可以分为两种类型，一种是一体性周遍，特点是凸显整个集合，对应的周遍意义为

---

① 董为光：《副词"都"的"逐一看待"特性》，《语言研究》2003年第1期。
② 周韧：《"全"的整体性语义特征及其句法后果》，《中国语文》2011年第2期。

"整""全"。另一种是叠加性周遍，特点是集合分割成了若干个体或部分，对应的周遍意义为"全部""全都""所有"①。

以上是对现代汉语总括副词语义特征的分析。学术界对古代汉语总括副词总括事物的方式特点也有一定的认识。如董秀芳认为"俱""皆""咸"这类全称量化词的作用是表明一个集合中的每个成员都在某一时间发生了谓语所描述的动作行为，侧重点在于谓语所描述动作行为在多个个体身上的同时发生②。李小军认为"全"类总括副词如"全""浑""备""通""满"等语义强调整体性，"皆"类总括副词如"俱""都""尽""毕""总"等强调个体性特征。"尽""毕"等分别有强调整体性和个体性两类用法，但强调个体性显然是它们的主要用法③。

综合以上观点，学术界虽然承认总括副词的语义特征可以分为两种类型：强调整体性特征和强调个体性特征，但对这两种类型的归类却大相径庭。如董秀芳认为"都"归属于强调整体性的总括副词，这与学术界一般认识明显不一致。董正存把"全部""全都"归入强调个体的"叠加型周遍"词，而一般认为"全"是强调整体性特征的全称量化副词或总括副词。此外，董秀芳、李小军的文章重点不是讨论总括副词的语义特征，而是分析总括副词向语气副词或程度副词演变的语法化过程，对于总括副词的特征并没有详细分析。目前也没有见到专门讨论先秦总括副词在强调整体性或个体性方面特征的文章。由此看来，对于先秦总括副词的语义特征还有待进一步的分析。

我们认为，战国文献中大多数总括范围副词，如"皆""具""毕""尽""俱""举""胜""遍"等，对对象范围的总括带有"逐一看待"的特性，类似于现代汉语的总括副词"都""各"等，表示同样的动作行为是不同的主体分别进行的，强调个体性。总括副词"备"强调整体性特征，总括副词"尽""毕"在强调个体性特征的同时，兼有强调整体性的特征。

---

① 董正存：《"完结"义动词表周遍义的演变过程》，《语文研究》2011年第2期。
② 董秀芳：《量与强调》，载徐丹编《量与复数的研究：中国境内语言的跨时空考察》，商务印书馆2010年版，第322页。
③ 李小军：《试论总括向高程度的演变》，《语言科学》2018年第5期。

一 "皆"类词凸显个体性的句法证据

1. 与"各""人人""各自""一一""自"等表示个体性的词语共现。例如：

(1) 事已，皆各以其贾倍偿之。(《墨子·号令》)
(2) 师徒皆惧，乃各得其行。(《上博楚简九·陈公治兵》)
(3) 诸材器用，皆谨部，各有积分数。(《墨子·杂守》)
(4) 诸将皆喜，人人各自以为得大将。(《史记·淮阴侯列传》)
(5) 凡讯狱，必先尽听其言而书之，各展其辞。(《睡虎地秦简·封诊式》)
(6) 官作居赀赎债而远其计所官者，尽八月各一其作日及衣数告其计所官，毋过九月而毕到其官。(《睡虎地秦简·秦律十八种·司空律》)
(7) 楚人自战其地，咸顾其家，各有散新，莫有斗志。(《战国策·中山》)
(8) 摇木者一一摄其叶则劳而不遍，左右拊其本而叶遍摇矣。(《韩非子·外储说右下》)
(9) 夫吹万不同，而使其自已也。咸其自取，怒者其谁邪？(《庄子·齐物论》)

例(1)总括副词"皆"与表逐指的副词"各"连用。例(2)(3)总括副词"皆"与表逐指的副词"各"互文见义。例(4)"皆"与表逐指的叠词"人人"、副词"各自"共现，"皆"的"逐一看待"义十分清楚。例(5)(6)总括副词"尽""毕"与"各"共现。例(7)中总括副词"咸"与前面的"自"、后面的"各"前后呼应。例(8)总括副词"遍"与重叠数词"一一"前后照应。例(9)总括副词"咸"与前面的"自己"、后面的"自"呼应。

2. 与可数集体名词共现，"皆"类词通过分别看待群体中的每一个来达到对集体的总括。例如：

（10）其将帅尽伤。（《上博楚简四·曹沫之陈》）

（11）群臣从者，咸思攸长。（《峄山刻石》）

（12）万民具憖。（《清华简三·芮良夫毖》）

（13）群臣闻见者毕贺。（《战国策·秦二》）

（14）天子七月而葬，同轨毕至。（《左传·隐公元年》）

（15）俄而天下倜然举去桀、纣而奔汤、武，反然举恶桀、纣而贵汤、武。（《荀子·强国》）

（16）因悉起兵，复使甘茂攻之。（《战国策·秦二》）

例（10）—（15）中总括副词"尽"等语义前指，总括的对象"将帅"等都是可以分离为每一个个体的集合，总括副词表示集合中的每一个个体都具有谓语动词所描述的特征，从而实现对整个集合的总括。如例（10）"尽"不是表示将帅作为一个集体受伤，而是每一个将帅都受伤了。例（16）总括副词"悉"语义后指，总括的对象"兵"也是可以分离为个体，"悉"表示每一个士兵都发动。

3. 集合中个体分别列举，"皆"类词以分别查数的方式总括集合。例如：

（17）甲寅、乙丑、乙巳，皆可见人。（《睡虎地秦简·乙种日书》）

（18）秦、狄、齐、楚皆强，不尽力，子孙将弱。（《左传·成公十六年》）

（19）隹（惟）尹夋及康（汤），咸有一惪（德）。（《上博楚简一·纣衣》）

（20）楚人尽弃其旆、幕、车、兵、犬逸而还。（《清华简二·第23章》）

（21）上有曾史，而儒墨毕起。（《庄子·在宥》）

（22）美、髯、长、大、壮、丽、勇、敢，八者俱过人也。（《庄子·列御寇》）

（23）必先悉行乘城卒、隶臣妾、城旦舂、鬼薪、白粲、居赀、赎责（债）、司寇、隐官、践更县者。（《里耶秦简壹》5正）

例（17）"皆"用分别列举的方式表示其所总括的主语范围内每一个个体都具有谓语动词所描述的特征。如"甲寅可见人；乙丑可见人；乙巳可见人。"余例皆如此。

4. 表示符合某种条件的集合中的任何一个，多出现于法律条文中。例如：

（24）当除弟子籍不得，置任不审，皆耐为侯（候）。（《睡虎地秦简·秦律杂抄》）

（25）敢行驰道中者，皆迁之。（《龙岗秦简54》）

（26）河禁所杀犬，皆完入公。（《龙岗秦简》82）

例（24）（25）显然是指集合中的任何一个触犯法律，都要受到相应的制裁。例（26）指每一个"所杀犬"都要"入公"。

5. 多修饰分配性谓词，较少修饰集合性谓词。例如：

（27）大夫皆进。（《上博楚简七·郑子家丧》）

（28）隰朋与鲍叔牙皆拜。（《上博楚简五·競建内之》）

（29）外空窒尽发之，木尽伐之。（《墨子·号令》）

（30）人其尽死，而我独存乎！（《庄子·人间世》）

（31）皆立而待鼓而然火，即具发之。（《墨子·备梯》）

（32）陈子行命其徒具含玉。（《左传·哀公十一年》）

（33）诸侯备闻此言，斯是用痛心疾首，昵就寡人。（《左传·成公十三年》）

（34）有为善者，其室人未遍知，乡里未遍闻，天子得而赏之。（《墨子·尚同中》）

（35）公疾，遍赐大夫，大夫不受。（《左传·昭公三十二年》）

（36）郑师毕登。（《左传·隐公十一年》）

（37）而君臣、上下、少长、贵贱，毕呼霸王。（《战国策·韩三》）

（38）卒已悉起，愿大国之信意于秦也。（《韩非子·十过》）

（39）蛰虫咸动；开户内始出。（《吕氏春秋·仲春》）

(40) 相里勤之弟子，五侯之徒，南方之墨者若获、已齿、邓陵子之属，俱诵《墨经》。(《庄子·天下》)

(41) 百姓闻王钟鼓之声，管钥之音，举疾首蹙頞而相告曰。(《孟子·梁惠王下》)

以上例句中总括副词修饰的动词都是分配性动词，是需要单个个体完成的动作，大多是具体的动作动词，如"进、拜、伐、死、发、含、闻、赐、登、呼"等。总括副词表示的是集合中每一个个体同时或先后分别完成了同样的动作行为。黄瓒辉认为："分配性谓词指的是其所指称的动作行为由单个个体完成的谓词，如'毕业、哭、死、病'等。当谓词为分配性谓词时，句子有没有全称量化词出现，其所指的属性都是要分配到原子个体，但是全称量词的使用，带来的语义后果是句子必须强制性地作分配性解读。"[1]

董正存认为，总括副词"皆"出现在"一 + NP + 总括副词 + VP"中时有"一体性周遍"和"叠加性周遍"两种用法。前者如"一国皆善""一军皆惊""一坐皆笑""一门皆斩"等，表示"整""全"义；后者如"一市人皆笑信""一家人皆来请安"等，表示"所有、每一"义[2]。我们认为没有足够的证据证明"一国皆善"等中的"皆"是表示整体义的。据我们的考察和统计，"皆"所总括的都是可离散的名词集合，即可以分离为一个个个体的，"皆"所修饰的动词也大都是分配性动词。上面例子中"善、惊、笑、斩"等都是分配性谓词。如"一国皆善"不是指整个国家善，而是国家中每一个个体都善。同样，"一坐皆笑"不是指"一坐"这个整体"笑"，而是集合中每一个都在笑。"一门皆斩"不可能是"一门"作为整体被斩，而是每一个人都被斩。董文所举"一军皆惊"的例句如下：

(42) 诸将皆喜，人人各自以为得大将。至拜大将，乃韩信也，一军皆惊。(《史记淮阴侯列传》)

---

[1] 黄瓒辉：《从集合到分配——"都"的语义演变探析》，《当代语言学》2021年第1期。
[2] 董正存：《汉语全称量限表达研究》，博士学位论文，南开大学，2010年。

该例中"皆"明显与"人人""各自"等表个体的词语同现，所以不可能是表示整体的。实际上，董文所认为的两种用法其实是同一种，二者的区别在于第一种省略了名词"人"而已。

二 "尽""毕""备"凸显整体性的句法证据

战国文献中总括副词"尽""毕""备"等可以强调整体性语义特征，例如：

(1) 人事者，吾已尽知之矣。(《战国策·齐三》)
(2) 今天下之士君子之书，不可胜载，言语不可尽计。(《墨子·天志上》)
(3) 智是世之有盗也，尽爱是世。(《墨子·大取》)
(4) 与物相刃相靡，其行尽如驰而莫之能止，不亦悲乎！(《庄子·齐物论》)
(5) 昔者神农之有天下也，时祀尽敬而不祈喜；其于人也，忠信尽治而无求焉。(《庄子·让王》)
(6) 则守国之道毕备矣。(《韩非子·守道》)
(7) 展禽三绌，春申道缀，基毕输。(《荀子·成相》)
(8) 命冢宰，农事备收。(《吕氏春秋·季秋》)
(9) 险阻艰难，备尝之矣；民之情伪，尽知之矣。(《左传·僖公二十八年》)
(10) 凡晋、楚无相加戎，好恶同之，同恤菑危，备救凶患。(《左传·成公十二年》)

例(1)(3)(10)中总括副词"尽""备"语义指向宾语，宾语都是不可数名词集合，如"人事""是世""凶患"等。例(2)，例(4)—(9)中总括副词"尽""备""毕"等语义指向主语，总括的是不可分离为个体的不可数名词集合，如"言语""时祀""忠信""守国之道"等，只能把集合当作一个整体来理解。总括副词"尽""备""毕"表现出整体性特征。

此外，总括不可数名词集合的副词修饰的动词不具有分配性质，不能把其涉及的论元一一分配，而常常将其关涉的主语或宾语作为一个整体来看待。如例（1）（3）（5）（9）总括副词修饰心理动词"知""爱""敬""尝"，例（2）（5）（6）（7）（8）总括副词修饰动作动词如"计""备""输""收""救"等，例（4）修饰关系动词"如"。这些动词共同的特点是，都具有高度的抽象性和概括性，不是具体的动作动词。如"输"可能包含一系列具体的动作行为，语义具有抽象性和模糊性，心理动词、关系动词也是如此。而这些抽象动词支配的论元往往也是抽象的、高度概括的事物，如"人事""凶患""忠信""基业""险阻艰难"等，这些词语代表的事物不是具体的、可数的，只能当作一个模糊的整体看待。当然，抽象动词也可以支配具体的事物，如"尝""救"等。前面所述具有个体性特征的总括副词修饰的动词既是分配性动词，又是表示具体动作的动词，如"进""拜""含""赐"等，因此动词关涉的主语或宾语往往也是具体、明晰、可分离的个体。

由此可见，总括副词的特征与其所修饰的动词以及总括的主语或宾语的性质紧密相连。大体说来，具有个体性特征的总括副词常常修饰具体的分配性动词，总括表示具体的、可数的、可分离为个体的集体名词；具有整体性特征的总括副词一般修饰抽象动词，总括表示抽象的、不可数、不可分离事物的集体名词。这主要是由于语义相容性或语义接近性。

但是正如李小军所说，"尽""毕"等在战国文献中表示整体性的例子较少，主要还是凸显个体性特征的。战国文献中可能只有副词"备"是仅凸显整体性特征的，但战国文献中总括副词"备"较为少见。

三　总括副词凸显个体性或整体性特征的原因

为什么战国时代大多数总括副词凸显个体性特征？而有的既能凸显个体性特征，也能凸显整体性特征呢？我们认为主要与总括副词来源的动词的特征有关。李宗江认为汉语总括副词主要来自"聚集、协同"义动词和"完备、完结"义动词。来自"聚集、协同"义动词的主要有"皆、俱、并、都"等；来自"完备、完结"义的主要有"悉、咸、尽、全、举、具、毕、备"等[①]。

---

① 李宗江：《汉语常用词演变研究》，汉语大词典出版社1999年版，第179—183页。

来自"聚集"义的如"都",本身就是由一个个个体聚合而成,因此"都"主要凸显个体性特征。由于战国时代总括副词没有"都",这里暂不讨论副词"都"。来自"协同"义的"皆(偕)""俱",其动词义表示两个或两个以上不同的个体共同或同时发出相同的行为,因此虚化为副词后基本上都是凸显个体性特征。例如:

(1) 亡国之主,不自以为惑,故与桀、纣、幽、厉皆也。(《吕氏春秋·离谓》)
(2) 寡君是以不得与蔡侯偕。(《左传·文公十七年》)
(3) 故势与俗化,而礼与变俱。(《战国策·赵二》)
(4) 方且与世违,而心不屑与之俱。(《庄子·则阳》)

例(1)—(4)动词"皆(偕)""俱"的主语都是由不同的个体以列举的方式组成的集合,虚化为副词后也常常以列举的方式凸显个体。

来自"完备、完结"义的动词"悉、咸、尽、举、具、毕、备"等可以分为两类,一类是凸显个体性的,如"悉、咸、尽、毕、举、具"等,一类是凸显整体性的,如"备、尽、毕"等,这里"尽、毕"既凸显个体性,又能凸显整体性。先看第一类,"悉、尽、举、具"等作动词时其主语或宾语主要是可数的可离散的名词集合,例如:

(5) 我悉兵以临之,其心必惧我。(《战国策·赵二》)
(6) 楚师多冻,役徒几尽。(《左传·襄公十八年》)
(7) 举天下之仁义显人,必称此四王者。(《墨子·所染》)
(8) 鼻目耳具,而名动天下。(《荀子·非相》)

"咸"在战国文献中未见作动词的用例,整个先秦文献中"咸"作动词很少见。

第二类"尽""毕""备"等作动词时,动词的论元可以是抽象的不可数名词,人们容易将其作为一个整体看待。例如:

(9) 子曰:"事君尽礼,人以为谄也。"(《论语·八佾》)

(10) 尽其道而死者，正命也。桎梏死者，非正命也。（《孟子·尽心》）

(11) 步骤驰骋，朝礼毕矣。（《荀子·哀公》）

(12) 飧毕，夜出。（《左传·僖公二十二年》）

(13) 龙门碣襄，以毕春气。（《吕氏春秋·季春》）

(14) 非短两续之也，毕其数也。毕数之务，在乎去害。（《吕氏春秋·尽数》）

(15) 天下事得，皆其所喜，天下事备，强弱有数。（《墨子·杂守》）

(16) 必正其身，然后正世，圣道备矣。（《郭店楚简·唐虞之道》）

(17) 文武殊材，大人不赐，故德备。（《庄子·则阳》）

例（9）（10）动词"尽"的宾语分别是"礼""道"，例（11）—（14）动词"毕"关涉的主语或宾语是"朝礼""飧""春气""数"等，例（15）—（17）动词"备"的主语是"事""圣道""德"等，都是不可数名词集合体。

动词虚化为副词后往往会残留其作实词时的意义特征和句法特征，因此"皆"类副词以强调个体性为主，"尽""毕"既可表示个体性特征，也可表示整体性特征，"备"主要表示整体性特征。

学者们认为总括副词总括事物的不同方式有其深刻的认知原因。周韧认为总括副词有两种不同的"取景"功能，一种是总括扫描，一种是次第扫描。这两种扫描方式的主要差别在于，前者认为事件的所有方面构成一个整体的构型，在空间上共存，在时间上同步。而后者认为事件是由离散的状态构成，在空间上非共存，在时间上非同步①。从总括副词总括的名词集合的性质看，一般说来，对于具体的可数的名词集合，人们更容易采取"次第扫描"的认知模式，由于集合中的个体是可见的，可离散的，人们用一种动态的、可转换的逐一查数的方式来总括该集合，因此"皆"类词等强调个体性的特征。对于不可数的抽象名词，由于其不可见、不可离

---

① 周韧：《"全"的整体性语义特征及其句法后果》，《中国语文》2011年第2期。

散性，人们更容易采取静态的、整体的"总括扫描"的认知模式，来总括该集合。这种扫描方式解释了"尽""毕""备"强调整体性的特征。

第四节　总括范围副词的来源

一　以往的研究

学术界很多学者都认为古代汉语中的总括范围副词是由动词虚化而来的。张亚茹较为细致地分析了古代汉语中总括副词的演成、语义、语法功能以及语义指向等问题，并从词义和句法位置两个方面分析总括副词的形成机制。她的结论是：第一，认为总括副词主要来源于四类：来自不及物动词，来自及物动词，来自形容词以及副词内部的引申发展。第二，认为总括副词的语义指向可以不与总词发生语法关系，而是与句子的谓语发生语法关系。第三，认为古代汉语的总括副词在语义平面与语法平面存在矛盾[1]。这种结论是值得商榷的。这可能由于张文讨论的总括副词范围比较宽泛，既包括"皆""凡"等总括类，也包括"并""同"等齐同类以及"兼""相"等分兼相指类。而不同小类范围副词的语义、语法特征差别很大，其语义指向是十分复杂的。另外，张文讨论的时代是泛时"古代汉语时期"，既包括先秦时期产生的总括副词"皆""尽""毕"等，也包括汉魏六朝时期产生的"都""全""总"等。而出现于不同时代的副词，可能虚化的机制或形成的原因并不相同。语言是发展演变的，不同时代同一总括副词的特点也不同。如在先秦时期产生的总括副词"皆""尽""悉"等在战国时期语义特征、语义指向还是特征分明、界限清楚的，"皆"以指前（主语）为主，"尽""悉"以指后（宾语）为主，但到了汉魏六朝以后，这种差别渐趋消失，总括副词的功能泛化，都以指前为主了。

李宗江认为汉语的总词从来源上看，主要由动词虚化而来，包括表示"聚集""协同""完备""完结"这几种意义的动词[2]。李宗江从动词和总括副词语义的相似性以及句法功能等方面探讨了动词虚化的原因。但是李文主要讨论汉语的总括副词从先秦、汉魏六朝时期到唐宋元明时期的演变

---

[1] 张亚茹：《浅谈古汉语的总括范围副词》，载南开大学中国语言文学系古代汉语教研室编《纪念马汉麟先生学术论文集》，南开大学出版社1998年版，第208页，第227—228页。

[2] 李宗江：《汉语常用词演变研究》，汉语大词典出版社1999年版，第179—183页。

第四章 战国时代范围副词

情况，没有详细描写动词虚化为副词的机制。

武振玉认为"咸"经历了"动词→时间副词→范围副词"的虚化过程，"具"经历了"动词→范围副词"的虚化过程[1]。武振玉从总体研究殷周金文中的实词虚化问题，由于涉及的词类较多，而金文中的例子又太少，没有详细揭示虚化过程。

目前学术界关于总括副词的来源、语义指向等问题也存在一些不同甚至矛盾的看法，如对于副词"皆"，张亚茹、李宗江等认为来源于"协同""在一起"义的动词"皆"，吴福祥认为来源于"普遍"义的动词"皆"[2]。对于副词"尽"，何乐士[3]、李宗江都认为语义指向宾语为主[4]，吴福祥认为语义指向主语为主，"（动词'尽'）在语义上是用来对前面的对象作出状态性地描述。……当'尽'虚化为范围副词后，仍在语义指向和句法功能上保持着动词的某些特点，所以多用于总括前面的所述之事。"[5]

由此看来，关于总括副词的形成、语义指向等问题还有进一步讨论的必要。

由于战国文献中出现的总括副词较多，限于篇幅，我们主要分析出现频率较高的总括副词，如"皆""具""俱""尽""悉""毕"等。对于总括副词"凡"，虽然用量也比较大，由于其来源可能是假借，并且用法、意义也与上述词语有很大不同，因此暂不予讨论。我们认为，由某种动词发展而来的总括副词的语义特征、语义指向、指人指物、句法位置、句法功能等与该词作动词时的语义特征、及物属性、配价特点、句法功能等密切相关。所谓动词的配价特点，是指按照动核结构中动词所联系的动元的数目对动词的分类。根据动词的语义特征、及物属性以及配价特征，我们分三组来讨论这些词语：一组是"皆"与"俱"，作动词都有"协同""聚集"义，都是带与事的二价互向动作动词，作副词时语义都以指向主语为主；一组是"毕""具""备"，作动词时都有"完毕""完备"义，都是一价状态动词，作副词时语义都主要指向主语；一组是"尽"与

---

[1] 武振玉：《殷周金文实词虚化研究》，《求是学刊》2013年第5期。
[2] 吴福祥：《敦煌变文语法研究》，岳麓书社1996年版，第144页。
[3] 何乐士：《〈左传〉范围副词》，岳麓书社1994年版，第100页。
[4] 李宗江：《汉语常用词演变研究》，汉语大词典出版社1999年版，第193页。
[5] 吴福祥：《敦煌变文语法研究》，岳麓书社1996年版，第144页。

"悉"，作动词都有"穷尽""用尽"义，"尽"是二价致使动词，"悉"是二价动作动词，作副词语义都以指向宾语为主。

二 "皆"与"俱"

"皆"与"俱"作动词都有"协同""聚集"义，都是带与事的二价互向动作动词，都是不及物动词，"皆"作动词比较少见。

1. "皆"

王力《同源字典》认为："'偕、皆'本同一词，后来加之区别，动词作'偕'，副词作'皆'。……'偕，俱也。'魏风陟岵：'夙夜必偕。'传：'偕，俱也。'"① 这里"俱"为动词，"偕"也是动词。说文："皆，俱词也。"所谓"俱词"，指表示总括的虚词（包括副词）。这里"皆"是副词。"偕""皆"本来意义相通，后词性不同。由于"偕"后来也演变成表示"共同"义的范围副词，所以"偕"作动词的例子比较少，出土战国文献未见到，传世战国文献也仅4例，还有1例"皆"作动词。例如：

(1) 亡国之主，不自以为惑，故与桀、纣、幽、厉皆也。(《吕氏春秋·离谓》)
(2) 天下奋棅而不与之偕。(《庄子·天道》)
(3) 故由由然与之偕而不自失焉。(《孟子·公孙丑上》)
(4) 星陨如雨，与雨偕也。(《左传·庄公七年》)
(5) 寡君是以不得与蔡侯偕。(《左传·文公十七年》)

例(1)中的"皆"，许维遹认为："'皆'，古'偕'字。偕，同也。"② 张双棣认为："皆，通'偕'，偕同，相同。"③ 这几例中的"偕(皆)"是动词，义为"在一起"、"共处"等。崔立斌认为这种"偕"是不及物行为动词④。我们认为动词"偕(皆)"是带与事的二价互向动作动词，其基本句式是：NP_1 + 与 + NP_2 + V（为简明起见，动词的基本句式

---

① 王力：《同源字典》，商务印书馆1982年版，第412页。
② 许维遹撰：《吕氏春秋集释》，中华书局2016年版，第423页。
③ 张双棣等注译：《吕氏春秋译注》，北京大学出版社2011年版，第527页。
④ 崔立斌：《〈孟子〉词类研究》，河南大学出版社2004年版，第34页。

不包括状语、补语等成分，下同）。其中，NP₁是施事，NP₂是与事，都是动词"偕（皆）"的配价成分。NP₁可以省略，NP₁之后、"与+NP₂"之前还可以有状语，介词"与"也可以省略。如《诗经·陟岵》："夙夜必偕。"

二价互向动作动词"偕（皆）"具有［+动作］［+协同］［+不及物］的语义特征。由于处在谓语的位置上，动作义是主要语义特征，"协同"义与其说是本身具有的，不如说是句式中隐含的，是其互向动词的特点决定的。但"偕（皆）"包含的动作意义比较模糊，可以随上下文解释。如例（1）中的"偕（皆）"可以译为"偕同，相同"，例（2）中的"偕"王世舜译为"一起这样做"①。例（3）中的"偕"，金良年译为"共处"②。例（4）（5）中的"偕"，何乐士译为"在一起、同行"③。由于"偕（皆）"动作义不明确，可能诱发与一个具体实在、含义明确的动词连用，一起对主语的动作、状态等进行陈述说明。例如：

（6）隰朋与鲍叔牙皆拜。（《上博楚简五·竞建内之》）

例（6）是"皆V"的结构，"皆"与意义明确的动词连用。两个动词连用，由于前一个动词"皆"的意义比较模糊、抽象，那么其后意义明确的动词就会渐渐成为主要表意中心，"皆"退居次要地位，成为修饰动词的状语，这又促使"皆"主要语义特征"动作义"慢慢脱落，而其隐含义"协同"义逐渐凸显，最终虚化为副词，义为"共同""一起"。因为"共同"义与"全部"义是相通的，后来引申为表示全部义，可译为"都""全部"等。由于动词"偕（皆）"意义的模糊性引起其句法位置和句法功能的改变，从核心的谓语位置转变为次要的、修饰的状语位置，由表核心功能转变为表辅助功能，句法位置的变化又进一步引发其动作义的脱落，伴随义（"协同"义）的独立化，从而稳定为副词。可见，实词虚化是词义和句法位置双重因素作用的结果。

副词"皆"产生以后，副词和动词的意义都比较明确，语言朝着精密化发展。副词"皆"不仅保留着动词"偕（皆）"的语义特征，而且语义

---

① 王世舜注译：《庄子注译》，齐鲁书社2009年版，第185页。
② 金良年撰：《孟子译注》，上海古籍出版社2004年版，第77页。
③ 何乐士：《〈左传〉范围副词》，岳麓书社1994年版，第118页。

指向、句法位置等也与原来的动词密切相关。由于动词"偕（皆）"的强制配价成分是主语施事和与事，这决定了副词"皆"语义指向主语，表示主语所代表的对象无例外地具有谓语动词所显示的特点。动词"偕（皆）"的主语一般是两项，施事和与事，副词"皆"语义也往往指前面两项，如例（6），又如：

（7）日月皆乱。（《楚帛书·甲篇》）

（8）上下皆作，邦又（有）兵命。（《清华简肆·筮法·第二十九节爻象》）

但随着使用的增多，总括副词"皆"指向的复数主语可能不止两项，而是引申为两项以上或更多。何乐士对《左传》的副词"皆"做过详细研究，她发现当"皆"所显示的主语复数范围指向人时，"'皆'所表示的复数范围有一半左右只限于两个人到几个人（特别是，主语所含的对象只有两个人，却用'皆'来表示其复数范围，这样的例子在全部'皆'例中约占25%，这是很值得注意的。）……'皆'指向宾语时，绝大多数的复数对象都是少数几个人，其中只含两人的复数宾语占全部复数宾语的44%。这是很有趣的现象。"[①] 如果从副词"皆"的来源看，这种现象就可以得到合理的解释了。战国文献中副词"皆"的语义指向见表4-2：

表4-2　　战国文献总括副词"皆"语义指向统计表

	指向主语	指向宾语	指向兼语	总计
出土战国文献	247	2	4	253
传世战国文献	1341	53	4	1398
总计	1588	55	8	1651

由上表可知，战国文献中"皆"指向主语共1588例，占96%，指向宾语55例，仅占3%。可见"皆"主要是表示主语的复数范围。副词"皆"还有少数指向兼语的例子，指向兼语实际上也是指向主语，因为兼

[①] 何乐士：《〈左传〉范围副词》，岳麓书社1994年版，第69页，第74页。

语是后一主谓结构的主语,"皆"主要是修饰后一个动词的。例如:

(9) 令吏明布,令吏民皆明智(知)之,毋巨(拒)於罪。(《睡虎地秦简·语书》)

也有少数"皆"指向宾语,如何解释这种现象呢?我们认为,这可能与这种句式有关:

(10) 是以寡人许之,谋虑皆从。(《中山王䥽鼎铭》,《集成》5·2840)

(11) 河(呵)禁所杀犬,皆完入公。(《睡虎地秦简·田律》)

例(10)(11)中"皆"虽然形式上仍然指向主语,但不是施事主语,而是受事主语,"皆"实际上指向其所修饰的动词的宾语成分。这种句式可能逐渐使"皆"也开始指向宾语了。实际上,指向宾语的"皆"常常出现在这种句式中:"NP+皆+V+之",处于主语位置上的 NP 实际上是动词的受事,动词后用"之"来复指。例如:

(12) 敢行驰道中者,皆迁之。(《龙岗秦简 54》)
(13) 法度量,则不壹歉疑者,皆明壹之。(《商鞅量》,《集成》16·10529)
(14) 凡参、翼、轸以出女,丁巳以出女,皆弃之。(《睡虎地秦简·日书甲种》)

在这种句式中,"皆"的语义指向既可以说是主语,也可以说是宾语。渐渐地"皆"开始指向宾语了,例如:

(15) 旦而皆召其徒。(《左传·昭公四年》)

"皆"语义指向的发展可以这样表示:

指向施事主语→指向受事主语（既是主语也是宾语）→指向宾语

但是总括副词"皆"指向宾语数量很少，如出土战国文献中253例"皆"，仅2例指向宾语。传世战国文献中，《孟子》副词"皆"100例，全部指向主语；《庄子》副词"皆"98例，仅2例指向宾语。我们发现，副词"皆"指向宾语的55例中，像例（15）宾语为名词或名词性短语的仅5例，其余50例都是"NP_1，NP_2+皆+V+之"的形式，NP_1是话题主语，前文先提到NP_1，后面动词的宾语复指NP_1，用"之"代替，"皆"指向宾语"之"（有时候是介词的宾语）。例如：

(16) 弥与纥，吾皆爱之。（《左传·襄公二十三年》）

对于"皆"句的复数宾语绝大多数都是代词"之"，何乐士也注意到了，并解释说为了避免动宾结构过于冗长，于是把宾语安置在上文，用一个简单的代词"之"放在动词之后代替它①。我们认为副词"皆"指向复数宾语本来就少，大多数复数宾语还用代词"之"复指，这种现象不是偶然的。应该不仅仅是为了避免结构的冗长，因为总括副词"尽""悉"语义主要指向宾语，即使是复杂的宾语，也并不总是用"之"复指。如"必先悉行乘城卒、隶妾臣、城旦舂、鬼薪、白粲、居赀、赎责（债）、司寇、隐官、践更县者。（《里耶秦简壹》5正）"我们认为指向宾语的"皆"多出现在"NP_1，NP_2+皆+V+之"的格式中可能受副词"皆"语义主要指向主语的影响，因为在这种格式中，从形式上看，"皆"指向的NP_1依然处在主语的位置。

2. "俱"

说文："俱，偕也。"这里"俱"是动词。动词"俱"和副词"俱"在出土战国文献中未见，但传世战国文献常见。我们认为副词"俱"由动词"俱"发展而来。与"偕（皆）"相同，动词"俱"意义为"在一起""共同作……"等，也是带与事的二价互向动作动词，具有［+动作］［+协同］［+不及物］的语义特征。"俱"的动作义是其主要语义特征，

---

① 何乐士：《〈左传〉范围副词》，岳麓书社1994年版，第45页。

协同义是句式中暗含的,是其伴随义。其基本格式为:NP_1 + 与 + NP_2 + V。其中,NP_1是施事,NP_2是与事,都是动词"俱"的配价成分。传世战国文献中动词"俱"共15例,例如:

(1) 故势与俗化,而礼与变俱。(《战国策·赵二》)
(2) 愚故道,道可载而与之俱也。(《庄子·天运》)
(3) 故人无动而不可以不与权俱。(《荀子·正名》)
(4) 仆所以留者,待吾客与俱。(《战国策·燕三》)

动词"俱"的动作义也是模糊抽象的,如例(1)—(4)。为了强调行为动作,动词"俱"可能与一个具体实在的动词连用共同对主语进行陈述说明,例如:

(5) 虽与之俱学,弗若之矣。(《孟子·告子上》)
(6) 虞、曹俱亡者何也?(《韩非子·难二》)

例(5)(6)是"俱V"的结构,"俱"与意义明确的动词连用。副词"俱"的形成过程与副词"皆"相同,都是由连动结构变成状中结构。在状中结构中"俱"的主要语义特征"动作义"脱落,伴随语义特征"协同"义显现,最终虚化为副词"俱"。副词"俱"义为"一起""共同"等,因为"协同"义和"全部"义是相通的,后来引申为"都""全部"等。

由于动词"俱"的强制性配价成分是主语施事和与事,虚化为副词后语义也指向复数主语施事和与事,表示两个或两个以上的主体同时发出某一动作行为。总括副词"俱"在传世战国文献中共119例,仅2例指向宾语,其余全部指向主语。指向宾语的2例都是"NP + 俱 + V + 之"的格式,即"俱"句所在的主语是受事主语或话题主语,宾语用代词"之"复指。例如:

(7) 自愚诬之学,杂反之辞争,而人主俱听之。(《韩非子·显学》)

(8) 两载之间一火，皆立而待鼓音而然，即俱发之。(《墨子·备蛾傅》)

由于动词"俱"前往往是施事和与事两项，即两个名词语，虚化为副词后所指向的主语复数范围也通常是两项。如在考查范围内的119例副词"俱"中，语义指向前面两项的有98例之多，占82%，如例(5)(6)，又如：

(9) 父母俱存。(《孟子·尽心上》)
(10) 贤不肖俱赏。(《韩非子·用人》)

副词"俱"后来引申为语义指向多项，但不多见，考察范围内语义指向3项及以上的仅21例，占18%。例如：

(11) 段、椎、锥俱事於履，可用也。(《墨子·经说下》)
(12) 美、髯、长、大、壮、丽、勇、敢，八者俱过人也。(《庄子·列御寇》)
(13) 万端俱起，不可胜理。(《战国策·秦一》)

三 "毕"与"具"

动词"毕""具(完备)"都是一价状态动词，"毕"义为"完毕""结束"，"具"义为"完备""齐备"。由动词"毕""具(完备)"发展来的副词"毕""具"语义都主要指向主语。

1. "毕"

古代汉语中"毕"有名词、动词和副词的用法，本书只考察"毕"的副词和动词用法。出土和传世战国文献中动词"毕"共67例。动词"毕"有两种用法，一种是不及物状态动词，意为"完毕、结束"，共54例。例如：

(1) 公事毕，然后敢治私事，所以别野人也。(《孟子·滕文公上》)

一种是不及物状态动词的使动用法,意为"使……完成",13 例。例如:

(2) 非短而续之也,毕其数也。(《吕氏春秋·尽数》)

第一种"毕",崔立斌认为是不及物状态动词①,殷国光②、张玉金都认为是一价状态动词③。我们认为副词"毕"就是由这种一价状态动词"毕"发展而来。如"责毕收乎?来何疾也!"曰:"收毕矣。"(《战国策·齐策四》)例中"收毕矣"即"收责毕矣"的省略,"毕"是动词,可以转换成"责毕收乎"的句式("毕"为副词)而意义不变,可见这两个"毕"意义之间的联系。

一价状态动词"毕"具有[完毕/结束][不及物]的语义特征,而"完毕"义、"结束"义实际上蕴涵"全部做完""全部完成"的意义,既有动作义,又有"全部"义。这就为"全部义"的副词"毕"的产生提供了前提。一价状态动词"毕"的基本句式为:NP + V,(NP 可以省略)其强制配价成分是系事主语 NP。受"毕"的语义影响,NP 一般是表示复数的可数名词或不可数名词。例如:

(3) 以法术则观行之道毕矣。(《韩非子·观行》)
(4) 飨毕,夜出。(《左传·僖公二十二年》)

动词"毕"的动作义也是含混模糊的,如例(3)可译为"全部具备",例(4)可译为"全部完成"等,这种现象诱发它与一个具体实在的动词连用共同对主语进行陈述说明,例如:

(5) 则守国之道毕备矣。(《韩非子·守道》)
(6) 五者毕至,必有大赏。(《睡虎地秦简·为吏之道》)

---

① 崔立斌:《〈孟子〉词类研究》,河南大学出版社 2004 年版,第 37 页。
② 殷国光:《〈庄子〉动词配价研究》,商务印书馆 2009 年版,第 53 页。
③ 张玉金:《出土战国文献动词研究》,暨南大学出版社 2018 年版,第 43 页。

例（5）（6）是"毕 V"的结构，副词"毕"的虚化过程与上述"皆""俱"是相似的，也是由连动结构发展而来。例（5）由于动词"毕""备"都有"完备"义，既可以看作连动结构，又可以看作状中结构，是动词"毕"虚化的中间状态。但例（6）中的"毕"已经虚化为修饰谓语的副词，义为"全部""都"，表示主语无例外的关涉谓语动词所描述的特点。由于动词"毕"的强制配价成分是复数的系事主语，虚化后副词语义也主要指向复数主语。

出土和传世战国文献中副词"毕"语义指向见表4-3：

表4-3　　　战国文献总括副词"毕"语义指向统计表

	指向主语	指向宾语	总计
出土战国文献	4	0	4
传世战国文献	34	2	36
总计	38	2	40

由上表可知，战国文献中副词"毕"语义主要指向主语的复数范围，表示主语所代表的人或事物无例外地发出同一动作行为。例如：

（7）官作居赀赎责（债）而远其计所官者，尽八月各以其作日及衣数告其计所官，毋过九月而麜（毕）到其官。（《睡虎地秦简·秦律十八种》）

（8）五纪必（毕）周，唯（虽）贫必攸（修）。（《上博楚简二·彭祖》）

考察范围内仅有2例指向宾语，例如：

（9）子姓皆从，得厌饮食，毕治数丧，足以至矣。（《墨子·非儒下》）

（10）官施而不失其宜，拔举而不失其能，毕见其情事而行其所为。（《庄子·天地》）

我们认为"毕"指向宾语也是由"毕"指向受事主语的句式引发的，例如：

(11) 庄子曰："大王安坐定气，剑事已毕奏矣。"（《庄子·说剑》）

例（11）"毕"虽然还是指向主语，但却是受事主语，实际上是动词的宾语成分，"剑事毕奏"等同于"毕奏剑事"，于是"毕"也开始指向宾语了，但很少见。

由于动词"毕"的主语系事一般为表事件的名词语，"毕"主要表示事物的状态变化，如战国文献中"事毕""蚕事既毕"之类较多，主语很少是人。因此虚化为副词后也以指事物为主，如考察范围内副词"毕"共40例，指事物共26例，指人14例。"毕"指向人的复数范围可能受其他总括副词的影响。

2."具"

"具"，甲骨文字形像双手捧鼎之形，本义为"备齐馔羹"。《说文》："具，备也。"动词"具"由"具备""具办"义引申为"完备、齐备"义，副词"具"就是由"完备、齐备"义的"具"发展而来的。作动词时，"具"与"俱"不同，"具"义为"完备"，"俱"义为"在一起""共处"，但是由于二者后来都发展为范围副词，在某些书中可以相通。

张玉金认为"完备"义的"具"是一价状态动词①。一价状态动词"具（完备）"具有 [+完备/齐备][+不及物] 的语义特征，而"完备"义实际上蕴涵"全部做完""全部完成"的意义，即状态动词"具"实际包含了"完成"义和"全部"义，"完成"义是其主要语义特征，"全部"义是其隐含语义特征。其基本句式是：NP + V，其强制配价成分是主语系事 NP。受"具"的语义制约，NP 一般是表示复数的名词语或不可数名词语。出土和传世战国文献中的这种"具"共19例。例如：

(1) 今法律令已具矣，而吏民莫用。（《睡虎地秦简·语书》）
(2) 强弱有数，天下事具矣。（《墨子·杂守》）
(3) 百官虽具，非所以任国也。（《韩非子·有度》）

---

① 张玉金：《出土战国文献动词研究》，暨南大学出版社2018年版，第43页。

动词"具"与动词"皆""俱""毕"相似,其动作义也是抽象模糊的,可以随语境有不同的理解,如例(1)—(3)。如果动词"具"与意义实在的动词连用,就会形成"具V"的结构,如:

(4) 百官具御,乃斗,鼓于门。(《墨子·迎敌祠》)

例(4)"具"后出现动词,句子中心逐渐后移,意义清晰的动词成为表意重点,"具"退居次要位置,成为修饰动词的状语。受其后动词的影响,"具"的"完成"义进一步脱落,其隐含义——"全部"义上升为中心义素,"具"虚化为副词,意为"全部""都"。因为动词"具"的强制配价成分是主语,副词"具"语义也指向复数主语,表示主语的全部数量或范围无例外地与谓语动词关涉。出土、传世战国文献中副词"具"的语义指向见表4-4。

表4-4　　　　战国文献总括副词"具"语义指向统计表

	指向主语	指向宾语	指向兼语	总计
出土战国文献	3	2	1	6
传世战国文献	5	5	1	11
总计	8	7	2	17

上表中"具"指向主语与宾语大致相同,这大概是因为副词"具"在西周时期已经产生,到战国时期发展出指向宾语的例子。因为指向兼语实质上也是指向主语,因此"具"还是指向主语略多一些。例如:

(5) 女(如)不能识貌,则百勿(物)具失。(《上博楚简七·凡物流形》)
(6)《诗》云:"赫赫师尹,民具尔瞻。"(《上博楚简一·纣衣》)
(7) 万民具憝。(《清华简叁·芮良夫毖》)

据武振玉,两周金文中范围副词"具"共10例,语义全部指向主语,用于总括主语所指事物范围①。"具"指向宾语应该是从战国时代开始的，例如：

(8) 凡是日赤帝恒以开临下民而降其殃，不可具为百事，皆毋（无）所利。(《睡虎地秦简·日书甲种》)

(9) 臣请具刻诏书金石刻。(《峄山刻石》)

我们认为副词"具"后指宾语很可能也像"皆"那样，由"具"语义指向受事主语引发的，但由于副词"具"不多见，这样的例子不多。与副词"皆""俱"一样，"具"指向宾语常常是"NP，具+V+之（是）"的格式，例如：

(10) 诗曰："谋之其臧，则具是违。谋之不臧，则具是依。"《荀子·修身》

例(10) NP 是话题主语，后面宾语用代词"是"复指主语，副词"具"指向宾语，实际上也是指向前面的话题主语。

由于动词"具"意为"齐备"，意味着诸多事情都已经办好，其主语系事多为复数的人或事物，表示众多，虚化为副词后也往往表示众多，如例(4)—(9)等，很少有像副词"俱"那样表示两项或少数几项的。

四 "尽"与"悉"

动词"尽"表"穷尽""使……达到极点"之意，动词"悉"表"穷尽""用尽"之意，都是二价带宾语的动词。"尽"是带使事的二价致使动词，"悉"是带受事的二价动作动词，虚化为副词后语义都以指向宾语为主。

1."尽"

"尽"，《说文》："器中空也。"动词"尽"意为"穷尽""使达到极点"等。李佐丰认为"尽"是准自动状态动词，主要表示各种状态变化，

---

① 武振玉：《两周金文词类研究（虚词篇）》，博士学位论文，吉林大学，2006 年。

这种状态变化都是可致使的，所以都可以带使动宾语而且通常只带使动宾语①。崔立斌认为《孟子》中的"尽"是带使动宾语的不及物动词②。殷国光把《庄子》中的动词"尽"分为两类：二价双向致使类动作动词和二价双向涉及类状态动词③。张玉金认为出土战国文献中的动词"尽"分属"一价状态动词"和"二价致使动词"两类④。可见，大多数学者都认为"尽"有致使动词的用法。据我们对出土和传世战国文献中"尽"的调查，绝大多数"尽"带有使事宾语，（见表4）我们认为，战国文献中的动词"尽"主要是二价致使动词。一般认为"尽"是一价状态动词的例子，如"历险致远，马力尽矣。"（《荀子·哀公》）实际上这种"尽"依然是二价致使动词，"马力尽"即"尽马力"，"尽"的施事应该是"马"。"尽"的施事常常省略，"尽"的宾语可以在"尽"后，也可以在"尽"前。如："先尽民力无用之功，赏赐无能之人，民力尽於无用，财宝虚於待客。"（《墨子·七患》）又如，"曰'尽敌而反'，敌可尽乎！虽尽敌，犹有内馋，不如违之。"（《左传·闵公二年》）我们认为战国文献中表示时间的"尽"是一价状态动词，但比较少见，出土战国文献中这种"尽"仅2例，传世文献也仅2例。如"日以尽矣，荆卿岂无意哉？"（《战国策·燕三》）"月不尽五日，不可材（裁）衣。"（《睡虎地秦简·日书甲种》）秦简中常见有"尽八月""尽三月"等，周守晋认为这种"尽"为动词，认为它用于时间表达，表示一个时间期限，是秦简法律文书的一种习语⑤。我们把这种"尽"看作二价致使动词，虽然很难找出"尽"的施事。张玉金认为："如果这种用法（使动用法）不常见，就是通常所说的词类活用；如果常见，则是其语言意义。"⑥从战国文献动词"尽"用法的实际出发，我们认为"尽"带使动宾语应该是其本来的语言意义。副词"尽"就是由这种二价致使动词"尽"虚化而来。

二价致使动词"尽"具有［＋致使］［＋全部］［＋动作］的语义特征。其强制性配价成分是施事 NP_1 和使事 NP_2。［致使］是指主语所表示的

---

① 李佐丰：《古代汉语语法学》，商务印书馆2004年版，第132页。
② 崔立斌：《〈孟子〉词类研究》，河南大学出版社2004年版，第39页。
③ 殷国光：《〈庄子〉动词配价研究》，商务印书馆2009年版，第147—148页。
④ 张玉金：《出土战国文献动词研究》，暨南大学出版社2018年版，第43页，第160页。
⑤ 周守晋：《出土战国文献语法研究》，北京大学出版社2005年版，第61页。
⑥ 张玉金：《出土战国文献动词研究》，暨南大学出版社2018年版，第159页。

人或事物 NP₁ 使宾语所表示的人或事物 NP₂ 发出某种动作，"尽"既有全部义，又有动作义。由于"尽"支配宾语，动作义是其主要语义特征，全部义是其次要语义特征。但是与动词"毕""具"等一样，动词"尽"的动作义也是抽象的，随语境而有不同理解。如"使尽之，而为之箪食与肉。"（《左传·宣公二年》）这里"尽"义为"把饭全部吃光"，"尽垩而鼻不伤。"（《庄子·徐无鬼》）"尽"义为"把垩全部除去"。

战国文献中二价致使动词"尽"的基本句式见表 4-5。

表 4-5　　　　战国文献二价致使动词"尽"的句式概况

句式	出土战国文献	传世战国文献	总计
①NP₁ + V + NP₂	22	179	201
②NP₂ + V	3	80	83
③NP₁ + V	1	2	3
④V	0	32	32
⑤NP₂，NP₁ + V + 之	0	5	5
总计	26	298	324

上表中，第①式是 NP₁ + V + NP₂，其中 NP₁ 不省略的例子如：

（1）禹使民以二和，民乃尽力。（《上博楚简九·舜王天下》）

NP₁ 省略的例子如：

（2）又（有）所又（有）余而不敢尽之。（《上博楚简二·从政甲》）

第②式是 NP₁ + V + NP₂ 中，NP₁ 省略，NP₂ 处于主语的位置，如：

（3）直参以出女，室必尽。（《睡虎地秦简·日书甲种》）
（4）虽为天子，欲不可尽。欲虽不可尽，可以近尽也。（《荀子·正名》）

第③式是 NP$_1$ + V + NP$_2$ 中 NP$_2$ 省略，这种情况很少见，如：

(5) 曹沫曰：亡以异于臣之言，君弗尽。(《上博楚简四·曹沫之陈》)

第④式是 NP$_1$ + V + NP$_2$ 中 NP$_1$ 与 NP$_2$ 都省略，通常是承上下文省略。如：

(6) 食桃而甘，不尽，以其半啖君。(《韩非子·说难》)

第⑤式是为了强调 NP$_2$，可以把 NP$_2$ 置于句首，在原来的位置上用代词"之"复指。如：

(7) 汉阳诸姬，楚实尽之。(《左传·僖公二十八年》)
(8) 仁智，周公未之尽也，而况于王乎？(《孟子·公孙丑下》)

"尽"的基本格式中，施事 NP$_1$ 常常省略，考察范围内仅 NP$_1$ 省略的共 226 例，占 70%；仅 NP$_2$ 省略的 3 例，占 0.9%。可见，二价致使动词"尽"与使事宾语 NP$_2$ 的关系最为密切。这是由于宾语是动词"尽"的支配对象，是动作的承受者，一般是不能省略的。主语 NP$_1$ 多为单数，一般是人，偶尔可以是人的身体部位等。NP$_1$ 往往表示泛指，如"事君尽礼，人以为谄也。"(《论语·八佾》) 因此 NP$_1$ 容易省略。NP$_2$ 可以是表示具体事物的复数名词，如"金""攻械""材木瓦石"等，也可以是表示抽象事物的不可数名词，如"力""心""心力""礼""道"等，还可以是人。考察范围内 NP$_2$ 为表事物的名词语共 301 例，占 93%；NP$_2$ 为表人的名词语共 23 例，占 7%。这决定了虚化后的副词也以指事物为主。值得注意的是，如果 NP$_2$ 是表人的名词语，一般是复数，表示众多，并常常表示"被杀死""被灭掉"等。如："子不少须，众惧尽。"(《左传·成公二年》) 又如："楚师多冻，役徒几尽。"(《左传·襄公十八年》) "曰'尽敌而反'，敌可尽乎！"(《左传·闵公二年》)

"尽"最常见的句式是：NP$_1$ + V + NP$_2$（NP$_1$ 可以省略）和 NP$_2$ + V。

总括副词"尽"就是由这两种句式演变而来。例如：

(9) 公中慕公之为己乘秦也，亦必尽其宝。(《战国策·东周》)
(10) 非尽天下之地，臣海内之王者，其意不厌。(《战国策·燕三》)

例（9）（10）是 $NP_1 + V + NP_2$ 的格式，"尽"是动词，表示宾语表示的人或事物全部受动词"尽"的支配，由于"尽"的意义比较抽象，很容易诱发意义具体实在的动词与其连用，共同支配宾语，例如：

(11) 燕兵独追北入至临淄，尽取齐宝，烧其宫室宗庙。(《战国策·燕一》)
(12) 今秦已虏韩王，尽纳其地。(《战国策·燕三》)

例（11）（12）是"尽V"的格式。意义相近的词虚化的路径是相似的，副词"尽"的虚化路径和机制与副词"皆"等相同，也是由连动结构重新分析为状中结构。随着"尽"的动作义逐渐脱落，伴随义（"全部"义）成为其中心义素，最终虚化为副词，表示"全部""都"。副词"尽"语义指向宾语，表示宾语所指人或事物无例外地受谓语动词的支配。

动词"尽"的常见格式还有 $NP_2 + V$，例如：

(13) 晋之公族尽矣。(《左传·昭公三年》)
(14) 故宋必尽。(《战国策·秦四》)

例（13）（14）都是 $NP_2 + V$ 的格式，"晋之公族""宋"都是动词"尽"的使事宾语，"尽"义为"使……全部被灭"，当意义抽象的"尽"后跟意义明确的动词时，就会成为"尽V"的格式。例如：

(15) 知氏尽灭，唯辅氏存焉。(《战国策·赵一》)

例（15）"知氏"是"灭"的受事，"尽"后出现了含义明确的动词

"灭","尽"修饰谓语动词,虚化为副词,语义指向受事主语。

战国文献中副词"尽"的语义指向见表4–6。

表4–6　　　战国文献总括副词"尽"语义指向统计表

	指向主语	指向宾语	总计
出土战国文献	11	27	38
传世战国文献	86	110	196
总计	97	137	234

由表4–6可知,副词"尽"语义指向宾语多于指向主语。副词"尽"修饰谓语动词时,语义主要指向复数宾语,表示它所修饰的动作行为无例外地涉及宾语的全部。例如:

(16) 取新乳狗子,尽煮之。(《周家台秦简·日书》)

(17) 二十六年,皇帝尽并兼天下,诸侯黔首大安。(《商鞅量》,《集成》16·10529)

(18) 高下肥硗之利尽知之。(《上博楚简二·容成氏》)

例(18)为了强调宾语,把宾语提前,放在主语的位置,宾语用"之"复指。

如果宾语处于主语的位置,即作为受事主语,"尽"的语义就指向受事主语,例如:

(19) 三善尽用不皆(弃),邦家以宏。(《上博楚简四·曹沫之陈》)

(20) 其辞已尽书而毋(无)解,乃以诘者诘之。(《睡虎地秦简·封诊式》)

(21) 皇帝曰:金石刻尽始皇帝所为也。(《峄山刻石》)

受这种句式影响,"尽"渐渐地开始指向施事主语了,但不多见。例如:

(22) 为之怒，举邦尽获，女（汝）蜀（独）亡（无）得。(《上博楚简九·灵王遂申》)

以上例子"尽"都是修饰动词谓语的。随着使用的扩大，副词"尽"也开始修饰形容词谓语或名词谓语了，"尽"修饰形容词谓语、名词谓语时，主语往往是复数名词语，"尽"表示主语所表示的人或事物无例外地都具备谓语所描述的特征、性质。例如：

(23) 小事果成，大事又（有）庆，它毋（无）小大尽吉。(《睡虎地秦简·日书甲种》)
(24) 是则尽不谷之罪也。(《上博楚简八·志书乃言》)

总之，"尽"修饰谓语动词时，语义一般指向宾语，如果语义指向主语，则往往是受事主语。"尽"修饰形容词谓语、名词谓语时，语义指向主语。表4-6副词"尽"指向主语的97例中，有49例是指向受事主语的，指向受事主语实际上也是指向动词的宾语，因此，"尽"还是指向宾语占绝大多数。

由于动词"尽"的宾语多为表事物的名词语，虚化为副词后也主要指事物的复数范围，考查范围内副词"尽"指物约175例，占75%，指人约59例，占25%。

2 "悉"

"悉"可作动词，有"熟悉"义，也有"穷尽"义等。本文只考察"穷尽、用尽"义的"悉"。战国文献"悉"（穷尽）作动词26例，其中有23例"悉"的宾语是"士""卒""兵""师"或表邦、国等单位的名词语。如："秦悉塞外之兵，与周之众，以攻南阳。"(《战国策·西周》)由于"悉"多表示"全部发动士兵"，杨伯峻认为"悉精兵""悉军"意义同于"悉起兵"，认为这是副词"悉"下省略动词，只有"起兵""兴军"这类意义下才能省略动词①。何乐士认为"悉师""悉方城外"中的

---

① 杨伯峻：《古汉语虚词》，中华书局1981年版，第206页。

战国时代副词研究

"悉"是带受事宾语的动词①。实际上,"悉"支配的宾语除了士兵之类的还有其他,如"主贤明则悉心以事之。"(《韩非子·外储说左下》)我们认为"悉"是带受事的二价动作动词,具有[＋动作][＋全部][＋及物]的语义特征。其基本句式是:$NP_1 + V + NP_2$,(NP_1可省略),NP_1是施事,NP_2是受事。施事主语NP_1多为"王"之类,大多为单数,并常常省略。受事宾语NP_2多为"师""兵""楚国之众"之类,基本为复数,一般不能省略。由于动词"悉"支配宾语,所以动作义是其主要语义特征,"全部"义是其次要语义特征。例如:

(1) 韩王悉韩、魏之兵,又西借秦兵。(《战国策·魏三》)
(2) 将悉敝赋以待于儵,唯执事命之。(《左传·文公十七年》)

例(1)(2)中"悉"是动词,宾语为表示复数事物的名词,但"悉"动作义不明确,因此,"悉"很容易跟意义明确的动词连用,例如:

(3) 梁君、田侯恐其至而战败也,悉起兵从之,大败赵氏。(《战国策·魏二》)
(4) 敝邑之人,不敢宁处,悉索敝赋,以讨于蔡。(《左传·襄公八年》)

例(3)(4)中"悉"后出现了核心动词"起""索","悉"的动作义弱化乃至脱落,全部义凸显,句法位置也由核心位置退居次要位置,成为修饰动词的状语,义为"全部""都",虚化为副词。副词"悉"语义主要指向复数宾语,表示动作施加到宾语的全部范围。例如:

(5) 今又悉兴其众,张矜意怒,饰甲厎兵,奋士师以偪吾边竟。(《诅楚文》)
(6) 传送委输必先悉行城旦舂、隶臣妾、居赀、赎责(债)。(《里耶秦简壹》16—5 正)

---

① 何乐士:《〈左传〉范围副词》,岳麓书社1994年版,第150页。

(7) 吾子迷（悉）言之，犹恐弗智。（《上博楚简六·孔子见季桓子》）

以上"悉"语义全部指向宾语。战国文献中，副词"悉"指向宾语共19例，指向主语10例。受动词"悉"影响，副词"悉"语义应该指向复数宾语，那么"悉"为什么也能指向主语呢？这是由于这种句式的影响：

(8) 晋师悉起，将至矣。（《左传·宣公十五年》）
(9) 卒已悉起，愿大国之信意于秦也。（《韩非子·十过》）

例（8）（9）中"悉"虽然语义指向主语，但主语都是受事主语，是"悉"所修饰的动词的宾语，"悉"实际上还是表示宾语所指对象范围。在"悉"指向主语的例子中有6例属于受事主语，受这种句式影响，可能"悉"也渐渐开始指向施事主语了，但很少见。例如：

(10) 大夫悉属，百姓离散。（《战国策·楚一》）

由于动词"悉"多用于战争场合，虚化为副词后也多用于战争场合。战国文献中副词"悉"共29例，其中，表示"全部起兵""全部起师"之义22例，表示其他意义7例。

综上所述，我们认为战国时代总括副词"皆""尽"等由动词虚化而来，动词的语义特征、配价特点等决定了虚化后副词的语义特征、语义指向等。如果动词是不及物动词，主要关涉复数主语，那么虚化为副词后语义就主要指向主语；如果动词是及物动词，主要关涉复数宾语，那么虚化后语义就主要指向宾语。

五 "皆"与"尽"的区别

战国文献中使用频率最高的总括副词是"皆"与"尽"，都表示"都""全"义，二者的区别主要表现在以下几方面：

1. 语义指向不同

总括副词"皆"语义主要指向主语的复数范围，"尽"语义一般指向

战国时代副词研究

宾语的复数范围，但当宾语处于主语（受事主语）位置时，"尽"就指向受事主语。"皆""尽"连用时，它们的职责、功能很清楚，如："四分公室，季氏择二，二子各一，皆尽征之，而贡于公。"（《左传·昭公五年》）例中副词"皆"语义指向主语，"尽"指向宾语。但是，汉以后总括副词的意义和功能泛化，"皆""尽"语义都以指前为主，基本没有什么分别了。

2. 表示范围不同

总括副词"皆"和"尽"都可以指人和事物。"皆"指人多于指物，"尽"指物多于指人。这是由于动词"皆"的主语主要表人，而动词"尽"的宾语多为事物。副词"皆""尽"指向人时，虽然都可译作"都""全部"，但"皆"多指两个或少数几个，"尽"多指众多。何乐士说："'皆'所表示的宾语复数范围指向人时，约有37%表示众多，约有73%表示少数几个。……'尽'所表示的宾语复数范围指向人时，全部（100%）表示众多。"① 这是因为动词"皆"的本义为"（两个人或事物）在一起"，动词"皆"跟前面的两项施事、与事关系密切，虚化为副词后语义也多指向前面两项或几项。而动词"尽"的语义是"穷尽"，"尽"支配的宾语表人时，往往是多数，虚化为副词后自然也指多数。

3. 句法位置不同

总括副词"皆""尽"都可以与其他副词或其他成分连用修饰动词谓语、形容词谓语和名词谓语。但是，"皆"与其他副词、助动词或其他成分连用时，一般在其他副词、助动词或其他成分之前，战国文献中经常可见"皆既""皆不""皆勿""皆可以"的例子，如："雇女返、场贮、竞不割皆既盟。"（《包山楚简》123）"皆"和动词之间还可以插入介词短语等其他成分，如"皆以律论之。"（《睡虎地秦简·金布律》）

总括副词"尽"的情况正好相反，"尽"与其他副词、助动词或其他成分连用时，一般在其他副词、助动词之后，动词之前。考察范围内经常可见"既尽""不尽""弗尽""必尽""亦尽""将尽"的例子，如："凡此蔽也，既尽迻。"（《包山楚简》204）这是由于"皆""尽"作动词时的不同特性所致。动词"偕（皆）"是不及物动词，它与主语的关系更为密

---

① 何乐士：《〈左传〉范围副词》，岳麓书社1994年版，第73—74页。

切，虚化为副词后总是紧贴主语。而动词"尽"是带宾语的致使动词，与宾语关系更为密切，虚化为副词后总是紧临宾语，它与宾语之间一般不能插入其它成分。

4. 主动被动不同

何乐士曾经谈到"皆""尽"在修饰"死""亡""殪"等词语时的区别。她发现"皆"的关于死亡的例子，没有一例是有被动含义的，而"尽"恰恰相反。"'皆'句的动作行为大多是施事主语主观上自觉发出的。'尽'修饰的动词大都不是主语本身决定要做的，特别关于死亡等消极的句子，更有较明显的被动意味。"[1] 如有"皆自杀"的例子，却没有"尽自杀"的例子。但"皆"不能修饰表被动的词"殪"，相反，"尽"可与"殪"组合，"尽"修饰"死""卒"等词时，都是表示"被杀死"，如：杀尉止，子师仆，盗众尽死。(《左传·襄公十年》) 何乐士认为这种现象与句子的被动色彩有关，而被动色彩在先秦汉语中大多与不幸的事有关。我们认为，这主要与动词"皆""尽"所关涉的配价成分有关。动词"皆"的配价成分是主语施事和与事，二者共同发出动词"皆"表示的动作行为，所以是主动行为。虚化为副词后"皆"修饰的动词依然是表示主动行为的。而动词"尽"是二价致使动词，"尽"的宾语是使事，本身就是动作的承受者，而非动作的发出者，所以"尽"的宾语往往有被动意味。如"尽垩"义为"垩被全部除去。""尽敌"义为"敌人被全部消灭"等。前面谈到，动词"尽"的宾语可以在"尽"后，形成 V + NP$_2$ 的格式，也可以在"尽"前，形成 NP$_2$ + V 的格式。一般说来，动词"尽"前的名词成分往往不是施事主语，并不是"尽"动作的发出者，而是"尽"的使事，是动作的接受者。尤其动词"尽"前为表人的名词语时，一般都是"尽"的使事，常常表示"被杀死""被灭掉"等。虚化为副词的"尽"如果语义指向主语，往往是受事主语，当"尽"修饰"死""卒"一类词语时，往往表示被杀死。吴福祥认为副词"尽"语义主要指向主语是由于动词"尽"是不及物动词，多指涉主语，这一是因为把动词"尽"前的成分当成了"尽"的施事，二是因为汉魏以后，总括副词的功能逐渐泛化，都以指前为主了。

---

[1] 何乐士：《〈左传〉范围副词》，岳麓书社 1994 年版，第 71 页。

六 共性与个性

为什么意义、用法不同的几个动词殊途同归,最后都发展成为总括范围副词了呢?原因首先在于这几个动词都具有"协同"或"全部"的语义内涵,这是总括副词产生的语义基础。其次这几个动词都包含某种动作,但动作义不明确,可以随语境而有不同的理解。这就诱发它们与意义明确的动词连用共同对主语进行说明或支配宾语。由于其动作义的抽象性,渐渐地重心后移,连动结构变成状中结构,由原来的谓语中心位置退居状语修饰位置,句法位置的变化又引起其动作义的弱化并脱落,其伴随义——"协同义"或"全部义"凸显,最终虚化为副词。可见,这些动词中蕴涵的"协同义"或"全部义"是总括副词产生的语义基础,句法位置的变化是诱发其虚化的现实条件。副词的产生使语言表达更为精密化,语言中词语的含义更为单一、准确。

战国时代总括副词的形成既有一定的共性和规律性,又表现出很大的差异性、多样性和复杂性。下面把战国文献中动词"皆"等与副词"皆"等的出现频率、语义特征、句法特征等以表格的形式呈现。

表 4-7　　战国文献动词"皆"等频率、语义特征、句法特征

动词	含义	出现频率	语义特征	及物属性	主语特征	宾语特征
皆	偕同、在一起	4	+协同+动作	—及物	两个名词语	
俱	在一起、共同作	15	+协同+动作	—及物	两个名词语	
毕	完毕、结束	67	+全部+动作	—及物	不可数名词	
具	完备、齐备	19	+全部+动作	—及物	复数名词/不可数名词	
备	完备、具备	70	+全部+动作	—及物	复数名词/不可数名词	
尽	穷尽、使达到极点	324	+全部+致使+动作	+及物	省略或多为表示单数的名词或代词	复数名词/不可数名词
悉	穷尽、用尽	26	+全部+动作	+及物	多为表示单数的名词或代词	复数名词

第四章　战国时代范围副词

表4-8　　战国文献副词"皆"等频率、语义特征、句法特征

副词	含义	出现频率	语义指向	表示范围	句法位置（在否定词前、后）
皆	一起，都	1651	主语/宾语	两项/众多	前
俱	一起，都	119	主语	两项/众多	前
毕	都，全部	40	主语	众多	后
具	都，全部	17	主语/宾语	众多	后
备	都，全部	6	主语	众多	后
尽	都，全部	234	宾语/主语	众多	后
悉	都，全部	29	宾语/主语	众多	后

对比表4-7和表4-8，可以发现在语义特征、语义指向等方面副词"皆"等与同形动词之间的对照关系。

大致来看，副词的含义、语义指向、表示范围等是由其来源的同形动词的特征所决定的。副词的语义指向由其作动词时的及物属性所决定，如果动词主要关涉主语（宾语），那么虚化后语义也主要指向主语（宾语）。副词的表示范围由其所涉及主语或宾语的特征所决定，如果动词关涉的主语是两项，如"皆""俱"，那么虚化为副词后表示的范围也是两项；随着使用的增多，后来引申为表示众多。如果动词关涉的主语或宾语表示众多，如"毕""具""尽"等，那么虚化为副词后表示的范围也是众多。

从出现频率上看，副词与其来源的动词却出现不一致性甚至相反的特征。从"皆"等作动词来看，出现频次从多到少依次为：

尽＞备＞毕＞悉＞具＞俱＞皆

从"皆"等作副词来看，出现频次从多到少依次为：

皆＞尽＞俱＞毕＞悉＞具＞备

由此可见一个大致的规律，虚化程度越高的副词，作虚词的次数越多，作实词的次数越少，如"皆"和"俱"。像"皆"，可能已经完成了虚化，语言中主要作副词，作动词仅是残留。反之，虚化程度越低的副词，作实词越多，作虚词越少，如"备"。或者说，"备"处于刚刚开始虚

化的阶段。有的词可能正处于虚化过程中，作副词和动词的例子大致相同，如"毕""悉""具"等。"尽"比较特殊，在战国时代"尽"作实词和虚词都比较多，这种现象可以用"并存原则"来解释，即"一种新形式出现后，旧形式并不立即消失，新旧形式并存。"① 可见实词的虚化，副词的产生过程是非常复杂的。副词的发展也是错综复杂的，如总括副词"皆""俱""毕""具"语义都主要指向主语的复数范围，"皆""具"由指向受事主语，渐渐发展出指向宾语的用法，而"毕""俱"始终以指向主语为主。"皆"由指向两项发展出指向众多的例子，而"俱"依然以指向两项为主。

从使用范围看，总括副词"俱"主要指两项，即可指人，又可指物。总括副词"毕""具"和"备"出现次数都不多，都主要表示事物的范围。总括副词"悉"主要出现在战争场合，多表示"师""兵""士民"等范围，主要与趋止动词或发动类动词搭配，如"来""行""兴""起"等。总括副词"皆""尽"出现频率高，用法广泛，可以搭配的动词范围广泛。

从发展趋势看，总括副词的功能是趋向泛化的。由于每个总括副词来源的动词特点不一，其最初的语义指向、表示范围、指人指物也泾渭分明，但随着使用的增多，互相影响，最后功能都变得相似，都是既可以指向主语，又可以指向宾语；既可指人，又可指物。到了汉魏六朝时期，总括副词"皆"等的界限进一步消失，功能更加泛化，语义指向基本没有什么区别，都变成以指向主语为主了。

七 结语

由于篇幅所限，本文只讨论了"皆""尽"等总括副词，其实，战国时代出现的其它总括副词如"备""遍""举"等也呈现出相同的虚化过程，甚至更早时代出现的总括副词"咸"也可能是由动词虚化而来。总之，正如张亚茹所说：虚词的发展是成系统的。实词词义相同或相近的词语因受到相同句法结构的制约规定，出现了相同的虚化趋势、虚化步骤，最终出现了相同的虚化结果②。

---

① 沈家煊：《"语法化"研究综观》，《外语教学与研究》1994 年第 4 期。
② 张亚茹：《谈谈古汉语的总括范围副词》，载南开大学中国语言文学系古代汉语教研室编《纪念马汉麟先生学术论文集》，南开大学出版社 1998 年版，第 217 页。

传世战国文献和出土战国文献中总括副词的特点基本一致。战国文献中总括副词的语义特征、句法功能、所指范围、语义指向等与其来源的动词的语义特征、配价特点等有严整的对应关系。

战国时代总括副词的形成既有一定的共性和规律性，又表现出很大的差异性、多样性和复杂性。首先，动词的语义特征、配价特点不同，虚化为副词后的语义特征、语义指向也不同。其次，副词虚化的程度不同。有的动词，如"皆""咸"等，可能在商周时代已经虚化为副词，因此战国文献中作动词的例子非常少。有的动词，可能正处于虚化过程中，如"尽""毕"等，作副词和动词的例子都比较多。有的动词，可能刚开始虚化，如副词"备"，"备"可能是由"完备"义的动词"备"虚化而来，战国文献中副词"备"很少见，动词"备（完备）"却很常见。实际上，实词的虚化，副词的产生过程是非常复杂的，即使在一个小类内部，也有很大的不同。如副词"皆"和"俱"都来源于带与事的二价动作动词，语义都主要指向主语，但副词"皆"由指向两项发展出指向众多的例子，副词"俱"仍然是主要指向两项。副词"皆"发展出指向宾语的例子，"俱"仍然是主要指向主语。这可能与二者使用频率有关。

第五节　协同范围副词

一　协同范围副词的语义指向和句法功能

战国时代协同类副词主要有"共""并""同""兼""偕"等，意为"共同""一起"，语义一般指向复数主语或宾语。例如：

（1）万人操弓共射一招，招无不中。（《吕氏春秋·本生》）
（2）告曰，此甲、乙牛也，而亡，各识，共诣来争之。（《睡虎地秦简·封诊式》
（3）贤者与民并耕而食，饔飧而治。（《孟子·滕文公上》）
（4）则奸言并至，尝试之说锋起。（《荀子·王制》）
（5）古之王者知命之不长，是以并建圣哲。（《左传·文公六年》）
（6）日，并烛天下者也。（《战国策·赵三》）

(7) 并立三帝，燕、赵之所同愿也。(《战国策·燕一》)

(8) 君臣上下同听之，则莫不和敬；闺门之内，父子兄弟同听之，则莫不和亲；乡里族长之中，长少同听之，则莫不和顺。(《荀子·乐论》)

(9) 率车以车，率徒以徒，所以同死。(《上博楚简四·曹沫之陈》)

(10) 兼爱万民，而无有私也。(《上博楚简四·曹沫之陈》)

(11) 夫日兼烛天下，一物不能当也。人君兼烛一国，一人不能壅也，故将见人主者梦见日。(《韩非子·内储说上》)

(12) 使亲忘我易，兼忘天下难；兼忘天下易，使天下兼忘我难。(《庄子·天运》)

(13) 甲乙雅不相知，甲往盗丙，到，乙亦往盗丙，与甲言，即各盗，其赃值各四百，已去而偕得。(《睡虎地秦简·法律答问》)

(14) 蹇叔有子曰申与视，与师偕行。(《吕氏春秋·悔过》)

(15) 与齐俱入，与汩偕出。(《庄子·达生》)

战国文献中协同副词"共"共51例，语义指向复数主语，如例(1)(2)。副词"并"共88例，主语或宾语是复数名词或不可数名词，语义可以指向主语，如例(3)(4)；也可以指向宾语，如例(5)(6)，例(7)"并"既可以理解为指向主语，又可理解为指向宾语。副词"同"共104例，主语一般是表人的复数名词语，语义一般指向主语，如例(8)(9)。副词"兼"共69例，语义主要指向宾语，如例(10)(11)，例(12)语义指向兼语。副词"偕"共12例，语义指向复数主语，如例(13)—(15)。

战国文献中协同副词"共"等主要修饰动词谓语。

二 协同范围副词的来源

协同范围副词"共""同""偕""并""兼"等主要来源于同形动词。

1."共"

及物动词"共"，意为"共同享有""共用"等，传世战国文献中共40例。动词"共"主语一般为复数名词，可以带表示具体事物的宾语，如

"车马""船""琴"等,也可带抽象的宾语,如"名""德"等。例如:

(1) 愿车马、衣轻裘,与朋友共。(《论语·公冶长》)
(2) 令王良、造父共车,人操一边辔而入门闾,驾必败而道不至也。令田连、成窍共琴,人抚一弦而挥,则音必败曲不遂矣。(《韩非子·外储说右下》)

动词"共"的意义模糊,表"共同享有""共同乘坐""共弹琴"等,"共"意义的模糊性吸引意义明确的动词共同支配宾语,例如:

(3) 民知其母,不知其父,与麋鹿共处。(《庄子·盗跖》)

动词"共"与意义清晰的动词连用共同支配宾语时,语义重心就会发生转移。由于"共"的动作义本就十分模糊,受其后具体动词的影响,"共"的动作义隐退,其共同义成为凸显义素,连动式变成状中式,最终虚化为副词。

由于动词"共"的主语一般是复数名词语或数量短语,虚化为副词后,副词"共"所总括的也是主语范围,语义指向前面的复数主语。考察范围内,副词"共"的语义都前指。战国时代副词"共"主要表示协同义,表数目统计义较少,考察范围内仅《墨子》中1例。例如:"杖而能行,以此共三年。"(《墨子·节葬下》)

2. "并"

及物动词"并",意为"兼并、合并"或"并列",传世战国文献中共77例。"并"的宾语可以为具体名词,如"国""兵""辔"等,也可是抽象名词,如"心""气""力"等。例如:

(1) 故德与周公齐,名与三王并,此不蔽之福也。(《荀子·解蔽》)
(2) 至贵,国爵并焉;至富,国财并焉;至愿,名誉并焉。(《庄子·天运》)
(3) 并船以为十临。(《墨子·备水》)

(4) 南并蜀、汉。(《战国策·秦三》)

例(1)(2)中"并"的主语是复数名词,例(3)(4)中"并"的宾语是复数名词。动词"并"的动词义也是模糊、抽象的,当其后跟具体动作动词时,就很容易发生虚化。动词"并"虚化为副词"并"的机制、原理与"共"相同。例如:

(5) 少长相越,万邪并起。(《吕氏春秋·审分》)
(6) 圣人并包天地。(《庄子·徐无鬼》)
(7) 天生五材,民并用之。(《左传·襄公二十七年》)

例(5)"并"语义指向主语,例(6)指向宾语,例(7)"并"既可以理解为指向主语,又可理解为指向宾语。

3. "同"

及物动词"同",意为"与……相同",传世战国文献中共81例,宾语可以为具体名词,如"国""兵""辔"等,也可是抽象名词,如"心""气""力"等。例如:

(1) 父母妻子皆同其官。(《墨子·号令》)
(2) 曾子、子思同道。(《孟子·离娄下》)

这种句式中的"同"后跟具体动作动词,就虚化为副词,例如:

(3) 夏,扬、拒、泉、皋、伊、洛之戎同伐京师。(《左传·僖公十一年》)

4. "兼"

"兼",《说文》:"兼,并也。从又持秝,兼。持二禾。"在战国文献中可作及物动词和范围副词。动词"兼"意为"兼有",例如:

(1) 则是一举而兼两虎也。(《战国策·秦二》)

第四章 战国时代范围副词

（2）兼仁与不仁，而使天下之君子取焉。（《墨子·贵义》）

动词"兼"的宾语一般是复数的名词语或不可数名词，如例（1）（2）。据张玉金，西周汉语中无副词"兼"[1]。春秋末的《国语》也仅1例动词"兼"，无副词"兼"。"兼"作副词和作动词在语义和句法上有明显的相关性，副词"兼"应该是在战国时期由动词"兼"虚化而成。魏德胜曾列举《韩非子》中的例子来说明"兼"的演化过程。例如：

（3）以此兴天下，天下可兼而有也。（《韩非子·初见秦》）
（4）战易胜敌则兼有天下，论比盖世则民人从。（《韩非子·解老》）

他认为例（3）中"兼而有"中的"兼"虽具有动词性，但已不是直接放在宾语前面，开始虚化。例（4）中的"兼"虚化为副词[2]。这是说"兼而有"是副词"兼"虚化的中间阶段。我们认为这是很有道理的，但副词"兼"的形成却不是在战国晚期，而是早在战国初期就已经开始虚化。我们认为战国初期的《墨子》一书中"兼"的用法颇具启发性。例如：

（5）今夫天兼天下而爱之，撽遂万物以利之。（《墨子·天志中》）
（6）奚以知天兼而爱之、兼而利之也？以其兼而有之、兼而食之也。（《墨子·法仪》）
（7）子兼爱天下，未云利也。（《墨子·耕柱》）

例（5）是"V_1（兼）+N+而+V_2+N"的格式，由于动词"兼"和V_2的宾语相同，"兼"后的宾语可以省略，这就是例（6）的格式"V_1（兼）+而+V_2+N"。随着使用的增多，连词"而"也可以脱落，成为例

---

[1] 张玉金：《西周汉语语法研究》，商务印书馆2004年版，第61—70页。
[2] 魏德胜：《〈睡虎地秦墓竹简〉语法研究》语法研究，首都师范大学出版社2000年版，第171—172页。

(7) "V₁（兼）+V₂+N"的格式，即紧凑的连动式。由于动词"兼"意义比较模糊，如果其后是意义具体的动词，那么"兼"就由核心动词退为非核心动词，连动式重新分析为状中式，"兼"进一步虚化成副词。"V₁（兼）+而+V₂+N"和"V₁（兼）+V₂+N"的格式曾长期并存，如"兼而礼之。"（《韩非子·显学》）和"兼礼之。"（《韩非子·五蠹》），《荀子·富国》中"兼而覆之"和"兼覆之"。副词"兼"的产生，使词义更加精确，意义更为清楚。如《墨子》《韩非子》《战国策》中都有"兼天下"的说法，但《墨子》中的"兼天下"指"兼爱天下"，而《韩非子》《战国策》中的"兼天下"是"兼并天下""兼吞天下"之意。由于动词"兼"合并有同时义和动作义，其包含的具体动作行为的含义需要借助语境来理解。副词"兼"产生以后，副词和动词的意义得以分化，从而使词义更为明确，语言也更为丰富。如"兼天下"可以分化为"兼爱天下（《墨子·耕柱》）""兼利天下（《荀子·非十二子》）""兼制天下（《荀子·儒效》）""兼足天下（《荀子·富国》）""兼听天下（《荀子·王霸》）""兼善天下（《孟子·尽心上》）""兼忘天下（《庄子·天运》）""兼照天下（《韩非子·难四》）"等。

5．"偕"

副词"偕"来自动词"偕"。战国文献中动词"偕"很少见，仅5例。例如：

(1) 天下奋棟而不与之偕。（《庄子·天道》）
(2) 故由由然与之偕而不自失焉。（《孟子·公孙丑上》）
(3) 寡君是以不得与蔡侯偕。（《左传·文公十七年》）

动词"偕"后带动词宾语，就容易虚化为副词。例如：

(4) 夫圣人未始有天，未始有人，未始有始，未始有物，与世偕行而不替。（《庄子·则阳》）

总之，战国时代协同副词主要有"共""并""同""兼""偕"等，语义一般指向复数主语或宾语，主要修饰动词谓语。副词"共"等来源于

第四章 战国时代范围副词

同形动词，大约在战国时代虚化为协同副词。

第六节 统计范围副词和分指范围副词

战国时代统计副词主要有"凡""大凡"，表示"共、总共"之意。例如：

（1）凡大官之马十乘。（《曾侯乙墓简》159）
（2）囗凡二百人十一人。（《包山楚简》137）
（3）天子一位，公一位，侯一位，伯一位，子、男同一位，凡五等也。（《孟子·万章下》）
（4）大凡六十真又四真。（《曾侯乙墓简》140）

战国时代分指副词主要有"各"，表示"各自""分别"之意。例如：

（5）即取守宫二七，置楄中，而食以丹，各尽其腹。（《周家台秦简·病方及其它》）
（6）不盈十人者，各与其官长共养、车牛。（《睡虎地秦简·金布律》）
（7）万物各异理，万物各异理而道尽。（《韩非子·解老》）
（8）擧祷於三楚先各一牂。（《新蔡楚简》乙三：41）
（9）今课县、都官公服牛各一课。（《睡虎地秦简·厩苑律》）
（10）季氏择二，二子各一。（《左传·昭公五年》）

分指副词"各"修饰的句法成分丰富，如例（5）副词"各"直接修饰动词谓语；例（6）"各"与动词谓语之间有介宾短语；例（7）"各"修饰名词谓语；例（8）（9）修饰数量短语，例（10）修饰数词谓语。

兰碧仙认为"分""别"是分指副词[①]，并举例如下：

[①] 兰碧仙：《出土战国文献副词研究》，博士学位论文，厦门大学，2012年。

(11) 以次传；别书江陵布，以邮行。(《睡虎地秦简·语书》)

(12) 猪、鸡之息子不用者，卖之，别计其钱。(《睡虎地秦简·秦律十八种》)

(13) 即以其值钱分负其官长及冗吏。(《睡虎地秦简·秦律十八种》)

但即使是在出土文献中，"分""别"作副词也很少见，我们考察同时期的传世文献，发现"分""别"主要作动词或名词，未见到作范围副词的用例。因此，我们认为"分""别"在出土文献中是动词作状语。

第七节　限定范围副词的语义特征和句法功能

一　限定范围副词的语义指向与句法功能

战国时代限定范围副词主要有"唯（惟）""独""徒""特""仅""直""适""才""止""但""衹""专"等。

（一）"唯（惟）"

战国文献中限定范围副词"唯（惟）"共 420 例，可译为"只有""唯有"，语义主要指向主语，也可指向谓语和宾语。

"唯（惟）"指向主语的例子如：

(1) 无恒产而有恒心者，惟士为能。(《孟子·梁惠王上》)

(2) 何谓"府中"？唯县少内为"府中"，其它不为。(《睡虎地秦简·法律答问》)

(3) 祸不降自天，亦不出自地，唯心自贼。(《上博楚简六·用曰》)

"唯（惟）"指向谓语的例子如：

(4) 上多下少，事君有初毋（无）后，贾市、行贩皆然，唯利贞罪、蛊、言语。(《放马滩秦简·乙243》)

(5) 宁心抚忧，亦惟吴伯父。(《上博楚简七·吴命》)

"唯（惟）"指向宾语的例子如：

（6）父母唯其疾之忧。(《论语·为政》)
（7）啬夫免，效者发，见杂封者，以隄（题）效之，而复杂封之，勿度县，唯仓自封印者是度县。(《睡虎地秦简·秦律十八种》)

例（1）—（3）"唯（惟）"修饰主谓短语，位于全句或小句句首。例（4）（5）"唯"位于谓语前，例（4）修饰动词性短语，例（5）修饰名词谓语。"唯"位于宾语前，有两种情况，"唯宾之动"式，如例（6）；"唯宾是动"式，如例（7）。

（二）"独"

战国时代限定范围副词"独"共122例。表限定的范围副词"独"是由表情状方式的"独"发展而来，由"独自""单独"义很容易引申出"仅限""唯独"义。

1. 出现语境

从出现的语境上看，范围副词"独"和情状副词"独"的区别是十分明显的。情状副词"独"通常出现在单句中，单纯描述动作行为发生的某种状态。范围副词"独"总是处于比较的环境中，很少单用，往往出现在复句的一个小分句中。具体说来，范围副词"独"主要出现在以下几种关系的复句中。

1.1 对比关系。"独"出现在肯定与否定对比或正反对比的句子中，凸显自身的独特性、仅限性。可以分为两种情况，一是"独"出现在复句的小分句中，可与较大的范围对比，常常与总括范围副词"皆""尽"等对举，以突出事物的仅独性。例如：

（1）人皆有兄弟，我独亡。(《论语·颜渊》)
（2）人皆乱，我独治。(《荀子·富国》)
（3）人其尽死，而我独存乎！(《庄子·在宥》)

例（1）是肯定、否定对比，例（2）（3）是正反对比。
也可以与单个对象对比，例如：

(4) 尔有母遗，繄我独无！(《左传·隐公元年》)

(5) 入齐则独闻淖齿而不闻齐王，入赵则独闻李兑而不闻赵王。(《韩非子·外储说右下》)

第二种情况是"独"出现在单句中，比较的对象省略没有出现，但从语义上看隐含了比较的范围或对象。例如：

(6) 好稼者众矣，而后稷独传者，壹也。(《荀子·解蔽》)

(7) 夫婴儿子之知，独慕父母而已。(《墨子·公孟》)

例(6)"而后稷独传者"中隐含并省略了"他人不传"的信息；例(7)省略了"不慕他人"。

1.2 并列关系。"独"出现在并列复句的小分句中，显示两种情况并存。"独"常与否定词"非、不"连用，"非独""不独"常与类同副词"亦"对照使用。例如：

(8) 非独染丝然也，国亦有染。(《墨子·所染》)

(9) 凡法术之难行也，不独万乘，千乘亦然。(《韩非子·孤愤》)

1.3 递进关系。"独"出现在递进复句的小分句中，表示程度的加深或递进。

"独"常与否定词"非、不"连用，"非独""不独"常与副词"又""皆"等对照使用。例如：

(10) 故国乱非独乱也，又必召寇。(《吕氏春秋·应同》)

(11) 非独其臣也，天下皆且与之。(《吕氏春秋·无义》)

2. 语义指向

限定副词"独"语义可以指向主语，例如：

132

（12）人皆取先，已独取后。（《庄子·天下》）

可以指向谓语，例如：

（13）非独其臣也，天下皆且与之。（《吕氏春秋·应同》）

可以指向宾语，例如：

（14）度功必令司空与匠度之，毋独令匠。（《睡虎地秦简·秦律十八种》）
（15）人皆祠泰父，我独祠先农。（《周家台秦简·病方及其它》）

3. 句法功能

限定副词"独"与情状方式副词"独"相比，修饰的谓语成分更为复杂多样，句法位置更为灵活。例如：

（16）诸君子皆与驩言，孟子独不与驩言。（《孟子·离娄下》）
（17）人皆危，我独安。（《荀子·富国》）
（18）所盗者岂独其国邪？（《庄子·胠箧》）
（19）罚有罪，非独一人为之也。（《荀子·强国》）
（20）太傅之计，旷日弥久，心昏然，恐不能须臾。且非独于此也。（《战国策·燕策三》）

例（16）修饰动词谓语，例（17）修饰形容词谓语，例（18）修饰名词谓语，例（19）修饰主谓短语，例（20）修饰介宾短语。

限定副词"独"用法灵活，分布广泛，可以修饰动词谓语、形容词谓语、名词谓语、主谓短语、介宾短语等，主要出现在句中主谓之间，也可与否定词连用出现在句首。

（三）"徒"

战国时代限定副词"徒"共44例，表示"仅、只"义，语义主要指向谓语。例如：

战国时代副词研究

(1) 救火者尽赏之，则国不足以赏于人，请徒行罚。(《韩非子·内储说上》)

(2) 前所以不许仲子者，徒以亲在。(《战国策·韩二》)

(3) 惕然而寤，徒梦也。(《吕氏春秋·离俗》)

(4) 王如用予，则岂徒齐民安，天下之民举安。(《孟子·公孙丑下》)

(5) 故曰徒善不足以为政，徒法不能以自行。(《孟子·离娄上》)

(6) 非徒危己也，又且危父矣。(《韩非子·外储说左下》)

(7) 非徒无生也，而本无形；非徒无形也，而本无气。(《庄子·至乐》)

(8) 君非徒不达于兵也，又不明其时势。(《战国策·赵策三》)

限定副词"徒"主要修饰动词性谓语，如例（1）（2）；可以修饰名词性谓语，如例（3）；可以修饰主谓结构等，如例（4）；可以修饰小句，如例（5）。限定副词"徒"既能修饰动词的肯定形式，又能修饰否定形式，否定词既可以在"徒"前，形成"非徒""不徒"等固定格式，如例（6）—（8），又可在"徒"后，形成"非徒无""非徒不"的格式，如例（7）（8）。

（四）"特"

战国时代限定副词"特"共43例，表示"仅、只"义，语义全部指向谓语。主要是对谓语所述事实进行限定，较少限定主语或宾语的范围。例如：

(1) 曾子欲捕彘杀之，妻止之曰："特与婴儿戏耳。"(《韩非子·外储说左上》)

(2) 上不能好其人，下不能隆礼，安特将学杂识志，顺诗书而已耳。(《荀子·劝学》)

(3) 夫生岂特随侯珠之重也哉？(《吕氏春秋·贵生》)

(4) 髡将复见之，岂特七士也。(《战国策·齐三》)

(5) 然则有道者之不僇也，特帝王之璞未献耳。(《韩非子·和氏》)

(6) 天下之士君子，特不识其利，辩其故也。(《墨子·兼爱中》)

(7) 其欲治又不甚也，此非特无术也，又乃无行。《韩非子·六反》

限定副词"特"修饰的对象范围广泛，可以修饰动词谓语，如例(1)(2)；可以修饰名词谓语，如例(3)；可以修饰数量短语，如例(4)；可以修饰小句，如例(5)。与否定词或反问词结合时，否定词或反问词可以出现在"特"前，形成"非特""岂特""安特"等固定格式，如例(2)—(4)，例(7)；否定词也可以只出现在"特"后，如例(6)，还可以"特"的前后都有否定词语，如例(7)。"特"还常常与句末语气词"耳""哉""也"等配合使用表示限定语气，如例(1)—(6)。

(五)"适"

战国时代限定副词"适"仅13例，表示"仅、只"义。主要是对谓语所述事实进行限定，较少限定主语或宾语的范围。例如：

(1) 子无谓秦无人，吾谋适不用也。(《左传·文公十三年》)
(2) 虽有贤圣，适不遇世，孰知之？(《荀子·成相》)
(3) 其知适足以知人之过，而不知其所以过。(《庄子·人间世》)
(4) 然则父有贤子，君有贤臣，适足以为害耳，岂得利哉！(《韩非子·忠孝》)
(5) 则口腹岂适为尺寸之肤哉？(《孟子·告子上》)
(6) 疑臣者不适三人。(《战国策·秦二》)

例(1)—(4)中的"适"修饰动词性词语，例(5)修饰介词短语，例(6)修饰数量短语。战国早期的文献中"适"作情状方式副词和限定副词都很少，战国中后期主要是情状方式副词用法，限定副词用法很少，而且绝大多数都是"适足以……，不(非)……"的形式，"适足以"本身就包含了"正好足以"的意思。限定副词"适"后可以有否定词，如例(1)(2)，表示某种否定情况的唯一性。限定副词"适"前也可以有否定词，表示对排他性的否定，如例(6)。"适"还常常与句末语气词"也""哉"等配合使用表示限定语气,如例(1)(4)(5)。

(六)"直"

战国文献中限定副词"直"共36例,表示"仅、只"义。语义主要指向谓语,考察范围内未见"直"语义指向主语或宾语的例子。例如:

(1) 然则以汤、武为弑,则天下未尝有说也,直堕之耳。(《荀子·正论》)
(2) 岂直过也而去之邪!(《庄子·在宥》)
(3) 今宋国之深,非直九重之渊也;宋王之猛,非直骊龙也。(《庄子·列御寇》)
(4) 虽千里不敢易也,岂直五百里哉?(《战国策·魏四》)
(5) 君王直不好,若君王诚好贤,此五臣者,皆可得而致之。(《战国策·楚一》)
(6) 非直为观美也,然后快於人心。(《孟子·公孙丑下》)

限定副词"直"主要修饰动词谓语,如例(1)(2);可以修饰名词谓语,如例(3);可以修饰数量短语,如例(4);可以修饰形容词谓语,如例(5);可修饰介词短语,如例(6)。可以修饰动词的肯定形式,也可以修饰动词的否定形式,如例(5)。"直"前也可以有否定词,如例(6)。"直"也常与语气词"耳""邪""也""哉"等配合使用表示限止语气,如例(1)—(4)。

(七)"仅(谨)"

限定副词"仅"出土战国文献未见,传世战国文献也不多见,共16例。"仅"在《墨子》中写作"谨"。"仅"的语义主要指向谓语,例如:

(1) 方今之时,仅免刑焉!(《庄子·人间世》)
(2) 谨此则止。(《墨子·辞过》)
(3) 今赫仅不骄侮而襄子赏之,是失赏也。(《韩非子·难一》)
(4) 仅周最固得事足下,而以不得已必故来使,(《战国策·韩二》)

只有少数"仅"语义指向主语或宾语,例如:

（5）四战之后，赵亡卒数十万，邯郸仅存。(《战国策·齐一》)
（6）欲言而请毕事者千有余人，于是吾仅得三士焉。(《荀子·尧问》)

限定副词"仅"主要修饰动词谓语，如例（1），例（5）（6）等；可以修饰代词谓语，如例（2）；可以修饰形容词谓语，如例（3）；可以修饰小句，如例（4）。"仅"既可以修饰动词的肯定形式，也可以修饰动词的否定形式，如例（3）。以上"仅"出现在动态的句子层面的组合中，"仅"还可以出现在静态的短语层面的组合中，考察范围内仅2例。例如：

（7）故王者敬日，霸者敬时，仅存之国危而后戚之。(《荀子·强国》)

（八）"祇""专""止""才（裁、财）"

限定副词"祇""专""止""才（裁、财）"表"仅、只"义，战国时代不多见，除了"才（裁、财）"以外，语义都指向谓语。"祇"仅在《左传》中出现11例，例如：

（1）事未可知，祇成恶名，止也。(《左传·襄公二十七年》)

限定副词"专"仅在战国末期文献《韩非子》《战国策》中出现7例。例如：

（2）爱孽不使危正适，专听一臣而不敢隅君。(《韩非子·难三》)
（3）辇从鄢陵君与寿陵君，专淫逸侈靡，不顾国政。(《战国策·楚四》)

限定副词"止"仅在战国文献《庄子》中出现2例。例如：

（4）仁义，先王之蘧庐也，止可以一宿而不可久处。(《庄子·天运》)

限定副词"才（裁、财）"仅在战国文献《墨子》《战国策》中出现6例，语义指向主语。例如：

(5) 寡人蛮夷辟处，虽大男子，裁如婴儿。（《战国策·燕一》）
(6) 难近穴，为铁铦，金与扶林长四尺，财（才）自足。（《墨子·备穴》）

二　限定范围副词的句式特征

何乐士认为："'独'所在句大多与其他句子相比较而存在，并且大都是拿其他句子作为衬托，来强调自身的范围小。"① 实际上不仅是"独"，限定副词大都主要出现在肯定与否定对比或正反对比的句子中，借对比凸显仅限。主要有以下五种句式（X代表限定副词）：

a　……X……，……不（无、莫、亡、岂）……
b　……，……X（无、莫、亡）……
c　非（不、毋、岂）X……，……皆（又、亦）……
d　非（不、毋、岂）X不……，……又（亦）不……
e　……A……，……XB……

为了更简单直接地描述限定副词出现的句式特点，以上五种句式只反映肯定否定相对的情况，不涉及其主语、谓语或宾语的构成。否定句绝大多数有否定词，也有少数是用肯定性的反问句来表示否定，多用"岂"引导的反问句。肯定否定的前后顺序可以颠倒，对比分句可以省略，但限定副词所在分句不能省略。

a式限定副词所在分句是肯定句，对比分句是否定式，a式强调行为或情况的唯一性，表达了强烈的排他性。大多数限定副词都能用于a式，例如：

(1) 可（何）谓"府中"？唯县少内为"府中"，其它不为。

---

① 何乐士：《古代汉语虚词词典》，语文出版社2004年版，第92页。

(《睡虎地秦简·法律答问》)

(2) 入齐则独闻淖齿而不闻齐王，入赵则独闻李兑而不闻赵王。(《韩非子·外储说右下》)

(3) 夫不足非天下之公患也，特墨子之私忧过计也。(《荀子·富国》)

(4) 故进百金者，特以为夫人粗粝之费，以交足下之欢，岂敢有求邪？(《战国策·韩二》)

(5) 不得造父之道，而徒得其威。(《吕氏春秋·用民》)

(6) 贵富而不知道，适足以为患，不如贫贱。(《吕氏春秋·本生》)

b式对比分句是肯定式，限定副词所在分句是否定句，否定词在限定副词之后，b式强调否定性的行为或情况的唯一性。例如：

(7) 参，百事吉。取（娶）妻吉，唯生子不吉。(《睡虎地秦简·日书甲种》)

(8) 诸君子皆与驩言，孟子独不与驩言。(《孟子·离娄下》)

(9) 天下之士君子，特不识其利，辩其故也。(《墨子·兼爱中》)

(10) 吾以女知之，女徒未及也，女故如是之不知礼也！(《韩非子·外储说右上》)

(11) 子无谓秦无人，吾谋适不用也。(《左传·文公十三年》)

c式限定副词所在分句是否定句，否定词（或反问副词）在限定副词之前，对比分句是肯定式，句式c表示对唯一性或排他性行为或情况的否定，分句之间常常是递进关系。例如：

(12) 岂惟口腹有饥渴之害？人心亦皆有害。(《孟子·尽心上》)

(13) 非独其臣也，天下皆且与之。(《吕氏春秋·无义》)

(14) 然则人之所以为人者，非特以二足而无毛也，以其有辨也。(《荀子·非相》)

(15) 说者不徒知所出而已矣，又知其所以为。(《韩非子·说难》)

(16) 疑臣者不适三人。(《战国策·秦二》)

d式限定副词前后都有否定词，对比分句也是否定式，句式d表示排除某种否定性行为或情况的唯一性，对比分句指出还有其他否定性的行为或情况，分句之间也是递进关系。d式较少见，例如：

(17) 不唯越王不知翟之意，虽子亦不知翟之意。(《吕氏春秋·高义》)

(18) 君非徒不达于兵也，又不明其时势。(《战国策·赵三》)

(19) 则人固莫触罪，非独不用肉刑，亦不用象刑矣。(《荀子·正论》)

(20) 其欲治又不甚也，此非特无术也，又乃无行。《韩非子·六反》

e式中A和B表示基本相反或相对的情况，B = – A，因此句式d实际上也是一种肯定否定对比的句式，可以变换成a式或b式。e式也不多见，考察范围内仅限定副词"唯""独""徒""专"出现在e式。例如：

(21) 唯明主为能爱其所爱，闇主则必危其所爱。(《荀子·君道》)

(22) 人皆乱，我独治。(《荀子·富国》)

(23) 爱利之心息而徒疾行威，身必咎矣，此殷、夏之所以绝也。(《吕氏春秋·用民》)

(24) 虽然，夫释贤而专任势，足以为治乎？(《韩非子·难势》)

以上五种句式中除了d式和e式，对比分句常常省略。尤其是b式和c式，由于限定分句中有否定词，已经显示了排他性，肯定性的对比分句往往省略。此外，在限定副词表示原因的唯一性时，也会省略否定性的对比分句，表示没有其他原因，只有这一个原因，例如：

(25) 察九有之所以亡者，徒从饰乐也。(《墨子·非乐上》)

限定副词"唯"除了 d 式外，其他四种句式都有出现，"独"可用于五种句式中，"徒""特"主要用于 a 式和 c 式，"适"主要用于 a 式。

李宗江把限定副词分为"限质"和"限量"两大类。所谓"限质"是指限定事物的范围，"限量"指限定事物的数量或程度，并认为限定副词"唯、独、仅、止、直"等在先秦都主要用于限质，用于限量很少见[①]。从以上限定副词主要出现在肯定否定相对的句式也可以看出，先秦限定副词具有强烈的排他性，主要限定事物的范围，其核心语义特征是［＋排他性］或［＋唯一性］。先秦限定副词很少限定数量，例如：

(26) 今楚国虽小，绝长续短，犹以数千里，岂特百里哉？(《战国策·楚四》)

即使限定副词与数量词同现也仍然出现在上述五种句式中，如例 (6) 是 c 式。可见，表示限量的限定副词是由表示排他性的限定副词发展而来。张亚军认为能够进入"［　］＋V＋N₁，不＋V＋N₂"或"什么/谁＋都 V，［　］＋不＋V＋N"结构的是具有"排他"特征的限制性范围副词[②]。诚然是也，肯定否定对比是排他性限定副词的基本句式，限定副词的意义比较抽象，只有在对比中才能显示。这也解释了情状方式副词"独""特""徒"等虽然语义中隐含了"唯一性"或"排他性"的义素，但只有在肯定、否定对比或正反对比的语境中才能进一步虚化为限定副词。

第八节　限定范围副词的来源

一　"独"

(一) 从情状方式副词"独"到限定副词"独"

"独"本是形容词，"孤单、单独"之意。例如：

[①] 李宗江：《汉语常用词演变研究》，汉语大词典出版社 1999 年版，第 255—256 页。
[②] 张亚军：《副词与限定描状功能》，安徽教育出版社 2002 年版，第 69 页。

(1) 善之为道者：不诚，则不独；不独，则不形。(《荀子·不苟》)

战国文献中"独"作形容词并不多见，大多数"独"用作副词。表示"孤单、单独"的"独"引申出"独自"义，由形容词发展为情状方式副词。例如：

(2) 子贡反，筑室于场，独居三年，然后归。(《孟子·滕文公上》)

情状方式副词"独"表示动作进行的方式，"独"所表示的方式主要跟动作的主体或动作的发出者有关。从动作主体的量的范围来看，"独"表示主体的"单一性"。由于个体的"单一性"往往是与范围内其他成员对比而来，所以"独"很容易用于比较的语境中，在这种语境中"独"引申出"仅限"义，"独"就获得了范围副词的用法。所以从方式到范围，是从不同的角度和方面看同一个问题，前者关注的是动作发生的状态，后者关注的是动作涉及主体的量的范围。最初，一些例子中的"独"可能是两可的，理解为"独自"义或"仅限"义都可以。如：

(3) 天下有大灾，子独先离之。(《庄子·则阳》)

例(3)"子独先离之"可以理解为"你独自先遭遇了。"也可以理解为"唯独你先遭遇上了。"蕴涵了对比分句"其他人没有遭遇"，但是在明确对比环境中的"独"只能理解为限定副词。例如：

(4) 今诸侯独知爱其国，不爱人之国。(《墨子·兼爱中》)

一些专书语法或副词（虚词）研究论著把表"独自"义的"独"和表"仅限"义的"独"归为一类，都看作限定（或限止）范围副词，包括以传世战国文献为语料的专书研究，如何乐士[①]、殷国光[②]、黄珊等[③]，

[①] 何乐士：《〈左传〉范围副词》，岳麓书社1994年版，第278—286页。
[②] 殷国光：《〈吕氏春秋〉词类研究》，商务印书馆2008年版，第285页。
[③] 黄珊：《〈荀子〉虚词研究》，河南大学出版社2005年版，第20页。

以及出土战国文献副词的研究，如李明晓①、兰碧仙等②。杨荣祥③、葛佳才认为表"仅限"的"独"是限定副词，表"独自"义的"独"是情状方式副词（或称情态副词）④。

我们赞同杨、葛的看法，认为二者不能混为一谈。理由有三：第一，语法意义不同。表"独自"义的情状方式副词"独"和表"仅限"义的限定副词"独"意义差别较大，前者意义较为实在、具体，后者意义更为空灵、抽象。前者描摹动作的方式，表示客观的状态；后者限制动作主体的范围，"仅限"义基于比较而来，而比较是一种主观认识，后者是在前者的基础上虚化而来。第二，出现语境不同。情状方式副词"独"一般单独使用，出现于单句。限定副词"独"往往与其他事物、范围对比使用，出现在复句（对比分句也可以省略），"独"分句或者对比分句中一般都有否定词，具有强烈的排他性。第三，句法功能不同。虽然情状方式副词和限定副词都是副词的小类，其基本句法功能是一致的，即主要作状语修饰谓语中心语，但在修饰的句法成分、分布位置、组合关系等方面，二者存在较大差异。主要有以下几个方面：

首先是修饰的谓词成分不同。情状方式副词"独"修饰的成分单一，主要修饰动词性谓语，多为动作性较强的动词。除了在诗歌中外，很少修饰形容词性谓语，几乎不修饰名词性谓语。限定副词"独"修饰的谓词成分更为复杂多样，可修饰动词谓语，且多为动作性不强、意义较抽象的动词，还可修饰形容词谓语、名词谓语、数量词语、主谓短语、介宾短语、小句等。

其次是句法位置不同。情状方式副词"独"有较强的附谓性，总是紧贴谓语中心语，中间一般不能插入其他成分。限定副词"独"句法位置更为灵活，大多出现在句中，也可出现在分句或小句句首。"独"与中心语之间常常有介词短语、其他副词或其他成分出现，与中心语的关系更为松散。

再次是静态组合和动态组合不同。张谊生曾经区分静态组合和动态组

---

① 李明晓：《战国楚简语法研究》，武汉大学出版社2010年版，第228页。
② 兰碧仙：《出土战国文献副词研究》，博士学位论文，厦门大学，2012年。
③ 杨荣祥：《近代汉语副词研究》，商务印书馆2005年版，第52页，第65—66页。
④ 葛佳才：《东汉副词系统研究》，岳麓书社2005年版，第330页，第325页。

合关系，他认为"它（评注性副词）同其成分之间的组配关系，只能是动态的句子层面的组合，而不能是静态的短语层面上的组合。"① 情状方式副词"独"除了可以出现在动态的句子层面的组合中外，还可以出现在静态的短语层面的组合中，如"闻有吏虽乱而有独善之民，不闻有乱民而有独治之吏。"（《韩非子·外储说右下》）又如"羞独富者也。"（《荀子·非十二子》）一般说来限定副词"独"只能出现在动态的短语层面的组合中，很少出现在静态的短语层面的组合中。这是因为情状方式副词"独"的语法化程度较低，在功能上与形容词更接近。

总之，情状方式副词"独"的词汇意义更为实在、具体，句法位置更为黏合、固定，这是其语法化程度较低的表现。限定副词"独"意义更为抽象，用法灵活，分布广泛，与其他成分的组合关系也更为多样，这是其语法化程度较高的表现。

（二）限定副词"独"的非量级用法与量级用法

"独"在"独自＞仅限"的演变过程中，语义发生了抽象化。由于"独"的本义为"单独""单一"，虚化为限定副词后也与其本义有关，往往突出范围内的一个成员或一类事物与其他成员或其他类事物相比的"异质性"。即主要表示"唯一性"，可与数词"一"连用，例如：

（5）罚有罪，非独一人为之也。（《荀子·强国》）
（6）于是哀公号之五日，而鲁国无敢儒服者。独有一丈夫，儒服而立乎公门。（《庄子·人间世》）
（7）人皆曰独此一足矣，夔非一足也。（《韩非子·外储说左下》）

也可省略数词"一"，例如：

（8）民独知兕虎之有爪角也，而莫知万物之尽有爪角也。（《韩非子·解老》）
（9）彼其无他异，而独通于声。（《韩非子·外储说左下》）

---

① 张谊生：《现代汉语副词研究》（修订本），商务印书馆2014年版，第53页。

即使没有数词"一","独"表示的也是成员或类别的"单一性"。这说明此时的"独"虚化还不彻底,还带有实义。战国后期"独"才开始和"一"以上的数量词同现,但也比较少。例如:

(10) 公之客独有三罪:望我而笑,是狎也;谈语而不称师,是倍也;交浅而言深,是乱也。(《战国策·赵四》)

(11) 非独此五国为然而已也。(《战国策·魏四》)

例(10)(11)表明"独"的词义已不限于表"独一",而表"仅仅、只",语义更加抽象。直到汉代,限定副词"独"仍然是主要表示成员的"单一"性质的,但也有少量与数量词共用的例子。例如:

(12) 而淮南独二子。(《史记·淮南衡山列传》)

(13) 亡数十篇,独得二十九篇。(《史记·儒林列传》)

从语境上看,例(12)(13)很明显有主观小量的含义,表示"量少","独"的主观性进一步发展。

从现代形式语义学的观点来看,限定副词具有量级用法和非量级用法。殷何辉认为,在"只"字句中,当"只"约束的焦点为数量词语或其他表示某些方面的高低、远近、轻重、早晚、长短等有序性概念时,焦点激发的选项本身呈现为有序的量级序列,就是"只"的量级用法。如果"只"在约束焦点的时候,焦点所激发的选项不呈现为有序的量级,就是"只"的非量级用法[1]。实际上,限定副词的非量级用法就是传统语言学所说的"限质",量级用法就是"限量"。只不过先秦限定副词的量级用法多表现为限定副词约束数量词语,较少限定包含其他等级、次序的词语。战国文献中限定副词"独"主要是非量级用法,但在战国末期也发展出少量的量级用法。

从句子深层语义来看,所谓的非量级(限质)用法实际上是限定范围

---

[1] 殷何辉:《焦点敏感算子"只"的量级用法和非量级用法》,《语言教学与研究》2009年第1期。

内某一类事物,省略了数词"一"。限质与其本义有关,表示"单一性""唯一性",意义更实一些。量级(限量)用法与其"单一性"的本义完全脱离,意义更加虚化,表示主观小量,即表"量少",是限定副词进一步虚化的表现。这就可以解释为什么限定副词早期只有非量级(限质)用法,后来量级(限量)用法才开始出现并逐渐增多。根据我们的调查,先秦其它限定副词"徒""仅""特"等的发展也是如此。现代汉语副词"才"的发展也符合从非量级用法到量级用法的过程,刘林认为:"才"从限质义发展到限量义,也即从非量级性发展到量级性,后来限质义(非量级性)消失,只有限量义(量级义)。现代汉语中"才"只有量级义[①]。可见,"非量级用法＞量级用法"是限定副词发展的一般规律。

(三)语气副词"独"

限定副词"独"还可以进一步语法化,发展为语气副词"独"或关联副词"独"。限定副词"独"常常出现在肯定与否定对比或正反对比的句子中,这种对比往往含有转折意味。如:

(14)诸侯、县公皆庆寡人,女独不庆寡人,何故?(《左传·宣公十一年》)

(15)寿,富,多男子,人之所欲也。女独不欲,何邪?(《庄子·天地》)

例(14)(15)中的"独"出现在询问句中,从数量的角度看表示范围,是限定副词;从语气的角度看表示逆反,是语气副词;从逻辑的角度看表示转折关系,是关联副词。歧解阶段是语法化的必经阶段。我们认为这种"独"的语义重心已发生转移,主要不在表限定,而表示一种"逆反""转折"的语气,表达了某种主观性评价,所以我们将之看作语气副词。语气副词"独"相较限定副词"独"来说,主观性更强,如例(14)暗含了某种批评、责怪,例(15)表达了褒扬、好奇。这种"独"也可出现在反问句中,表示反诘语气,可译为"偏偏""难道"

[①] 刘林:《现代汉语焦点标记研究——以"是""只""就""才"为例》,博士学位论文,复旦大学,2013年。

"岂"等。例如：

(16) 曰子然，我奚独不可以然也？（《墨子·小取》）
(17) 古之贤王好善而忘势，古之贤士何独不然？（《孟子·尽心上》）

表示反诘语气的"独"的词性学术界基本没有争议，认为是语气副词。但它的来源是什么呢？葛佳才认为："'独'用为疑问副词，与本义的渊源比较辗转疏远，它同判断词、助动词的虚化一样，可能主要是在特定的疑问语境中形成的。"[1] 我们认为与表转折语气的"独"一样，反问句中表示"难道""偏偏"之义的"独"也应该源自限定副词"独"。何乐士认为"独"分句在进逼复句中多以反诘句（少数是询问句）的形式出现，前后分句往往主要不是主语的对照，而是谓语所代表的两种不同情况的对比。在反问句中"独"仍然有"只（是）"的意思，即使译为"难道就""难道还"的"独"仍对谓语的范围起着限定作用[2]。诚然是也。从我们的调查来看，绝大多数反问句中的"独"仍然处于比较的语境中，如例（16）（17），有时比较的对象在上文或者省略，如"贪淫甚矣，独非罪乎？"（《左传·昭公十六年》）我们可以很清晰地看到语气副词"独"与限定副词"独"的相通性。此外，语气副词"独"的句法位置和限定副词"独"很相似，可以修饰动词谓语、形容词谓语、名词谓语、代词谓语或小句等，与否定词连用时的顺序也与限定副词"独"相同，否定词可以出现在"独"前，也可以在其后。

"独"的语法化路径可以表述为：

形容词"独"（单独）＞情状方式副词"独"（单独、独自）＞限定副词"独"（仅、只）＞语气副词"独"（却、偏偏、难道）

二 "专"

"专"在战国时期主要用作动词，表示"专断、独占"等，战国早中

---

[1] 葛佳才：《东汉副词系统研究》，岳麓书社2005年版，第292页。
[2] 何乐士：《〈左传〉范围副词》，岳麓书社1994年版，第280—283页。

期由动词虚化为情状方式副词，表示"专门""专独""擅自"等义。例如：

(1) 君以其言授之事，专以其事责其功。(《韩非子·二柄》)

例（1）"专"意为"专门"，是情状方式副词，战国晚期开始用于正反对比的语境中，发展为限定副词。例如：

(2) 西河之政，专委之子矣。(《战国策·魏一》)
(3) 爱孽不使危正适，专听一臣而不敢隅君。(《韩非子·难三》)

例（2）"专"理解为情状方式副词或限定副词都可以，是语法化的过渡阶段。例（3）中的"专"因为处于对比的语境中而只能理解为限定副词。

栗学英也认为限定副词"专"是由"独占、独享"义的情态副词"专"引申而来[①]。限定范围副词相较于情状方式副词，词义更为虚化、抽象，主观性也更强。"专"的语法化路径是：

动词"专"（专断、专有）＞情状方式副词"专"（专门、专独）＞限定范围副词"专"（仅、只）

虽然限定副词"独"和"专"意义相近，虚化路径也相同，但二者的使用频率和虚化时间却不同。整个战国时期限定副词"独"的使用频率都很高，可能在西周汉语中已经完成了由情状方式副词"独"向限定副词"独"的虚化。而"专"在战国时期主要用作动词，战国早中期始由动词虚化为情状方式副词，战国末期又由情状方式副词进一步虚化为限定副词。"专"在战国早中期的文献如《左传》《论语》《庄子》等只有情状方式副词的用法，未见有限定副词用法。限定副词"专"仅在战国末期文献

[①] 栗学英：《中古汉语副词研究》，博士学位论文，南京师范大学，2011年。

《韩非子》《战国策》中有少许用例，两汉和魏晋时期"专"继续用作限定副词。

三 "徒"

《说文》："徒，步行也。""徒"本是动词，意为"徒步"，但先秦"徒"作动词很少见，动词"徒"虚化为情状方式副词，表示"白白地、空"义。例如：

(1) 攻此不用锐，且无杀而徒得此然也。(《墨子·非攻中》)

情状方式副词"徒"在对比语境中进一步虚化为限定副词，例如：

(2) 吾岂将徒杀之？吾将以公子重耳代之。(《国语·晋语三》)

例(2)"徒"理解为"白白地"或"只"都可以，是"徒"从情状方式副词到限定副词的过渡阶段。表示"白白地"义的"徒"是怎样演变为限定副词了呢？"徒"作为动词表示"步行"就暗含某种"排他性"，即"排除任何交通工具。""徒"作情状方式副词表示"无效的行为"，也暗含一种"排他性"，即"没有任何功效"。现代汉语中"白""白白"也有"仅、只"义。同"独"一样，情状方式副词"徒"在对比中才能显示出其"排他性"。例如：

(3) 其丝布贵，徒［以］钱来，黑夫自以布此。(《睡虎地秦墓木牍》11 正)
(4) 非徒知具茨之山，又知大隗之所存。(《庄子·徐无鬼》)

例(3)(4)"徒"作限定副词，例(3)省略了对比分句"不以布来"，例(4)是限定副词的否定形式，表示对其唯一性、排他性的否定。由于限定副词"徒"总是处于对比的语境中，这种语境有时暗含转折，所以又进一步发展为语气副词。例如：

(5) 吾以夫子为无所不知，夫子徒有所不知。(《荀子·子道》)
(6) 移车异路而避之，则徒翟黄也。(《韩非子·外储说左下》)

《古代汉语虚词词典》认为例（5）（6）的"独"是表"竟然""却"的副词[1]，黄珊认为例（5）中的"独"是表示出乎意料的语气副词[2]。战国时代的典籍中，"徒"作副词共82例，其中，作情状方式副词表示"白白地"34例，作限定副词表示"仅、只"44例，作语气副词表示"竟然、却"4例。战国时代"徒"正处于由情状方式副词向限定副词的虚化过程之中，"徒"的虚化链条是十分明显的。战国早期的《左传》《论语》等书中没有见到限定副词"徒"，只有情状方式副词"徒"，《墨子》中"徒"也主要用作情状方式副词。从战国中后期开始，如《孟子》《庄子》等书中，"徒"作限定副词开始增多，战国末期的《战国策》《吕氏春秋》等书中"徒"主要作限定副词。《史记》中，限定副词"徒"已经明显超过情状副词"徒"。（据陈海生，《史记》中限定副词"徒"与情状方式"徒"的比例是30∶4[3]。）

"徒"的语法化路径是：

> 动词"徒"（步行）＞情状方式副词"徒"（白白地、空）＞限定副词"徒"（仅、只）＞语气副词"徒"（竟然、却）

与"徒"意义相近、语法化路径相同的还有"空"。"空"在先秦主要作形容词，表示"空虚、空无"，战国末期始虚化为情状方式副词，表示"白白地、空"义。例如：

(7) 今君留之，是空绝赵。(《战国策·赵四》)

战国时期的文献中，仅《战国策》有3例情状方式副词"空"。两汉

---

[1] 中国社会科学院语言研究所古代汉语研究室编：《古代汉语虚词词典》，商务印书馆1999年版，第582页。
[2] 黄珊：《〈荀子〉虚词研究》，河南大学出版社2005年版，第47页。
[3] 陈海生：《〈史记〉副词研究》，硕士学位论文，安徽师范大学，2006年。

时期"空"依然主要作形容词和情状方式副词。一直到魏晋时期"空"才从情状方式副词发展为限定副词[1]。"空"从"白白地"义引申出"仅、只"义的机制与"徒"相同。"空"的语法化路径是:

形容词"空"(空无、空虚)＞情状方式副词"空"(白白地、空)＞限定范围副词"空"(仅、只)

"空"与"徒"的语法化路径虽然相似，但是虚化的时间却不同。"徒"在战国时代已经完成了实词虚化为情状方式副词以及情状方式副词进一步虚化为限定副词的过程。而"空"在战国末两汉时期才从形容词虚化为情状方式副词，魏晋时期从情状方式副词虚化为限定副词。可见，不仅实词虚化存在平行引申或同步虚化现象，副词内部进一步发展演变也存在同类现象。另外，意义相近的副词形成及其发展的轨迹可能相同或相似，但是它们语法化所需时间是不同的，这可能与其作不同词类的使用频率或者兼职、专职有关。

四 "适"

"适"在先秦词性、意义都比较丰富，如可作动词，表示"往、适合、适宜、顺从"等，作情状方式副词表示"恰巧、正好"，作限定副词表示"仅、只"，作时间副词表示"刚才"或"偶尔"，作假设连词表示"如果"等。情状方式副词"适"由动词"适"引申而来。考察范围内，副词"适"共55例，作情状方式副词表示"恰好、正好"41例，作限定副词表示"仅、只"13例，还有1例作时间副词表示"刚才"或"偶尔"。这里主要讨论"适"作情状方式副词和限定副词的用法。战国时代副词"适"主要作情状方式副词，表示"恰好、正好"。例如：

(1) 止子西，子西缢而县绝，王使适至，遂止之。(《左传·文公十年》)

汉语中"正""方"等都可表示"恰好"义，对于这种表"恰值、正好"义的"适""正""方"等词的词性，目前学界主要有三种看法：第

---

[1] 栗学英:《中古汉语副词研究》，博士学位论文，南京师范大学，2011年。

一种是时间副词，如杨伯峻、何乐士[①]、殷国光等[②]。第二种是语气副词，如杨荣祥等[③]。第三种是情状方式副词（或称情态副词），如姚振武[④]、李杰群[⑤]、高育花等[⑥]。我们认为这种"适""正"是情状方式副词。理由有二：首先，从意义上看，"适""正"等不只是表示两种动作行为在时间上的吻合，也表示事理、机遇、条件上的吻合，即"表示情势与某种状态相吻合。"[⑦] 称之为"时间副词"并不能涵盖所有这种意义的"适""正"。所以"适""正"等不是典型意义上的时间副词。其次，从功能上看，古代汉语的语气副词句法位置比较灵活，可以修饰动词性谓语、形容词性谓语、名词性谓语、数量短语、主谓结构、句子等等。而表示"正好、恰好"义的"适""正"等符合情状方式副词的基本句法特征，如主要修饰谓语动词，较少修饰形容词，几乎不能修饰主谓结构或小句（至少古代汉语中的"正"不能）。

情状副词"适"用于对比语境中，就很容易发展为限定范围副词，例如：

(2) 子无谓秦无人，吾谋适不用也。(《左传·文公十三年》)
(3) 其知适足以知人之过，而不知其所以过。(《庄子·人间世》)

葛佳才认为"适"表限定是假借了"啻"的"仅只"义[⑧]。栗学英认为限定副词"适"来源于表适值义的情状副词"适"[⑨]，但栗文并没有详细讨论其引申过程。我们认为限定副词"适"由情状方式副词"适"虚化而来。"适"的"正好、恰好"义是怎样演变为限定义呢？战国文献中的

[①] 杨伯峻、何乐士：《古汉语语法及其发展》，语文出版社2001年版，第266页。
[②] 殷国光：《〈吕氏春秋〉词类研究》，商务印书馆2008年版，第299页。
[③] 杨荣祥：《近代汉语副词研究》，商务印书馆2005年版，第68页。
[④] 姚振武：《〈晏子春秋〉词类研究》，河南大学出版社2004年版，第189页。
[⑤] 李杰群：《商君书虚词研究》，中国文史出版社2000年版，第126页。
[⑥] 高育花：《中古汉语副词研究》，黄山书社2007年版，第62页，第187页。
[⑦] 李杰群：《商君书虚词研究》，中国文史出版社2000年版，第126页。
[⑧] 葛佳才：《东汉副词系统研究》，岳麓书社2005年版，第127页。
[⑨] 栗学英：《中古汉语副词研究》，博士学位论文，南京师范大学，2011年。

情状方式副词"适"主要修饰遭遇类动词或运动类动词,表示两个动作行为在时间上的"巧合"状态或"吻合"状态,即时间上的"不早不晚""正好",可以是一个时间点,也可以是时间段。(因此一些学者把古代汉语中的这种"适"当作时间副词)正好或恰好是某个时间点或时间段暗含了一种"唯一性"或"排他性",即"只有"在这个时间点或时间段时两个动作才能重合、吻合。[+吻合]是情状方式副词"适"的显性语义特征,[+唯一]是其隐性语义特征。谷峰认为副词"适"引申出"仅仅"义在对举表达式"适足以 P,不(足以)Q"中实现①。实际上,"适"与其他情状方式副词"独""徒""特"等相同,只有在肯定、否定对比的语境中,其隐性语义特征才会凸显。如上引例(2)(3)。

"适"的语法化路径是:

> 动词"适"(适宜)>情状方式副词"适"(正好、恰好)>限定副词"适"(仅、只)

词义引申往往是有规律的,意义相同或相近的词语引申、虚化方向也一致。由"恰值、正好"义引申为仅限义的还有"正"。"正"在战国时期主要作形容词,表示"正中、不偏不倚、端正"等义。"正"作副词只有零星用例。例如:

(4)公西华曰:"正唯弟子不能学也。"(《论语·述而》)

我们认为例(4)"正"是情状方式副词,表示"正好、恰好"。汉代"正"仍然主要作形容词,作情状方式副词仍不多见,魏晋时期"正"始有限定副词用法。栗学英认为"正"表限定是由表适值的情状副词"正"发展而来②,但没有详细讨论其虚化机制。战国文献中形容词"正"主要修饰具体的事物或动作,表示其形状或空间位置的"端正",如"割不正""正席""正立"等(《论语·乡党》),后由物体空间形状的"端正"引申

---

① 谷峰:《古汉语副词"方"的多义性及其语义演变》,《语言科学》2008 年第 6 期。
② 栗学英:《中古汉语副词研究》,博士学位论文,南京师范大学,2011 年。

153

为人品、名声的"正直、公正",其核心义素是[+不偏不倚]。形容词"正"虚化为情状方式副词,表示"正好、恰好"。从形容词"正"到情状方式副词"正"是隐喻机制的作用,即从描述空间位置这一认知域转到时间、数量或性状等认知域。表示"恰、正好"义的情状方式副词"正"保留了形容词"正"的核心义素[+不偏不倚],例如:

(5) 贱妾朝下机,正值良人归。(萧纲《紫骝马》)(例(5)—(8)来自高育花①)

(6) 便折与之,多少正足。(《贤愚经·檀弥离品》)

例(5)"正"表示两个动作行为"下机"和"归"发生的时间点或时间段的重合或吻合,"正"表示时间的"正好"、"不早不晚"。例(6)"正"修饰形容词,表示数量的"正好"、"不多不少"。"不早不晚""不多不少"是"正"的核心义素"不偏不倚"在时间和数量上的表现。这种"正"主要表达时间或数量等方面"不偏不倚"的状态,是对客观事实的描摹,但同时隐含主观性,即强调两个动作相吻合的时间点或时间段的唯一性,或是强调数量符合要求、达到"正好"的某个数值点的唯一性。即"正好是……",暗含"只能是……"。所以"恰、正好"义的"正"的凸显义素或核心义素是[+不偏不倚],其非凸显义素或隐含义素是[+唯一]。如前所述,这就是为什么有的学者将"正好、恰好"义的"正"当作表示确认、强调语气的语气副词的缘故。当表示"正好"的"正"用在对比句式或语境中时,这种"唯一"义素就可能成为凸显义素,"不偏不倚"义素退为隐性义素。例如:

(7) 天下要物,正有《战国策》。(《世说新语·馋险》
(8) 水多则难净,是以正须半瓮尔。(《齐民要术》)

例(7)中的"正"偏在"正好"义,隐含"只有"排他义。例(8)中的"正"理解为限定副词更合适,"正"其实并不表示"言少"义,而

---

① 高育花:《中古汉语副词研究》,黄山书社2007年版,第187页,第190页。

主要表示说话人认为"半瓮"这个数量值的"唯一"性,表达了说话人的主观看法,暗含该数量值在客观上"正好"、"不多不少"。所以从情状方式副词"正"到限定副词"正",既反映了词义的进一步虚化,也反映了词义主观化的发展。高育花认为魏晋时期副词"正"还可以作表示转折语气的语气副词①。我们认为,同限定副词"独""徒"的发展方向一样,语气副词"正"也是由限定副词"正"发展而来。

"正"的语法化路径是:

形容词"正"(不偏不倚、端正)>情状方式副词"正"(正好、恰好)>限定副词"正"(仅、只)>语气副词"正"(却)

意义相近的词其引申路径和虚化机制都是相似的。如与情状方式副词"适""正"等意义相近,表示"正好"义的还有"方"。谷峰曾引用Konig,认为跨语言调查显示,"恰、正、正好"义副词大都源自表"正确、平直、端正"的形容词。副词"方"的引申路径为(空间)正好>(数值)刚好>限定>必要条件②。虽然谷文没有明确说明表示"正好"义的"方"是情状方式副词,我们也不完全赞同其引申路径,我们认为从时间或空间的"正好"到限定义不必经过一个(数值)刚好的过渡阶段,但谷文的结论也证实了限定副词不是直接由实词虚化而来,而是副词内部进一步语法化的结果。

限定副词"正"与"适"语义相近,二者虚化路径及虚化机制都相同,不同的有两点。一是语法意义有细微区别。由于情状方式副词"适"主要表示动作发生时间的"正好",很少表示数量的"正好",因此由其发展而来的限定副词"适"在先秦也只表示范围的限定,即范围的排他性,很少与数量词共用,表示"言少"义。而情状方式副词"正"不仅表示动作发生时间的"正好",还表示数量的"正好",因此由其发展而来的限定副词"正"在魏晋时期既可表示范围的限定,也可与数量词共用,表示"言少"义。二是虚化时间不同。"适"在战国时期已经完成了由动词向情状方

---

① 高育花:《中古汉语副词研究》,黄山书社2007年版,第189页。
② 谷峰:《古汉语副词"方"的多义性及其语义演变》,《语言科学》2008年第6期。

式副词，以及由情状方式副词向限定副词的虚化，而"正"直到魏晋时期才完成了由实词向情状方式副词的虚化以及副词内部进一步的虚化过程。

五 "直"

"直"，《说文》："直，正见也。""直"本义表示物体的垂直或正直，与"曲"相对。如《左传·襄公七年》："正曲为直。"后引申表示人品格的"正直"，如《论语·颜渊》："举直错诸枉，能使枉者直。""直"表示物体空间状态的"垂直"和人品的"正直"是形容词用法，通过隐喻机制，"直"也可表示动作发生的"直接了当""径直"，"直"由形容词虚化为描摹动作发生状态的情状方式副词。"直"在战国早期的文献如《国语》《左传》《论语》《墨子》中只有形容词的用法，没有见到副词用法。战国中期才开始虚化，战国晚期"直"作情状方式副词逐渐增多。例如：

（1）令公子裸而解发直出门。（《韩非子·内储说下》）

情状方式副词"直"一般紧贴谓语动词，不仅能出现在动态的句子层面，还能出现在静态的短语层面。例如：

（2）夫直议者不为人所容。（《韩非子·外储说左下》）

"直"在战国中后期文献中可作限定范围副词。例如：

（3）知其无益也，直以欺人，则不仁。（《荀子·正论》）

《古代汉语虚词词典》："虚词'直'与本义无关，而是假借字。《说文通训定声》：《荀子》'直无由进之耳。'注：'但也。按与用特、但、徒、第，皆同。'"[1] 这是说"直"表示限定是假借用法。不像限定副词"独""徒""特"等从情状方式副词虚化而来。我们同意这种看法，理由

---

[1] 中国社会科学院语言研究所古代汉语研究室编：《古代汉语虚词词典》，商务印书馆1999年版，第843页。

有二：第一，从语义上看，情状方式副词"直"与限定副词"直"没有引申关系。第二，从二者出现的时间来看，战国早中期的文献如《论语》《左传》《墨子》《孟子》中无情状方式副词"直"，直到战国晚期的文献《荀子》《韩非子》《战国策》《吕氏春秋》中形容词"直"始虚化为情状方式副词。而限定副词"直"在战国中期的《庄子》《孟子》中已经出现，与情状方式副词"直"应该没有引申虚化关系。

六　"特"

"特"本是形容词，意为"独特、特别"，如"何其无特操与？"（《庄子·齐物论》）战国时代"特"作形容词较为少见，考察范围内仅 2 例。"特"由形容词虚化为情状方式副词，表示"特意、特地、专门"等。例如：

（1）特会朝雨祛步堂下，谓其侍者曰："我何若？"（《吕氏春秋·达郁》）

战国时期"特"表示"特意"的例子也不多见，"特"更多的是作限定副词，表示"仅、只"等。王力《同源字典》："在但的意义上，'徒'、'但'、'特'、'直'四字同源。"[①]《古代汉语虚词词典》："'特'又与'独''徒'相通假。"[②] 栗学英认为"特"表限定是假借用法[③]。解惠全认为"特"作副词是由形容词虚化而来[④]。那么，"特"表示范围限定是由于通假还是引申呢？我们的调查发现，"特"的确与"独""徒"通假，但都是在作情状方式副词时。"特"与"独"通假表示"单独、独自"，考察范围内不多见，仅 3 例。例如：

（2）鲍何与识焉。官臣观辜特为之。（《墨子·明鬼下》）

[①] 王力：《同源字典》，商务印书馆 1982 年版，第 148 页。
[②] 中国社会科学院语言研究所古代汉语研究室：《古代汉语虚词词典》，商务印书馆 1999 年版，第 573 页。
[③] 栗学英：《中古汉语副词研究》，博士学位论文，南京师范大学，2011 年。
[④] 解惠全：《谈实词的虚化》，载《语言研究论丛》（第 4 辑），南开大学出版社 1987 年版，第 209 页。

战国时代副词研究

"特"也可与"徒"通假,作情状方式副词,表示"白白地、空"义。考察范围内仅1例:

(3) 三国且去,吾特以三城从之。(《战国策·秦四》)

《韩非子·内储说上》也有这一例。

我们认为限定副词"特"是从情状方式副词"特"引申而来,表"特意、特地、专门"的"特"本身包含了某种唯一性、排他性,当它用于与其他事件对比的语境中,就很容易凸显其排他性的义素,从而发展为限定范围副词。试比较下面两例:

(4) 非特以为淫泰夸丽之声,将以明仁之文,通仁之顺也。(《荀子·富国》)

(5) 故先王之制礼乐也,非特以欢耳目、极口腹之欲也,将以教民平好恶、行理义也。(《吕氏春秋·适音》)

例(4)中的"特",楼宇烈译为"特意"①,实际上此例中的"特"由于处于肯定否定对比的句式中,暗含"仅限"义,可以看作是情状方式副词"特"向限定副词"特"过渡的例子。例(5)中的"特"一般认为是限定副词,表示"仅、只"义。例(4)(5)句式相同,引申发展关系很明显。

"特"表限定不大可能是与限定副词"独"通假。首先二者限定的对象不同。"独"多用来表示对人的限制,"特"多用对事物的限定。"独"多出现在与总括范围副词"皆""尽"等对举的语境中,而"特"几乎不和"皆""尽"等同现。其次二者限定的范围不同。限定副词"独"主要对主语、宾语的范围进行限定,(考察范围内,限定副词"独"共121例,语义指向主语66例,占55%;指向谓语23例,占19%;指向宾语32例,占26%。)"特"主要是对谓语所述事实进行限定,较少限定主语或宾语的范围。(考察范围内,限定副词"特"共43例,语义指向谓语40例,占93%;指向宾语3例,占6%。)虽然限定副词"独"语义也可以指向谓

---

① 楼宇烈主撰:《荀子新注》,中华书局2018年版,第176页。

语，但多为判断句谓语或名词谓语，而"特"指向的多是动词性谓语。黄珊认为《荀子》中的 12 例"特"都是范围指向谓语，表示所说事实仅限于谓语所述①。殷国光认为《吕氏春秋》中下面 2 例"特"语义分别指向"主语""宾语"②：

(6) 夫抴而浮乎江，三入三出，特王子庆忌为之赐而不杀耳，臣已为辱矣。(《吕氏春秋·忠廉》)

(7) 夫国岂特为车哉！众智众能之所持也。不可以一物一方安(车)也。(《吕氏春秋·君守》)

但细细品味文意，就可发现例（6）中的"特"并不是对主语"王子庆忌"的限制，而是对整个谓语所述事实的限定。例（7）中的"特"也不是对宾语"车"的限制，而是限制谓语"为车"，指出治理国家不像是造车一样简单。一般限定副词对主语或宾语的范围进行限定时，谓语部分往往是已知信息，并且两个分句的谓语部分基本相同。例如：

(8) 诸君子皆与骥言，孟子独不与骥言。(《孟子·离娄下》)
(9) 非徒不爱子也，又不爱丈夫子独甚。(《战国策·燕二》)

"特"表限定也不大可能是与限定副词"徒"通假。首先，二者意义有细微区别。限定副词往往会残留其来源的情状方式副词的含义，有的限定副词"特"还残留情状方式副词"特"的"特意、故意"之意。如"是故古者天子之立三公、诸侯、卿之宰、乡长家君，非特富贵游佚而择之也，将使助治乱刑政也。"(《墨子·尚同下》) 而有的限定副词"徒"还隐含情状方式副词"徒"的"白白地、空"之意，如"子之从于子敖来，徒铺啜也。"(《孟子·离娄上》) 这一例中的"徒"，一般译为"只是"，但也可以理解为"白白地"。又如，"无益，徒乱人国耳。"(《史记·范雎蔡泽列传》) 此例中的"徒"由于处于对比语境中，既可表示

---

① 黄珊：《〈荀子〉虚词研究》，河南大学出版社 2005 年版，第 19 页。
② 殷国光：《〈吕氏春秋〉词类研究》，商务印书馆 2008 年版，第 287—288 页。

"仅、只"义，又包含"空、没有任何功效"义。其次，二者虚化的时间不同。考察范围内，副词"特"共54例，作情状方式副词表"特意"仅3例，作限定副词表"仅、只"47例，还有4例作程度副词。据陈海生，《史记》中"特"也主要作限定副词，情状方式副词"特"仅1例①。这说明"特"大概在春秋战国时期已经完成了从情状方式副词到限定副词的虚化过程。副词"徒"的发展与此不同，如前所述，战国初期"徒"主要作情状方式副词，战国中后期"徒"开始由情状方式副词向限定副词虚化，汉代"徒"才主要用作限定副词。

"特"的语法化路径是：

形容词"特"（独特、特别）>情状方式副词"特"（特意、特地）>限定副词"特"（仅、只）

七 "祇"

副词"祇"，战国时代不多见，仅在《左传》中有11例。何乐士认为《左传》中的"祇"意为"只会""只可能""只能"，是限定范围副词②。何乐士列举向熹的《诗经词典》以及《助字辨略》《经传释词》《词诠》中都认为："祇，适也。"但何乐士认为在《左传》和先秦其他著作中，"祇"和"适"的区别是明显的，不宜互相注解③。虽然"祇"在先秦出现频率太低，没有更多的例句来证实其用法和来源，但意义相同或相近的词语虚化的路径和机制都是相似的，结合"恰好义"的"适""正""方"等词进一步虚化的方向是限定副词，因此可以推断"祇"的限定义可能也是来源于恰好义。

八 结语

汉语总括范围副词主要源于实词虚化，而汉语限定范围副词却不是从实词直接虚化而来，也并不主要源于假借，而是实词先虚化为情状方式副词，再由情状方式副词进一步虚化为限定副词。限定副词的形成是副词内

---

① 陈海生：《史记》副词研究，硕士学位论文，安徽师范大学，2006年。
② 何乐士：《〈左传〉范围副词》，岳麓书社1994年版，第243页。
③ 何乐士：《〈左传〉范围副词》，岳麓书社1994年版，第246—247页。

部进一步语法化的结果。汉语大多数限定副词都符合这样的发展规律，如据姚远，现代汉语的限定副词"单"和"偏"，也是先由形容词虚化为方式副词，再由方式副词进一步虚化成限制类范围副词[1]。限定副词进一步发展的方向是语气副词，如上述限定副词"独""徒""正"等。据姚远，现代汉语限定副词"偏""偏偏"进一步向语气副词发展，甚至在现代汉语中作语气副词的频率超过了作限定副词[2]。

由上可知，意义相同或相近的情状方式副词虚化为限定副词的路径和机制都是相似的，但虚化的时间不同，如有"专独"义的"独"和"专"，有"白白地、空"义的"徒"和"空"，有"恰值、正好"义的"适"和"正"等。类型学的调查也证实了这一点。如 Heine 认为英语、德语、保加利亚语都存在"独自＞仅仅"的发展路径，但虚化所用的时间不一样，巴斯克语 bakarrik 在 15 世纪就有"独自"的意思，17 世纪才发展出"仅仅"的涵义[3]。

为什么词义完全不同的情状方式副词"独""徒""适""特"等却殊途同归，最后都发展出了限定副词的用法呢？原因就在于这些词都有［＋唯一］或［＋排他］的隐含义素，当运用于正反对比的语境中时，其隐含的"排他性"就会凸显成为核心义素，通过人们的语用推理，"独"等就获得了限定范围副词的用法。

表示限定的意义十分抽象，只有在对比语境中才能凸显。限定副词形成的认知心理机制是语用推理。"推理就是在一定的语境中，通过类推或推导，使得一些词语的隐含义逐渐明确化，伴随义逐步独立化，联想义渐趋固定化。"[4] 董秀芳把语用推理称为"诱使推理"，"听话者所作的推理是由说话者所说的话语形式和其所处语境自然而然诱发的，因此称为'诱使推理'，表现在语义上可以是原有的某个义素的弱化或脱落，也可以是某个义素成分的凸显或添加。"[5] 本身就包含有"排他"义素的"独"

---

[1] 姚远：《限制类副词研究》，硕士学位论文，上海师范大学，2009 年。
[2] 姚远：《限制类副词研究》，硕士学位论文，上海师范大学，2009 年。
[3] Bernd Heine、Tania Kuteva：《语法化的世界词库》，龙海平，谷峰，肖小平译，洪波，谷峰注释，洪波，吴福祥校订，世界图书出版公司 2012 年版，第 48—49 页。
[4] 张谊生：《现代汉语副词研究》（修订本），商务印书馆 2014 年版，第 364 页。
[5] 董秀芳：《语义演变的规律性及语义演变中保留义素的选择》，载《汉语史学报》（第 5 辑），上海教育出版社 2005 年版，第 291 页。

"徒"等词语，在特定的对比语境中就会诱发人们的认知推理，使其隐含的"排他"义素成为凸显义素，并逐渐固定下来，从而发展为限定副词。这也解释了为什么早期的限定副词一般只有"限质"用法，后来"限量"的用法才逐渐增多。从句子深层语义来看，所谓的"限质"实际上是限定范围内某一类事物或情况，限质与其凸显义素"排他性"或"单一性"有关，意义更实一些。限量与其"单一性"的本义完全脱离，意义更加虚化，表示主观小量，即表"量少"，是限定副词进一步虚化的表现。

"独""徒""正"等从情状方式副词到限定副词，又从限定副词发展为语气副词，由客观地描摹动作的情状到限定动作或情况的范围或对句子进行主观评价，既有词义的虚化，又有词义主观化的发展，同时语法功能也由单一固定趋向于复杂灵活。可见，汉语中语法意义和语法形式、语法功能、语用特征是统一的。

系统地考察限定副词的发展演变历程，既有助于我们对此类副词总体共性的认识，也有助于我们对某一个限定副词个性的理解。如对于表示"正好"义的"方"的词性，一般认为有"语气副词""情状副词""数量或范围副词"三种看法，如果把表"正好"义的"方"也放到整个限定副词的系统考察，显然"方"也是符合限定副词形成、发展演变的一般规律的，那么将表"正好"的"方"视作情状副词也十分自然。同时，从另一个方面看，学者们对这种"方"词性的不同认识恰恰说明了"方"的这几种用法之间存在交叉以及错综复杂的引申关系，语法化过程中总是存在着两种用法、解释共存的阶段。最后，我们甚至可以据此推测文献中用例较少或没有相应的实词例句，又较难判定其通假关系的限定副词，如"仅""祇""止"等，可能也符合限定副词形成的一般规律。

小　结

范围副词是对主语或宾语与谓语发生关系时的范围、数量或谓语本身的范围、数量进行总括或限定的量化副词。根据是否与一定的数量发生关系，我们把战国时代范围副词共分为五类：表总括、表限定、表协同、表统计、表分指。总括副词主要包括"皆、尽、具、俱、毕、备、悉、咸、遍、举、周、胜、交、凡"等。限定副词主要包括"唯、独、仅、特、徒、直、适、才（财）、止、祇、但、专"等。统计副词主要有"凡、大凡"。协同副词主要有"并、共、同、兼、偕"等。分指副词主要有"各"。

总括副词主要修饰谓语动词或形容词。总括副词的语义指向大致可以分为两种情况：指向主语，主要有"咸""胜""凡"等；既能指向主语，也能指向宾语，主要有"皆""具""尽""备""毕""俱""举""周""遍"等。

战国总括副词主要来源于同形动词，由某种动词发展而来的总词的语义特征、语义指向、指人指物、句法位置、句法功能等与该词作动词时的语义特征、及物属性、配价特点、句法功能等密切相关。总括副词的语义指向由其作动词时的及物属性所决定，如果动词主要关涉主语（宾语），那么虚化后语义也主要指向主语（宾语）。总括副词表示的范围由其作动词时所涉及主语或宾语的特征所决定，如果动词关涉的主语是两项，如"皆""俱"，那么虚化为副词后表示的范围也是两项；随着使用的增多，后来引申为表示众多。如果动词关涉的主语或宾语表示众多，如"毕""具""尽"等，那么虚化为副词后表示的范围也是众多。从发展趋势看，总括副词的功能是趋向泛化的。由于每个总括副词来源的动词特点不一，其最初的语义指向、表示范围、指人指物也泾渭分明，但随着使用的增多，彼此互相影响，最后功能都变得相似，都是既可以指向主语，又可以指向宾语；既可指人，又可指物。

战国时期大多数总括范围副词，如"皆""具""毕""尽""俱""举""胜""遍"等，对对象范围的总括带有"逐一看待"的特性，表示同样的动作行为是不同的主体分别进行的，强调个体性。总括副词"备"强调整体性特征，总括副词如"尽""毕"等在强调个体性特征的同时，兼有强调整体性的特征。

战国限定范围副词以"唯""独"最为常见。限定副词用法灵活，分布广泛，可以修饰动词谓语、形容词谓语、名词谓语、主谓短语、介宾短语等，主要出现在句中主谓之间，也可与否定词连用出现在句首。限定副词大都主要出现在肯定与否定对比或正反对比的句子中，借对比凸显仅限。

战国限定范围副词不是从实词直接虚化而来，也并不主要源于假借，

战国时代副词研究

而是实词先虚化为情状方式副词，再由情状方式副词进一步虚化为限定副词，限定副词的形成是副词内部进一步语法化的结果。有的限定副词还可以进一步虚化为语气副词。词义完全不同的情状方式副词"独""徒""适""特"等殊途同归，最后都发展出了限定副词的用法，原因就在于这些词都有［+唯一］或［+排他］的隐含义素，当运用于正反对比的语境中时，其隐含的"排他性"就会凸显成为核心义素，通过人们的语用推理，"独"等就获得了限定范围副词的用法。限定副词形成的认知心理机制是语用推理。

第五章　战国时代时间副词

时间副词是主要表示时制的副词（时体包含在时制中），表示动作发生相对于时间参照点的时间关系。战国时代时间副词可分为时点和时段两个类别，时点时间副词分为先时、后时、同时三类，时段时间副词分为长时和短时两类。每一种下面根据是否以说话时间为参照点分为绝对和相对两小类。

第一节　时间副词的定义、分类及范围

一　时间副词的定义

事物、现象总是处在一定的时间进程中，反映在语言中，就形成了各种语言的时间表达系统。龚千炎认为："印欧语言的时间系统完全属于语法范畴，它一切都通过语法形式来表现，而现代汉语的时间系统则属于'词汇·语法范畴'，它既包含词汇因素，也包含语法因素。"[1] 张谊生说："作为一种分析性的语言，汉语中的时间因素在很大程度上需要借助于时间副词来体现。"[2] 时间副词是汉语副词中非常重要的类别，反映了汉语的时间概念和时间表达方式。

关于时间副词的定义学界目前还没有较为统一的说法。有的侧重从语义方面来界定，如陆俭明、马真认为："通常所说的时间副词，大多不表示'时'，而表示'态'。"[3] 这里的"时"，指时制，"态（aspect）"指时

---

[1] 龚千炎：《现代汉语的时间系统》，《世界汉语教学》1994年第1期。
[2] 张谊生：《现代汉语副词探索》，学林出版社2004年版，第165页。
[3] 陆俭明、马真：《关于时间副词》，载陆俭明、马真《现代汉语虚词散论》，语文出版社1999年版，第98页。

体。所谓时制，表示事件发生的时间，指该时间与说话时间或参照时间的相对位置，即过去，现在和将来。时制又分绝对时制和相对时制，绝对时制是以说话时间为参照时间，相对时制是以说话时间以外的另一时间为参照时间。张谊生认为时体表示事件在特定时间内的进程或性状的变化[1]，即已然体、未然体和持续体。马庆株认为时间副词主要表达时制[2]。李杰群认为时间副词是表示行为状态与时间的关系的词[3]。夏群认为时间副词主要是表示动作行为或事件与某一时间参照点的先时、后时或同时关系的一种副词，不应该把所有表示时间的词看作时间副词[4]。

有的侧重从句法功能方面来界定，如张谊生认为时间副词主要在句中作状语，不能充当主语、宾语和补语，而时间名词可以；时间名词可以被体词、谓词和数量短语修饰，时间副词既不能作定语，通常也不能接受其他词语的修饰[5]。

有的从语义和句法功能两个方面界定时间副词，如唐贤清认为时间副词是表示动作发生的时间及与时间情况有关的副词，其语义特点就是表示时间观念。其功能特征是，都能修饰动词或动词性短语，除表持续类的小类外，一般都不能修饰纯粹的形容词或者形容词短语，有些小类可以修饰句子形式，有些小类可以修饰数量名短语[6]。杨荣祥赞同这个界定[7]。孙尊章认为时间副词是经常作状语，表示动作行为或变化的时间、频度和缓急的词[8]。

综合以上观点，我们基本赞同马庆株的意见，认为时间副词是主要表示时制的副词（时体包含在时制中），表示动作发生相对于时间参照点的时间关系，一般只能作状语。

二 时间副词的分类与范围

时间系统是一个较为复杂的体系，由于汉语是缺乏形态变化的语言，

---

[1] 张谊生：《现代汉语副词探索》，学林出版社2004年版，第171页。
[2] 马庆株：《略谈汉语动词时体研究的思路》，载《语法研究和探索》（九），商务印书馆2000年版，第9—15页。
[3] 李杰群：《商君书虚词研究》，中国文史出版社2000年版，第98页。
[4] 夏群：《试论现代汉语时间副词的性质及分类》，《语言与翻译（汉文)》2010年第1期。
[5] 张谊生：《现代汉语副词探索》，学林出版社2004年版，第166—168页。
[6] 唐贤清：《〈朱子语类〉副词研究》，湖南人民出版社2004年版，第51页。
[7] 杨荣祥：《近代汉语副词研究》，商务印书馆2005年版，第57页。
[8] 孙尊章：《先秦时间副词研究》，硕士学位论文，西南师范大学，2005年。

第五章 战国时代时间副词

目前学术界对于汉语的时间系统，包括时制、时相、时态或时体还有争议。对汉语时间体系认识的不同导致对时间副词分类标准不统一，实际分类分歧较大。我们从现代汉语时间副词和古代汉语时间副词两个方面进行讨论。对于现代汉语时间副词的分类，主要有以下几种观点。陆俭明、马真把时间副词分为定时时间副词和不定时时间副词两大类。"定时时间副词，只能用于说在某一特定时间——或说话前（即过去时），或说话时（即现在时），或说话后（即未来时）——存在或发生的事，如'业已'。不定时时间副词，则既适用于说过去的事，也可用于说未来的事，如'已经'。"[1] 这里定时时间副词实质上是绝对时制时间副词，即只能以说话时间为参照时间；不定时时间副词是相对时制时间副词，既可以说话时间为参照，也可以说话时间之外的另一时间为参照。

马庆株特别注意区分时间参照点，他依据主观和客观时间参照点把陆俭明、马真的定时时间副词和不定时时间副词重新分类，分为"先时、后时、同时"三种，认为陆俭明、马真所说的不定时时间副词依据的是客观的时间参照点，定时时间副词是以说话的时间为参照点，即主观时间参照点，如"曾、曾经、从、从来、及早、至今等"[2]。与马庆株观点相似的有夏群。夏群根据是否表示时间参照关系及是否与现实中某一具体时间发生联系两个标准归纳现代汉语时间副词，把表示泛时关系或惯常行为的"常常、从来、向来、历来"等排除出时间副词范围，把不表示时间参照关系，只是描写动作行为进行或发生状态的"忽然、猛然、蓦地、顿时、登时、霎时、立时"等排除在时间副词之外，分为先时时间副词、同时时间副词、后时时间副词三类等47个[3]。

张谊生依据语义特征和表义功用对现代汉语时间副词进行分类，首先把时间副词分为"表时副词、表频副词、表序副词"三个大类，然后再分别细分小类，如表时副词可分为时制副词和时体副词；表频副词可分为高频、低频、中频三类；表序副词分为表次序和表重复两类[4]。他对时间副

---

[1] 陆俭明、马真：《关于时间副词》，载陆俭明、马真《现代汉语虚词散论》，语文出版社1999年版，第98页。

[2] 马庆株：《略谈汉语动词时体研究的思路》，载《语法研究和探索》（九），商务印书馆2000年版，第9—15页。

[3] 夏群：《试论现代汉语时间副词的性质及分类》，《语言与翻译（汉文）》2010年第1期。

[4] 张谊生：《现代汉语副词探索》，学林出版社2004年版，第171—172页。

词的分类方法被学术界普遍采纳。

古代汉语时间副词的分类以杨伯峻、何乐士的分类方法为代表。杨伯峻、何乐士的《古汉语语法及其发展》把时间副词分为两大类,第一大类表示动作发生的时间在过去、现在或将来(即表示时制);第二大类表示动作发生或进行时的时间状态如何,如快慢缓急、短暂永久等①。这种分类方法影响较大,大多数研究古汉语时间副词的都以此为基础进行分类或稍加改造来分类。如唐贤清把时间副词分为9个小类,分别是:表过去、已然;表进行、现在;表将来、未然;表短暂、突发;表持续、不变;表逐渐、缓慢;表不定时;表暂且;表最终②。杨荣祥③、李杰群等的分类大体同此④。

综上所述,大体上学者们对时间副词的分类可以分为三种不同的观点,第一种认为时间副词包括时制副词和时体副词。如陆俭明、马真(把时制称为"时",把时体称为"态")、张谊生等。这种分类法虽然区分了时制和时体,但实际不易操作。因为汉语的时制和时体实际上是有交叉的,多位学者提到了这一点。如马庆株说:"难点在于时间的表示法常常和体的表示法结合在一起,共用一个形式,因而不容易加以区分。这不好说是汉语的显著特点,这是许多语言的共同点。"⑤张谊生也说:"由于现代汉语副词的语法化程度还不很高,所表的时制义和时体义还不能算严格意义上的语法义或范畴义,在很大程度上还只是一种词汇义和语法义的混合体;所以,现代汉语表时副词的语义内涵中大多兼有时制和时体两个方面。……过去时多与已然体交叉,将来时多与未然体交叉,恒常时多与已然体或进行体交叉。"⑥ 因此,按照这种方法分的类别多有交叉、兼属现象。

第二种是不区分时制和时体,把表示时制或时体的杂糅到一起,如杨伯峻、何乐士,唐贤清,杨荣祥,李杰群等。这种分类法混淆了汉语的时制关系和时体关系,不容易看出层次和逻辑性。又因分类标准较为模糊,仅

---

① 杨伯峻、何乐士:《古汉语语法及其发展》,语文出版社2001年版,第230页。
② 唐贤清:《〈朱子语类〉副词研究》,湖南人民出版社2004年版,第51—86页。
③ 杨荣祥:《近代汉语副词研究》,商务印书馆2005年版,第57—63页。
④ 李杰群:《商君书虚词研究》,中国文史出版社2000年版,第105页。
⑤ 马庆株:《略谈汉语动词时体研究的思路》,载《语法研究和探索》(九),商务印书馆2000年版,第7页。
⑥ 张谊生:《现代汉语副词探索》,学林出版社2004年版,第172页。

第五章 战国时代时间副词

仅根据表示动作的时间或时间状态分类,容易导致时间副词的范围过于宽泛,把凡是与时间有联系的词(包括一部分时间名词)都当作时间副词。

第三种认为汉语时间副词主要表示时制,如马庆株、夏群等,把汉语时间副词分为"先时、后时和同时"三类。这种分类法注意到了时间副词表示时间参照关系这一重要性质,并注意区分主观参照点(以说话时间为参照点)和客观参照点(以说话时间以外的另一时间为参照点),分出的"先时、后时和同时"三类时间副词既能涵盖汉语时制副词,也包括了部分汉语时体副词。

我们基本上同意第三种分类方法,认为汉语时间副词主要表示时制或先时、后时、同时的时间关系,并注意区分主观、客观时间参照点。这与吕叔湘先生对时间词的认识是一致的。吕叔湘先生也注意到了区分时间参照点,把"基点时""基点前时""基点后时"称为"三时",基点包含说话的此刻,是"绝对基点";基点不包含说话的此刻,是"相对基点"[①]。我们认为时间副词不表示具体的时间,包括时间段和时间点,主要表示动作发生相对于时间参照点的时间关系。吕叔湘先生敏锐地注意到了时间副词这一特性,他说:"在前一种表现法(指时间名词),时间观念和动作观念是拆得开的;在后一种表现法(指时间副词),时间观念已经融化在动作观念里,'将''方''已'等字离开动词是没有显明充实的意义的。这些限制词所表示的不是'时间',是'动相',一个动作的过程中的各种阶段。"[②] 时间副词的意义其实就是表示一种时间关系。但是,我们不同意马庆株、夏群对时间副词范围的划分,他们把大多数学者都认为是时间副词的"从来、向来、历来、仍然、依然、忽然、猛然、蓦地、顿时、登时、霎时、立时"等划分出去,我们认为这也不符合古代汉语时间副词的实际情况。

关于时间副词和频率副词的关系,一部分学者认为时间副词包括频率副词,如张谊生[③]、李泉等[④]。但张谊生实际上是把时间副词分为"表时、表频、表序"三类,其中表时副词和表频副词、表序副词是并列关系。有

[①] 吕叔湘:《吕叔湘文集(第一卷)》,商务印书馆1990年版,第220页。
[②] 吕叔湘:《吕叔湘文集(第一卷)》,商务印书馆1990年版,第228页。
[③] 张谊生:《现代汉语副词探索》,学林出版社2004年版,第172页。
[④] 李泉:《副词和副词的再分类》,载胡明扬主编《词类问题考察》,北京语言文化大学出版社1996年版,第375页。

的学者把频率副词归入情状方式副词，如唐贤清①，有的把频率副词单列，如杨荣祥②。虽然时间和频率关系密切，但我们认为时间副词主要表示先时、后时、同时的时间关系，表频率的副词与先时后时无关，因此我们不把频率副词归入时间副词之内，单独分章讨论，这样更有利于把握时间副词的性质及其语义句法关系。

不同的分类标准，导致划分出来的时间副词的范围也不相同。我们主要分析战国时代时间副词的范围。

我们的分类是：首先依据在一定时轴上表示的是时间点（或时间相对位置）还是时间段，把战国时代时间副词分为时点和时段两个大类。再依照与一定的时间参照点（绝对时间参照点或相对时间参照点）的先后关系，把时点时间副词分为先时、后时、同时三个次类，每一种下面根据是否以说话时间为参照点分为两小类，分别为绝对先时和相对先时，绝对后时和相对后时，绝对同时和相对同时。根据表示的时间长度，把时段时间副词分为长时和短时两个次类。每一种下面再根据是否以说话时间为参照点分为两小类，分别为绝对长时和相对长时，绝对短时和相对短时。详细分类见下表。

表 5-1　　　　　　　　　　战国时代时间副词分类表

大类	小类		副词
时点	先时	绝对先时	尝（常）、曾、比、初、始₁、终₁、卒₁、果、竟
		相对先时	既、既已（以）、已（以）、新、早₁、始₂、方₁、才、先
	同时	绝对同时	
		相对同时	方₂、方将₁、方且₁
	后时	绝对后时	方₃、方将₂、亟、趣、辄、早₂、终₂、卒₂
		相对后时	将、且₁、方且₂、其、立、即、乃、遂、后、而后、然后
时段	长时	绝对长时	
		相对长时	永、素、终₃、长、常、犹、尚
	短时	绝对短时	姑、且₂、聊
		相对短时	俄、俄而、俄则、少顷、有顷、既而、已而、骤、卒₃、卒然、倏忽

---

① 唐贤清：《〈朱子语类〉副词研究》，湖南人民出版社 2004 年版，第 89 页。
② 杨荣祥：《近代汉语副词研究》，商务印书馆 2005 年版，第 63 页。

依照这个划分标准，我们把凡是不能表示先时、后时、同时这三种时间关系或者不表示一定时间段的副词排除在时间副词之外。首先，我们认为表示频度、重复的副词不在时间副词之列，如"又、再、复"等。其次，把表示渐进、恰好、动作迅疾快慢的副词排除出去。表示渐进类的如"稍、寖（浸）、渐"等，表示表示恰好类的如"适（恰好）、会"等，表示动作迅疾缓慢的副词如"疾、遽、骤（迅速）"等，我们认为是情状方式副词。如"遽"，一般认为是表示"立刻""马上"的时间副词，例如："楚、赵果遽起兵而救韩。"（《战国策·齐二》）但我们调查文献发现，"遽"与同样表示"迅速、立即"的"立、即、亟"等不同，后者常用来表示未来马上要出现的情况，表后时关系，或主要表将来的事。而"遽"并不表示先时或后时关系，也不表示时间段，主要表示动作主体行为匆忙、急促的情状，同时兼表动作的先后顺承关系。《词诠》说"遽"是"表态副词。"[①] 这是非常正确的。战国文献中的"遽"主要用于过去时中，同现代汉语的"急忙、连忙、匆忙"类似，陆俭明、马真认为"赶忙、连忙、急忙"与"立刻、马上"是有区别的，前者只表示某行为动作在另一行为动作之后（而不是在说话之后）很短的时间里进行、发生或完成，用来说过去的事时比较自由[②]。

此外，关于时间副词与时间名词的区别，我们同意张谊生的看法，认为时间副词主要在句中作状语，不能充当主语、宾语和补语，而时间名词可以；时间名词可以被体词、谓词和数量短语修饰，时间副词既不能作定语，通常也不能接受其他词语的修饰[③]。如"昔、今、曩、曩者、乡、乡也、乡者"等表示具体时间，意为"从前、以前"，不表示时间关系，在句中一般作句首状语，一般不修饰动词或形容词，是时间名词。

三 兼类词辨析

要注意一些词语可能兼有时间副词和其他词类的用法。如"始、即、亟"等。

[①] 杨树达：《词诠》，上海古籍出版社，2007年版，第139页。
[②] 陆俭明、马真：《关于时间副词》，载陆俭明、马真《现代汉语虚词散论》，语文出版社1999年版，第110页。
[③] 张谊生：《现代汉语副词探索》，学林出版社2004年版，第166—168页。

"始"

"始"有时间名词和时间副词的用法。位于句首、表示"起初、开始"义的"始"是时间名词，例如：

(1) 始吾有虞于子，今则已矣。(《左传·昭公六年》)
(2) 始也吾以为其人也，而今非也。(《庄子·养生主》)

这种"始"常常和时间名词"今"共现，如例(1)(2)，不仅可以作句首状语，还可以作宾语。例如：

(3) 莫知其始，莫知其终。(《庄子·大宗师》)
(4) 先王之正时也，履端于始，举正于中，归余于终。(《左传·文公元年》)

"始"作时间副词可以表示"开始""初始"义，也可表示"刚才、刚刚"义，都只能作状语，一般位于动词之前。例如：

(5) 臣始至于境，问国之大禁，然后敢入。(《孟子·梁惠王下》)
(6) 穆孟姬为之请高唐，陈氏始大。(《左传·昭公十年》)

"即"

"即"有时间副词和关联副词的用法。作时间副词表示"立即、马上"或"就要"，例如：

(1) 公知之，告皇野曰："余长魁也，今将祸余，请即救。"(《左传·哀公十四年》)

"即"作时间副词比较少见，战国文献中"即"最常见的是作关联副词表示连接。例如：

(2) 子不为行，即将疏戚无伦，贵贱无义，长幼无序。(《庄子·盗跖》)

(3) 子墨子自鲁之齐，即过故人。(《墨子·贵义》)

"亟"

"亟"有形容词和时间副词的用法。形容词"亟"表示"迅速、快"义，可以作谓语、宾语和状语。例如：

(1) 君得燕、赵之兵臣众且亟矣。(《战国策·魏三》)
(2) 无留狱讼，以亟以故。(《吕氏春秋·音律》)
(3) 今亡之秦，不亦太亟忘乎！(《韩非子·内储说下》)
(4) 乃愈自信，欲霸之亟成。(《战国策·宋卫》)

时间副词"亟"表示"赶快、马上"义，一般只能作状语修饰谓语动词。如：

(5) 亟去走归，无复言之！(《庄子·盗跖》)
(6) 令尹甚傲而好兵，子必谨敬，先亟陈兵堂下及门庭。(《韩非子·内储说下》)
(7) 非亟得下东国者，则楚之计变。(《战国策·齐三》)
(8) 我死，乃亟去之。(《左传·隐公十一年》)

形容词"亟"和时间副词"亟"都可以作状语，二者的区别是，形容词"亟"作状语往往出现在静态的短语中，表示动作的"迅速、快速"，如例（3）（4），时间副词"亟"未见出现在短语中，一般只出现在句子中。战国文献中时间副词"亟"基本上都表示未然，表示相对于某种时间参照点的后时关系，常用于祈使句、愿望句或假设句中。如例（5）（6）用于祈使句，例（7）用于愿望句，都以说话时间为参照点，即主观参照点，"亟"表示相对于说话时间来说，动作还未发生，表示后时关系。例（8）时间参照点是虚拟的将来时，动词短语"我死"表示相对时间参照点，"亟"依然表示后时关系。

其他的兼类词还有"乃""先""后""新""早""方"等，不再一一讨论。

战国文献中时间副词的出现频率各不相同，如表示将来的时间副词，常见的有"将""且"等，较为少见的如"方""方且"等；表示曾经的"尝"比较多见，而"曾""比"非常少见。对于学界普遍认可的时间副词我们基本上都统计在内，但对于出现频率较低、学术界还有争议的词语暂不统计。如"则夫人行年七十有二，齳然而齿堕矣。"（《荀子·君道》）黄珊认为《荀子》中这一例"行"是表将来的时间副词[①]。但王诚认为上古汉语中副词"行"的确凿用例较少，"行"的副词用法大概到东汉才发展成熟。并认为"行年"中的"行"义为"经历"，谓经历的年岁[②]。由于考察范围内仅此1例，我们暂不作分析。此外，一些时间副词出现次数太少，因不能说明其句法功能或时制特征，也不予讨论。如"适"表"适才、刚才"主要在汉以后，战国时代的文献中仅《韩非子》中1例，如"荆适有谋，侏儒常先闻之以告惠文君。"（《韩非子·内储说下》）又如"仍"，仅在《睡虎地秦简》中出现1例，如"三世之后，欲仕仕之，乃（仍）署其籍曰……"（《睡虎地秦简·为吏之道》）

第二节 时点时间副词

时点时间副词主要表示动作行为或情况发生的时间相对于某一时间参照点的时间先后关系。杨荣祥、李少华把这种时间副词称为"标位时间副词"[③]。根据所表动作行为或事件、状态变化与参照时间的相对时间先后关系，可以把时点时间副词分为先时、后时与同时三种。先时时间副词表示参照时间前发生的动作行为，后时时间副词表示参照时间之后发生的动作行为，同时时间副词表示与参照时间同时发生的动作行为。

一　先时时间副词

先时时间副词指所修饰的动作行为发生在某一参照时间之前，主要有

[①] 黄珊：《〈荀子〉虚词研究》，河南大学出版社2005年版，第8页。
[②] 王诚：《试说副词"行"的产生与发展—兼及例证的商榷》，《古汉语研究》2018年第3期。
[③] 杨荣祥、李少华：《再论时间副词的分类》，《世界汉语教学》2014年第4期。

"尝（常）、曾、比、初、始₁、终₁、卒₁、果、竟、既、既已（以）、已（以）、新、早₁、始₂、方₁、才、先"等。根据是否以说话时间为参照时间，可以把先时时间副词分为两小类：绝对先时和相对先时。所谓绝对先时，指只能以说话时间或当前时间为参照时间，如"尝（常）、曾、比、初、始₁、终₁、卒₁、果、竟"等；相对先时指既可以以说话时间为参照，也可以以过去、将来或另一动作发生的时间为参照。如"既、既已（以）、已（以）、新、早₁、始₂、方₁、才、先"等。

（一）绝对先时

"尝（常）""曾""比"

时间副词"尝（常）""曾""比"意为"曾经"，表示过去某个时间发生过的事情，对现在有一定的影响。例如：

（1）尝独立，鲤趋而过庭。（《论语·季氏》）

（2）夫为其君之故杀其身者，尝有之矣。（《郭店楚简·鲁穆公问子思》）

（3）君曰："是固尝矫驾吾车，又尝啖我以余桃。"（《韩非子·说难》）

（4）子重曰："夫子尝与吾言于楚，必是故也。不亦识乎！"（《左传·成公十六年》）

（5）主父常游于此。（《韩非子·外储说左上》）

（6）子食于有丧者之侧，未尝饱也。（《论语·述而》）

（7）故我修身千二百岁矣，吾形未常衰。（《庄子·在宥》）

"尝（常）"多用于对话中，一般以说话时刻为参照点，表示在说话时刻之前曾经发生的事情，且该事情已经结束。也常常以"未尝（常）"的形式表示到现在为止某件事情从未发生过。

（8）未之曾有也。（《吕氏春秋·顺民》）

（9）今足下功力，非数痛加于秦国，而怨毒积恶，非曾深凌于韩也。（《战国策·赵一》）

（10）臣比在晋也，不敢直言。（《吕氏春秋·先识》）

战国时代副词研究

时间副词"曾""比"在战国文献中较少见,表示过去曾发生的事情。

"初"

时间副词"初"意为"起初""开始",表示动作行为在一段时间以前已经发生或完成。例如:

(1) 子伯季子初为孔氏臣,新登于公,请追之。(《左传·哀公十六年》)

(2) 令初下,群臣进谏,门庭若市。(《战国策·齐一》)

(3) 夫物之一存一亡,乍死乍生,初盛而后衰者,不可谓常。(《韩非子·解老》)

(4) 思民之初生,多险以难成。(《上博楚简六·用曰》)

(5) 及陈之初亡也,陈桓子始大于齐。其后亡成,成子得政。(《左传·庄公二十二年》)

"初"表示时间的已然一般是以说话时间为参照的,可以出现在句子层面,如例(1)—(3),也可以出现在短语中,如例(4)(5)。

"始$_1$"

时间副词"始"意为"开始""初始",表示动作开始的时间。例如:

(1) 楚王始不信瞻应之计矣,今公乃征甲及粟,此告楚病也。(《战国策·西周》)

(2) 吾始已诺于应侯矣,今不与,是欺之也。(《战国策·赵一》)

(3) 古者人之始生,未有官室之时,因陵丘堀穴而处焉。(《墨子·节用中》)

(4) 明王始立而处国有制。(《荀子·王制》)

(5) 于是初献六羽,始用六佾也。(《左传·隐公五年》)

(6) 乐其可知也:始作,翕如也;从之,纯如也,皦如也。(《论语·八佾》)

"始$_1$"表示动作行为开始的时间,一般以说话时间为参照,有时候和

"今"共现,如例(1)(2);或者句首有"古者"表示过去的时间,如例(3);也可无表示过去的时间标记,如例(4)—(6)。

"终₁""卒₁""果""竟"

时间副词"终₁""卒₁""果""竟"意为"终于""终究""最终",表示某种预料、期待的事情在经历一段时间之后最终发生了。例如:

(1) 鲁仲连辞让者三,终不肯受。(《战国策·赵三》)

(2) 攻伐之与救守一实也,而取舍人异,以辨说去之,终无所定论。(《吕氏春秋·振乱》)

(3) 为蛇足者,终亡其酒。(《战国策·齐二》)

(4) 齐、荆、吴、越皆尝胜矣,而卒取亡,不达乎持胜也。(《吕氏春秋·慎大》)

(5) 此何故始贱卒而贵,始贫卒而富?(《墨子·尚贤中》)

(6) 于是乎天下之人,以尧为善兴贤,而卒立之。(《上博楚简二·容成氏》)

(7) 君民而不骄,卒王天下而不疑。(《郭店楚简·唐虞之道》)

(8) 晋侯在外十九年矣,而果得晋国。(《左传·僖公二十八年》)

(9) 延州来季子其果立乎?(《左传·襄公三十一年》)

(10) 严仲子固让,聂政竟不肯受。(《战国策·韩二》)

以上时间副词"终₁""卒₁""果""竟"都以说话时间为参照,表示某一行为最终发生。"终₁"等的用法较为自由,一般不需要加表示过去或现在时间的标记。

(二) 相对先时

"已(以)"

时间副词"已(以)"和现代汉语时间副词"已经"意义基本相同,表示动作行为在某一参照时间之前已经发生。例如:

(1) 今法律令已具矣,而吏民莫用,乡俗淫泆之民不止,是即废主之明法也。(《睡虎地秦简·语书》)

(2) 公中曰："善。然吾使者已行矣。"（《战国策·西周》）

(3) 道之不行，已知之矣！（《论语·微子》）

(4) 此固以失霸王之道二矣。（《韩非子·初见秦》）

(5) 三月得千里马，马已死。（《战国策·燕一》）

(6) 未置及不置者不为"具"，必已置乃为"具"。（《睡虎地秦简·法律答问》）

(7) 不称瓢为器则已；已称瓢为器，国必裂矣。（《战国策·秦三》）

例（1）—（4）以说话时刻为参照点，"已"表示事情、动作已经发生，有时与"今"同现，如例（1），也可没有表示时间或其他条件的词语，如例（2）—（4），使用较为自由，是无标记用法。例（5）以过去的时间为参照点，"已"的用法有限制，一般要出现表示过去的参照时间，如"三月"，"马死"发生在参照时间之前。例（6）（7）用于表假设的虚拟句中，以假设的将来时间为参照，"已"修饰的动词性成分表示条件，之后有另一动词性成分表示结果。因此，"已"以过去时间或将来时间为参照时都是有标记用法。陆俭明、马真认为表示已然的不定时间副词用于说过去的事，比较自由，没什么条件限制；而用于说未来的事，则要有些条件限制[①]。我们认为，古代汉语时间副词"已"不仅表示未来的事是有条件的，表示过去的事时，如果以过去时间为参照，也是有条件的，需要加标记，只有在以当前时间为参照并且表示过去的事，才是无条件的，不需要加标记。

"既""既已（以）"

时间副词"既""既已"意思和"已"差不多，也是表示动作行为在过去已经发生。例如：

(1) 昭王既息民缮兵，复欲伐赵。（《战国策·中山》）

(2) 门人既除，而司寇不至。（《上博楚简八·子道饿》）

[①] 陆俭明、马真：《关于时间副词》，载陆俭明、马真《现代汉语虚词散论》，语文出版社1999年版，第105页。

（3）王曰："吾既许之矣。虽不及晋，必将出师。"(《左传·襄公九年》)

（4）今周室既灭，天子既废。(《吕氏春秋·观世》)

（5）及卫地，韩献子将斩人，郤献子驰，将救之。至，则既斩之矣。(《左传·成公二年》)

（6）武王践功，梦见三神曰：予既沈渍殷纣于酒德矣，往攻之，予必使汝大堪之。(《墨子·非攻下》)

（7）填然鼓之，兵刃既接，弃甲曳兵而走。(《孟子·梁惠王上》)

（8）及其老也，血气既衰，戒之在得。(《论语·季氏》)

例（1）—（4）"既"都以说话时间为参照，表示动作行为在说话时间之前已经完成。例（5）—（7）以过去的时间为参照，是有条件用法，需要加标记，如例（5）在"既"修饰的动词性成分前有另一动词"至"表示参照时间，"既"修饰的动词"斩之"发生在"至"之前。例（6）（7）"既"小句之后都有表示另一动词性成分发生或完成的小句，表示"既"修饰的动作行为已经完成。例（8）以将来的时间为参照，有表示将来的时间标记"及其老也"，表示"血气衰"发生在这个时间点之前。

（9）王曰："寡人既以兴师矣。"(《战国策·中山》)

（10）既以得之，举兵而伐之，兼国十二，开地千里。(《韩非子·十过》)

（11）禹既已克有三苗，焉磨为山川，别物上下，卿制大极，而神民不违，天下乃静。(《墨子·非攻下》)

例（9）时间副词"既以"以说话时间为参照，表示动作已经完成，是无标记用法。例（10）（11）以过去时间为参照，"既已（以）"分句后面一定要有其他小句来表示后续动作行为，以表明"既已（以）"修饰的动作已然发生或存在。"既已"的这种用法十分常见，由于古代文献多为叙述历史或过去的事情，"既""既已（以）"主要以过去时间为参照，表示到过去某时间为止已经发生的事情，即主要用于过去时。"既""既以"

以说话时间或将来时间为参照的较为少见。表现在时的"既（既已）"有时单用，有时其后也有另一分句，但都是表示并列关系的，如例（1），不像表示过去时的"既"，其所修饰的动作与后面分句中所表动作行为有先后时间关系。

"既（既已）"和"已"的区别："既"和"已"都可以表示动作发生的时间在时间参照点之前，既可以以说话时刻或当前时间为参照点，也可以另一时间为参照点。"已"主要表示时间关系，一般单用。而"既（既已）"一般出现在复句的前一个分句中，既表示时间的已然，又暗含某种逻辑关系。"既"常常和"复、而、乃、则、必"等连接性词语对照使用，如上引例（1）—（3），例（11）。此外，"既"还可连续出现，用"既……既……"的格式表示并列的已然句，如例（4），又如"既醉以酒，既饱以德。"（《孟子·告子上》）有时候即使后一分句没有"乃、而"等词语对照使用，也包含某种逻辑关系，如"其未得之也，患得之；既得之，患失之。"（《论语·阳货》）这一例中"既"分句和后分句暗含转折关系。"既"的书面语和古语色彩更强，"已"更偏重口语色彩。"既已"连用同"既"一样，往往也用于复句中。

"新"

时间副词"新"表示动作行为刚发生不久，意为"新近""刚刚"。例如：

（1）今臣新从秦来，而言勿与，则非计也。（《战国策·赵三》）

（2）诸侯新服，陈新来和，将观于我。（《左传·襄公四年》）

（3）梁车新为邺令，其姊往看之。（《韩非子·外储说左下》）

（4）故新浴者振其衣，新沐者弹其冠，人之情也。（《荀子·不苟》）

（5）白圭新与惠子相见也，惠子说之以强。（《吕氏春秋·不屈》）

（6）仲见于齐侯而请之。齐侯新立而欲亲鲁，许之。（《左传·文公十八年》）

（7）即新为吏舍，毋依藏府、书府。（《睡虎地秦简·秦律十八种》）

(8) 除佐必当壮以上，毋除士伍新傅。(《睡虎地秦简·秦律十八种》)

"新"表示时间的已然，可以当前时间或说话时间为参照，表示到现在为止刚刚发生的事情，如上述例（1）—（4）。也可以过去时间为参照，表示在过去某个时间刚发生的动作行为，这种"新"是有限制用法，在"新"分句后需有表示另一动作已经发生或完成的分句，如例（5）（6）。也可用于假设句中，以虚拟的将来时间为参照，如例（7）（8）。这种"新"也需有标记，如例（7）有表示假设的词语"即"，例（8）有表示祈使语气的"必"，"新"出现在作定语的动词短语中。

"早$_1$"

时间副词"早$_1$"表示动作发生在很久以前或动作发生得早，也可写作"蚤"，可译为"早点""早早地"。例如：

(1) 公曰："吾不能早用子，今急而求子，是寡人之过也。然郑亡，子亦有不利焉。"(《左传·僖公三十年》)
(2) 成曰："善哉！吾不早闻命。"(《左传·哀公十五年》)
(3) 惜哉，子之蚤湛于伪而晚闻大道也！(《庄子·渔父》)
(4) 又娶于陈，曰厉妫，生孝伯，早死。(《左传·隐公三年》)
(5) 孟春行夏令，则风雨不时，草木早槁，国乃有恐。(《吕氏春秋·孟春》)

例（1）—（4）以说话时间为参照，例（1）—（3）表示惋惜过去没有早早地做某事，例（4）表示说话时间之前早已发生的事情。例（5）以假设时间"孟春行夏令"为参照，表示将来可能发生的事情。

"始$_2$"

时间副词"始$_2$"意为"才始""刚刚"，表示动作完成时间距离参照时间很短。例如：

(1) 室之始成也善，其后果败。(《吕氏春秋·别类》)
(2) 臣之始得鱼也，臣甚喜，后得又益大。(《战国策·魏四》)

(3) 凡有四端于我者，知皆扩而充之矣，若火之始然，泉之始达。(《孟子·公孙丑上》)

(4) 起门，八岁始富。(《放马滩秦简·日书乙17肆》)

(5) 反见，乃始善我，何故去之？(《韩非子·说林上》)

(6) 魏之围邯郸也，申不害始合于韩王，然未知王之所欲也。(《战国策·韩一》)

(7) 殚残天下之圣法，而民始可与论议。(《庄子·胠箧》)

(8) 浴蚕必以日才始出时浴之，十五日乃已。(《周家台秦简·病方及其它》)

例（1）—（3）"始"以说话时间或当前时间为参照，表示目前刚刚完成的动作行为，这种"始"使用较为自由，一般不需要句中有表示时间或其他条件的的词语。如果以过去时间或将来时间为参照，则要受到限制，如例（4）—（6）句中有表示时间的词语"八岁"，或以另一动作发生时间为参照，如"反见""魏之围邯郸也"，表示到过去某个时间为止刚刚完成或发生的动作行为。例（7）（8）以将来时间为参照，例（7）有表示条件的语句"殚残天下之圣法"，表示具备该条件才能完成的动作行为，例（8）用于表示建议的祈使句。可见，"始"只有在以说话时间为参照，并且表示过去时时才是无条件的或无标记用法。

"方$_1$""才"

时间副词"方$_1$""才"意为"才始""刚刚"，表示动作完成时间距离参照时间很短。例如：

(1) 方繁勿伐，将兴勿杀，将齐勿刲。(《上博楚简五·三德》)

(2) 是以天下之庶国，方以水火毒药兵刃以相贼害也。(《墨子·天志下》)

(3) 甲往盗丙，才到，乙亦往盗丙，与甲言，即各盗。(《睡虎地秦简·法律答问》)

(4) 秋，齐、狄盟于邢，为邢谋卫难也。于是卫方病邢。(《左传·僖公二十年》)

(5) 浴蚕必以日才始出时浴之，十五日乃已。(《周家台秦简·病

方及其它》）

（6）民五之方各（格），十之方争，百之而后服。（《郭店楚简·尊德义》）

例（1）—（3）"方""才"以说话时间为参照，用法没有限制，表示动作到现在为止刚刚发生或完成。例（4）"方"以过去时间为参照，表示在过去某个时间动作刚刚发生或完成，有"于是"作标记。例（5）（6）以将来时间为参照，例（5）表示到将来某个时间刚刚完成的动作，例（6）"方"用在数词后，表示需要达到某个数值才开始，表示某种条件。

"先"

时间副词"先"，表示动作行为发生在时间参照点之前。例如：

（1）韩氏先以国从公孙郝，而后委国于甘茂。（《战国策·韩一》）

（2）乃先归，须诸侯于断道。（《清华简贰·第十四章》）

（3）己亥，齐大子光、宋向戌先至于郑，门于东门。其莫，晋荀䓇至于西郊。（《左传·襄公十一年》）

（4）诊必先谨审视其迹。（《睡虎地秦简·封诊式》）

（5）子产谓申徒嘉曰："我先出则子止，子先出则我止。"（《庄子·德充符》）

（6）是故欲人之爱己也，则必先爱人；欲人之敬己也，则必先敬人。（《郭店楚简·成之闻之》）

时间副词"先"主要用于两种时态，过去时和将来时。如例（1）—（3）用于过去时中，以过去时间为参照，表示在该参照时间之前发生的动作行为，"先"分句后一般有之后已经发生或完成的另一动作行为的分句。例（4）—（6）用于将来时，以将来时间为参照，句中一般有表示将来时间或某种条件的分句，如例（4）"先谨审视其迹"发生在"诊"之前，例（5）"必先爱人"发生在"欲人之爱己"之前，例（6）暗含了"子后出"分句。据陆俭明、马真，现代汉语中的"先"也主要是用于过去时和

战国时代副词研究

将来时①，战国时代时间副词"先"的语法表现与现代汉语中完全相同。

先时时间副词一般以修饰动词为主，既可以修饰动作类动词，如"来、行、出、斩、见、游"等，也可以修饰状态动词，如"有、知、失、得、具"等。表示已经、曾经义的时间副词"既、已（以）、既已（以）、尝（常）"等也可以修饰形容词。表示刚刚、才始义以及表示时间早的时间副词一般以修饰动词为主。

二 同时时间副词

同时时间副词是指时间副词修饰的动作行为发生在某一参照时间时，主要有"方$_2$""方将$_1$""方且$_1$"等。战国文献中同时时间副词较少，无绝对同时时间副词，都是相对同时时间副词。

时间副词"方$_2$""方将$_1$""方且$_1$"表示某个时间点或时间段正在发生的事情，相当于现代汉语的"正""正在"。例如：

(1) 今燕王方寒心独立。(《战国策·齐六》)

(2) 随季曰："楚师方壮，若萃于我，吾师必尽。"(《左传·宣公十二年》)

(3) 陈翠欲见太后，王曰："太后方怒子，子其待之。"(《战国策·燕二》)

(4) 方在下位，不以匹夫为轻，及其有天下也，不以天下为重。(《郭店楚简·唐虞之道》)

(5) 昔有夏之方衰也，后羿自鉏迁于穷石，因夏民以代夏政。(《左传·襄公四年》)

(6) 今者臣来，过易水，蚌方出曝，而鹬啄其肉。(《战国策·燕二》)

(7) 造父方耨，得有子父乘车过者。(《韩非子·外储说右下》)

(8) 及其壮也，血气方刚，戒之在斗。(《论语·季氏》)

例（1）—（4）都以说话时间或当前时间为参照点，"方"表示当前

---

① 陆俭明、马真：《关于时间副词》，载陆俭明、马真《现代汉语虚词散论》，语文出版社1999年版，第113页。

正在发生的动作行为，可以加上表示现在的时间标记"今"，如例（1），也可不加标记，如例（2）—（4）。例（5）—（7）以过去时间为参照，表示在过去某个时间正在发生的事情，一般要加表过去时间的标记，有时是表示时间的词语，如例（5）的"昔"，有时是"方"所在的分句前后有表示另一动作行为正在发生或进行的分句，如例（6）（7）。例（8）以将来时间为参照，"及其壮也"是表示将来的时间标记，"方"表示在该时间下正在发生的动作行为。

（9）方将踌躇，方将四顾。何暇至乎人贵人贱哉！（《庄子·田子方》）

（10）不致夫五尺童子，方将调饴胶丝，加己乎四仞之上，而下为蝼蚁食也。（《战国策·楚四》）

（11）我适有幽忧之病，方且治之，未暇治天下也。（《庄子·让王》）

（12）日中，燕简公方将驰于祖涂，庄子仪荷朱杖而击之。（《墨子·明鬼下》）

（13）至于泽畔，方将杖挐而引其船，顾见孔子，还乡而立。（《庄子·田子方》）

例（9）—（11）双音节时间副词"方将""方且"以说话时间为参照，表示目前正在发生或进行的事情；例（12）（13）"方将"以过去时间为参照，"方将"分句前后有表示另一动作正在发生的分句，例（13）分句前还有动词短语"至于泽畔"表示过去时间。

战国汉语中的共时时间副词较少，主要是"方"，以修饰动词为主，也可以修饰形容词。

三 后时时间副词

后时时间副词指时间副词修饰的动作行为发生在某一参照时间之后，主要有"方$_3$、方将$_2$、方且$_2$、亟、趣、辄、早$_2$、终$_2$、卒$_2$、将、且$_1$、其、立、即、乃、遂、后、而后、然后"等。根据一定的参照时间，后时时间副词可以分为两小类：绝对后时副词，即只能以说话时间为参照时间的，

185

如"方$_3$、方将$_2$、亟、趣、辄、早$_2$、终$_2$、卒$_2$"等；相对后时副词，可以说话时间为参照时间，也可以另一时间为参照，如"将、且$_1$、方且$_2$、其、立、即、乃、遂、后、而后、然后"等。

（一）绝对后时

"方$_3$""方将$_2$"

时间副词"方$_3$""方将$_2$"表示说话时间之后，未来将要发生的事情，可译为"将、正要"等。例如：

(1) 由圣人之言，凤鸟之不出，诸侯畔殷周之国，甲兵方起于天下。(《墨子·备城门》)

(2) 方将约车趋行，而适闻使者之明诏。(《战国策·赵二》)

以上"方""方将"都以当前时间为基点，表示将要发生的动作行为，在战国文献中用例较少。

"亟"

时间副词"亟"意为"赶快、赶紧""马上"等，表示动作行为在短时间内很快就会发生，多用于表示将来的事情。例如：

(1) 君子壹教，弟子壹学，亟成。(《荀子·大略》)

(2) 余亟使人犒师，请行以观王怒之疾徐。(《左传·昭公五年》)

(3) 臣请为君之楚，使亟入下东国之地。(《战国策·齐三》)

(4) 中山可伐也，君不亟伐，将后齐、燕。(《韩非子·外储说左上》)

(5) 不当环，亟执勿失。(《睡虎地秦简·法律答问》)

(6) 队有急，亟发其近者往佐。(《墨子·杂守》)

(7) 子反曰：亟退，却也。(《吕氏春秋·权勋》)

(8) 吾愿主君，之上者尊天事鬼，下者爱利百姓，厚为皮币，卑辞令，亟遍礼四邻诸侯，驱国而以事齐，患可救也。(《墨子·鲁问》)

时间副词"亟"一般以说话时间为参照，可以表示对未来可能会发生某种情况的推断,如例(1);也可表示马上要采取的措施,如例(2)(3);还可表示希望对方马上采取某种行为的建议或愿望,如例(4)—(8)。

"趣""辄"

时间副词"趣"表示马上就要发生的动作行为,可译为"赶快、马上"等。例如:

(1) 申之此令,嘉气趣至。(《吕氏春秋·音律》)
(2) 令弟子趣驾,辞而行。(《吕氏春秋·高义》)
(3) 宜阳益急,韩君令使者趣卒于楚,冠盖相望而卒无至者。(《韩非子·十过》)
(4) 少庶子进炙而发绕之,平公趣杀炮人,毋有反令,炮人呼天曰:"嗟乎!臣有三罪,死而不自知乎?(《韩非子·内储说下》)
(5) 呼之曰:"复疾,趣出。今日不出,以牡刀皮而衣。"(《睡虎地秦简·日书甲种》)
(6) 其为楚害必矣,王其趣发信臣,多其车,重其币。(《韩非子·十过》)
(7) 有投书,勿发,见辄燔之。(《睡虎地秦简·法律答问》)
(8) 吏卒民死者,辄召其人,与次司空葬之,勿令得坐泣。(《墨子·号令》)
(9) 命必足畏,赏必足利,令必行,令出辄人随。(《墨子·号令》)

"趣""辄"同"亟"一样,基本上都表示未然事件,以当前说话时间为基点。"趣"可以表示对未来很快就会发生某种情况的推测,如例(1);也可表示命令对方马上采取某种行为,如例(2)—(4);还可以表示应该马上采取某种行为的建议,如例(5)(6)。例(7)—(9)的"辄"都表示命令对方马上采取某种行为。

"早$_2$"

时间副词"早$_2$"意为"趁早、及早",表示动作行为应该在未来及早进行或实施,多用于表示未然情况。例如:

战国时代副词研究

(1) 固将谋子，子早图之！(《左传·哀公六年》)

(2) 敝邑虽羸，若早修完，其可以息师。(《左传·昭公五年》)

(3) 姜氏何厌之有？不如早为之所，无使滋蔓！(《左传·隐公元年》)

(4) 曾不如早索我于枯鱼之肆。(《庄子·外物》)

(5) 田单之施，将欲以取我国乎？不早图，恐后之。(《战国策·齐六》)

(6) 先虑之，早谋之，斯须之言而足听，文而致实。(《荀子·非相》)

(7) 便嬖左右者，人主之所以窥远收众之门户牖向也，不可不早具也。(《荀子·君道》)

(8) 早救之，孰与晚救之便？(《战国策·齐一》)

以上时间副词"早"都以当前时间为基点，表示对未来某种行为应该及早进行的建议。例 (1) — (5) 用于对话中；例 (6) (7) 用于论述中；例 (8) 用于选择句中。

"终$_2$""卒$_2$"

时间副词"终$_2$""卒$_2$"意为"最终""终究"，表示某种事情在将来一定会发生。例如：

(1) 既得人爵，而弃其天爵，则惑之甚者也，终亦必亡而已矣。(《孟子·告子上》)

(2) 我以为虽有朝夕之辩，必将终未可得而从定也。(《墨子·非命下》)

(3) 六年及此月也，吴其入郢乎！终亦弗克。(《左传·昭公三十一年》)

(4) 若两轮之相转，而终不相败。(《郭店楚简·语丛四》)

(5) 不知天将以为虐乎，使翦丧吴国而封大异姓乎？其抑亦将卒以祚吴乎？(《左传·昭公三十年》)

(6) 以言本无异，则动卒有喜。(《吕氏春秋·务本》)

(7) 今西伯昌，人臣也，修义而人向之，卒为天下患，其必昌

乎！(《韩非子·外储说左下》)

以上时间副词"终₂""卒₂"都以说话时间为参照，表示未来一定会发生的事情。"终₂"常与"必"连用或共现，表示确定无疑的语气，如例(1)(2)(7)；也可以与"将"共现，表示将来之事，如例(2)(5)；也可以与表将来的时间词语共现，如例(3)；或分句中有表示假设或结果的连词，如例(4)(6)。

(二) 相对后时
"将"
时间副词"将"表示在某一时间参照点之后要发生的动作行为。例如：

(1) 冉有曰："夫子为卫君乎？"子贡曰："诺。吾将问之。"(《论语·述而》)

(2) 晋卜偃曰："期年将有大咎，几亡国。"(《左传·僖公十四年》)

(3) 然后国之善射御之士，将可得而众也。(《墨子·尚贤上》)

(4) 初，楚子将以商臣为太子，访诸令尹子上。(《左传·文公元年》)

(5) 昔者纣为天子，将率天下甲兵百万。(《韩非子·初见秦》)

(6) 孟子曰："古之为关也，将以御暴。今之为关也，将以为暴。"(《孟子·尽心下》)

(7) 孟子曰："……当在宋也，予将有远行。行者必以赆，辞曰：'馈赆。'"(《孟子·公孙丑下》)

(8) 如天不雨，水将涸，鱼将死。(《上博楚简二·鲁邦大旱》)

(9) 张谴相韩，病将死，公乘无正怀三十金而问其疾，居一月自问张谴曰："若子死，将谁使代子？"(《韩非子·说林上》)

(10) 今昭献非人主也，而主君令相国往；若其王在阳翟，主君将令谁往？(《战国策·东周》)

"将"表示将来要发生的事情可以当前时间为参照，也可以过去或将来的某一个时间为参照。如例（1）—（3）"将"以说话时间或当前时间为基点，表示将来要发生的动作行为，一般不需要加标记。例（4）—（7）以过去时间为参照，表示在过去某个时刻，事件主体将要采取的行为措施。文中需要有时间词语或表示时间的动词短语、介词短语等作标记，如例（4）（5）（6）句首出现表示过去的时间词语"初""昔也""古"，例（7）用介词短语"当在宋也"表示过去的参照时间。例（8）—（10）"将"都以将来的时间为参照，表示该时间之后将要采取的动作行为或措施，句中也须出现时间标记，如都以假设句"如（若）……"表示将来的时间或虚拟时间。

"且$_1$""方且$_2$"

时间副词"且"表示在某一时间参照点之后要发生的动作行为，可译为"将、将要"等。例如：

（1）乃下令曰："明日且攻亭，有能先登者，仕之国大夫。"（《韩非子·内储说上》）

（2）庆封谓崔杼曰："且留，吾将兴甲以杀之。"（《吕氏春秋·慎行》）

（3）而彼且奚适也？（《庄子·逍遥游》）

（4）邦且亡，恶圣人之谋。（《上博楚简五·三德》）

（5）我命固且穷。（《墨子·非命中》）

（6）甲谋遣乙盗，一日，乙且往盗，未到，得，皆赎黥。（《睡虎地秦简·法律答问》）

（7）一人蛇先成，引酒且饮之，乃左手持卮，右手画蛇，曰：吾能为之足。（《战国策·齐二》）

（8）今吾尚病，病愈，我且往见。（《孟子·滕文公上》）

（9）郤宛曰："我，贱人也，不足以辱令尹。令尹必来辱，我且何以给待之？"（《吕氏春秋·慎行》）

（10）公负令秦与强齐战。战胜，秦且收齐而封之，使无多割，不胜，国大伤，不得不听秦。（《战国策·东周》）

时间副词"且"与"将"相同，表示将来要发生的事情，可以当前时间为参照，也可以过去或将来的某一个时间为参照。当"且"以说话时间为基点时，使用较为自由，可以有表示将来的时间标记，如例（1）中的时间名词"明日"，也可无标记，如例（2）—（5）。当"且"以过去或将来时间为基点表示将来要发生的动作行为时，使用是不自由的，是有条件用法，需要加标记。如例（6）（7）"且"分句后面都有表示其他动作已经完成或发生的分句，例（6）"且"前还有表示过去的时间名词"一日"。例（8）—（10）"且"以将来时间为参照，例（8）"且"分句前有动词短语"病愈"表示将来时间，即病愈之后将要实施的动作行为。例（9）（10）"且"分句前都有假设句，假设将来在某种情况或条件下将要出现的情况或事实。

（11）彼方且与造物者为人，而游乎天地之一气。（《庄子·大宗师》）

（12）周公方且膺之，子是之学，亦为不善变矣。（《孟子·滕文公上》）

例（11）（12）时间副词"方且"都表示在未来将要发生的动作行为，例（11）以说话时间为参照，例（12）以过去时间为参照。

"其"

时间副词"其"表示某一参照之间之后将要发生的事情，可译为"将"等。例如：

（1）公问于众仲曰："卫州吁其成乎？"（《左传·隐公四年》）

（2）武王使人侯殷，反报岐周曰："殷其乱矣。"（《吕氏春秋·贵因》）

（3）对曰："若以君之灵，得反晋国，晋、楚治兵，遇于中原，其辟君三舍。"（《左传·僖公二十三年》）

（4）子产而死，谁其嗣之？（《左传·襄公三十年》）

（5）王执其手，曰："子毋勤。姑归，不谷有事，其告子也。"（《左传·昭公十三年》）

例（1）（2）表示以说话时间为参照将要发生的事，用法较为自由，不需要出现表示时间的词语。如果以将来时间为参照，表示在此时间之后将发生的动作行为，一般需要加表示将来时间的标记，常常是"其"分句前有表示假设的分句，如例（3）—（5）。

"立"

时间副词"立"意为"立刻""马上"，表示动作行为在短时间内即将进行或发生，多用于表示将来可能发生的情况或假设发生的情况。例如：

(1) 家室立残，亲戚不免乎刑戮。（《荀子·荣辱》）
(2) 时怨急，剑坚，故不可立拔。（《战国策·燕三》）
(3) 得赵人徐夫人之匕首，取之百金，使工以药淬之，以试人，血汝缕，人无不立死者。（《战国策·燕三》）
(4) 秦、韩为一国，魏之亡可立须也。（《战国策·魏一》）
(5) 若唯郑叛，晋国之忧，可立俟也。（《左传·成公十六年》）
(6) 家无怒答，则竖子婴儿之有过也立见；国无刑罚，则百姓之悟相侵也立见；天下无诛伐，则诸侯之相暴也立见。（《吕氏春秋·荡兵》）

时间副词"立"主要是表示未然之事，如果以说话时间为参照点，表示不久的将来或很快就会发生的动作行为，这是"立"的无条件用法。如例（1）。如果以过去时间为参照，表示在这个时间之后很快会发生的动作行为，是"立"的有条件用法，需要添加一定的时间标记，如例（2）句首有表过去的时间词语"时"，例（3）"立"表示的动作前有表示其他动作行为已经发生的句子。例（4）—（6）以虚拟的将来时间为参照，表示该时间后很快会发生的事情，也是有条件用法，"立"分句前有假设分句表示条件，"立"表示具备该条件之后马上要出现或发生的事情。

"即"

"即"，可译为"立刻""就"等，表示某一动作行为在短时间内就会实施或者马上就会发生的事情。例如：

第五章 战国时代时间副词

（1）公知之，告皇野曰："余长魋也，今将祸余，请即救。"（《左传·哀公十四年》）

（2）以腊日，令女子之市买牛脬，市酒。过街，即行拜。（《周家台秦简·病方及其它》）

（3）蒲城之役，君命一宿，女即至。（《左传·僖公二十四年》）

（4）某里公士甲自告曰："以五月晦与同里士伍丙盗某里士伍丁千钱，毋它坐，来自告，告丙。"即令令史某往执丙。（《睡虎地秦简·封诊式》）

（5）知武子使行人子员对之曰："君有楚命，亦不使一介行李告于寡君，而即安于楚。"（《左传·襄公八年》）

例（1）（2）"即"都以说话时间为参照，表示建议对方很快实施某一动作行为，例（1）"即"与前分句的"将"对照使用，例（2）无时间标记。这是"即"的无条件用法。例（3）（4）（5）以过去时间为基点，表示短时间内很快实施的动作行为。这是"即"的有条件用法，一般在前有表示另一动作行为已然发生的分句。

"乃"

"乃"可译为"就""于是"，表示某一动作行为某一时间点之后发生。例如：

（1）既，乃与巴姬密埋璧于大室之庭，使五人齐，而长入拜。（《左传·昭公十三年》）

（2）伊尹既已受命，乃执兵禁暴，兼得于民。（《上博楚简二·容成氏》）

（3）先赋募马，马备，乃粼从军者，到军课之。（《睡虎地秦简·秦律杂抄》）

（4）楚之南有炎人国者，其亲戚死朽其肉而弃之，然后埋其骨，乃成为孝子。（《墨子·节葬下》）

（5）置垣瓦下，置牛上，乃以所操瓦盖之，坚埋之。（《周家台秦简·病方及其它》）

（6）公曰："善。"乃召其堂下而谯之，果然，乃诛之。（《韩非

193

子·内储说下》)

(7) 诊必先谨审视其迹，当独抵死（尸）所，即视索终，终所党有通迹，乃视舌出不出，头足去终所及地各几可（何），遗矢弱（溺）不殹（也）？乃解索，视口鼻湣（嚊）然不殹（也）？乃视索迹郁之状。(《睡虎地秦简·封诊式》)

例(1)时间副词"乃"在另一表示时间的动词"既"之后，表示时间顺承关系很明显。例(2)—(4)"乃"与前分句中的时间副词"既""已""先""然后"对照，表示时间顺承关系。例(5)—(7)各个分句中没有明显表时间的词语，但各个分句表示在时间上相继发生的动作行为，"乃"以动作发生的时间为参照。副词"乃"主要以过去时间为参照，用于过去式中，如例(1)—(6)。也可以将来时间为参照，用于虚拟句中，如例(7)。

"遂"

"遂"可译为"就""于是"，表示某一动作行为某一时间点之后发生。例如：

(1) 公既视朔，遂登观台以望。(《左传·僖公五年》)

(2) 功已成，遂以车裂。(《战国策·秦三》)

(3) 三日，丛往求之，遂弗归。(《战国策·秦三》)

(4) 孔子对曰："俎豆之事，则尝闻之矣；军旅之事，未之学也。"明日遂行。(《论语·卫灵公》)

(5) 子之兄弟事之数十年，师死而遂倍之。(《孟子·滕文公上》)

例(1)(2)时间副词"遂"与前分句中的时间副词"既""已"对照，表示后时时间关系。例(3)(4)句首有表示时间的名词，例(5)动词短语"师死"表示时间参照，"遂"表示该时间之后发生的行为。"遂"主要表示过去时，未见表示现在时或将来时的例子。

"后""而后""然后"

时间副词"后"可译为"以后""后来"等，表示动作行为发生在某

第五章　战国时代时间副词

一时间参照点之后，常常用在复句的后一分句。例如：

(1) 任人为丞，丞已免，后为令。(《睡虎地秦简·法律答问》)
(2) 甲杀人，不觉，今甲病死已葬，人乃后告甲。(《睡虎地秦简·法律答问》)
(3) 群臣闻见者毕贺，陈轸后见，独不贺。(《战国策·秦二》)
(4) 占得利、货、财，必后失之。(《周家台秦简·日书》)
(5) 则草木早枯，后乃大水。(《吕氏春秋·孟夏》)
(6) 偷取一时，后必无复。(《韩非子·难一》)

以上例（1）—（3）时间副词"后"用于过去时，以过去时间为参照，表示在该参照点之后发生的行为，一般在"后"分句前后有表示其他动作已经发生或完成的分句。例（4）—（6）以说话时间为参照，表示之后将要发生的事情，一般句中有表示主观判断的"必"或用于假设句中。

(7) 于是乎天下始乔诘卓鸷，而后有盗跖、曾、史之行。(《庄子·在宥》)
(8) 惠王死，而后王夺之。(《战国策·楚四》)
(9) 匍匐往将食之，三咽，然后耳有闻，目有见。(《孟子·滕文公下》)
(10) 仲尼观之，曰："麟也。"然后取之。(《左传·哀公十四年》)
(11) 家必自毁，而后人毁之；国必自伐，而后人伐之。(《孟子·离娄上》)
(12) 故礼恭，而后可与言道之方；辞顺，而后可与言道之理；色从而后可与言道之致。(《荀子·劝学》)
(13) 马体安于车，人心调于马，而后可以进速致远。(《韩非子·喻老》)
(14) 财利至，则善而不及也，必将尽辞让之义，然后受。(《荀子·仲尼》)
(15) 大王不如先行王服，然后图齐、楚。(《战国策·齐五》)

以上例（7）—（10）时间副词"而后""然后"用于过去时，以过去时间为参照，表示在该参照点之后发生的行为，一般在"而后""然后"分句前后有表示其他动作已经发生或完成的分句。例（11）—（15）"而后""然后"用于将来时，表示在将来某一参照时间之后发生的事情，如例（11）"而后"修饰的动作行为"人毁之"发生在"家必自毁"之后。一般句中有表示主观判断的"必""必将""可""可以"或用于祈使句中。

后时时间副词中表示将来的"将、且"等以修饰动词为主，也可以修饰形容词；表示立即、马上或及早、趁早的"即、立、亟、趣、早"等一般修饰动词，较少修饰形容词。在句法位置上，时间副词既可以直接修饰动词，副词和动词之间也可以插入其他副词或介词短语等，句法位置较为灵活。

第三节 时段时间副词

根据在一定时轴上所占据的时间长度，可以把时段时间副词分为长时时间副词和短时时间副词两类。

一 长时时间副词

战国文献中表长时的时间副词都是既可以说话时间为参照，表示现在时，也可以过去或将来时间为参照，表示过去时或将来时，因此都是相对长时副词。根据具体语义，表长时的时间副词又可以分为表永远、表始终、表久长、表延续等四个小类。

1. 表永远，主要有"永""素"等，"永"表示"永远"，"素"表示"素来，一向"。例如：

(1) 四海困穷，天禄永终。（《论语·尧曰》）
(2) 其众素饱，不可谓老。（《左传·僖公二十八年》）
(3) 武王之诛纣也，非以甲子之朝而后胜之也，皆前行素修也，所谓仁义之兵也。（《荀子·议兵》）

时间副词"永""素"在战国文献中很少见,例(1)(2)"永""素"用于现在时,例(3)"素"用于过去时。

2. 表始终,表示动作行为自某一时间参照点以来一直如此,没有变化。主要有"终_3"。例如:

(1) 故官无常贵,而民无终贱。(《墨子·尚贤上》)
(2) 君子进不败其志,内究其情,虽杂庸民,终无怨心,彼有自信者也。(《墨子·亲士》)
(3) 非徒万物酌之也,又损其生以资天下之人,而终不自知。(《吕氏春秋·情欲》)
(4) 叶公终不正视。(《左传·定公五年》)
(5) 公冶致其邑于季氏,而终不入焉。(《左传·襄公二十九年》)
(6) 吾非偷晋而有二心,将终事之,是以弗与,忠信故也。(《左传·昭公十六年》)

例(1)—(3)"终"都以当前时间为参照,表示现在时;例(4)(5)以过去时间为参照,表示自过去某一时间以来,某一动作行为始终不变。例(6)表示将来时,表示在将来始终发生或实施的动作行为。

3. 表久长,表示某种情况长久地存在,主要有"长""常"等,可译为"长久地、常常"等。例如:

(1) 成汤监于夏桀,故主其心而慎治之,是以能长用伊尹。(《荀子·解蔽》)
(2) 中涓二人,夹散门内坐,门常闭,铺食更,中涓一长者。(《墨子·号令》)
(3) 故官无常贵,而民无终贱。(《墨子·尚贤上》)
(4) 子见王,常掩鼻,则王长幸子矣。(《韩非子·内储说下》)
(5) 吾非至于子之门则殆矣,吾长见笑于大方之家。(《庄子·秋水》)
(6) 如是则常不失陷矣。(《荀子·不苟》)

(7) 百吏畏法循绳，然后国常不乱。(《荀子·王霸》)

(8) 公不如令楚贺君之孝，则君不夺太后之事矣，则公常用宋矣。(《战国策·宋卫》)

例（1）（2）用于过去时，以过去时间为参照，表示过去某段时期某种情况长期不变。例（3）用于现在时，以说话时间为参照。例（4）—(8)都用于将来时，表示一种虚拟情况，表示在某种条件下才能长期存在的情况。这是"长""常"的有条件用法，一般"常""长"分句前有假设分句。时间副词"常""长"在战国早中期的文献中，如《左传》《论语》《孟子》中没有出现，《墨子》《庄子》中较为少见，战国晚期用法才开始增多。

4. 表延续，表示动作继续进行或某一状态依然保持，没有发生变化，意为"仍然""还"等。主要有"尚""犹"。例如：

(1) 能一尽其民力，破国杀身者，尚皆贤主也。(《韩非子·说疑》)

(2) 以不惑解惑，复于不惑，是尚大不惑。(《庄子·徐无鬼》)

(3) 一薰一莸，十年尚犹有臭。(《左传·僖公四年》)

(4) 秦乃在河西，晋国之去大梁也尚千里，而祸若是矣。(《战国策·魏三》)

(5) 纣母之生微子启与中衍也尚为妾，已而为妻而生纣。(《吕氏春秋·当务》)

(6) 人又曰：曾参杀人。其母尚织自若也。顷之，一人又告之曰：曾参杀人。其母惧，投杼逾墙而走。(《战国策·秦二》)

(7) 禾粟虽败而尚可食也，程之，以其耗石数论负之。(《睡虎地秦简·秦律十八种》)

例（1）—（4）时间副词"尚"表示现在时，以说话时间为参照，表示到现在为止过去存在或发生的某种情况仍然持续，这种是无条件用法，无需加时间标记。例（5）（6）以过去时间为参照，表示到过去某时间为止动作行为或状况依然持续，是有条件用法，需加表过去的时间标志，如例（5）（6）"尚"分句后都有表示动作发生变化的其他分句，还有表示时间变化的"已而""顷之"等词语。例（7）是法律条文，"尚"用于假设句中，表示虚拟条件下持续存在的状况，也是有条件用法，"尚"分句后有表示另一动作行为的分句。

（8）曰："若是其大乎？"曰："民犹以为小也。"（《孟子·梁惠王下》）

（9）二，吾犹不足，如之何其彻也？（《论语·颜渊》）

（10）今楚国虽小，绝长续短，犹以数千里，岂特百里哉？（《战国策·楚四》）

（11）禹之法犹存，而夏不世王。（《荀子·君道》）

（12）昔者臣尽力竭智，犹未足以知之也。（《吕氏春秋·贵公》）

（13）臣之壮也，犹不如人，今老矣，无能为也已。（《左传·僖公三十年》）

（14）若以此若三国者观之，则亦犹薄矣。若以中国之君子观之，则亦犹厚矣。（《墨子·节葬下》）

例（8）—（11）时间副词"犹"以说话时间为参照，表示到现在为止过去存在或发生的某种情况仍然持续。例（12）（13）以过去时间为参照，表过去时，表示到过去某时间为止动作行为或状况依然持续，需加表过去的时间标志，如例（12）（13）中的"昔者""臣之壮也"。例（14）以将来时间为参照，"犹"表示虚拟条件下某种情况持续存在，也是有条件用法，如"犹"分句前有假设分句。

二 短时时间副词

战国文献中表短时的时间副词可以分为两类，一类是只能以说话时间为参照时间的，即绝对短时副词，如表暂且的"姑""且""聊"等。另一类是既可以说话时间为参照，也可以说话时间之外的另一时间为参照，既相对短时副词，如"俄""俄而""卒"等。

1. 绝对短时

主要有表暂且的"姑""且""聊"，可译为"姑且、暂且"等。例如：

战国时代副词研究

(1) 公曰:"多行不义,必自毙,子姑待之。"(《左传·隐公元年》)

(2) 筋数行,曰:"姑求肉乎?"(《吕氏春秋·当务》)

(3) 子墨子曰:"姑学乎,吾将仕子。"(《墨子·公孟》)

(4) 而无庸致兵,姑待以耕,以观奉阳君之应足下也。(《战国策·赵四》)

(5) 孟子曰:"……不直,则道不见;我且直之。"(《孟子·滕文公上》)

(6) 寡人之使骑劫代将军者,为将军久暴露于外,故召将军且休计事。(《战国策·燕二》)

(7) 且留,吾将兴甲以杀之。(《吕氏春秋·慎行》)

(8) 虞卿曰:"王聊听臣,发使出重宝以附楚、魏。"(《战国策·赵三》)

(9) 寡人之使吾子处此,不唯许国之为,亦聊以固吾圉也。(《左传·隐公十一年》)

以上例子中的"姑""且""聊"都用于对话中。战国文献中表暂且的时间副词"姑""且"一般用于将来时,以说话时间为基点,表示从现在开始短时间内发生或存在的动作行为或情况。这和现代汉语中表暂且的"暂、暂且、姑且、且"等不同,据陆俭明、马真,现代汉语中表暂且的"暂"等也能用于过去时中,即可表示以过去时间为参照暂时发生或存在的情况[①]。

2. 相对短时

可以分为两小类,一类是表短时的"俄、俄而、俄则、少顷、有顷、既而、已而"等,可译为"不久、一会儿"等。例如:

(1) 乃命鼓,俄升。(《墨子·迎敌祠》)

(2) 夫桀纣,圣王之后子孙也,……俄而天下偶然举去桀纣而奔

[①] 陆俭明、马真:《关于时间副词》,载陆俭明、马真《现代汉语虚词散论》,语文出版社1999年版,第118页。

第五章 战国时代时间副词

汤武,反然举恶桀纣而贵汤武。(《荀子·强国》)

(3) 故有社稷者,莫不欲强,俄则弱矣;莫不欲安,俄则危矣;莫不欲存,俄则亡矣。(《荀子·君道》)

(4) 少顷,东郭牙至。(《吕氏春秋·重言》)

(5) 有顷,闻齐将伐鲁。(《墨子·非儒下》)

(6) 有荷蒉而过孔氏之门者,曰:"有心哉,击磬乎!"既而曰:"鄙哉,硁硁乎!"(《论语·宪问》)

(7) 楚成王以商臣为太子,既而又欲置公子职。(《韩非子·内储说下》)

(8) 始郑、梁一国也,已而别,今愿复得郑而合之梁。(《韩非子·内储说上》)

以上例(1)—(6)中的时间副词"俄"等都用于过去时,以过去时间为参照;例(7)(8)时间副词"俄则、少顷"用于现在时,表示以说话时间为参照,很快就会发生的动作行为。

另一类是表突然的"卒""卒然""骤""倏忽",可译为"突然""猛然"等。例如:

(1) 以故荆轲逐秦王,而卒惶急无以击轲,而乃以手共搏之。(《战国策·燕三》)

(2) 群臣惊愕,卒起不意,尽失其度。(《战国策·燕三》)

(3) 其一人居东郭,其一人居西郭,卒然相遇于途曰:"姑相饮乎?"觞数行,曰:"姑求肉乎?"(《吕氏春秋·当务》)

(4) 今赵王自郊迎,卒然见赵王,臣愿君之忘之也。(《战国策·魏四》)

(5) 卒有寇难之事,又望百姓之为己死,不可得也。(《荀子·王霸》)

(6) 夫从人者,饰辩虚辞,高主之节行,言其利而不言其害,卒有楚祸,无及为已。(《战国策·楚一》)

(7) 卒然起一方,则举统类而应之,无所儗作。(《荀子·儒效》)

201

(8) 虢公骄，若骤得胜于我，必弃其民。(《左传·庄公二十七年》)

(9) 怯勇无常，倏忽往来，而莫知其方。(《吕氏春秋·决胜》)

(10) 故至神逍遥倏忽而不见其容。(《吕氏春秋·君守》)

例（1）—（4）"卒""卒然"都表示过去时，以过去时间为参照，这是"卒""卒然"的有条件用法，一般要在"卒""卒然"分句后有表示另一动作已经发生的分句。例（5）—（7）"卒""卒然"表将来时，以将来时间为参照，也要加标记，如"卒""卒然"都在虚拟分句或假设分句中，后面都有结果分句。例（8）时间副词"骤"也表将来时，"骤"分句有表假设的连词"若"。例（9）（10）时间副词"倏忽"以说话时间为参照表示突然发生的动作行为。

表长时的时间副词都以修饰动词为主，偶尔可以修饰形容词，表延续的"尚"还可以修饰数量短语。表短时的时间副词以修饰动词为主。

第四节　战国时间副词与现代汉语时间副词的比较

战国时代时间副词无论是表示时点还是表示时段的，都可以分为绝对时间副词和相对时间副词两种。陆俭明、马真把时间副词分为定时时间副词和不定时时间副词两大类，并列出了不定时时间副词如"曾经、曾、早日、终于"等27个，定时时间副词如"已经、已、将要、正"等104个。这里定时时间副词实质上是绝对时间副词，即只能以说话时间为参照；不定时时间副词即相对时间副词，既可以说话时间为参照，也可以另一时间为参照。

对比战国时间副词与陆俭明、马真列出的现代汉语时间副词，可以发现以下一些特点和规律。

第一，古今汉语中绝对时间副词（定时时间副词）都很少，而相对时间副词（不定时时间副词）都占绝大多数。

第二，虽然古今汉语的一些时间副词发生词语替换，如"曾"代替"尝"，"早日、趁早"代替"早$_2$"，"终归、终将"代替"终$_2$"等，但这些时间副词的基本义和绝对、相对的性质没有变。战国文献和现代汉语中，先时副词中表"曾经"义，后时副词中表"早日、趁早"义、"终将"义的时间副词都是绝对时间副词。

第三，战国文献和现代汉语中，表示已然的"已、既已、既"（即现代汉语中的"已、已经"等）、"新、始₂、才"（"刚、刚刚、才"等），表示未然的"将、且"（"将要、即将"等）、"立、即"（"立刻、立即、马上"等），表示进行的"方、方将、方且"（"正、正在"等），表示突发的"卒、卒然、骤"（"忽然、骤然"等），表示延续的"尚、犹"（"还、仍然"等），表示先后的"先、而后、然后"等都是相对时间副词。

看来，时间副词不仅区分绝对和相对，而且古今是一致的。这种相同的原因不仅仅是语言的继承关系，更可能是由于语义因素。陆俭明、马真说："定时时间副词重在时，不在态。""不定时时间副词重在态，不在时。"① 定时时间副词，如"尝""曾"，即本文中的绝对时间副词，语义特征为［＋过去］［＋完成］，在表示动作已然完成、结束的同时还残留有过去的时间涵义，意义尚未完全虚化，因此重在"时"；而不定时时间副词，如"已""既"等语义特征为［＋完成］，只表示动作的完成状态，不包含"过去"的时间义，意义已经完全虚化，因此重在"态"。同理，表示"起初、开始"义的"始₁""初"，表示及早义的"早₁"都还残留［＋过去］的时间义，因此只能表示过去的事，不能用于表示将来的事，是绝对先时副词。而表示"刚刚""才始"义的"始₂"则主要表已然态，已经完全褪去了过去的时间义，因此可以用于说将来之事，是相对先时副词。

学术界普遍认为，大多数副词由实词虚化而来。如黄珊认为时间副词"早（早点、尽早）、立（立即、马上）、尝（曾经）"是由名词或动词虚化而来②。可以认为，绝对时间副词语义中仍保留有原词汇义，虚化不彻底，因此用法单一，只能以说话时间为参照表示过去或未来之事，即表示先时的只能表示过去之事，而表示后时的只能表示将来之事。而相对时间副词语义中没有原词汇义，虚化彻底，因此使用广泛，既能以说话时间为

---

① 陆俭明、马真：《关于时间副词》，载陆俭明、马真《现代汉语虚词散论》，语文出版社1999年版，第103页。

② 黄珊：《古汉语副词的来源》，《中国语文》1996年第3期。

参照，也可以另一时间为参照表示过去或未来之事。即表示先时的也可以表示将来之事，而表示后时的也可以表示过去之事。张谊生也说："无定时体副词的虚化程度要比有定时体副词高，所积淀的原词汇义也更少，所受的句法限制则更严。"① 这里无定时体副词指本文中的相对时间副词，有定时体副词指绝对时间副词。

　　由上可知，战国时代大多数绝对时间副词和相对时间副词发展到现代汉语中，词语发生了替换或单音节词变成双音节词，但其绝对、相对的性质没有变化。那么，绝对时间副词和相对时间副词可以发生转变吗？由于相对时间副词虚化程度要高于绝对时间副词，因此，虚化路径只能是由绝对时间副词向相对时间副词转化。如战国文献中表示"终于"义的"终₁"是绝对先时副词，陆俭明、马真认为现代汉语中的"终于"是定时时间副词②，但杨荣祥、李少华认为"终于"是相对先时副词③。我们同意杨、李的看法。这说明"终"，由绝对先的副词发展成为相对先时副词。又如表暂且的"姑、且、聊"等在战国文献中几乎全用于对话，只能用于将来时，是绝对短时副词，而据陆俭明、马真，表暂且的"暂、且、姑"等在现代汉语中已发展为不定时时间副词，既可用于将来时，也可用于过去时④。这说明绝对时间副词可能会发展为相对时间副词。

　　相对时间副词虚化程度更高，使用范围更广，而绝对时间副词使用范围较窄，这可能是相对时间副词数量远远多于绝对时间副词的原因。此外，语义相同的时间副词，相对时间副词更可能生存下来。如表立即、马上义的"亟、趣、辄"等绝对后时副词在现代汉语中已经消失，而"亟（立即、马上）"等在战国文献中出现频率并不低，如"亟（立即、马上）"出现50次，都只能以说话时间为参照表示将来之事。而同样表立即、马上义的"立、即"等虽然出现频率不高，如"立"仅9例，"即"5例，但由于"立、即"既可用于过去时，又可用于将来时，使用范围更广泛，是相对后时副词，因此一直延续到现代汉语中。

---

　　① 张谊生：《现代汉语副词探索》，学林出版社2004年版，第176页。
　　② 陆俭明、马真：《关于时间副词》，载陆俭明、马真《现代汉语虚词散论》，语文出版社1999年版，第101页。
　　③ 杨荣祥、李少华：《再论时间副词的分类》，《世界汉语教学》2014年第4期。
　　④ 陆俭明、马真：《关于时间副词》，载陆俭明、马真《现代汉语虚词散论》，语文出版社1999年版，第119页。

第五章 战国时代时间副词

小 结

时间副词是主要表示时制的副词（时体包含在时制中），表示动作发生相对于时间参照点的时间关系，一般只能作状语。首先依据在一定时轴上表示的是时间点（或时间相对位置）还是时间段，把时间副词分为时点和时段两个大类。再根据表示动作发生相对于时间参照点的时间关系，即"先时、后时或同时关系"这个标准把时点副词分为先时时间副词、同时时间副词和后时时间副词三个次类。根据表示的时间长度，把时段时间副词分为长时和短时两个次类。每一次类下面再根据是否以说话时间为参照分为绝对和相对两小类。

"尝（常）、曾、比、初"等词基本上都以当前时间为参照来表示先时关系的，是绝对先时副词。"既、既已（以）、已（以）、新"等既可以以说话时间为参照时间，也可以以过去时间或未来时间为参照表示先时关系，是相对先时副词。同时时间副词主要有"方$_2$""方将$_1$""方且$_1$"等，同时副词都是相对同时副词。"方$_3$、方将$_2$、亟、趣"等是绝对后时副词；"将、且$_1$、方且$_2$、其、立、即"等是相对后时副词。

表长时的时间副词如"永""素"等都是相对时间副词。表短时的时间副词可以分为两类，一类是绝对短时副词，如表暂且的"姑""且"等；另一类是相对短时副词，如"俄""既而"等。

时间副词一般以修饰动词为主，既可以修饰动作变化类动态动词，也可以修饰状态类静态动词。一些使用频率较高的时间副词如"已（以）、既、即已（以）、尝（常）、将、且、方"等还可以修饰形容词。时间副词既可以直接修饰动词，副词和动词之间也可以插入其他副词或介词短语等，句法位置较为灵活。

对比战国时间副词与现代汉语时间副词，可以发现时间副词的特点和规律。如古今汉语中绝对时间副词（定时时间副词）都很少，而相对时间副词（不定时时间副词）都占绝大多数。虽然古今汉语的一些时间副词发生词语替换，如"曾"代替"尝"，但这些时间副词的基本义和绝对、相对的性质没有变。

时间副词应该也是由实词虚化而来。绝对时间副词语义中仍残存有原词汇义，虚化不彻底，因此用法单一，只能以说话时间为参照表示过去或未来之事。而相对时间副词语义中没有原词汇义，虚化彻底，因此使用广泛，既能以说话时间为参照，也可以另一时间为参照表示过去或未来之事。绝对时间副词可以发展为相对时间副词。

第六章　战国时代频率副词

战国时代的频率副词可分为三类：表示重复、表示多次、表示经常。频率副词以修饰动词谓语为主，较少修饰形容词。战国时代主要的频率副词是"又（有）"和"复"，"又（有）"主要表示已然的重复，"复"主要表示未然的重复。

第一节　频率副词概述

频率副词表示动作行为发生的频率。目前学术界或把频率副词归入时间副词，如杨伯峻、何乐士[1]、张玉金[2]、张谊生[3]、李泉等[4]；或归入情状方式副词，如唐贤清[5]、殷国光等[6]；或把频率副词单列，如杨荣祥[7]、黄珊等[8]。本书考察副词的小类，都是从狭义的定义出发，以揭示副词小类内部相对一致的语义特征及语法功能。而频率副词无论在语义还是句法特征上都与时间副词、情状方式副词有较大的区别，因此我们主张单列。战国时代频率副词根据具体语义可分为三类：表示重复，如"又（有、或）、复、更、亦"等；表示多次，如"比、骤、数、屡、亟"等。表示

---

[1] 杨伯峻、何乐士：《古汉语语法及其发展》，语文出版社2001年版，第256—268，第263—264页。
[2] 张玉金：《古代汉语语法学》，广东高教出版社2010年版，第31页。
[3] 张谊生：《现代汉语副词探索》，学林出版社2004年版，第171页。
[4] 李泉：《副词和副词的再分类》，载胡明扬主编《词类问题考察》，北京语言文化大学出版社1996年版，第375页。
[5] 唐贤清：《〈朱子语类〉副词研究》，湖南人民出版社2004年版，第89页。
[6] 殷国光：《〈吕氏春秋〉词类研究》，商务印书馆2008年版，第321页。
[7] 杨荣祥：《近代汉语副词研究》，商务印书馆2005年版，第63页。
[8] 黄珊：《〈荀子〉虚词研究》，河南大学出版社2005年版，第58页。

经常，如"每、每每、常、常常、恒、总、时、时时"等。

（一）表示重复

主要有"又（有）、复、更、亦"等，可译为"又""再""也"等。例如：

(1) 四月，郑祭足帅师取温之麦。秋，又取成周之禾。（《左传·隐公三年》）

(2) 丙失火，有（又）公（火）起。（《睡虎地秦简·日书乙种》）

(3) 阴则或（又）阴，阳则或（又）阳。（《上博楚简六·用曰》）

(4) 世子自楚反，复见孟子。（《孟子·滕文公上》）

(5) 亟去走归，无复言之！（《庄子·盗跖》）

(6) 馀之索而更为发户。（《睡虎地秦简·秦律十八种》）

(7) 寡人托国于子，安更得贤相？（《韩非子·外储说右上》）

(8) 师旷曰："不调，请更铸之。"（《吕氏春秋·长见》）

(9) 巧言、令色、足恭，左丘明耻之，丘亦耻之。（《论语·公冶长》）

(10) 乐民之乐者，民亦乐其乐；忧民之忧者，民亦忧其忧。（《孟子·梁惠王下》）

"又（有）"表示相同动作活动的重复或反复发生，主要表示已然的重复，如例（1）—（3）。"复"既可以表示已然的重复，如例（4），又可以表示未然的重复，如例（5）。"更"主要表示未然的重复，如例（6）—（8）。"亦"也是既可以表示已然的重复，如例（9），也可以表示未然的重复，如例（10）。除"亦"可以修饰形容词谓语、名词性谓语外，"又（有）"等主要修饰动词谓语。

（二）表示多次

主要有"亟、骤、数、屡、比、再三"等，"亟、骤、数、屡"可译为"多次、屡次、屡屡"等，"比"可译为"连续"。例如：

(1) 好从事而亟失时，可谓知乎？（《论语·阳货》）

(2) 是以君王无羞亟问，不愧下学。(《战国策·齐四》)

(3) 骤夺民时，天饥必来。(《上博楚简五·三德》)

(4) 骤战而骤胜，国家之福也，其独以亡，何故？(《吕氏春秋·适威》)

(5) 吾骤歌北风，又歌南风。(《左传·襄公十八年》)

(6) 民生为甚欲，死为甚憎，所欲不得而所憎屡至，自古及今未有尝能有以此王天下、正诸侯者也。(《墨子·尚贤中》)

(7) 是故威服刑罚之屡行也，由上之弗身也。(《郭店楚简·成之闻之》)

(8) 有物于此，蠢蠢兮其状，屡化如神，功被天下。(《荀子·赋篇》)

(9) 爰书：以某数更言，毋（无）解辞，笞讯某。(《睡虎地秦简·封诊式》)

(10) 吾不如大国之数奔也。(《左传·宣公十二年》)

(11) 吾生乎乱世，而无道之人再来漫我以其辱行，吾不忍数闻也！(《庄子·让王》)

(12) 自是日以往，比五六日，皆敝邑之期也。(《上博楚简七·吴命》)

(13) 省殿，赀工师一甲，丞及曹长一盾，徒络组廿给。省三岁比殿，赀工师二甲。(《睡虎地秦简·秦律杂抄》)

(14) 及内子与母弟叔孙，则不对。再三问，不对。(《左传·昭公二十五年》)

频率副词"亟"等主要修饰动词谓语，"比"可修饰数量词语。"亟""数"可用于短语组合中，如例（2）（10）（11）等。战国文献中常用的表示多次的频率副词主要有"亟、数"，"骤、屡"不多见，"比、再三"较为少见。

(三) 表示经常

主要有"每、每每、常、常常、恒、总、时、时时"等，表示动作行为频繁、经常发生，可译为"每次""经常""总是""按时""时时"等。例如：

(1) 于是新人从之，每见王，常掩鼻。(《韩非子·内储说下》)

(2) 夏侯章每言，未尝不毁孟尝君也。(《战国策·齐三》)

(3) 故天下每每大乱，罪在于好知。(《庄子·胠箧》)

(4) 荣者常通，辱者常穷；通者常制人，穷者常制于人。(《荀子·荣辱》)

(5) 夫李子之相似者，其母常识之。(《吕氏春秋·疑似》)

(6) 虽然，欲常常而见之，故源源而来。(《孟子·万章下》)

(7) 子思曰："恒称其君之恶者，可胃忠臣矣。"(《郭店楚简·鲁穆公问子思》)

(8) 存亡之道，恒由是兴。(《左传·昭公十三年》)

(9) 寒气总至，民力不堪。(《吕氏春秋·季秋》)

(10) 季春行冬令，则寒气时发，草木皆肃。(《吕氏春秋·季春》)

(11) 必时素诚之。(《墨子·号令》)

(12) 数月之后，时时而间进。(《战国策·齐一》)

表示经常的频率副词如"每、常、恒"等都不太常见，"每每""常常""时时""总"在战国文献中各仅1例。频率副词以修饰动词谓语为主，较少修饰形容词，一般不修饰句子。

第二节　从出土战国文献看频率副词"又"和"复"的区别

李宗江的《汉语重复副词的演变》一文专门讨论"又"和"复"，认为汉语上古时期的重复副词主要有两个，即"又"和"复"。汉语上古时期"又"的用法与现在基本相同。"复"既可用于已然，也可用于未然。"复"在叙事性作品如史书中多用于已然，在语体文中主要用于未然[1]。李宗江对"又"和"复"的讨论只用到了传世文献，并没有利用近年来整理发表的数量庞大的出土文献，出土文献中"又"和"复"的区别是否也像

---

[1] 李宗江：《汉语重复副词的演变》，载《汉语史研究集刊（第5辑）》，巴蜀书社2002年版，第13页。

传世文献中那样呢？本书以出土战国文献为主要语料，考察频率副词"又"和"复"的用法及区别。

一　出现频率

出土战国文献中的"又（有）"可以分为两大类：表示重复的频率副词和表示并存、递进和转折的关联副词。副词"又（有）"在战国玉石文字中写作"又"，战国秦简中主要写作"有"。战国楚简或战国金文中主要写作"或"，《经传释词》卷三："或，犹'有'也。"① 杨伯峻的《古汉语虚词》说："'有'本从'又'声，所以又借为'又'，'有'和'或'古声纽相同，古韵部相通（平入对转），所以又借为'或'。"② "又（有、或）"作为频率副词与关联副词的主要区别是：频率副词"又（有）"的前项（或省略的前项）所表示的动作状态与"又（有）"所修饰的动作状态有明显的时间先后关系；而关联副词"又（有）"所修饰的动作状态与其前项所包含的动作状态一般没有时间先后关系，而只有逻辑上的联系。

出土战国文献中频率副词"又（有、或）"主要表示动作行为或性质状态的重复，共56例，全部表示已然的重复。考查范围内未发现"又（有）"表示未然的重复的例子。同时代传世文献中的情况怎样呢？李宗江认为上古汉语中"又"主要是表已然的重复，但偶尔也可以表示未然的重复③，并举以下例子：

（1）与我同壤，而世为仇雠，於是乎克而弗取，将又存之，违天而长寇雠，后虽悔之，不可食已。（《左传·哀公元年》）

（2）赵成子言於诸大夫曰："秦师又至，将必辟之。惧而增德，不可挡也。"（《左传·文公二年》）

据张国艳的《居延汉简的频率副词》一文，时代较后的居延汉简中的

---

① （清）王引之撰，李花蕾点校：《经传释词》，上海古籍出版社2014年版，第63页。
② 杨伯峻：《古汉语虚词》，中华书局1981年版，第291页。
③ 李宗江：《汉语重复副词的演变》，载《汉语史研究集刊（第5辑）》，巴蜀书社2002年版，第14页。

频率副词"又"也没有表未然的重复的例子①。由此看来,传世文献中这些极个别的"又"表未然的用例也有可能是传抄的讹误。

出土战国文献中能确定为频率副词的"复"共79例。"复"在战国玉石文字和秦简中写作"復",在楚简中写作"逯"。战国玉石文字中出现仅1次,战国金文中也仅1见,战国竹简中比较常见。"复"既可表示已然的重复,又可表示未然的重复。出土战国文献中"复"表示未然的重复,共50例,占总量的64%;"复"用于已然的重复共29例,占总量的36%,表未然远远多于表已然。楚简中"复"共21例,表已然9例,占43%;表未然12例,占57%,表未然略多于表已然。秦简中"复"共56例,表未然38次,占66%;表已然20例,占34%,也是表未然多于表已然。可见楚地和秦地的用法基本上是相同的。

二 语义特征

(一)表示已然的重复。

"又(有)"和"复"都可以表示已然的重复。

1. "又(有)"和"复"都可以用于谓语动词前,表示相同动作活动的重复或反复发生。例如:

(1)"不会,治(笞);未盈卒岁得,以将阳有(又)行治(笞)。"(《睡虎地秦简·法律答问》)

(2)成公惧亓(其)又(有)取安(焉),……为之怒,……虚不答。或(又)为之怒,虚答曰:"……"(《上博楚简九·灵王遂申》)

(3)员(损)之或(又)员(损),以至亡为也,亡为而亡不为。(《郭店楚简·老子》)

(4)大(太)公南面,武王北面而逯(复)问。(《上博楚简七·武王践阼》)

(5)甲盗牛,盗牛时高六尺,系一岁,复丈,高六尺七寸。(《睡虎地秦简·法律答问》)

---

① 张国艳:《居延汉简的频率副词》,《唐山师范学院学报》2008年第6期。

（6）从上右方数朔之初日及枳（支）各一日，数之而复从上数。（《睡虎地秦简·甲种日书》）

例（1）（2）（4）（5）表示某一动作行为重复发生；例（3）（6）表示某种动作活动的多次重复、反复出现。

"又（有）"还可以用于名词谓语前，表示某种情况重复发生。考查范围内未见表已然的"复"修饰名词的用例。例如：

（7）令令史某、隶臣某诊甲所诣子，已前以布巾裹，如音（衃）血状，大如手，不可智（知）子。……出水中有（又）音（衃）血状。（《睡虎地秦简·封诊式》）

（8）淦（阴）则或（又）淦（阴），易（阳）则或（又）易（阳）。（《上博楚简六·用曰》）

"又（有）"还可以与否定词结合，表示某种情况没有重复发生。未发现表已然的"复"与否定词结合的例子。例如：

（9）亓（其）力能至安（焉）而弗为虖（乎）？吾弗智（知）也。意亓（其）力古（故）不能至安（焉）虖（乎）？吾或（又）弗智（知）也。（《上博楚简五·鬼神之明》）

"又（有）"还可以用于主谓短语或小分句前，修饰整个分句，"复"一般不能修饰分句。例如：

（10）丙失火，有（又）公（火）起。（《睡虎地秦简·日书乙种》）

2. "复"可以表示某种动作行为或状态中断之后又恢复或继续。"又（有）"的这种用法较为少见，如：

（11）三年，丹而复生。（《放马滩秦简·乙362》）

(12) 氐（是）古（故）陈为新，人死遺（复）为人，水遺（复）于天咸。(《上博楚简七·凡物流形》)

(13) 或覆（复）问毋（无）有，甲赏（尝）身免丙复臣之不殹（也）？(《睡虎地秦简·封诊式》)

例（13）第一个"复"表示动作的重复，第二个"复"表示行为的恢复。如上几例，表示恢复或继续的"复"常常用于持续性动词前。

3. "又（有）"和"复"都可以用于动词谓语前，表示同一主体不同动作行为的相继发生。如：

(14) 诬人盗直（值）廿，未断，有（又）有盗，直（值）百。(《睡虎地秦简·法律答问》)

(15) 遂取吾边城……今又悉兴其众，张矜意怒，饰甲底兵，奋士盛师，以偪（逼）吾边境。(《诅楚文·大沈厥湫文》)

(16) 占逐盗、追亡人，得而复失之。(《周家台秦简·日书》)

(17) 直周，复环之。(《周家台秦简·日书》)

表示相继时，前后动作均为已经发生的。这种用法的"又（有）"和"复"修饰的动词与前项动词为同质动词，即同一范畴，如"诬人"与"有盗"同属违法行为。

"又（有）"可以与副词"既"搭配，形成"既……或（又）……"的格式，表示动作活动的相继发生。"复"不能出现在这种格式中。如：

(18) 既失邦，或（又）得之。(《上博楚简九·邦人不称》)

例（18）频率副词表示先后发生的两个事件，时间关系很明显，副词"既"和"又"直接修饰意义相反的动词。

4. "又（有）"和"复"都可表示不同主体先后发出相同的动作行为，如：

(19) 告【者】罪已行，它人有（又）袭其告之，亦不当听。

(《睡虎地秦简·法律答问》)

（20）神明复相辅也，是以成会（阴）昜（阳）。会（阴）昜（阳）复相辅也，是以成四时。四时复相辅也，是以成仓（沧）然（热）。仓（沧）然（热）复相辅也，是以成湿澡（燥）。湿澡（燥）复相辅也，成岁而止。(《郭店楚简·太一生水》)

（二）表示未然的重复。

"复"既可以表示已然的重复，也可表示未然的重复；"又（有）"只能表示已然的重复。"复"表已然时可译为"又"，表未然时则译为"再"。表未然的"复"带有鲜明的语义特征，主要可以分为以下几种情况：

1. 用于肯定句中，表示对未来可能性的判断。

"复"常常与表示将来的时间词语"将、且、明日"或副词"乃"等共现。如：

（21）吾战适不训（顺）於天命，反（返）师将遻（复）战。(《上博楚简四·曹沫之陈》)

（22）明日遻（复）陈，必过亓（其）所。(《上博楚简四·曹沫之陈》)

（23）不中律是□□乃复病。(《放马滩秦简·乙种日书378》)

（24）亦应受皇天上帝及大沈厥湫之几灵德赐，克剂楚师，且复略我边城。(《诅楚文·大沈厥湫文》)

例（21）（22）（23）"复"修饰不带宾语的动词，例（24）修饰带宾语的动词，表示未来可能会再次发生某个行为或某种状况。秦简中"复"也经常与表示肯定的副词"必"结合，"必复"表示对未来可能性的断定：

（25）制，所致县、道官，必复请之。(《龙岗秦简》8)

表示未然的"复"还常常用于命令式中：

（26）昼见，令复见之。(《睡虎地秦简·甲种日书》)

2. 用于否定句中，表示对将来重复发生某种情况的否定。

（27）乃今皇帝，壹家天下，兵不复起。(《峄山刻石》)

（28）苟毋大害，少枉入之可也，已则勿复言也。(《郭店楚简·性自命出》)

（29）子曰："小子，来，取余言，春秋不恒至，耇老不复壮。"(《上博楚简五·弟子问》)

例（27）（28）"复"修饰不带宾语的动词，例（29）修饰形容词谓语。

3. 用于假设复句中，表示对未来可能发生某种情况的假设。例如：

（30）不已，复益饮之。(《周家台秦简·病方及其它》)

当"有（又）"和"复"连用时，"有（又）"表示已然的重复，"复"表示未然的重复。例如：

（31）诘之有（又）尽听书其解辞，有（又）视其它毋（无）解者以复诘之。

(《睡虎地秦简·封诊式》)

例（31）中两个"有"都表示已然的重复，"复"修饰的动词表示的动作还未发生。那么"复"用于已然和未然有什么区别呢？李宗江认为主要是语体的不同，即'复'在叙事性作品中多用于已然，而在语体文中主要用于未然。出土文献中的情况大体也是这样的。表未然的"复"多用于法律文书、日书或其他命令式的语言中，表已然的"复"多用于故事性的讲述中。

三　结语

从频率上看，频率副词"又（有）"和"复"出现次数大体相同。从

语义和语法功能上看,"又(有)"和"复"的意义和用法有很大不同。(见表 6-1)

1. "又(有)"和"复"都可以表示已然的重复。"又(有)"表示已然的重复,数量多,用法比较复杂,除了可以修饰动词谓语外,还可以修饰名词性谓语,还可以放在句子前,修饰小分句。"又(有)"还可以与否定词结合,表示某个事件没有重复发生。"复"表示已然,数量少,用法比较简单。一般只能修饰动词谓语,未发现表已然的"复"与否定词结合的例子。此外,"又(有)"常常修饰动作性较强的动词,而"复"常常用在持续性动词前。

"又(有)"和"复"都可以表示不同动作行为的相继,在表示相继时用法基本是相同的,可以互换。如:

(32) 盗从南方入,有(又)从之出。(《放马滩秦简乙269》)
(33) 盗从西方入,复从西方出。(《放马滩秦简·日书甲种39》)

2. "复"除了表示已然的重复,还可以表示未然的重复。"又(有)"不能表示未然的重复。出土战国文献中,表未然的"复"不仅数量上多于表已然的"复"(二者之比是50:29),而且功能也比较全面。表未然的"复"可以修饰动词谓语、形容词性谓语和代词性谓语,还可以与否定词结合,表示对未来可能发生某种情况的否定。表未然的"复"多用于法律文书、日书或其他命令式的语言中,表已然的"复"多用于故事性的讲述中。

3. 表示未然的"复"和表已然的"又(有)"在语义上有很大区别:"复"可以与"将、且、明日、然后"等表示将来的词语共现,而"又(有)"不能与表将来的词语共现。"复"常常与表肯定的推测语气的副词"必"连用,构成"必复"的格式,而"又(有)"一般不能与"必"连用。"又(有)"常常出现在陈述以往情况的叙述句中,而"复"常用于对未来情况推测的判断句或表命令的句式中。"复"与否定词连用时,一般否定词在"复"前,构成"不(弗、勿、毋)+复"的格式;而"又(有)"与否定词连用,否定词只能放在"又(有)"的后面,构成"又(有)+不(毋、勿)"的格式。频率副词与能愿动词连用时,能愿动词放在"复"的前面,构成"可复……"的格式,而"又(有)"与能愿动词连用,能愿动词在"又(有)"的后面,形成"又能……"的格式。

综上所述,从出土文献来看,战国时代"又(有)"和"复"的分工还是比较明确的:"又(有)"主要表示已然的重复;"复"主要表示未然的重复,"复"虽然也可以表示已然的重复,但主要是修饰动词谓语的,在句法上受到很大限制。而"又(有)"在表已然的重复时功能比较全面,迫使"复"向表未然的方向发展。可见,语言内部各成员之间的发展是相互影响的。

表6-1 出土战国文献频率副词"又(有)"、"复"出现频率统计表

	表重复		总计
	已然的重复	未然的重复	
又(有)	56		56
复	29	50	79
总计	85	50	135

第七章 战国时代否定副词

否定副词是副词中比较特殊的一类，主要表示对动作行为、性状或事件的否定。否定副词的分类一般分歧不大，我们遵照学术界常见的分类方法，把否定副词分为四类，包括叙述否定、已然否定、判断否定和禁止否定。

第一节 叙述否定

主要有"不、弗、未、毋、勿、非、莫、亡、无、靡、恶、否、微"等。

一 "不"

"不"表示叙述否定，相当于现代汉语的"不"。例如：

（1）占狱讼，不解；占约结，不成。(《周家台秦简·日书》)
（2）阴阳之和，不长一类；甘露时雨，不私一物；万民之主，不阿一人。(《吕氏春秋·贵公》)
（3）女子不已者，不复字。(《睡虎地秦简·日书甲种》)
（4）威不能惧，严不能恐，不可服也。(《吕氏春秋·论人》)
（5）不可以嫁女取臣妾，不兼得不憾。(《楚帛书·丙篇》)
（6）占之：恒贞吉，少有忧於躬身，且外有不顺。(《包山楚简》217)
（7）舜乃老，视不明，声不聪。(《上博楚简二·容成氏》)
（8）其反，夫不夫，妇不妇，父不父，子不子，君不君，臣不臣，昏所由作也。(《郭店楚简·六德》)
（9）子曰："君子不器。"(《论语·为政》)

（10）今也不然。（《孟子·梁惠王下》）

（11）不十年，王弗召也。（《左传·僖公十三年》）

（12）国无道而年谷和熟，天赞之也。鲜不五稔。（《左传·昭公元年》）

例（1）"不"修饰不带宾语的动词，例（2）修饰动宾短语，例（3）"不"与中心语之间有其他副词，例（4）（5）修饰能愿动词，例（6）（7）修饰形容词，例（8）（9）修饰名词谓语，例（10）修饰代词谓语，例（11）（12）修饰数量短语。

否定副词"不"可以形成一些固定格式，如"不……乃……"表示选择关系，可译为"不是……就是……"例如：

（13）乙丑生，不武乃工考（巧）。（《睡虎地秦简·日书甲种》）

（14）丙亡，为问者不寡夫乃寡妇，其室在西方。（《睡虎地秦简·日书乙种》）

（15）十二岁不更，不耐乃刑。（《放马滩秦简》乙20叁）

"不……不……"格式可以通过双重否定表示肯定和强调：

（16）不可为也，而可不为也。（《郭店楚简·语丛一》）

（17）天不得不高，地不得不广，日月不得不行，万物不得不昌，此其道与！（《庄子·知北游》）

（18）君实欲天下之治而恶其乱，当为衣服不可不节。（《墨子·辞过》）

可以表示并列关系，例如：

（19）不聪不明，不圣不智，不智不仁，不仁不安，不安不乐，不乐亡德。（《郭店楚简·五行》）

（20）不义不暱，厚将崩。（《左传·隐公元年》）

（21）故凡从事此者，寇乱也，盗贼也，不仁不义，不忠不惠，

不慈不孝。(《墨子·天志下》)

(22) 君子知夫不全不粹之不足以为美也，故诵数以贯之。(《荀子·劝学》)

可以表示条件关系，可译为"如果不……就不……"，例如：

(23) 道虽迩，不行不至；事虽小，不为不成。(《荀子·修身》)
(24) 吾闻小人得位，不争不祥；君子在忧，不救不祥。(《吕氏春秋·开春》)
(25) 不义不富，不义不贵，不义不亲，不义不近。(《墨子·尚贤上》)

"不……毋……"格式表示让步性假设关系，可译为"即使不……也没有……"例如：

(26) 生子，三日死，不死毋唇。(《睡虎地秦简·日书甲种》)

否定副词"不"是汉语中最重要的否定词，自产生以来，使用频率一直是最高的，并延续到现代汉语中。"不"的功能强大，用法灵活广泛。李瑛认为："'不'表示说话者的主观否定或句中主语的主动否定。除此之外，'不'没有别的意义。"① 我们深以为然，有人说"不"可以表示对自然现象的客观陈述，如"天不雨"，其实这是说话者把"天"等自然现象当作有生命、有意志的事物，"不"依然是表示主动否定的。据沈家煊，否定句本身是一种非现实句，主要目的不是陈述事件的发展或新情况的出现，而是表示说话人的主观认识、判断或某种观点②。即便是对客观事物或现象的描述，其实也是说话人所"认为或判断"的客观现象，也打上了说话人的深深印记。因此"不"修饰的词语往往带有很强的主观性，如多修饰主观性较强的可控动作动词、能愿动词等，较多修饰形容词，因为形

---

① 李瑛：《"不"的否定意义》，《语言教学与研究》1992年第2期。
② 沈家煊：《不对称与标记论》，江西教育出版社1999年版，第54页。

容词带有较大的主观性。

二 "弗"

（1）天子之正道，弗庙而自至，弗审而自周，弗会而自囨。(《上博楚简三·成王既邦》)

（2）果而弗伐，果而弗骄，果而弗矜，是谓果而不强。(《郭店楚简·老子甲》)

（3）官辄收其假，弗亟收者有罪。(《睡虎地秦简·秦律十八种》)

（4）虽厚其命，民弗从之矣。(《郭店楚简·成之闻之》)

（5）背叛之人，贤主弗内之于朝。(《吕氏春秋·尊师》)

（6）知而弗敢论，是即不廉殹（也）。(《睡虎地秦简·语书》)

（7）不知疾之所自起，则弗能攻。(《墨子·兼爱上》)

（8）此五人者之所以为王者佐也，不肖主之所弗安也。(《吕氏春秋·不苟》)

"弗"表示一般否定，可译为"不""没有"等。"弗"主要修饰不带宾语的动词谓语，如例（1）（2）（3），例（3）"弗"与动词之间有其他副词"亟"；较少修饰带宾语的动词，如例（4）（5）例（1）—（5）"弗"修饰动作动词，例（6）（7）修饰能愿动词。"弗"较少修饰形容词谓语，如例（8）。

三 "未"

"未"表示叙述否定可译为"不"。例如：

（1）曰："仁矣乎？"曰："未知，焉得仁？"(《论语·公冶长》)

（2）昔者臣尽力竭智，犹未足以知之也。(《吕氏春秋·贵公》)

（3）虽知之，未能自胜也。(《庄子·让王》)

（4）是以为善者，必未可使劝，见有赏也。(《墨子·尚同下》)

（5）孟尝君曰："善。受之乎？"公孙戍曰："未敢！"(《战国策·齐三》)

222

(6) 见兔而顾犬，未为晚也；亡羊而补牢，未为迟也。(《战国策·楚四》)

(7) 法律未足，民多诈巧，故后有闻令下者。(《睡虎地秦简·语书》)

(8) 纣之去武丁未久也，其故家遗俗，流风善政，犹有存者。(《孟子·公孙丑上》)

"未"表示叙述否定时，常常修饰主观性较强的心理动词、能愿动词等，如例（1）—（5）；可以修饰表示主观判断的准系词"为"，如例（6）。还可以修饰形容词，如例（7）（8）。

四 "毋"

(1) 子岂能毋怪哉！(《韩非子·说林下》)

(2) 群下吏毋耐者，人奴妾居赎责债于城旦。(《睡虎地秦简·秦律十八种》)

(3) 臣宁抵罪于王，毋抵罪于先王。(《吕氏春秋·直谏》)

(4) 今王即定负遗俗之虑，殆毋顾天下之议矣。(《战国策·赵二》)

(5) 尚毋有大咎。(《新蔡楚简》甲三：117、120)

(6) 省妇事，毋得淫。(《吕氏春秋·仲冬》)

(7) 丈夫年二十，毋敢不处家。女子年十五，毋敢不事人。(《墨子·节用上》)

"毋"表示叙述否定时，意为"不""没有"等。例（1）（2）"毋"修饰不带宾语的动词谓语，例（3）—（5）修饰带宾语的动词，例（1）—（5）修饰化理动词、状态动词等，例（6）（7）修饰能愿动词。"毋"很少修饰形容词谓语。

五 "勿"

(1) 文王闻之，曰："虽君无道，臣敢勿事乎？虽父无道，子敢

勿事乎？"（《上博楚简二·容成氏》）

（2）非独贤者有是心也，人皆有之，贤者能勿丧耳。（《孟子·告子上》）

（3）知道易，勿言难。（《庄子·列御》）

（4）田侯召大臣而谋曰："救赵孰与勿救？"邹子曰："不如勿救。"（《战国策·齐一》）

（5）黑黄苍赤，莫不质良，勿敢伪诈。（《吕氏春秋·季夏》）

否定副词"勿"表示一般否定时，主要修饰不带宾语的动词，如例（1）—（4）；还可修饰能愿动词，如例（5）。

"非"

（1）出禾，非入者是出之，令度之。（《睡虎地秦简·秦律十八种》）

（2）君臣之相与也，非有父子之亲也，而群臣之毁言非特一妾之口也。（《韩非子·奸劫弑臣》）

（3）人主非能倍大臣之议，越民萌之诽。（《韩非子·和氏》）

（4）非敢后也，马不进也。（《论语·雍也》）

（5）非徒无生也，而本无形；非徒无形也，而本无气。（《庄子·至乐》）

（6）而迫生非独不义也，故曰迫生不若死。（《吕氏春秋·贵生》）

否定副词"非"表示单纯否定较少，可以修饰一般动词，如例（1）（2）（5）；也可以修饰能愿动词，如例（3）（4）；还可以修饰名词谓语，如何（6）。"非"还常常与限定范围副词"徒""独"连用，如例（5）（6）。

六 "莫"

（1）莫亲乎父母，死不顾生，可言乎其信也。（《上博楚简五·弟子问》）

(2) 今法律令已具矣，而吏民莫用。(《睡虎地秦简·语书》)

(3) 丙与里人及甲等会饮食，皆莫肯与丙共杯器。(《睡虎地秦简·封诊式》)

(4) 则人臣莫敢妄言矣。(《韩非子·南面》)

(5) 莫得善其所。(《郭店楚简·语丛三》)

(6) 万物莫如身之至贵也。(《韩非子·爱臣》)

(7) 大国之计，莫若后起而重伐不义。(《战国策·齐五》)

以上"莫"表示叙述否定，可以译为"不"等。战国文献中"莫"主要作无定代词，较少表示叙述否定。例如：

(8) 回子叹曰："乌！莫我知也夫。"(《上博楚简五·弟子问》)

(9) 孔子曰："修身以尤，则民莫不从矣。"(《上博楚简八·颜渊问孔子》)

(10) 弑其主，代其所，人莫不与，故谓之虎。(《韩非子·爱臣》)

作无定代词的"莫"一般作句子的主语，如例(8)，或前面往往有表示一个较大范围的集体名词，如例(9)(10)。单纯的叙述否定主要表示主观否定或主动否定，因此"莫"表示一般否定时主要修饰主观性较强的动词，如例(1)(2)修饰动作动词，例(3)(4)修饰能愿动词，能愿动词是表示主观意志或态度的，与"莫"的主观性契合。例(6)(7)修饰关系动词"如""若"，"如""若"表示比较，比较有较强的主观性。

七 "亡""无""靡""恶""微""否"

(1) 兼爱万民而亡有私也。(《上博楚简三·曹沫之陈》)

(2) 人亡能为。(《郭店楚简·语丛一》)

(3) 故盗贼亡有。(《墨子·兼爱上》)

(4) 太上无败，其次败而有以成，此之谓用民。(《墨子·亲士》)

(5) 举天下之名，无有废者钦？（《上博楚简三·亘先》）

(6) 可以取，可以无取，取，伤廉；可以与，可以无与，与，伤惠；可以死，可以无死，死，伤勇。（《孟子·离娄下》）

(7) 尽筋骨之力，以要钟鼓俯会之节，而靡有悖逆者。（《荀子·乐论》）

(8) 其欲得之忧不除也，胥靡有免。（《韩非子·解老》）

(9) 非子思，吾恶闻之矣。（《郭店楚简·鲁穆公问子思》）

(10) 微独赵，诸侯有在者乎？（《战国策·赵四》）

(11) 今晏子不察其当否，而以太多为说，不亦妄乎！（《韩非子·难二》）

(12) 王曰："否。吾何快于是？"（《孟子·梁惠王上》）

(13) 欲为大事，亦吉否？（《战国策·齐一》）

(14) 治乱可否，昭然明矣。（《荀子·解蔽》）

否定副词"亡、无、靡、恶、否、微"都可表示一般的叙述否定，可以译为"不""没有"，"亡、无、靡"表示一般否定不多见，主要修饰存现动词"有"、能愿动词等。"恶""微"非常少见。"否"是一个特殊的否定副词，常常省略谓语动词，可以用于正反形式中，也可以单独回答问题。

第二节　已然否定

主要有"未、未尝、不"等。例如：

(1) 占行者，未发；占来者，未至。（《周家台秦简·日书》）

(2) 未置及不置者不为"具"，必已置乃为"具"。（《睡虎地秦简·法律答问》）

(3) 有为不善者，其室人未遍知，乡里未遍闻，天子得而罚之。（《墨子·尚同中》）

(4) 铍、戟、矛有室者，拔以斗，未有伤殹（也），论比剑。（《睡虎地秦简·法律答问》）

(5) 不敢忘先生之言，未得间也。(《战国策·楚一》)

(6) 赵王未之应也。(《战国策·赵四》)

(7) 曰：学礼乎？对曰：未也。(《论语·季氏》)

(8) 张翠曰："韩未急也，且急矣。"(《战国策·韩二》)

(9) 未期年而葺亡走矣。(《战国策·赵三》)

(10) 夜未中，女。(《放马滩秦简·日书乙种》)

(11) 甲臣，诚悍，不听甲。甲未尝身免丙。(《睡虎地秦简·封诊式》)

(12) 臣少为秦刀笔，以官长而守小官，未尝为兵首。(《战国策·秦五》)

(13) 甲告乙盗牛，今乙盗羊，不盗牛，问可（何）罪？(《睡虎地秦简·法律答问》)

(14) 当是时也，疠疫不至，妖祥不行，祸灾去亡，禽兽肥大，卉木薨长。(《上博楚简二·容成氏》)

(15) 君子不重则不威，学则不固。(《论语·学而》)

(16) 犹不改。宣子骤谏，公患之，使鉏麑贼之。(《左传·宣公元年》)

否定副词"未"主要表示动作行为不曾发生或事情尚未出现，可译为"没有"。可以修饰不带宾语的动词，如例（1）—（3），例（3）副词与中心语之间有范围副词"遍"；可以修饰带宾语的动词，如例（4）—（6），例（6）动词的宾语前置；还可省略谓语动词，如例（7）。可以修饰形容词，如例（8）。可以修饰名词谓语，如例（9）（10）。因为"未"表示已然的重复，所以很容易与表示已然的时间副词"尝"连用，如例（11）（12）。表示未然的"未"较少与能愿动词连用，如果"未"修饰能愿动词，那么"未"就不表已然否定，而表一般否定。

否定副词"不"偶尔也可以表示未然否定，如例（13）—（16）。因为表示未然否定是对过去尚未发生的事件的客观陈述，因此较少修饰主观性强的动词，如能愿动词、关系动词等。

第三节　判断否定

主要有"非"。例如：

（1）故乐通物，非圣人也；有亲，非仁也；天时，非贤也；利害不通，非君子也。（《庄子·大宗师》）
（2）非子思，吾恶闻之矣。（《郭店楚简·鲁穆公问子思》）
（3）使之有向也，非圣智者莫之能也。（《郭店楚简·性自命出》）
（4）正方，非正中，不吉。（《九店楚简》54）
（5）曰：非我也，兵也。（《孟子·梁惠王上》）
（6）杀盗非杀人。（《庄子·天运》）
（7）甲告乙盗牛，今乙贼伤人，非盗牛殴（也），问甲当论不当？（《睡虎地秦简·法律答问》）
（8）今我睹子之难穷也，吾非至于子之门则殆矣，吾长见笑于大方之家。（《庄子·秋水》）
（9）臣非异也，农夫事也。（《周家台秦简·病方及其它》）
（10）是故君子之於言也，非从末流者之贵，穷源反本者之贵。（《郭店楚简·成之闻之》）
（11）子胥前多功，后戮死，非其智衰也。（《郭店楚简·穷达以时》）
（12）子方曰："非也，无择之里人也。"（《庄子·田子方》）

例（1）（4）（5）等表示一般的判断否定，例（2）（3）（8）表示假设否定，可译为"如果不是……"。否定副词"非"主要修饰名词性谓语，可译为"不是"，如例（1）—（4）修饰名词谓语，例（5）修饰代词谓语。"非"还可以修饰动宾短语，如例（6）—（8）。可以修饰形容词谓语、介词短语等，如例（9）（10）。还可以修饰小句，如例（11）。"非"可以省略其修饰成分，单独回答问题，如例（12）。

"非"与其他否定副词连用，构成双重否定，表示肯定和强调：

（13）故王之不王，不为也，非不能也。（《孟子·梁惠王上》）

（14）城非不高也，池非不深也，兵革非不坚利也，米粟非不多也。（《孟子·公孙丑下》）

（15）冉求曰："非不说子之道，力不足也。"（《论语·雍也》）

（16）甲非弗知也，今乃欲强戏余。（《韩非子·奸劫弑臣》）

"非"还可以构成以下几种固定格式：

"非……非……"表示并列关系，可译为"不是……不是……"，例如：

（17）爰有大物，非丝非帛，文理成章；非日非月，为天下明。（《荀子·赋篇》）

"非……不……"表示条件关系，可译为"如果不是……就不……"，例如：

（18）然而非礼不进，非义不受，安取此？（《荀子·大略》）

"非……乃……"表示选择关系，可译为"不是……就是……"，例如：

（19）四，非狂乃缢者。（《清华简肆·筮法》）

（20）赐某大幅（富），非钱乃布。（《睡虎地秦简·日书甲种》）

第四节　禁止否定

主要有"毋、勿、莫、无、恶"等。

一　"毋"

（1）王思之，故使止子玉曰："毋死。"不及。（《左传·文公十年》）

(2) 杨朱曰:"子毋击也,子亦犹是。"(《韩非子·说林下》)

(3) 甘茂曰:"先生毋复言也。"(《战国策·韩二》)

(4) 诸侯还自沂上,盟于督扬,曰:"大毋侵小。"(《左传·襄公十九年》)

(5) 臣愿王之毋独攻其地,而攻其人也。(《战国策·秦三》)

(6) 鲍叔奉杯而进曰:"使公毋忘出奔在于莒也,使管仲毋忘束缚而在于鲁也,使宁戚毋忘其饭牛而居于车下。"(《吕氏春秋·直谏》)

(7) 止之之道,数披其木,毋使枝茂。(《韩非子·扬权》)

(8) 戒之毋骄,慎终保劳。(《上博楚简三·彭祖》)

(9) 安静毋苛,审当赏罚。(《睡虎地秦简·为吏之道》)

(10) 初田毋以丁亥、戊戌。(《睡虎地秦简·日书乙种》)

"毋"是个较为古老的否定副词,意为"不要、别"等。战国文献中《论语》少见,《孟子》《庄子》《荀子》未见。"毋"可以修饰不带宾语的动词,如例(1)—(3),例(3)副词与中心语之间有重复副词"复";也可以修饰带宾语的动词,如例(4)—(7),例(5)副词与中心语之间有范围副词"独"。还可以修饰形容词谓语,如例(8)(9)。偶尔可修饰介词短语,如例(10)。"毋"主要修饰可控动词,包括动作动词、言语类动词、心理动词、使令动词等,如例(1)—(7)。例(1)中的"死"指"自尽"。

二 "勿"

(1) 王必勿与。(《战国策·齐三》)

(2) 曰:"君以蛮夷伐国,国几亡矣。请纳之。"众曰:"勿纳。"(《左传·哀公二十六年》)

(3) 夫子卧而不听,请勿复敢见矣。(《孟子·公孙丑下》)

(4) 已,则勿复言也。(《上博楚简一·性情论》)

(5) 愿君勿怨。(《战国策·齐四》)

(6) 王请勿疑!(《孟子·梁惠王上》)

(7) 愿王勿易之也。(《韩非子·难三》)
(8) 慎勿与之，身乃无咎。(《庄子·渔父》)
(9) 使师保之，勿使过度。(《左传·襄公十四年》)
(10) 凡悦人勿吝也，身必从之。(《郭店楚简·性自命出》)

战国文献中"勿"表示一般否定较少，主要表示禁止否定，可译为"不要"。主要修饰不带宾语的动词，如例（1）—（6）；也可以修饰带宾语的动词，如例（7）—（9）。偶尔可修饰形容词，如例（10）。"勿"主要修饰动作动词、言语类动词、心理动词、使令动词等，如例（1）—（9）。

三 "莫""无""恶"

(1) 毋（无）它坐，莫覆问。(《睡虎地秦简·封诊式》)
(2) 莫乐为人君！(《韩非子·南面》)
(3) 凡治气养心之术，莫径由礼，莫要得师，莫神一好。(《荀子·修身》)
(4) 即欲请之，是非臣所敢议，愿王无泄也。(《战国策·中山策》)
(5) 王如知此，则无望民之多于邻国也。(《孟子·梁惠王上》)
(6) 君无见其所欲，君见其所欲，臣自将雕琢；君无见其意，君见其意，臣将自表异。(《韩非子·主道》)
(7) 鲁哀公问于孔子曰："请问取人。"孔子对曰："无取健，无取詌，无取口啍。"(《荀子·哀公》)
(8) 恶危危於忿戾，恶失道於嗜欲，恶相忘於富贵。(《上博楚简七·武王践阼》)

战国文献中表示禁止的否定副词"莫""无""恶"都不多见，主要修饰动词。

由上可知，战国时代否定副词基本上有两个特点：一是基本建立起了较为完整的否定系统。二是存在混同兼用现象。据葛佳才，东汉的否定系统各小类混同兼用普遍，分工不明突出①。战国文献中就已经存在此类现象，几乎所有的否定副词都可以表示单纯否定，而表示单纯否定的"不"也可以表示已然否定、判断否定和禁止否定等。但是，各个否定副词的主要功能还是清晰的，如"不"主要表示叙述否定，"未"主要表示已然否定，"非"主要表示判断否定，"毋、勿"等主要表示禁止否定。

---

① 葛佳才：《东汉副词系统研究》，岳麓书社2005年版，第157页。

第八章　战国时代关联副词

战国时代关联副词可分为四类：表示并列关系、表示顺承关系、表示递进关系、表示转折关系。战国时代常用的关联副词主要有"又、乃、亦"等。

第一节　关联副词概述

大多数学者都认为关联副词是副词的一个次类，应该单独划分出来。同时，学术界也承认，关联副词应该是由副词的其他小类虚化而来。张谊生认为："在现代汉语中，几乎每一个关联副词都是一个兼属其他次类甚至大类的兼类副词，纯粹意义的关联副词是不存在的。"[①] 关于关联副词的定义有广义和狭义之分。广义的定义如张谊生认为："所谓关联副词，实际上是一个动态的、不定的副词小类，它同其他副词之间并没有一个明确的界限，只要某个副词在句子中、篇章中起到了关联作用，它就是关联副词。"[②] 狭义的定义如杨伯峻、何乐士认为"连接副词是指配合上下文义表示顺承或转折之意的副词。它们常在单、复句中表示前后两项的连接，但主要起修饰谓语的作用，一般不能用在主语前，也不起并列的连接作用，因此还是副词而不是连词。"[③] 潘海峰把副词的连接功能分为三个层次：具有较高层级的连接功能的是那些具有被编码的连接义的副词，该类副词具有固定的逻辑、事理、心理连接功能，如"也、就、却、才"等，是语法型衔接；中等层次的连接义是副词在使用中表现出的型意义，如"其实，

---

① 张谊生：《现代汉语副词研究》（修订本），商务印书馆2014年版，第18页。
② 张谊生：《现代汉语副词研究》（修订本），商务印书馆2014年版，第19页。
③ 杨伯峻、何乐士：《古汉语语法及其发展》，语文出版社2001年版，第352页。

原来"等，是语用型衔接；较低层次的连接是指副词在一定语境中临时体现出连接功能，因能表现信息流中的时间、地点、方式、情状等情境性因素，间接表达贯通篇章义的功能，如"曾经、当时"等，是浮现型衔接①。本书讨论的关联副词是狭义的关联副词，属于语法型衔接。

我们认为，关联副词是指在单句或复句中连接词、短语或句子，表示逻辑事理关系，同时又修饰限制谓词的副词。按照关联副词连接的分句之间的逻辑关系，可以把战国文献中的关联副词分为四类，一类表示并列关系，主要包括"既、又、亦、乃"等；一类表示顺承关系，主要包括"即、乃、遂、遽"等；一类表示递进关系，如"尚、犹、且犹、犹尚、又、且、犹且"等；一类表示转折关系，主要包括"顾、反、乃、又"等。

（一）表示并列关系

关联副词"既、又、亦、乃"表示两个事件并列或并存，相当于现代汉语的"既、又、也"等。例如：

(1) 既欲其生，又欲其死，是惑也。（《论语·颜渊》）
(2) 既能治近，又务治远；既能治明，又务见幽；既能当一，又务正百。（《荀子·王霸》）
(3) 尽美矣，又尽善也。（《论语·八佾》）
(4) 寡人之使吾子处此，不唯许国之为，亦聊以固吾圉也。（《左传·隐公十一年》）
(5) 合于桑林之舞，乃中经首之会。（《庄子·养生主》）

表示并列的关联副词"既"等主要修饰动词谓语。

（二）表示顺承关系

关联副词"即""遂""遽""乃"主要表示顺承关系，表示两个事件或在时间上前后相承，或在事理上有因果或条件关系，可译为"就、于是"等。例如：

---

① 潘海峰：《汉语副词的主观性与主观化研究》，同济大学出版社2017年版，第145—146页。

(1) 而索系羊，甲即牵羊去，议不为过羊。(《睡虎地秦简·法律答问》)

(2) 田婴闻之，即遽请于王而听其计。(《韩非子·外储说右下》)

(3) 谒魏王，王许之，即明言使燕、赵。(《战国策·魏一》)

(4) 一战胜齐，遂有南阳。(《孟子·告子下》)

(5) 庄公寤生，惊姜氏，故名曰寤生，遂恶之。(《左传·隐公元年》)

(6) 四人相视而笑，莫逆于心，遂相与为友。(《庄子·大宗师》)

(7) 皆立而待鼓音而然，即俱发之。(《墨子·备蛾傅》)

(8) 而有变，臣请为救之；无变，王遂伐之。(《战国策·东周》)

(9) 钟况然有音，恐人闻之而夺己也，遽掩其耳。(《吕氏春秋·自知》)

(10) 左右皆以为赵可伐，遽起六十万以攻赵。(《战国策·燕三》)

(11) 公孙龙口呿而不合，舌举而不下，乃逸而走。(《庄子·秋水》)

(12) 怠慢忘身，祸灾乃作。(《荀子·劝学》)

例（1）—（3），例（11）"即""乃"主要表示时间先后顺承，例（4）—（6），例（9）（10）"遂""遽"在表示时间顺承的同时兼表轻微的因果关系，例（7）"即"兼表时间关系和条件关系，例（8）（12）"遂""乃"表示条件关系。关联副词"即"等主要修饰动词谓语。

（三）表示递进关系

关联副词"犹""尚""且犹""犹尚""且""又""犹且"主要用于复句的前分句中，常与后分句中的"况"配合使用表示递进关系，可译为"尚且"。例如：

(1) 贤主犹惑之也，又况乎不肖者乎？(《吕氏春秋·离谓》)

(2) 君行之臣，犹有后患，况为臣而行之君乎？（《韩非子·难四》）

(3) 夫仰禄之士犹可骄也，正身之士不可骄也。（《荀子·尧问》）

(4) 管仲且犹不可召，而况不为管仲者乎？（《孟子·公孙丑下》）

(5) 虽当昏乱之主尚可致功，况于显明之主乎？（《韩非子·说疑》）

(6) 且臣为君行诈伪以反国者众矣，臣尚自恶也，而况于君？（《韩非子·外储说左上》）

(7) 亲以宠逼，犹尚害之，况以国乎？（《左传·僖公五年》）

(8) 然则圣人且有过与？（《孟子·公孙丑下》）

(9) 徒取诸彼以与此，然且仁者不为，况于杀人以求之乎？（《孟子·告子下》）

(10) 非徒无益，而又害之。（《孟子·公孙丑上》）

(11) 至入人栏厩，取人马牛者，其不仁义又甚攘人犬豕鸡豚。（《墨子·非攻上》）

(12) 荣且利，中主犹且为之，况于贤主乎？（《吕氏春秋·应同》）

关联副词"犹""尚""且"等除了表示分句之间的递进关系，还表示主观强调。如例（1）以"贤主犹惑之"这一层意思为基点，强调"不肖者"同样会"惑之"。副词"犹、尚"等的主观性还表现在句法形式上，经常修饰主观性较强的谓词。如例（1）（6）"犹""尚"修饰心理动词，例（2）（8）修饰存现动词"有"，例（3）—（5）修饰能愿动词，例（7）（10）（12）修饰主观性较强的动作动词，例（11）修饰形容词。其中，心理动词、能愿动词、存现动词主要表示说话人的主观认识和感觉态度。例（9）"且"在主语之前，句首主语前的位置是命题外层，主要表达说话人对命题的态度或认识，具有较强的主观性。

（四）表示转折关系

关联副词"反""顾""又""乃"表示动作行为与常理常情或预期的

结果相反,意为"反而""反过来""却"等,主要表示转折。例如:

(1) 见祥而不为祥,反为祸。(《战国策·宋卫》)

(2) 今众人之所以欲成功而反为败者,生于不知道理而不肯问知而听能。(《韩非子·解老》)

(3) 计其所得,反不如所丧者之多。(《墨子·非攻中》)

(4) 夫死败,人之所恶也,而反以为安,岂一道哉?(《吕氏春秋·似顺》)

(5) 子元曰:"妇人不忘袭仇,我反忘之!"(《左传·庄公二十八年》)

(6) 阴阳并毗,四时不至,寒暑之和不成,其反伤人之形乎!(《庄子·在宥》)

(7) 至长反短,至短反长,天之道也。(《吕氏春秋·似顺》)

(8) 故仲尼反为臣,而哀公顾为君。(《韩非子·五蠹》)

(9) 愚人不知,顾以为暴。(《韩非子·奸劫弑臣》)

(10) 我代韩而受魏之兵,顾反听命于韩也。(《战国策·齐一》)

(11) 虽强大不能得之于小弱,而小弱顾能得之强大乎?(《战国策·赵一》)

(12) 梁人有治者,动作言学,举事于文,曰难之,顾失其实。(《韩非子·外储说左上》)

(13) 不用,则亦已矣,又使其子弟为卿。(《孟子·公孙丑下》)

(14) 夫夷节已不能,而况我乎!吾又不若夷节。(《庄子·则阳》)

(15) 将以为乐,乃得忧焉;将以为安,乃得危焉;将以为福,乃得死亡焉,岂不哀哉!(《荀子·王霸》)

战国文献中关联副词"反""顾"等既连接分句,表示分句之间的逻辑关系,又表示主观性的语用特征。"反""顾"主要表示超出预期的语气,带有浓烈的主观感情色彩。考察范围内"反"主要用于消极意义的语境中,述说不如意的事情,有懊恼、沮丧的意味。如上引例(1)—(8)。此外,"反"的主观性特征也有句法形式标志。如例(1)(2)中的"反"

修饰准系词"为",用于判断句中,表示对命题的主观判断。例(3)修饰表比较的关系动词"如",比较也是基于说话人的主观看法和认识。例(4)(5)修饰认知心理动词,心理动词主要表示主观认识、态度或情感。例(6)修饰动作动词等,主要是主观能动性较强的动词,如"制、服、伤"等。例(7)修饰形容词,形容词也是具有主观性的词类。因此,以上例(1)—(8)副词"反"所在的句子主要不是陈述客观事实,而是表达说话人对命题或事件的主观判断、心理感觉等。

马贝加认为表示"反倒、却"义的副词"顾"产生于战国后期①。例(8)前分句用关联副词"反",后分句用关联副词"顾",前后形成对照,例(10)关联副词"顾反"连用表示超出预期的语气"反而"。"顾"的主观性特征也表现在句法形式上,如例(8)修饰表示判断的准系词动词"为",整个句子表示主观判断。例(9)(10)修饰认知类心理动词"以为、听",表示一种主观认识。例(11)修饰能愿动词,表示对主客观条件的判断。例(12)修饰存现动词"失",表示对抽象事理的主观认识。

例(13)关联副词"又"修饰致使动词"使",例(14)修饰比较动词"若",例(15)关联副词"乃"修饰获得类动词"得",致使动词、比较动词、获得类动词都是主观性较强的动词,表现了关联副词"又""乃"的主观性特征。

第二节 战国文献中的关联副词"亦"

战国文献中"亦"主要作副词,可作重复副词、关联副词和语气副词等。(这里主要分析其作重复副词和关联副词的用法,语气副词的用法见第九章)

一 重复副词"亦"

重复副词"亦"常用于后分句中,表示人、事物或行为、性状之间的类同关系,前后分句往往相对照,可译为"也"。根据"亦"分句与前项的语义关系,可以分为以下两种类型。

---

① 马贝加:《汉语动词语法化》,中华书局2014年版,第676页。

(一) 表示类同

表示类同，即"亦"分句和前项语义并列对称。根据前项是否出现，又可以分为显性对称和隐性对称两个小类。

1. 显性对称

"显性对称"指"亦"分句的前项出现，根据"亦"分句与前项的距离，又可以分为紧邻对称和远距离对称两种。例如：

(1) 彼且为婴儿，亦与之为婴儿；彼且为无町畦，亦与之为无町畦；彼且为无崖，亦与之为无崖。(《庄子·人间世》)

(2) 子以贤称而失之，天命；以亡道称而没身就死，亦天命。(《上博楚简四·曹沫之陈》)

(3) 其心变，则其声亦然。(《郭店楚简·性自命出》)

(4) 其雄鸣为六，雌鸣亦六。(《吕氏春秋·古乐》)

(5) 是以国之富贵人闻之，皆退而谋曰：……；亲者闻之，亦退而谋曰：……；近者闻之，亦退而谋曰：……远者闻之，亦退而谋曰：……。(《墨子·尚贤上》)

(6) 于是郑饥而未及麦，民病。……宋亦饥。(《左传·襄公二十九年》)

例 (1) — (4) "亦"分句紧邻前项，语义对称，表示不同的人、事物或性状的相同之处，这种形式较为常见。两个或两个以上的并列项可以跨越若干个句子甚至跨越篇章或段落，如例 (5) 跨越若干个句子，例 (6) 跨越篇章。这说明"亦"不仅能够连接分句，还经常连接篇章，是分句、段落或篇章之间紧密衔接的语言标记。无论是紧邻并列还是远距离并列，"亦"主要表达命题内内容或信息。"亦"可以修饰动词谓语、名词谓语、代词谓语、数词谓语、形容词谓语等，如例 (1) — (6)，用法灵活广泛。

2. 隐性对称

"隐性并列"指"亦"分句的前项省略，"亦"隐含一个与其相并列的前项，根据语境或社会普遍准则、经验可以补出前项。例如：

(7) 孟子见梁惠王，王立于沼上，顾鸿雁麋鹿，曰："贤者亦乐

此乎?"(《孟子·梁惠王上》)

(8) 逢蒙学射于羿,尽羿之道,思天下惟羿为愈己,于是杀羿。孟子曰:"是亦羿有罪焉。"(《孟子·离娄下》)

(9) 故跖之徒问于跖曰:"盗亦有道乎?"(《庄子·胠箧》)

例(7)(8)根据语境可以补出前项,如例(7)的前项是"王者乐此",例(8)的前项是"逢蒙有罪",在一定的情境中,交际的双方往往会省略掉一些信息,这些信息由语境显示,且交际者都明知。例(9)省略的前项可由社会公认的标准或人们普遍常识推出,如"仁义有道"等。重复副词"亦"隐含一个省略的前项是由"亦"的语义决定的。现代汉语"也"代替"亦",吕叔湘说"亦"和"也""这两个字是一个词的一古一今的两个形式"[①]。杨亦鸣认为:"'也'具有类同追加性。"[②]"亦"也具有类同追加性。与表示"显性并列"不同,表示"隐性并列"的"亦"不仅涉及命题内容,而且涉及命题外的认识世界,如语境信息或社会文化背景信息,隐含一个省略的前项。

(二) 表示追补

即"亦"分句对前项进行补充说明。例如:

(10) 秋,滕昭公来朝,亦始朝公也。(《左传·文公十二年》)

(11) 死,无君于上,无臣于下,亦无四时之事。(《庄子·至乐》)

(12) 武王事(纣),夙夜不懈,亦不忘王门之辱。(《吕氏春秋·守时》)

表示追补的"亦"一般两个分句的主语相同,两个分句不是对称并列关系。这种用法的"亦"也只涉及命题内容。

二 关联副词"亦"

关联副词"亦"可以同时用在两个或几个分句中表示并列关系,也可

[①] 吕叔湘:《吕叔湘文集(第一卷)》,商务印书馆1990年版,第351页。
[②] 杨亦鸣:《"也"字语义初探》,《语文研究》1988年第4期。

以用于后分句中表示顺承关系、递进关系、让步关系或转折关系。

(一) 表示并列关系

一般在"亦……亦……(亦……)"的格式中。例如:

(14) 治亦进,乱亦进,伊尹也。(《孟子·公孙丑上》)

(15) 君子能亦好,不能亦好;小人能亦丑,不能亦丑。(《荀子·不苟》)

(16) 岁亦无恙耶?民亦无恙耶?王亦无恙耶?(《战国策·齐四》)

(17) 王又举甲兵而攻魏,……王之功亦多矣。……王之威亦惮矣。(《战国策·秦四》)

例(14)(15)是正反并列,例(16)(17)是不同事物的并列。例(14)—(16)"亦"连接分句,例(17)"亦"衔接篇章。表示并列的关联副词"亦"与表示类同的重复副词"亦"的区别是,前者几个分句之间没有先后顺序或时间关系,后者往往有先后时间顺序。关联副词"亦"具有双重作用,既有连接作用,又是语用焦点,表现说话人对该命题或事件的主观看法、态度或情感。姚小鹏认为使用关联副词的句子的主观性程度要高于不使用关联副词的句子[1]。关联副词"亦"不仅关联句子或篇章,同时还带有说话人的主观视角或情感。史锡尧认为副词"也"的基本语义是表示同一和表示强调[2]。"强调"是一种重要的情态,是表达主观性的重要手段。

如例(14)"亦"既把"治进""乱进"连接起来,又强调了"伊尹"无论是"治"还是"乱"都能够"进"的品质,表达了作者对伊尹的赞美之情。如果去掉"亦"句子依然成立,但两个分句联系松散,缺少了说话人的主观认识或情感,句子就显得生硬。例(15)使用"亦"把几个分句紧密黏合在一起,强调了"君子"和"小人"无论"能"或"不能"都不能改变的特质,揭示了"君子"与"小人"之间鲜明的对立。例

---

[1] 姚小鹏:《汉语副词连接功能研究》,博士学位论文,上海师范大学,2011年。
[2] 史锡尧:《论副词"也"的基本语义》,《世界汉语教学》1988年第4期。

战国时代副词研究

(16) 关联副词"亦"把"岁""民""王"这几个不同事物联系起来,使之"异中有同",都是作者要展开的论述话题。例(17)"亦"关联篇章,起连接和照应作用,使几个句群围绕一个话题紧密衔接,同时还表达了说话人的赞美之情。

(二) 表示递进关系

(18) 与人居,长子、老、身死,不哭亦足矣,又鼓盆而歌,不亦甚乎!(《庄子·至乐》)

(19) 死生亦大矣,而无变乎己,况爵禄乎!(《庄子·田子方》)

(20) 非独不用肉刑,亦不用象刑矣。(《荀子·正论》)

(21) 凡法术之难行也,不独万乘,千乘亦然。(《韩非子·孤愤》)

(22) 寡人之使吾子处此,不唯许国之为,亦聊以固吾圉也。(《左传·隐公十一年》)

例(18)(19)"亦"用于前分句,与后分句中"又、况"等配合使用,前项意义轻,后项意义重,形成递增关系。例(20)—(22)"亦"用于后分句,与前分句中的"非独、不独、不唯"等配合使用,表示递增或递减关系。

(三) 表示顺承关系

"亦"常用于复句的后分句,表示某种条件或情况下的结果,表示轻微的因果关系或条件关系,可译为"则""就"等。

1. 前后分句间有隐含的因果关系。例如:

(23) 吾与回言终日,不违如愚。退而省其私,亦足以发。回也,不愚。(《论语·为政》)

(24) 曾子曰:"不可。江汉以濯之,秋阳以暴之,皜皜乎不可尚已。"今也南蛮鴃舌之人,非先王之道,子倍子之师而学之,亦异于曾子矣。(《孟子·滕文公上》)

(25) 万乘之主,见布衣之士,一日三至而弗得见,亦可以止矣。(《吕氏春秋·下贤》)

第八章 战国时代关联副词

　　表示顺承的"亦"具有双重作用，既表示关联又表示主观性观点、看法或情感态度。"亦"的关联性质体现在两个方面，一方面连接前一小分句，凸显因果顺承的逻辑关系，另一方面在更大的句群中表示追补照应或对比照应，并衔接句群，使复句与复句之间的关系黏合紧密。即关联副词"亦"既是分句之间连接的标志，又是句群或篇章的黏合剂。如例（23）"亦"分句既承接前面分句"退而省其私"形成因果关系，同时又照应并补充前面的复句"吾与回言终日，不违如愚。"是对"回愚"的补充说明，因此得出结论"回也，不愚。"例（24）"亦"分句紧承前面分句"子倍子之师而学之，"同时也对前面的句群"曾子曰……"的照应，表示对比关系。例（25）"亦"分句紧承前面分句"一日三至而弗得见，"同时"亦"所照应的复句或句群文中没有出现，实际上"亦"的前项根据语境省略，"亦"可以触发一个与命题内容相反的预设，如"万乘之主，见权贵之士，一日三至而弗得见，可以止矣。""亦"连接的句子与该预设形成照应和递进关系。

　　表示因果顺承的"亦"还兼有语用含义，表现了说话人对该命题或事件的主观看法，留下说话人的主观印记。如例（23）"亦"的作用还在于表示说话人对颜回"不愚"的肯定态度。例（24）说话人将对方的言行与曾子的言行对比，表达对对方的鄙夷之情。"亦"的主观性还有形式标志，常与主观性较强的词语同用或用于主观性较强的句式中，如例（23）（25）"亦"修饰能愿动词，能愿动词主要表示意愿和某种可能性的主观判断，例（24）用于主观性强的比较句中。

　　2. 前后分句间有隐含的条件关系。例如：

　　（26）"今由与求也，可谓具臣矣。"曰："然则从之者与？"子曰："弑父与君，亦不从也。"（《论语·先进》）

　　（27）后生可畏，焉知来者之不如今也？四十、五十而无闻焉，斯亦不足畏也已。（《论语·子罕》）

　　（28）民犯法令之谓民伤上，上刑戮民之谓上伤民；民不犯法则上亦不行刑。（《韩非子·解老》）

　　表示条件关系的"亦"不仅关联分句，表示分句之间的逻辑事理关系，而且照应追补前面的句段，起篇章衔接作用。如例（26）"亦"分句在复句层面上是对前面分句"弑父与君"的条件承接，在篇章层面上表示照应追加，对之前句子"从之"进行补充说明。例（27）"亦"分句既表示对前一分句"四十、五十而无闻焉"的条件顺承，又表示对前面句段"后生可畏"的照应和补充。例（28）"亦"分句既表示对前一分句"民不犯法"的条件顺承，又表示对前面句段"上刑戮民之谓上伤民"的照应和补充。

  表示条件顺承的"亦"也能表达主观性特征，如例（26）表示对"由与求"的欣赏、赞美，例（27）（28）表示说话人对命题的肯定判断。这种"亦"常用于否定句，或常常修饰主观性强的词语。沈家煊认为否定句是"非现实句"，"否定的作用不是提供新信息，而是否认或反驳听者或读者可能持有的信念"①。因此，否定也是一种主观情态。例（27）"亦"既用于否定句，又与主观性较强的能愿动词同用。例（28）"亦"用于否定句。

  表示顺承的副词"亦"在语义上相当于连词"则"，但无论是连接功能还是句法功能都和"则"有本质区别。首先，从关联的角度看，连词"则"表示一般的事理顺承，"亦"除了在复句层面表示逻辑顺承关系外，还能够在更大一级语法单位——句段或篇章层面表示照应追补。这是由于关联副词"亦"来源于重复副词"亦"，依然残留重复副词"亦"表示类同和追补的本义。其次，从语用的角度看，连词"则"不像副词"亦"，不会触发相关的命题，也不包含说话人的主观态度、认识或情感。用"亦"的句子，往往命题内容中包含巨大信息落差，使得说话人或愤慨或赞美的情绪十分饱满，如例（24）中"南蛮鴃舌之人非先王之道，"和"子倍子之师而学之。"例（25）"万乘之主"与"见布衣之士"，这两种信息形成巨大反差，据此说话人得出充满愤慨之情的结论。再次，从句法的角度看，连词"则"只起单纯的连接作用，关联副词"亦"除了关联分句以外，还对谓词进行修饰限制。因此，用关联副词"亦"的句子，不能替换成"则"。

  （四）表示转折关系

  表示转折的关联副词"亦"经常与前分句中的连词"虽"配合使用，例如：

---

  ① 沈家煊：《不对称与标记论》，江西教育出版社1999年版，第54页。

第八章　战国时代关联副词

（29）尝试释詹子之察，而使五尺之愚童子视之，亦知其黑牛而以布裹其角也。（《韩非子·解老》）

（30）富而可求也，虽执鞭之士，吾亦为之。（《论语·述而》）

（31）虽天地覆坠，亦将不与之遗。（《庄子·德充符》）

（32）寡人虽死，亦无悔焉。（《左传·隐公三年》）

前面谈到，表示顺承的"亦"既是在复句层面上表逻辑关系，同时在更大的篇章层面起照应和衔接作用。因此，"亦"始终保留其最初的语义性质——类同追加性，即"亦"所在分句或复句一定有或蕴含一个前项，该前项和"亦"分句形成类同关系。"亦"的类同追加可以跨越句子、句群甚至句段，还可以根据上下文语境或社会常识省略。表示转折的"亦"也与其前项形成类同或追加关系，但其前项往往省略。毕永峨在《"也"在三个话语平面上的体现：多义性或抽象性》一文中把"也"分为三种用法：对称性并列，程度性包含，评价性婉转。毕文认为表示转让格式中的"也"属于程度性包含，表示句中指明的某些值在级阶上的隐含意义，该值和其他可替换的值在级阶上是根据语言外的标准而排列的[①]。我们赞同毕永峨的看法，认为"虽……亦……"格式中的"亦"表示命题范围内的一个极值或极端情况，该情况最不符合预期，但在该极端情况的前提下，结果没有改变。"亦"所省略或蕴含的类同项包括同一范围内各种级别的情况，如不太极端的、较典型的或预期内的情况。如果在极端情况下，结果都不会改变，那么在较不极端、预期内的情况下，结果更不会改变，从而表达一种语用含义，那就是说话人对结果绝对性的坚定信心或夸张表达。转让格式中"亦"的作用是表示"在一个语境范围内的全部情况都具有类同性"[②]。

例（29）中"亦"分句的前提是"使五尺之愚童子视之"，这是最极端、最不符合预期的情况，都会导致"吾为之"的结果，那么，其他较典型、较符合预期的情况自然也会导致该结果。因此，"亦"会触发与命题信息或事件相类似的预设，该预设表示在同一范围内不同级别的情况，

[①] 毕永峨：《"也"在三个话语平面上的体现：多义性或抽象性》，载戴浩一、薛凤生主编《功能主义与汉语语法》，北京语言学院出版社1994年版，第81—82页。

[②] 姚小鹏：《汉语副词连接功能研究》，博士学位论文，上海师范大学，2011年。

"亦"通过类同追加性,强调结果的绝对性,从而凸显说话人对结论的坚定态度。例(30)"亦"也激发一个与命题内容相似的、较不极端的预设或前项,"执鞭之士"是孔子最不可能从事的事情,但即使这样也会导致"吾亦为之"的结果,从而肯定了命题范围内其他较不极端情况,强调说话人做某种行为的坚定态度。例(29)(30)的前提虽然是该语境范围内的极端情况,但仍有其现实性,例(31)(32)的前提是虚前提,是现实中不可能发生的,"亦"分句是通过夸张手段来表示自己的情感态度。

表示转折的"亦"会触发与命题相似的预设信息,这就需要听话人根据背景信息进行推理。姚小鹏曾介绍 Sperber 和 Wilson 的关联理论,一个话语有可能对两个意义进行编码,一个是命题内容,所传递的是概念意义;另一个是操作成分,所传递的是程序意义。关联副词在话语中所编码的不是概念意义,而是标明如何对概念意义进行理解的程序性意义[1]。即关联副词通过提示句子之间的逻辑关系以便让听话人达到更好理解,从而实现有效交际。关联副词提供话语理解"明示"标记,该标记会触发相关语境信息或社会文化背景信息,听话人据此进行推理。

此外,表示转折的"亦"的主观性还有形式标志,如例(29)—(32)中"亦"多修饰主观性较强的心理动词、动作动词等,多用于否定句等非现实句中。

总之,重复副词"亦"表示类同追补关系。关联副词"亦"是由重复副词"亦"引申而来,关联副词"亦"可以表示并列、递进、顺承和转折关系。关联副词"亦"具有双重作用,既有连接作用,又是语用焦点,表现说话人的主观性特征。表示因果或条件顺承的"亦"的关联性质体现在两个方面,一方面连接前一小分句,凸显事理逻辑关系,另一方面在更大的句群中表示追补照应或对比照应,起到衔接篇章的作用,使复句与复句之间的关系黏合紧密。表示转折的"亦"会触发与命题信息或事件相类似的预设,该预设表示在同一范围内不同级别的情况,"亦"通过类同追加性,强调结果的绝对性,从而凸显说话人对结论的坚定态度。

---

[1] 姚小鹏:《汉语副词连接功能研究》,博士学位论文,上海师范大学,2011年。

第九章　战国时代语气副词

语气副词是表示说话人对相关命题主观认识、情感态度或评价的副词。战国时代语气副词分为知识和义务两大类，知识类分为肯定和推断两个次类，其中，推断类又分为揣度性推断和确定性推断两小类；义务类包括意志、情感、评价三个次类，其中，情感类又可分为疑问、感叹、谦敬三小类。语气副词的主观性也表现在句法形式上，如对所修饰的中心语成分有一定的倾向性，可以出现在句首位置上，经常用于否定性结构中等。

第一节　语气副词的定义、分类和范围

一　语气副词的定义和分类

语气副词的概念是王力先生首先提出来的，他把语气副词分为八个类别：诧异（"竟"）、反诘（"岂"）、辩驳（"才"）、慷慨（"索性"）、顿挫（"到底"）、不满（"偏"）、轻说（"倒"）、重说（"简直"）[1]。语气与情态密切相关，也有人将语气副词称作情态副词。由于一些动词，如能愿动词也表达一定的情态，因此大多数学者把"也许、才"类副词称作语气副词。对于语气副词的定义，有的侧重从语气表达来界定。如唐贤清认为："语气副词就是用在句中表示各种语气，使语言具有较强烈的感情色彩的副词，如'究竟''也许''大约''果然''未免'等。"[2] 有的侧重从主观性方面来界定，如史金生认为："语气副词主要用于命题之外，表示说话人对于命题的主观态度。……语气副词是表达说话人情感认识的副

---

[1] 王力：《中国现代语法》，商务印书馆1985年版，第169页。
[2] 唐贤清：《〈朱子语类〉副词研究》，湖南人民出版社2004年版，第127页。

词。"① 崔诚恩认为情态副词是表示说话人针对命题表明主观判断的，同时对命题附加真值的，表示说话人的发话时的主观认识映射到命题的副词②。有的从句法功能和主观性两方面来界定，如张谊生把传统上称作语气副词的词称作"评注性副词"，并认为其基本功能是充当高层谓语对相关命题或述题进行主观评注③。张谊生引用 Lyons 的观点认为："情态是句中命题之外的成分，也是句中的非事实性成分，是说话人主观态度的语法化，也是说话人对句子命题和情景的观点或态度。情态可以分为知识情态和义务情态两部分。前者涉及说话人对命题的知识和信仰、态度和观点等，后者涉及说话人的指令和承诺、愿望和评价等。"④ 因此，情态副词或语气副词是命题外成分，对命题本身信息内容增减无影响，只是表达对命题的态度、情感或认识。

综合以上各家观点，我们认为传统的依据所表达的语气来界定语气副词没有突出语气副词的主观性特点，也没有清晰地指出语气副词与命题之间的关系，只是对语气副词外在的表现进行概括。而 Lyons、张谊生及史金生的定义则揭示了语气副词的内在本质，把对命题的主观情感、认识或态度与命题内容本身分离，是对句子语义的深层次分析，更容易辨识语气副词，也便于在实际层面上操作。结合战国文献中语气副词的语义、句法特征，我们基本赞同史金生的定义，认为语气副词是用于命题之外，表达对相关命题主观情感、态度或认识、评价的副词，在句中主要作状语。

关于语气副词的分类，由于分类的标准和依据不同，所分类型也不同。根据分类依据，大体上有两种分类方法。一种是根据所表达的语气分类，如唐贤清分为五个小类：表肯定、强调语气，表示委婉、推断语气，表疑问、反诘语气，表评价语气，表关系的语气⑤。杨荣祥的分类与此大同小异⑥。兰碧仙把出土战国文献中的语气副词分为四类：表示肯定语气，表示揣度语气，表示反诘语气，表示祈使语气⑦。黄珊把《荀子》中的语

---

① 史金生：《语气副词的范围、类别和共现顺序》，《中国语文》2003 年第 1 期。
② 崔诚恩：《现代汉语情态副词研究》，博士学位论文，中国社会科学院，2002 年。
③ 张谊生：《现代汉语副词研究》（修订本），商务印书馆 2014 年版，第 49 页。
④ 张谊生：《现代汉语副词研究》（修订本），商务印书馆 2014 年版，第 60 页。
⑤ 唐贤清：《〈朱子语类〉副词研究》，湖南人民出版社 2004 年版，第 128—166 页。
⑥ 杨荣祥：《近代汉语副词研究》，商务印书馆 2005 年版，第 68—73 页。
⑦ 兰碧仙：《出土战国文献副词研究》，博士学位论文，厦门大学，2012 年。

气副词分为表反问、测度、疑问、强调四类①。另一种是根据表达的情态类型分类。如史金生把现代汉语语气副词分为"知识情态"和"义务情态"两大类，知识情态又可以分为肯定和推断两个类别，义务情态分为意志、情感、评价三个类别②。崔诚恩把情态副词分为三类，价值判断的情态副词、真伪判断的情态副词和发话行为的情态副词③。张谊生把评注性副词分为表传信与情态和表语气和口气两类，其中每个类别下面又可以分为不同的小类④。

　　由上可知，古汉语语气副词一般根据表示的语气类型来分类，现代汉语语气副词一般依据表达的情态类别分类。如前所述，语气类型只是语气副词的外在表现，情态特征是语气副词的内在本质。战国时代语气副词涉及九部传世战国文献和几十种出土文献，数量较多，按照语气类型分类会比较粗略。相比而言，按照情态类型分类，抓住了语气副词最核心的特质——主观性，对其语义特征概括性强，内部所分小类如"肯定、推断、情感、意志、评价"等能够反映出语气副词内部各种不同程度或层次的主观性特征，如肯定类语气副词主观性较弱，推断类主观性较强，意志情感、评价类主观性最强。因此，我们基本采纳史金生的分类体系对战国时代语气副词进行分类。从总体上看，战国时代语气副词可以分为知识和义务两大类，知识类语气副词可以分为肯定类和推断类两个次类，义务类语气副词包括意志类、情感类、评价类三个次类。

二　语气副词的范围

　　战国时代语气副词分为知识和义务两大类，知识类分为肯定和推断两个次类。肯定类主要包括"诚、信、实、果、本、即、唯$_1$、固（故）"等；推断类分为揣度性推断和确定性推断两小类，揣度性推断主要包括"其$_1$、几$_1$、盖、殆、或、或者、意者、无（毋）乃、得无、庶、庶几、恐"等；确定性推断主要有"必$_1$、务"等。义务类包括意志、情感、评价三个次类。其中，意志类主要包括"必$_2$、其$_2$、尚、唯$_2$、宁、慎"等；

---

① 黄珊：《〈荀子〉虚词研究》，河南大学出版社2005年版，第43页。
② 史金生：《语气副词的范围、类别和共现顺序》，《中国语文》2003年第1期。
③ 崔诚恩：《现代汉语情态副词研究》，博士学位论文，中国社会科学院，2002年。
④ 张谊生：《现代汉语副词的性质、范围与分类》，《语言研究》2000年第2期。

战国时代副词研究

情感类包括疑问、感叹、谦敬三小类。其中疑问类语气非常最多,包括"岂、其₃、庸、庸讵、几₂、盍、独、何、安、焉、恶、奚、曷、何必、又、亦"等。感叹类主要包括"何其、奚其"等;谦敬类主要包括"敢、窃、请、敬、谨、幸"等。评价类包括"曾、徒、竟"等。战国时代语气副词的范围如下表所示:

表9－1　　　　　　　战国时代语气副词分类统计表

语气副词	知识	肯定	诚、信、实、果、本、即、唯₁、固（故）
		揣度性推断	其₁、几₁、盖、殆、或、或者、意者、无（毋）乃、得无、庶、庶几、恐
		确定性推断	必₁、务
	义务	意志	必₂、其₂、尚、唯₂、宁、慎
		疑问	岂、其₃、庸、庸讵、几₂、盍、独、何、安、焉、恶、奚、曷、何必、又、亦
	情感	感叹	何其、奚其
		谦敬	敢、窃、请、敬、谨、幸
		评价	徒、竟、曾

需要说明的是,由于我们的研究目的在于揭示语气副词的语义、句法特征,尤其是语气副词所修饰中心语的倾向性特点,对于偶尔出现的具有方言性质或出现例句特别少的语气副词暂不予统计讨论。如《墨子》中"今天下之王公大人士君子,请将欲富其国家,众其人民。"对于这句话中的"请",王念孙、孙诒让都认为"请"与"诚"通假[①],萧鲁阳认为"请"不与"诚"通假,而是河南鲁山方言词,读作"清",表示确实,诚然[②]。"请"的这种用法只在《墨子》一书有少数几例,其余战国文献均未见到。又如"宣、案"等表确认语气,只在《荀子》中出现1例或极少几例。出土战国文献中表确认语气的"良、审"等用例较少,在战国传世文献中未见到。还有一些表反问的双音节语气副词,如"何遽"只在《墨子》中出现2例,"奚遽"只在《韩非子》中出现4例,其他文献均未

[①] ［清］孙诒让撰,孙启治点校:《墨子閒诂》,中华书局2001年版,第186页。
[②] 萧鲁阳:《论墨子方言研究的意义》,《中州学刊》2004年第6期。

见到，很可能也是方言用法，这些词语本书不予讨论。

第二节 知识类语气副词

战国时代知识类语气副词可以分为肯定和推断两个次类。肯定类主要包括"诚、信、实、果、本、即、唯₁、固（故）"等；推断类可以分为揣度性推断和确定性推断两小类，揣度性推断主要包括"其₁、几₁、盖、殆、或、或者、意者、无（毋）乃、得无、庶、庶几、恐"等；确定性推断主要有"必₁、务"等。

一 肯定类

肯定类语气副词主要表示对事物性质、动作行为或事件的真实性的肯定判断，或表示某种判断的正确性。

1. "诚"

语气副词"诚"，意为"的确、确实"，表示对命题或事件的真实性的肯定判断或认识，主要用于陈述句中，偶尔也可以用于疑问句。例如：

（1）子诚齐人也，知管仲、晏子而已矣。(《孟子·公孙丑上》)

（2）夫为天下者，则诚非吾子之事，虽然，请问为天下。(《庄子·徐无鬼》)

（3）公孙衍、张仪岂不诚大丈夫哉？(《孟子·滕文公下》)

（4）己诚是也，人诚非也，则是己君子，而人小人也。(《荀子·荣辱》)

（5）吾闻北方之畏昭奚恤也，果诚何如？(《战国策·楚一》)

（6）故夫舜之德其诚贤矣。(《上博楚简二·子羔》)

（7）甲臣，诚悍，不听甲。(《睡虎地秦简·封诊式》)

（8）子之言则成善矣！(《墨子·贵义》)

（9）其所是焉诚美，其所得焉诚大，其所利焉诚多。(《荀子·富国》)

（10）挟太山以超北海，语人曰"我不能"，是诚不能也。(《孟子·梁惠王上》)

(11) 诚得如此，臣免死罪矣。(《韩非子·内储说上》)

(12) 诚欲杀我，则胡不覆之，以绝阴阳之气？(《吕氏春秋·至忠》)

(13) 子诚能为寡人为之，寡人尽听子矣。(《吕氏春秋·乐成》)

(14) 臣诚知不如徐公美。(《战国策·齐一》)

(15) 诚以其国为王者之所亦王，以其国为危殆灭亡之所亦危殆灭亡。(《荀子·王制》)

(16) 今王诚听之，彼必以国事楚王。(《战国策·秦一》)

(17) 若君王诚好贤，此五臣者，皆可得而致之。(《战国策·楚一》)

(18) 是故诚有功则虽疏贱必赏，诚有过则虽近爱必诛。(《韩非子·主道》)

(19) 王曰："然。诚有百姓者。"(《孟子·梁惠王上》)

(20) 虽隐于穷阎漏屋，人莫不贵之，道诚存也。(《荀子·儒效》)

(21) 岂不大富之器诚在此也？(《荀子·儒效》)

(22) 诚如是，臣等之罪免矣。(《战国策·楚一》)

(23) 赵诚发使尊秦昭王为帝，秦必喜，罢兵去。(《战国策·赵三》)

(24) 吾未知善之诚善邪？诚不善邪？(《庄子·至乐》)

战国文献中的语气副词"诚"共112例，主要位于谓语前。"诚"既可表示对既有事实真实性的肯定判断，如例（1）—（4），例（6）—（10）等；也可用于假设句，表示如果某种动作行为确实发生，对该行为产生的后果进行预期判断，如例（11）—（13）等；还可以表示对某种行为或性质真实性的询问，如例（5）（24）。

语气副词"诚"可以修饰名词性谓语、形容词谓语和动词谓语。"诚"常用于判断句中，修饰名词性谓语，句末有语气词"也、哉"等呼应，如例（1）—（5）。判断句是表示主观判断的，与语气副词的主观性相契合。"诚"可以修饰形容词，如例（6）—（9），例（8）"成"通"诚"。形容词有很强的主观性，与语气副词语义的主观性也符合。"诚"主要修饰动词，所修饰的动词比较有特色，可以分为以下几类：首先多修饰能愿动词，常修饰的能愿动词有"能、得、欲、可、足"等，如例（10）—（13）；其次多修饰认知类或情绪类心理动词，如"知、以为、听、闻、说、好、爱、疑"等，如例（14）—（17）；可以修饰存现动词，如"有、无、存、在、丧、失"等，如例（18）—（21）；可以修饰关系动词（或称分类动词）"如、若"等，如例（22）；"诚"也可以修饰动作动词，如例（23）。语气副词"诚"一般出现在动态的句子层面，但偶尔可以出现在动词"知"后的宾语小句中，如例（24）。史金生认为语气副词通常不能用于宾语小句中，但当谓语是"知道、明白、告诉、觉得、怀疑、认为"这些表言语、心理或认知义动词时，很多语气副词又可以用于其宾语小句中①。

"诚"可以修饰谓词的肯定形式，也可以修饰谓词的否定形式，如例（2）（10）。"诚"前也可以有否定词，但不多见，考察范围内仅《孟子》中3例，都是"岂不诚"的形式，修饰名词谓语，如例（3）。

2."信"

语气副词"信"，意为"的确、确实"，表示对命题真实性的肯定判断，主要用于陈述句中，也可用于感叹句或疑问句。例如：

（1）信能行此五者，则邻国之民仰之若父母矣。（《孟子·公孙丑上》）

（2）河山之险，信不足保也。（《战国策·魏一》）

（3）夫夷子信以为人之亲其兄之子为若亲其邻之赤子乎？（《孟子·滕文公上》）

（4）同归之物，信有误者。（《墨子·贵义》）

（5）其画策终始，信如此，皆出于女环。（《战国策·楚四》）

（6）小人信以刀自伤，州人安以小人告。（《包山楚简》144）

（7）舜其信仁乎！（《韩非子·难三》）

战国文献中语气副词"信"共16例，主要位于动词谓语前。既可用

---

① 史金生：《语气副词的范围、类别和共现顺序》，《中国语文》2003年第1期。

于对已然事件或性质真实性的确认，如例（2），例（4）—（7），也可用于对未然情况推测的假设句中，如例（1），还可以表示对某种行为真实性的询问，如例（3）。同语气副词"诚"的用法一样，语气副词"信"也主要修饰动词，经常与能愿动词连用，如例（1）（2）；经常修饰表示主观认识类的动词，如心理动词"以为"、存现动词"有"、关系动词"如"等，如例（3）（4）（5）；也可以修饰动作动词，如例（6）。还可修饰形容词，如例（7）。例（7）语气副词"信"与表"推测"的语气副词"其"同用修饰谓语，在"其"后。

3. "实"

语气副词"实"表示对情况的肯定或确认，意为"确实""实际"，主要用于陈述句中。例如：

（1）攻周，实不足以利国，而声畏天下。（《战国策·西周》）

（2）我实不能，民何罪？（《左传·文公十年》）

（3）虽有骨肉之亲，无故富贵、面目美好者，实知其不能也。（《墨子·尚贤下》）

（4）有裔子曰董父，实甚好龙。（《左传·昭公二十九年》）

（5）孤实不敬，天降之灾。（《左传·庄公十一年》）

（6）君之贤实不如尧，臣之能不及舜。（《战国策·楚四》）

（7）曰："人实有国，我何爱焉。"（《左传·僖公九年》）

（8）以随之辟小而密迩于楚，楚实存之。（《左传·定公四年》）

（9）"臧人"者，甲把其衣钱匿臧乙室，即告亡，欲令乙为盗之，而实弗盗之殴。（《睡虎地秦简·法律答问》）

（10）臣之卒实奔，臣之罪也。（《左传·成公十六年》）

（11）君相楚二十余年矣，虽名为相国，实楚王也。（《战国策·楚四》）

（12）周公乃侯之于西翟，实为长公。（《吕氏春秋·音初》）

（13）人生实难，其有不获死乎？（《左传·成公二年》）

（14）管夷吾实贤而鲁囚之。（《韩非子·难言》）

战国文献中语气副词"实"共148例，主要位于谓语前。"实"主要表示对已然事件真实性的判断，如例（1）—（14）。语气副词"实"主要修饰动词性谓语，"实"修饰的动词也非常有特色，同表肯定类的语气副词"诚""信"一样，"实"也经常修饰能愿动词，如例（1）（2）；"实"经常修饰心理动词和关系动词，如例（3）—（6）；"实"还常修饰存现动词"有、存"等，如例（7）（8）；也可修饰其他动作动词，如例（9）（10）。可以修饰名词谓语，用于判断句中，如例（11）（12），其中例（11）直接修饰名词谓语，例（12）修饰准系词"为"。吕叔湘先生把这类句子称为"准判断句"，把"为""曰""谓""犹若"等动词称为"准系词"①。"实"还可以修饰形容词，如例（13）（14）。"实"可以修饰动词的否定形式，如例（1）（2）（9）。

4. "果"

语气副词"果"，表示谓语所述是确凿的事实，意为"确实""果真"，有的有深究的意味，可译为"究竟"。也可以表示事情的结局或发展与预期一致，意为"果然""果真"。"果"的"果然"义是其"确实"义引申而来，因此本书把这两种用法放在一起讨论。"果"作状语修饰谓语还可以表示最终发生的事情，意为"最终""终于""最后"等，是时间副词（详见第五章战国时代时间副词）。"果"还可以作连词，表示"如果真的……"，本书不讨论"果"的连词用法。语气副词"果"可以用于陈述句，也常常用于疑问句中。

战国文献中语气副词"果"共142例，主要位于谓语前。语气副词"果"意义的发展可以分为两个时期，在战国早中期的文献中主要表"果真""确实"义，较少"果然"义。战国后期的文献主要表示"果然"义。值得注意的是，《左传》中的"果"大多数表示"最终""终于"，如"晋侯在外十九年矣，而果得晋国。"（《左传·僖公二十八年》）战国早中期的《墨子》《孟子》《庄子》中"果"共49例，表"确实、果真"46例，表"果然"3例。例如：

（1）此果不材之木也。（《庄子·人间世》）
（2）若胜我，我不若胜，若果是也？我果非也邪？我胜若，若不

---

① 吕叔湘：《吕叔湘文集（第一卷）》，商务印书馆1990年版，第62—63页。

吾胜，我果是也？而果非也邪？（《庄子·齐物论》）

（3）若以此若三圣王者观之，则厚葬久丧果非圣王之道。（《墨子·节葬下》）

（4）吾欲以教之，庶几其果为圣人乎？（《庄子·大宗师》）

（5）储子曰："王使人瞯夫子，果有以异于人乎？"（《孟子·离娄下》）

（6）果有言邪？其未尝有言邪？（《庄子·齐物论》）

（7）所敬在此，所长在彼，果在外，非由内也。（《孟子·告子上》）

（8）若必将舍忽、易章甫，而后相见，然则行果在服也。（《墨子·公孟》）

（9）天下是非果未可定也。（《庄子·至乐》）

（10）夫形色名声，果不足以得彼之情。（《庄子·天道》）

（11）然则义果自天出矣。（《墨子·天志中》）

（12）然即之交别者，果生天下之大害者与？（《墨子·兼爱下》）

（13）俄而有无矣，而未知有无之果孰有孰无也。（《庄子·齐物论》）

（14）今我则已有有谓矣，而未知吾所谓之其果有谓乎？其果无谓乎？（《庄子·齐物论》）

（15）吾固告汝曰：人将保汝。果保汝矣！（《庄子·列御寇》）

（16）子墨子曰："果未可智也。"（《墨子·耕柱》）

表"果真"的"果"可用于判断句，如例（1）—（3）直接修饰名词或代词谓语，例（4）修饰准系词"为"。"果"主要修饰动词，可以修饰存现动词"有""在"等，如例（5）—（8）；可以修饰能愿动词，如例（9）（10）等；还可以修饰其他动作动词，如例（11）（12）等。可以修饰谓语的否定形式，如例（1）（3）（9）（10）。这种"果"可以出现在"知"的宾语小句中，即静态短语组合中，如例（13）（14）。战国早中期的文献中仅3例"果"表示"果然"，如例（15）（16），分别修饰动作动词和能愿动词。

战国后期的文献如《荀子》《韩非子》《战国策》《吕氏春秋》中语气

副词"果"共93例,仅1例表示"果真"义,还有1例表示"究竟",例如:

(17) 吾闻古者有夔一足,其果信有一足乎?(《韩非子·外储说左下》)

(18) 要此三欲,辟此三恶,果何道而便?(《荀子·君道》)

例(17)中的"果"表示"果真",与表肯定语气的副词"信"连用,修饰存现动词"有"。例(18)中的"果"表示"究竟",修饰名词性谓语。战国后期文献中的"果"主要表示"果然"义,表示事情的发展与原先设想一致。例如:

(19) 使人视之,果黑牛而以布裹其角。(《韩非子·解老》)
(20) 使人问之,果豫让。(《战国策·赵一》)
(21) 不听臣计,今果何如?(《战国策·中山》)
(22) 匠人诎,作之,成,有间,屋果坏。(《韩非子·外储说左上》)
(23) 小事果成,大事有庆。(《睡虎地秦简·日书甲种》)
(24) 田忌不听,果不入齐。(《战国策·齐一》)
(25) 及成,复度之,果不中度。(《韩非子·外储说右上》)
(26) 楚王果以新城为主郡。(《战国策·楚一》)
(27) 韩仓果恶之,王使人代。(《战国策·秦五》)
(28) 遂发重使之楚,楚之应之果劝。(《战国策·秦四》)

表示"果然"的"果"仍然可以用于判断句修饰名词性谓语,但较少,如例(19)(20)修饰名词谓语,例(21)修饰代词谓语。可以修饰形容词,如例(22)。"果"主要修饰动词,可修饰动作动词,如例(23)—(25);可修饰认知类心理动词"以为、听"等,情绪类心理动词"信、恶"等,如例(26)(27);可修饰言语类动词"告、劝、言、令"等,如例(28)。表示"果然"的"果"也可以修饰动词的否定形式,如例(24)(25)。

表示"确实、果真"的"果"如果出现在前文有预期的语境中,表示事情发生如原来设想,就自然发展为"果真、果然"义。表"果然"的"果"应该比表"确实"义的"果"更为虚化,主观性更强,表现在表"果然"的"果"不能再出现在静态的短语组合中,而且修饰的动词的范围更为广泛。

5."本"

语气副词"本"表示所述事实的初始情况,意为"本来""原本",主要用于陈述句。例如:

(1) 当此之时,本无有敢纷天子之教者。(《墨子·尚同中》)

(2) 则是不与乡吾本言民"始生未有正长之时"同乎!(《墨子·尚同中》)

(3) 然察其始而本无生;非徒无生也,而本无形;非徒无形也,而本无。(《庄子·至乐》)

战国文献中语气副词"本"较为少见,仅5例,4例修饰存现动词"无",1例修饰言语类动词。

6."即"

语气副词"即"表示对事实的确认或强调,意为"就是""便是",常常用于判断句中主谓之间,加强判断语气。例如:

(1) 兼即仁矣,义矣。(《墨子·兼爱下》)

(2) 先生即舜也。(《战国策·楚四》)

(3) 天下未尝无事也,非从即横也。(《战国策·秦四》)

(4) 民死亡者,非其父兄,即其子弟。(《左传·襄公八年》)

(5) 故用祝弗,即天下之理也。(《战国策·东周》)

(6) 齐国虽褊小,吾何爱一牛?即不忍其觳觫,若无罪而就死地,故以羊易之也。(《孟子·梁惠王上》)

(7) 且不唯泰誓为然,虽禹誓即亦犹是也。(《墨子·兼爱下》)

(8) 泰誓曰:文王若日若月,乍照,光于四方于西土。即此言文王之兼爱天下之博大也,譬之日月兼照天下之无有私也。(《墨子·兼

爱下》)

(9) 在魏者乃据圉津——即去大梁百有二十里耳！(《荀子·强国》)

(10) 故书曰："逆叔姬。"即自逆也。(《左传·宣公五年》)

战国文献中语气副词"即"共 21 例，主要修饰名词谓语，如例（1）—（5）等，例（1）（2）直接修饰名词谓语，表示判断或比喻，例（3）（4）用于"非……即……"的格式中，表示选择。也可修饰动词谓语，如例（6）（7）（9）（10）等修饰心理动词、关系动词、言语类动词、动作动词等，例（8）"即"修饰句子。例（6）（8）（9）（10）都用于解释前面所述内容，例（7）表示比较。

7. "唯$_1$"

语气副词"唯$_1$"的基本语气是表示提示、强调，也可写作"惟"，可以根据上下文灵活翻译为"就是"或不译。例如：

(1) 知我者，其惟春秋乎；罪我者，其惟春秋乎。(《孟子·滕文公下》)

(2) 是惟四时。(《楚帛书·甲篇》)

(3) 天子唯能壹同天下之义，是以天下治也。(《墨子·尚同上》)

(4) 惟曰其助上帝，宠之四方。(《孟子·梁惠王下》)

(5) 不出于门户而天下治者，其唯知反于己身者乎！(《吕氏春秋·先己》)

(6) 除君之恶，唯力是视。(《左传·僖公二十四年》)

(7) 皇皇唯谨，怠生敬，口生诟。(《上博楚简七·武王践阼》)

(8) 善日过我，我日过善，贤者唯其止也以异。(《郭店楚简·语丛三》)

(9) 祸福无门，唯人所召。(《左传·襄公二十三年》)

(10) 惟天作福，神则格之；惟天作妖，神则惠之。(《楚帛书·乙篇》)

语气副词"唯"在战国文献中共218例，既可位于句首主语前，也可位于句中主谓之间。可以修饰名词谓语，用于判断句中，如例（1）（2）。可以修饰动词性谓语，如例（3）—（6）分别修饰能愿动词、言语类动词、心理动词等。可以修饰形容词谓语，如例（7）。可以修饰主谓短语，如例（8）。可以修饰句子，如例（9）（10）。可以用在"唯宾是（之）动"格式中，如例（6）。"唯"出现的句式也较为广泛，常常出现在陈述句中，也可以出现在疑问句或感叹句中。

8. "固（故）"

语气副词"固"，有时候也写作"故"，意为"本来、固然"，表示事情本应如此或原本如此，加强对相关事件或命题的肯定。例如：

(1) 然。固相师之道也。(《论语·卫灵公》)

(2) 夫诗书礼乐之分，固非庸人之所知也。(《荀子·荣辱》)

(3) 天子者，固天下之仁人也。(《墨子·尚同中》)

(4) 彼固为天下之大虑也。(《荀子·荣辱》)

(5) 晋固为诸侯盟主，未有先晋者也。(《左传·襄公二十七年》)

(6) 吾以《甘棠》得宗庙之敬，民性固然。(《上博楚简一·孔子诗论》)

(7) 公曰："清商固最悲乎？"(《韩非子·十过》)

(8) 人之迷也，其日故以久矣。(《韩非子·解老》)

(9) 而临淄之卒，固以二十一万矣。(《战国策·齐一》)

(10) 吾断足也，固吾罪当之，不可奈何。(《韩非子·外储说左下》)

(11) 且夫耳目知巧，固不足恃。(《吕氏春秋·任数》)

(12) 其力能至焉而弗为乎？吾弗知也。抑其力固不能至焉乎？吾又弗知也。(《上博楚简五·鬼神之明》)

(13) 王室所当祠固有矣。(《睡虎地秦简·法律答问》)

(14) 自本自根，未有天地，自古以固存。(《庄子·大宗师》)

(15) 是必夫奇鬼也，我固尝闻之矣。(《吕氏春秋·疑似》)

(16) 我非子，固不知子矣；子固非鱼也，子之不知鱼之乐，全

矣！(《庄子·秋水》)

(17) 非特以为淫泰也，固以为主天下，治万变。(《荀子·富国》)

(18) 臣固疑大王不能用也。(《战国策·秦一》)

(19) 彼固曷足称乎大君子之门哉！(《荀子·仲尼》)

(20) 吾固告汝曰：人将保汝。果保汝矣！(《庄子·列御寇》)

(21) 夫子在三卿之中，名实未加于上下而去之，仁者固如此乎？(《孟子·告子下》)

(22) 祭、卫不枝，固将先奔。(《左传·桓公五年》)

战国文献中语气副词"固"共363例，主要位于谓语前。"固"主要表示对既有事实或情况的确认、肯定，因此主要用于陈述句中，如例(1)—(6)等；偶尔也可以表示对某种情况是否属实的疑问，如例(7)用于是非问句，例(12)用于正反问句。这和现代汉语语气副词"的确"不同。齐春红认为现代汉语"的确"类语气副词都不能用在真正的是非问句中，一般用于陈述句和感叹句中[①]。

语气副词"固"的句法特点如下："固"常常修饰名词性谓语，用于判断句中，绝大多数是直接修饰名词谓语，如例(1)—(3)；也可以修饰准系词"为"，如例(4)(5)；可以修饰代词谓语，如例(6)。考察范围内"固"用于判断句表示主观判断共47例，约占13%。可以修饰形容词谓语，如例(7)(8)，共30例，约占8%。偶尔可以修饰数词谓语，仅1例，如例(9)。偶尔还可以修饰小句，仅1例，如例(10)。"固"修饰动词最多，共284例，约占78%。其中，经常修饰能愿动词，如例(11)(12)等；可以修饰存现动词"有、无、亡、存、在、丧、失"等，如例(13)(14)，其中修饰"有"最多；可以修饰认知类、情绪类心理动词如"闻、见、听、知、以为、识、畏、疑、信、患、惑、惊、愁"等，如例(15)—(18)；可以修饰言语称谓类动词如"告、称、曰、言、谓、云"等，如例(19)(20)；可修饰关系动词(或称类同动词)"如、若"等，如例(21)。还可以修饰其他动作行为类动词，如例(22)。可

---

① 齐春红：《现代汉语语气副词研究》，博士学位论文，华中师范大学，2005年。

见，语气副词"固"修饰的动词范围十分广泛。

战国文献中肯定类语气副词的出现频率及其对中心语的选择情况见表表9-2、9-3。

表9-2　　　　　　肯定类语气副词出现频率统计表

固（故）	唯₁	实	果	诚	信	即	本
363	218	148	142	112	16	21	5

表9-3　　　　肯定类语气副词对中心语的选择情况统计表
（"+"表示能够修饰该中心语，"#"表示很少）

	能愿动词	存现动词	认知心理动词	情绪心理动词	言语动词	关系动词	动作动词	名词谓语	形容词	句子
诚	+	+	+	+		+	+	+	+	
实	+	+	+	+		+	+		+	
果	+	+	+	+	+		+	+	+	
固	+	+	+	+	+	+	+	+	+	#
信	+	+	+							
即				+	+	+		+		+
唯₁	+		+				+	+		+
本		+			+					

由表9-2可知，战国文献中最主要的肯定类语气副词是"固、唯₁、诚、实、果"。由表9-3可知，肯定类语气副词中除了出现次数较少的"即""本"之外，大多数都能修饰能愿动词、存现动词、心理动词、动作动词等，也基本上能够用于判断句中，修饰名词或代词谓语，能够修饰形容词。只有"唯₁""即"能够修饰小句，"固"修饰句子仅1例。可见，语气副词的使用频率与其修饰的中心语范围呈正相关，副词出现频率越高，可修饰的中心语范围越广泛。

二　推断类

（一）揣度性推断

揣度性推断语气副词主要表示对事件、情况或某种可能性的推测、估计等。根据揣度性推断语气副词主要出现的语言环境，可以分为三个小类：一类是没有褒贬语义倾向，可以修饰各种语义词语，主要有"其$_1$、盖、殆、或、或者、意者"等；一类是主要修饰褒义色彩词语，运用于肯定、积极意义语言环境，主要有"庶、庶几"等；一类是主要修饰贬义色彩词语，运用于否定、消极意义语言环境，主要有"几、恐、无（毋）乃、得无"等。

1. 没有褒贬语义倾向

1.1 "其$_1$"

语气副词"其"表示说话人委婉地表达对某一事实情况的推断、推测，意为"大概""也许"等。例如：

(1) 畅之四支，接之肌肤，华发隳颠，而犹弗舍者，其唯圣人乎！（《墨子·修身》）

(2) 子曰："语之而不惰者，其回也与！"（《论语·子罕》）

(3) 孝弟也者，其为仁之本与！（《论语·学而》）

(4) 二十年以外，吴其为沼乎！（《左传·哀公元年》）

(5) 亡其及我乎？孔子闻之曰："赵氏其昌乎！"（《吕氏春秋·慎大》）

(6) 赵孟曰："其几何？"对曰："钅咸闻之，国无道而年谷和熟，天赞之也。鲜不五稔。"（《左传·昭公元年》）

(7) 世有三亡，而天下得之，其此之谓乎！（《韩非子·初见秦》）

(8)《诗》曰"孝子不匮，永锡尔类。"其是之谓乎！（《左传·隐公元年》）

(9) 用志不分，乃凝于神。其佝偻丈人之谓乎！（《庄子·达生》）

(10) 为此诗者，其知道乎！（《孟子·公孙丑上》）

(11) 千金，重币也；百乘，显使也。齐其闻之矣。（《战国策·齐四》）

(12) 王送知䘅，曰："子其怨我乎？"（《左传·成公三年》）

(13) 吾欲两用公仲、公叔，其可乎？（《战国策·韩一》）

(14) 郑伯效尤，其亦将有咎。(《左传·庄公二十一年》)

(15) 行微如日月，忠诚盛于内，贲于外，形于四海，天下其在一隅邪！(《荀子·尧问》)

(16) 王曰："诸侯其来乎？"对曰："必来。"(《左传·昭公四年》)

战国文献中表揣测的语气副词"其"共231例，主要位于动词、形容词或名词谓语前。"其"基本上用于揣度问句中，也有一部分用于感叹句，句末一般都有语气词"乎"与之呼应，有时候是语气词"也、邪、与"等相呼应，偶尔可以用于陈述句中，句末有语气词"矣"，很少有句末不带语气词的。

语气副词"其"可修饰名词性谓语，用于判断句中，共52例，占23%。大多数是"其+（唯）+N+乎（也、耶、邪）"的格式，"其"可直接修饰名词性谓语，如例（1）（2）；也可以是"其+为+N+乎（也、乎、矣）"的格式，"其"修饰准系词"为"，如例（3）（4）。可修饰形容词谓语，共11例，占5%，如例（5）。偶尔可以修饰数词谓语，考察范围内仅1例，如例（6）。"其"主要修饰动词性谓语，共167例，占72%。其中，主要修饰言语类动词，如"谓、云"等，"其+是（此、斯）+之+谓+乎"格式非常常见，如例（7）（8），也可以是"其+N+之+谓+乎"格式，如例（9）。"其"常修饰的动词还有心理动词、能愿动词、存现动词等，如例（10）（11）修饰认知类心理动词，例（12）修饰情绪类心理动词，例（13）修饰能愿动词，例（14）（15）修饰存现动词。"其"还可以修饰其他动作动词，如例（16）。

1.2 "盖"

语气副词"盖"同"殆"一样，也是主要表示较为肯定的推测语气，意为"大概、可能"。例如：

(1) 盖非兼王之道也。(《墨子·亲士》)

(2) 列御寇，盖有道之士也。(《庄子·让王》)

(3) 此盖为宥坐之器。(《荀子·宥坐》)

(4)《君奭》曰："唯冒丕单称德"，盖言疾也。(《郭店楚简·成

之闻之》）

（5）怀尔明德，盖诚谓之也。（《上博楚简一·孔子诗论》）

（6）有能一日用其力于仁矣乎？我未见力不足者。盖有之矣，我未见也。（《论语·里仁》）

（7）抒其志，求养亲之志，盖无不以也，是以绵也。（《郭店楚简·六德》）

（8）盖闻君子犹鸟也，骇则举。（《吕氏春秋·审应》）

（9）君子曰："子省，盖喜於内，不见於外；喜於外，不见於内。"（《上博楚简二·昔者君老》）

（10）虽疏食菜羹，未尝不饱，盖不敢不饱也。（《孟子·万章下》）

（11）盖必死愈为乐乎？（《上博楚简六·竞公瘧》）

（12）盖帝尧长，帝舜短。（《荀子·非相》）

（13）盖贵仁者寡，能义者难也。（《韩非子·五蠹》）

战国文献中语气副词"盖"共41例，主要用于陈述句，表示说话人的主观估计或推测。"盖"可以位于句首主语前，修饰整个小句，也可以位于谓语前，句末一般有语气词"也、乎、矣"等。可以修饰名词谓语，用于判断句中，表示主观判断，如例（1）（2）（3），例（3）有准系词"为"。"盖"主要修饰动词谓语，其中，经常修饰的动词有"言、曰、谓、云"等言语类动词，多达9例，如例（4）（5）；可以修饰存现动词"有、无"等，表示对事情、情况存在的主观判断、认识，如例（6）（7）；可以修饰心理动词，如例（8）（9）；可以修饰能愿动词，如例（10）；可以修饰其他行为动词，如例（11）。还可以修饰句子，如例（12）（13）。

1.3 "殆"

"殆"意为"大概、或许"，表示对某一事件不十分肯定的推测或估计，也表示较大的可能性。例如：

（1）是殆非周公之行，非孔子之言也。（《荀子·儒效》）

（2）田骈曰："殆乎非士也。"（《吕氏春秋·士容》）

(3) 帝曰："汝殆其然哉！"（《庄子·天运》）

(4) 公上过曰："殆未能也。"（《吕氏春秋·高义》）

(5) 国人皆以夫子将复为发棠，殆不可复。（《孟子·尽心下》）

(6) 是殆见吾善者机也。（《庄子·应帝王》）

(7) 二主殆将有变。（《战国策·赵一》）

(8) 殆其失国。（《左传·昭公十一年》）

(9) 而天不靖晋国，殆将启之。（《左传·僖公二十三年》）

(10) 子桑殆病矣！（《庄子·大宗师》）

战国文献中语气副词"殆"共33例，主要位于谓语前。一般用于陈述句中，也有一些"殆"用于有轻微感叹语气的句子中。可以修饰名词性谓语，用于判断句中，如例（1）（2）修饰名词谓语，如例（3）修饰代词谓语。"殆"主要修饰动词谓语，其中，可以修饰能愿动词，如例（4）（5）；可以修饰心理动词，如例（6）；可以修饰存现动词，如例（7）（8）；还可以修饰其他动作动词或少数状态动词，如例（9）（10）等。

1.4 "或""或者"

语气副词"或""或者"表示对事情的估计或推测，意为"或许""也许"。例如：

(1) 如天不雨，石将焦，木将死，其欲雨或甚于我，何必恃乎名乎？夫川，水以为肤，鱼以为民。……如天不雨，水将涸，鱼将死，其欲雨或甚于我，何必恃乎名乎？（《上博楚简二·鲁邦大旱》）

(2) 使人夺人衣，罪或轻或重；使人予人酒，义或厚或薄。（《墨子·经说下》）

(3) 亥稻，不可以始种及获赏，其岁或弗食。（《睡虎地秦简·日书甲种》）

(4) 夫岂不义而曾子言之？是或一道也。（《孟子·公孙丑下》）

(5) 君用其言而赏后其身，或者不可乎！（《吕氏春秋·义赏》）

(6) 天或者以陈氏为斧斤。（《左传·哀公十五年》）

(7) 然则儒墨杨秉四，与夫子为五，果孰是邪？或者若鲁遽者邪？（《庄子·徐无鬼》）

(8) 不智其数，恶智爱民之尽之也？或者遗乎其问也？(《墨子·经说下》)

(9) 夫灶，一人炀焉，则后人无从见矣。或者一人炀君邪？(《韩非子·难四》)

(10) 或者其君实甚。(《左传·襄公十四年》)

战国文献中语气副词"或"22 例，主要位于谓语前。修饰形容词性谓语 11 例，如例（1）（2）；修饰动词性谓语 10 例，主要是动作动词，如例（3）；修饰名词性谓语 1 例，用于判断句中，如例（4）。

"或者"共 19 例，可以位于动词性谓语前，也可位于句首主语前。主要修饰动词性谓语，可修饰能愿动词，如例（5）；可修饰认知类心理动词，如例（6）；可修饰关系动词，如例（7）；可修饰其他动作动词，如例（8）。还可以修饰句子，如例（9）（10）。

"或"与"或者"的区别是，"或"只用于谓语前，一般不用于句首；"或者"可以位于谓语前，还可以用于句首主语前。"或"主要修饰动词、形容词性词语，很少修饰句子，"或者"除了修饰动词性词语，还可以修饰句子。

1.5 "意者"

"意者"意为"恐怕""也许"，表示对某一事件委婉的推测或估计。例如：

(1) 意者为其实邪？(《吕氏春秋·顺说》)

(2) 欲以禁止大国之攻小国也，意者可邪？(《墨子·节葬下》)

(3) 意者羞法文王也？(《吕氏春秋·开春》)

(4) 意者秦王帝王之主也，君恐不得为臣。(《战国策·齐四》)

(5) 意者堂下其有翳憎臣者乎？(《韩非子·内储说下》)

(6) 今吾事先生久矣，而福不至，意者先生之言有不善乎？(《墨子·公孟》)

(7) 孔子曰：意者身不敬与？(《荀子·子道》)

(8) 意者，臣愚而不阖于王心耶！(《战国策·秦三》)

战国文献中语气副词"意者"共 24 例，主要用于句首。主要用于疑问句或感叹句中，句末一般都有语气词"也、邪、乎"配合使用。"意者"可以修饰的成分较多，如修饰介词短语 2 例，如例（1）；修饰能愿动词"可" 5 例，如例（2）；修饰情绪类心理动词"敬、羞、恭"等 5 例，如例（3）；修饰小句 12 例，如例（4）—（8）。"意者"修饰的小句多为判断句，如例（4），或者小句的谓语动词为主观性较强的动词"有"或心理动词等，如例（5）—（8）。

以上揣度性推断语气副词中，"其"出现频率最高，"盖、殆、或、或者、意者"出现频率较低。这些表示推测的语气副词使用语境广泛，修饰的词语没有明显的语义褒贬色彩或倾向性，可以修饰中性意义词语，也可以修饰褒义类或贬义类词语。"其""殆""或"主要位于谓语前，"盖""意者""或者"可以位于谓语前也可以修饰句子，用于句首主语前。

2. 主要用于积极意义语境

"庶""庶几"表示对某种可能性的估计或推测，意为"或许""也许"，可用于测度问句中，也可用于陈述句或感叹句中。例如：

(1) 少君不可以访，是以求长君，庶亦能容群臣乎！（《左传·哀公六年》）
(2) 好我者劝，恶我者惧，庶有益乎！（《左传·僖公十五年》）
(3) 以能忍耻，庶无害赵宗乎！（《左传·哀公二十七年》）
(4) 君姑修政而亲兄弟之国，庶免于难。（《左传·桓公六年》）
(5) 庶几其圣人乎！（《庄子·桑庚楚》）
(6) 吾欲以教之，庶几其果为圣人乎？（《庄子·大宗师》）
(7) 寓而政于臧丈人，庶几乎民有瘳乎！（《庄子·田子方》）
(8) 吾王庶几无疾病与？何以能鼓乐也？（《孟子·梁惠王下》）
(9) 庶几免于戾乎！（《左传·文公十八年》）
(10) 王庶几改之。（《孟子·公孙丑下》）
(11) 吉庶几焉。（《左传·昭公三年》）

战国文献中表推测的语气副词"庶" 6 例，"庶几" 10 例。"庶"主要在动词谓语前，如例（1）—（4）；"庶几"可以在句首主语前，修饰句子，如例（5）—（7），也可以在动词谓语前，如例（8）—（10），还可以省略谓语动词，如例（11）。"庶""庶几"常修饰的谓语动词主要有能愿动词，如例（1）；可修饰存现动词"有、无"等，如例（2）（3）（8），尤其是经常修饰动词"有"，多达5例，占总数的31%；可修饰其他动作动词，如例（4）（9）（10）。

如以上例子所示，语气副词"庶、庶几"主要用于肯定、正面、如意性质的语言环境中，一般修饰褒义类词语或表示肯定、积极语义。

"庶、庶几"用于积极意义语境与"庶"的本义有关。《尔雅·释言》："庶，幸也。"《汉语大字典》："庶，欣幸；希冀。"① "庶"语源上有"欣幸"之意，因此虚化为副词后仍残留其本义特点，多用于积极意义语境中。

3. 主要用于消极意义语境

3.1 "几"

语气副词"几"意为"差不多""几乎"，表示可能性极大的推测或估计，主要用于陈述句或感叹句中。例如：

（1）臣以为天下之从，几不难矣。（《韩非子·初见秦》）
（2）传其常情，无传其溢言，则几乎全。（《庄子·人间世》）
（3）是于己长虑顾后，几不甚善矣哉！（《荀子·荣辱》）
（4）阖庐试其民于五湖，剑皆加于肩，地流血几不可止。（《吕氏春秋·用民》）
（5）不为社者，且几有翦乎！（《庄子·人间世》）
（6）文侯微翟黄，则几失忠臣矣。（《吕氏春秋·自知》）
（7）孔某之荆，知白公之谋，而奉之以石乞，君身几灭，而白公僇。（《墨子·非儒下》）
（8）期年将有大咎，几亡国。（《左传·僖公十四年》）
（9）今以不谷之不肖，而群臣莫能逮，吾国几于亡乎！（《荀子·尧问》）

---

① 汉语大字典编辑委员会编撰：《汉语大字典》，四川出版集团·四川辞书出版社2010年版，第951页。

(10) 楚师多冻，役徒几尽。(《左传·襄公十八年》)

(11) 而几死之散人，又恶知散木！(《庄子·人间世》)

(12) "子几死乎?"曰："然。"(《庄子·山木》)

(13) 秦人来袭之，至，几夺其军。(《韩非子·外储说左上》)

(14) 非社稷之神灵，即镐几不守。(《战国策·赵二》)

(15) 疾走料虎头，编虎须，几不免虎口哉！(《庄子·盗跖》)

(16) 吾几祸令尹。(《吕氏春秋·慎行》)

(17) 微子之言，寡人几过。(《吕氏春秋·似顺》)

(18) 今令尹又用之，杀众不辜，以兴大谤，患几及令尹。(《吕氏春秋·慎行》)

(19) 殆乎！非我与吾子之罪，几天与之也！(《庄子·徐无鬼》)

(20) 阳虎不敢为非，以善事简主，兴主之强，几至于霸也。(《韩非子·外储说左下》)

战国文献中语气副词"几"共34例，主要用于谓语动词或形容词前，在句首主语前仅1例，如例（19）。"几"可以修饰形容词，如例（1）（2）（3）。主要修饰动词，如可以修饰能愿动词，如例（4）；可修饰存现动词"有""失"等，如例（5）（6）；可修饰一般动作动词，但大多为贬义的、反面的、不如意类动词，如死亡、灭亡类或失去、祸患、错误类动词，如（7）—（17）；或出现在消极意义事件中，如例（18）（19）。如果修饰褒义或中性意义词语，则常用于否定结构，表示否定、消极意义，如例（3）（4）等。"几"用于积极意义语境的不多，如例（1）（2）（20）。

"几（幾）"常用于消极意义语境也与其本义有关。《说文》："幾，殆也。"《尔雅·释诂下》："幾，危也。"郭璞注："幾犹殆也。"《古代汉语字典》："幾的本义是指有危险的征兆。"[①] "幾"本是名词，"危险、危机"之意，先秦文献中多有用例。如"利人之幾，而安人之乱，以为己荣，何以丰财?"(《左传·宣公十二年》) 后虚化为副词，使用语境仍与其本义相关。

[①] 《古代汉语字典》编委会编：《古代汉语字典》，商务印书馆国际有限公司2005年版，第331页。

3.2 "恐"

语气副词"恐",意为"恐怕""也许",表示委婉地推测或估计,一般用于陈述句中。例如:

（1）扁鹊曰:"君有疾在腠理,不治将恐深。"(《韩非子·喻老》)

（2）侮夺人之君,惟恐不顺焉,恶得为恭俭?(《孟子·离娄上》)

（3）先生恐不得饱。(《庄子·天下》)

（4）既得闻道,恐弗能守。(《上博楚简三·彭祖》)

（5）殆不若止之,将恐得伤其体也。(《荀子·正论》)

（6）公今言破赵大易,恐有后咎。(《战国策·魏二》)

（7）今主君德薄,不足听之,听之将恐有败。(《韩非子·十过》)

（8）非恶富也,恐失富也。(《左传·襄公二十八年》)

（9）犹恐弗知。(《上博楚简六·孔子见季桓子》)

（10）私其所积,唯恐闻其恶也。倚其所私,以观异术,唯恐闻其美也。(《荀子·解蔽》)

（11）以此教人,恐不爱人;以此自行,固不爱己。(《庄子·天下》)

（12）故以一秦而敌大魏,恐不如。(《战国策·齐五》)

（13）恐贻吾子羞,愿因吾子而治。(《上博楚简三·仲弓》)

（14）子阳极也好严,有过而折弓者,恐必死。(《吕氏春秋·适威》)

（15）秦衔赂以自强,山东必恐亡。(《战国策·秦五》)

战国文献中语气副词"恐"共76例,主要位于谓语动词或形容词前。"恐"可以修饰形容词性谓语,但较少,考察范围内仅2例,如例（1）（2）。"恐"主要修饰动词性谓语,常常修饰能愿动词,如例（3）—（5）;可以修饰"有、无、失"等存现动词,如例（6）—（8）;可以修饰认知类心理动词,如例（9）（10）;可以修饰情绪类心理动词,如例

（11）；可以修饰关系动词等，如例（12）；还可修饰其他动作动词，如例（13）—（15）等。

与语气副词"几"一样，语气副词"恐"修饰的也多为否定的、不如意等消极意义的词语。这可以分为两种情况，一种是直接修饰消极意义的词语，如常修饰生病、伤害类、失去类词语，如例（1）（5）（8），例（1）"深"指"病深"；修饰动词"有"时，"有"的宾语也一般是灾祸类，如例（6）（7）；常修饰羞耻类、死亡类等词语，如例（13）—（15）。第二种是如果修饰褒义类或中性意义词语，一般都是否定式，如例（2）—（4），例（9）。除了以上例子，"恐"修饰的其他消极类词语还有"陨落、害、亏、烧、恶、逮、夺、焚"等。"恐"多修饰消极类词语与"庶""庶几"多修饰积极类词语形成鲜明对比，如"庶""庶几"修饰存现动词"有"时，宾语往往是褒义类词语如"益、瘳"等；修饰动词"无""免"时，宾语是贬义类词语如"疾病、害、庆、难"等。

语气副词"恐"多修饰意义消极类词语的主要原因在于其源于心理动词"恐"，动词"恐"意为"恐惧、畏惧"，人们恐惧的事情多为灾害、失败、死亡等不顺利、不吉祥的事情，虚化为副词"恐"后，依然与动词"恐"使用的语境相同。这说明语气副词"恐"的虚化尚未真正完成，还残存其作动词的痕迹。

3.3 "无（毋）乃"

双音节语气副词"无乃"，也可以写作"毋乃"，意为"恐怕""或许"，表示对事件委婉的推测或估计，带有商量的语气，常常用在测度问句中。例如：

（1）见秦师利而因击之，无乃非为人子之道欤？（《吕氏春秋·悔过》）

（2）若以不孝令于诸侯，其无乃非德类也乎？（《左传·成公二年》）

（3）丘何为是栖栖者与？无乃为佞乎？（《论语·宪问》）

（4）君无乃为不好士乎？（《庄子·让王》）

（5）既受吾实，又责吾礼，无乃难乎？（《吕氏春秋·下贤》）

（6）今豆有加，下臣弗堪，无乃戾也。（《左传·昭公六年》）

(7) 今季孙乃始血，其毋乃未可知也。(《韩非子·说林上》)

(8) 先君无乃有罪乎？(《左传·成公十六年》)

(9) 孔子答曰："邦大旱，毋乃失诸刑与德乎？"(《上博楚简二·鲁邦大旱》)

(10) 见士问曰：无乃不察乎？(《荀子·尧问》)

(11) 人皆见曾点曰："无乃畏邪？"(《吕氏春秋·劝学》)

(12) 赐，尔闻巷路之言，毋乃谓丘之答非欤？(《上博楚简二·鲁邦大旱》)

(13) 无乃伤叶阳君、泾阳君之心乎？(《战国策·赵四》)

(14) 吾闻胜也诈而乱，无乃害乎？(《左传·哀公十六年》)

战国文献中语气副词"无（毋）乃"共68例，主要位于谓语前。可以用于判断句中，如例（1）（2）修饰名词谓语，例（3）（4）修饰准系词"为"。可以修饰形容词，如例（5）（6）。主要修饰动词，可以修饰能愿动词，如例（7）；可以修饰存现动词"有、失"等，如例（8）（9）；可以修饰认知类、情绪类心理动词，如例（10）（11）；可以修饰言语类动词，如例（12）；还可以修饰其他动作动词，如例（13）（14）。

"无（毋）乃"也较多出现在否定、消极意义的语言环境中，如常修饰否定、贬义类词语如"难、戾、为佞、伤、害、畏"等，如果"无乃"修饰褒义类或中性词语，多为否定形式。但"无（毋）乃"所修饰词语整体语义的否定性或消极性程度较"恐、几"修饰的词语轻。

"无乃"在出土文献中写作"毋乃"，《说文》："毋，止之也。"副词"毋"表示禁止，禁止做的事情往往是不好的或不能做的事情，如《左传》中"无乃不可乎？"非常多见。因此副词"毋"与"乃"结合成的复合词"毋乃"常用于消极、否定意义语境。

3.4 "得无"

语气副词"得无"，意为"恐怕、也许"，表示委婉的揣测语气，主要用于测度问句中。例如：

(1) 今渔父杖拏逆立，而夫子曲要磬折，言拜而应，得无太甚乎！(《庄子·渔父》)

(2) 籍人以此,得无危乎?(《战国策·秦三》)

(3) 日食饮得无衰乎?(《战国策·赵四》)

(4) 堂下得无微有疾臣者乎?(《韩非子·内储说下》)

(5) 夫少正卯鲁之闻人也,夫子为政而始诛之,得无失乎。(《荀子·宥坐》)

(6) 君得无有所怨齐士大夫?(《战国策·秦三》)

(7) 得无嫌于欲亟葬乎?(《吕氏春秋·开春》)

(8) 跖得无逆汝意若前乎?(《庄子·盗跖》)

(9) 然则白公之乱得无遂乎?(《战国策·楚一》)

(10) 楼缓言不媾来年秦复攻王,得无更割其内而媾。(《战国策·赵三》)

战国文献中语气副词"得无"共13例,主要位于谓语前。可以修饰形容词或形容词短语,如例(1)—(3)。也可以修饰动词谓语,如例(4)(5)修饰存现动词,例(6)(7)修饰心理动词,例(8)—(10)修饰动作动词。

语气副词"得无"例句较少,整体上看,多用于消极意义的语境中。

总之,在主要用于表示消极意义语境的语气副词"几、恐、无乃、得无"中,副词"几、恐"修饰的词语消极意义程度最重,通常是死亡祸患类、失败伤害类词语;副词"无乃、得无"修饰的词语消极意义程度较轻,通常是怨恨忧惧类、危险不顺类、否定失去类词语。

(二)确定性推断

确定性推断语气副词表示说话人对未来将要发生的情况十分肯定的推断,或表示说话人强烈的意志和信念。这类语气副词较少,主要有"必$_1$""务"等。

1. "必$_1$"

语气副词"必",意为"必然""一定"等,表示说话人强烈的意志、愿望或决心,也可表示动作行为性质必然发生、存在等肯定性极强的判断、推测。主要用于陈述句,偶尔也可用于疑问句或感叹句。例如:

(1) 此必介子推也。(《吕氏春秋·介立》)

第九章　战国时代语气副词

（2）亡邓国者，必此人也。（《左传·庄公六年》）

（3）若在异国，必姜姓也。（《左传·庄公二十二年》）

（4）二三子复于子墨子曰："告子胜为仁。"子墨子曰："未必然也！"（《墨子·公孟》）

（5）万乘之国弑其君者，必千乘之家；千乘之国弑其君者，必百乘之家。（《孟子·梁惠王上》）

（6）师延东走，至于濮水而自投，故闻此声者必于濮水之上。（《韩非子·十过》）

（7）能法之士，必强毅而劲直，不劲直不能矫奸。（《韩非子·孤愤》）

（8）若齐不破，吕礼复用，子必大穷矣。（《战国策·秦三》）

（9）夫为人父者，必能诏其子；为人兄者，必能教其弟。（《庄子·盗跖》）

（10）若朝陈使请，必可得也。（《左传·隐公四年》）

（11）精气之集也，必有人也。（《吕氏春秋·尽数》）

（12）是故穷则必有名，达则必有功。（《荀子·君道》）

（13）丘也幸，苟有过，人必知之。（《论语·述而》）

（14）无故索地，邻国必恐，彼重欲无厌，天下必惧。（《韩非子·说林上》）

（15）德必称位，位必称禄，禄必称用。（《荀子·富国》）

（16）王必曰：惜矣！（《战国策·秦四》）

（17）骤夺民时，天饥必来。（《上博楚简五·三德》）

（18）凡五子，不可以作大事，不成，必毁其王，有大咎。（《九店楚简》156）

（19）孟子曰："许子必种粟而后食乎？"曰："然。"（《孟子·滕文公上》）

（20）我以为必能射御之士喜，不能射御之士惧。（《墨子·尚贤下》）

战国文献中语气副词"必"出现频率较高，共 2520 例。从语用上看，"必"主要出现在这三种环境中：第一种，表示基于某种常识或已知信息对现实情况做出肯定的判断、推测，如例（1）（2）（4）（6）（16）（18）（19）；第二种，表示对某种规律性事件、情况的肯定性总结或推断，常常用于论辩文或说理文中，如例（5）（7）（9）（11）（12）（15）（17）（20）；第三种，表示基于某种假设条件，对将会出现的结果进行肯定的推测，如例（3）（8）（10）（13）（14）。

从句法位置上看，"必"主要位于谓语前，经常与句末语气词"乎""也""焉"等连用。"必"修饰的谓语成分十分丰富，可以修饰名词性谓语，用于判断句中，如例（1）—（4）。可以修饰数量短语，如例（5）。可以修饰介词短语，如例（6）。可以修饰形容词谓语，如例（7）（8）。"必"主要修饰动词，修饰的动词复杂多样，可以修饰能愿动词，如例（9）（10）；可以修饰存现动词，如"有、无、失、亡、在"等，如例（11）（12）；可以修饰心理动词，如例（13）（14）；可以修饰言语类动词，如例（15）（16）。可以修饰大多数动作动词，如例（17）—（19）。"必"可以出现在"以为"的宾语小句中，如例（20）。

2．"务"

语气副词"务"，意为"务必""一定"等，表示事情发生的客观必然性或表示说话人强烈的信心和坚定的态度。主要用于陈述句中。例如：

（1）故君子务修其内，而让之于外；务积德于身，而处之以遵道。（《荀子·儒效》）

（2）是故知不务多，务审其所知；言不务多，务审其所谓；行不务多，务审其所由。（《荀子·哀公》）

（3）欲富国者，务广其地；欲强兵者，务富其民；欲王者，务博其德。（《战国策·秦一》）

（4）婴闻所谓贤人者，入人之国必务合其君臣之亲，而弭其上下之怨。（《墨子·非儒下》）

（5）故昔者三代圣王禹汤文武方为政乎天下之时，曰：必务举孝子而劝之事亲，尊贤良之人而教之为善。（《墨子·非命下》）

（6）督以正，义其名，必务宽吾众，信吾师，以此授诸侯之师，则天下无敌矣。（《墨子·非攻下》）

第九章 战国时代语气副词

战国文献中语气副词"务"共20例,主要位于谓语前。主要修饰动作动词,如(1)(4)(5)等,也可以修饰形容词,如例(2)(3)(6)。可以与"必"连用,如例(4)(5)(6)。

战国文献中推断类语气副词的出现频率及其修饰中心语的情况见下表。

表9-4　　　　　推断类语气副词出现频率统计表

其$_1$	盖	殆	或（或者）	意者	庶（庶几）	几	恐	无乃	得无	必$_1$	务
231	41	33	41	24	16	34	76	68	13	2520	20

表9-5　　　　推断类语气副词对中心语的选择情况统计表

	能愿动词	存现动词	认知心理动词	情绪心理动词	言语动词	关系动词	动作动词	名词谓语	形容词	句子
其$_1$	+	+	+	+	+		+	+	+	
盖	+	+	+	+	+		+	+		+
殆	+	+	+					+	+	
或		+						+	+	
或者	+			+					+	+
意者	+	+		+					+	+
庶	+	+								
庶几			+				+	+		+
几$_1$	+	+								
恐	+	+	+	+		+	+		+	
无乃	+	+	+	+			+			
得无		+		+			+		+	
必$_1$	+	+	+	+	+	+	+			
务							+		+	

由表9-4可知推断类语气副词中使用频率最高的是揣度副词"其$_1$"和确定副词"必$_1$",其次是"恐、无乃、盖、殆"等,其他如"意者、或、或者、得无、庶、庶几、务"等都不多见。

由表9-5可知，绝大多数推断类语气副词都能修饰的词语主要有能愿动词、存现动词、动作动词和形容词，有一些语气副词由于出现次数太少，如"或""庶""庶几""得无"等，未见修饰能愿动词或形容词的例子。只有一部分语气副词可以修饰心理动词、言语类动词、关系动词或名词谓语。能够修饰句子的只有"盖""或者""意者""几""庶几"等。值得注意的是，意义相同的单音节副词与双音节副词，如"或"与"或者"，"庶"与"庶几"，由于音节不同，其句法功能也不同，单音节副词不能出现在句首，而双音节副词可以。

第三节 义务类语气副词

义务类语气副词包括意志、情感、评价三个次类。其中，意志类主要包括"必$_2$、其$_2$、尚、唯$_2$、宁、慎"等；情感类包括疑问、感叹、谦敬三小类，其中疑问类最多，包括"岂、其$_3$、庸、庸讵、几$_2$、盍、独、何、奚、焉、安、恶、曷、何必、又、亦"等。感叹类主要包括"何其、奚其"；谦敬类主要包括"请、敢、窃、敬、幸、谨"等。评价类主要包括"曾、徒、竟"等。

一 意志类

1. "必$_2$"

语气副词"必$_2$"，意为"必须""一定"等，表示说话人强烈的意志、愿望或决心。"必"主要出现在陈述句中，也可以出现在反问句中，还可以出现在祈使句中。例如：

(1) 齐宣王使人吹竽，必三百人。（《韩非子·内储说上》）

(2) 以死，必二人；取妻，必二妻。（《睡虎地秦简·日书甲种》）

(3) 春三月庚辰可以筑羊圈，即入之，羊必千。（《睡虎地秦简·日书甲种》）

(4) 故凡葬必于高陵之上。（《吕氏春秋·节丧》）

(5) 夫为人父者，必能诏其子；为人兄者，必能教其弟。（《庄

第九章　战国时代语气副词

子·盗跖》）

（6）有德者，必有言。有言者，不必有德。仁者，必有勇。勇者，不必有仁。（《论语·宪问》）

（7）能为可信，而不能使人必信己。（《荀子·非十二子》）

（8）邹之群臣曰：必若此，吾将伏剑而死。（《战国策·赵三》）

（9）王曰："追而不及，岂必伏罪哉？"（《吕氏春秋·高义》）

（10）公曰："衣食所安，弗敢专也，必以分人。"（《左传·庄公十年》）

（11）子路曰："卫君待子而为政，子将奚先？"子曰："必也正名乎！"（《论语·子路》）

（12）孟子曰："子之君将行仁政，选择而使子，子必勉之！"（《孟子·滕文公上》）

（13）我死，女必速行。（《左传·僖公七年》）

（14）曰："请必无归，而造于朝！"（《孟子·公孙丑下》）

战国文献中表示必须、一定的"必$_2$"共1018例，主要位于谓语动词前。从语用上看，"必$_2$"主要出现在这三种环境中：第一种，表示对某种情况或某种事态发展的强烈建议，如例（1）—（7）；第二种，表示自己采取某种行动的坚定决心和意志，如例（8）—（11）；第三种，表示强烈地建议对方一定要采取某种行为，如例（12）—（14）。

从句法位置上看，"必"主要位于谓语前。"必"修饰的谓语成分十分丰富，可以修饰数量词语，如例（1）—（3）。可以修饰介词短语，如例（4）。"必"主要修饰动词，修饰的动词复杂多样，可以修饰能愿动词、存现动词、心理动词、关系动词等，如例（5）—（8）；还可以修饰大多数动作动词，如例（9）—（14）。

2."其$_2$"

语气副词"其$_2$"表示祈使语气，意为"应该、还是"，表示劝诫或希望某人做某事，基本上都用于对话中。例如：

（1）昭王之不复，君其问诸水滨。（《左传·僖公四年》）

（2）虽恶之，不犹愈于亡乎？君其忍之！（《左传·成公十四年》）

279

(3) 今邦弥小而钟愈大，君其图之。(《上博楚简四·曹沫之陈》)

(4) 日云莫矣，寡君须矣，吾子其入也！(《左传·成公十二年》)

(5) 子其勿反也。(《战国策·赵二》)

(6) 平公曰："寡人所好者音也，子其使遂之。"(《韩非子·十过》)

(7) 王其为臣约车并币，臣请试之。(《战国策·秦二》)

(8) 以乱易整，不武。吾其还也。(《左传·僖公三十年》)

(9) 孰杀之产，吾其与之。(《吕氏春秋·乐成》)

(10) 穆叔见之，谓穆叔曰："自今以往，兵其少弭矣！"(《左传·襄公二十五年》)

战国文献中表示希望、劝诫语气的"其"共120例，主要位于谓语动词前。一般用于劝诫或希望对方做出某种动作行为的语境，格式为"君（子、女、吾子）＋其＋V＋之（乎、焉、也）"，如例（1）—（7）等；也可以用于希望自己做某事的语境，如例（8）（9）；还可以用于希望或劝诫其他人做某事的语境，如例（10）。副词"其"可以修饰言语类动词"言、问、听、劝、命、约、勉、许"等，如例（1）；可以修饰心理动词，如例（2）；最主要修饰的动词主要是动作动词，如例（3）—（10）。

3. "尚"

语气副词"尚$_1$"表示祈使语气，意为"希望"，多用于卜筮、祈祷神灵保佑安康的语境中。例如：

(1) 初，灵王卜，曰："余尚得天下。"(《左传·昭公十三年》)

(2) 元尚享卫国主其社稷。(《左传·昭公七年》)

(3) 以心闷，尚毋死。(《新蔡楚简》甲三：131)

(4) 既有疾，尚速瘥，毋有咎。(《新蔡楚简》甲三：194)

(5) 令曰："鲂也，以其属死之，楚师继之，尚大克之。"(《左传·昭公十七年》)

(6) 尽集岁，躬身尚毋又（有）咎。(《包山楚简》228)

(7) 余尚立縶，尚克嘉之。(《左传·昭公七年》)

(8) 在郢为三月，尚自宜顺也。(《新蔡楚简》乙四：35)

战国文献中表示"希望"的语气副词"尚"共93例，主要位于谓语动词前或句首。仅见于出土战国文献包山楚简、新蔡楚简、望山楚简等卜筮祭祷简和《左传》中，主要用于卜筮、祝祷等活动中。"尚"可以修饰动作动词或状态动词，如例（1）—（5）；可修饰存现动词、能愿动词等，如例（6）（7）。"尚"还可以修饰小句，如例（8）。"尚"和动词之间可以有其他副词，如例（3）（4）有否定词"毋"，例（5）（6）有其他副词"速""大"。

4. "唯$_2$"

语气副词"唯$_2$"表示祈使语气，意为"希望"，例如：

(1) 鬼神軏武，非所以教民，唯君其知之。(《上博楚简四·曹沫之陈》)

(2) 故敢以书报，唯君之留意焉。(《战国策·燕二》)

(3) 燕王拜送于庭，使使以闻大王。唯大王命之。(《战国策·燕三》)

(4) 夕以入，则朝以死。唯君裁之。(《左传·僖公十五年》)

(5) 寡君将帅诸侯以见于城下，唯君图之！(《左传·襄公八年》)

战国文献中语气副词"唯$_2$"共14例。"唯$_2$"与其他表示意志类的语气副词"其$_2$""尚$_1$"等不同的是它总是用于句首主语前，可以修饰心理动词，如例（1）（2）；还可以修饰动作动词，如例（3）—（5）。

5. "宁"

语气副词"宁"意为"宁可、宁愿"，表示对实施某种动作行为的坚决态度和意志。可用于选择问句，也可用于陈述句中。例如：

(1) 与为人妻，宁为夫子妾者，数十而未止也。(《庄子·德充符》)

战国时代副词研究

(2) 人之情，宁朝人乎？宁朝于人也？（《战国策·赵四》）

(3) 宁其死为留骨而贵乎？宁其生而曳尾于涂中乎？（《庄子·秋水》）

(4) 与其奢也，宁俭；丧，与其易也，宁戚。（《论语·八佾》）

(5) 与其溺于人，宁溺于渊。（《上博楚简七·武王践阼》）

(6) 与其使民谄下也，宁使民谄上。（《韩非子·外储说左下》）

(7) 宁信度，无自信也。（《韩非子·外储说左上》）

(8) 臣闻鄙语曰：宁为鸡口，无为牛后。（《战国策·韩一》）

(9) 臣宁伏受重诛而死，不忍为辱军之将。（《战国策·中山》）

(10) 臣宁抵罪于王，毋抵罪于先王。（《吕氏春秋·直谏》）

(11) 使查吾父、逐吾主母者，宁伴踬而覆之。（《战国策·燕一》）

(12) 民死，寡人将谁为君乎？宁独死。（《吕氏春秋·制乐》）

战国文献中语气副词"宁"共25例。可以修饰准系动词"为"，如例(1)(8)；可修饰心理动词，如例(7)；主要修饰动作动词，如例(2)(5)(6)(9)(10)(11)(12)。也可修饰形容词谓语，如例(4)。还可修饰句子，如例(3)。常常出现在一些固定格式中，如"宁……，宁……"，如例(2)(3)；"与其……，宁……"，如例(4)—(6)；"宁……，无(不、毋)……"，如例(7)—(10)。语气副词"宁"还可与其他副词一起修饰谓语动词，如例(11)(12)语气副词"宁"后有情状方式副词"伴、独"。

6. "慎"

语气副词"慎"，常用于否定句中，与"无、毋、勿、无"等连用，表示坚决劝诫或禁戒，可译为"千万""务必"等。例如：

(1) 愿大王慎无出于口也。（《战国策·赵二》）

(2) 黄钟之月，土事无作，慎无发盖，以固天闭地，阳气且泄。（《吕氏春秋·音律》）

(3) 慎无令民知吾粟米多少。（《墨子·号令》）

(4) 慎无敢失火，失火者斩。（《墨子·号令》）

(5) 慎勿与之，身乃无咎。(《庄子·渔父》)

(6) 钱金、布帛、财物各自守之，慎勿相盗。(《墨子·号令》)

(7) 必不然，子慎勿复言。(《战国策·赵一》)

(8) 穴未得，慎毋追。(《墨子·备穴》)

(9) 谨守其数，慎不敢损益也。(《荀子·荣辱》)

战国文献中语气副词"慎"共15例，主要位于谓语动词前。全部与否定词连用，常用于愿望句或祈使句等非现实句中，表示强烈的意愿。"慎"修饰的动词多为言语类动词，如例（1）（3）（7）；可修饰能愿动词，如例（4）（9）；还可修饰动作类动词，如例（2）（5）（6）（8）等。

意志类语气副词中使用频率最高的是"必"，其次是"其""尚"，其余"唯""宁""慎"都不多见。

二 情感类

（一）表示疑问

语气副词"岂""独""其₃""盍""几₂""何""奚""焉""安""恶""曷""庸""庸讵""何必"等都表示反问，主要用于反问句中，可译为"难道"或"何必"等。

1. "岂"

(1) 吾岂匏瓜也哉？(《论语·阳货》)

(2) 公孙衍、张仪岂不诚大丈夫哉？(《孟子·滕文公下》)

(3) 髡将复见之，岂特七士也。(《战国策·齐三》)

(4) 虽千里不敢易也，岂直五百里哉？(《战国策·魏四》)

(5) 失之己而反诸人，岂不亦迂哉！(《荀子·法行》)

(6) 唯君子能好其匹，小人岂能好其匹？(《郭店楚简·缁衣》)

(7) 死者若有知也，可以歆旧祀，岂惮焚之？(《左传·定公五年》)

(8) 亦岂以为其命哉？(《墨子·非命下》)

(9) 我岂有罪哉？吾反后。(《墨子·耕柱》)

(10) 夫君子所过者化，所存者神，上下与天地同流，岂曰小补之哉？(《孟子·尽心上》)

(11) 岂若匹夫匹妇之为谅也。(《论语·宪问》)

(12) 岂用强力哉？强力则鄙矣。(《吕氏春秋·报更》)

(13) 岂唯形骸有聋盲哉？夫知亦有之。(《庄子·逍遥游》)

战国文献中的语气副词"岂"共461例，主要位于谓语前，也可在句首主语前，可译为"难道"。语气副词"岂"常常用于判断句中修饰名词谓语，如例（1）（2）；也可用于判断句中修饰数词谓语，如例（3）（4）。可以修饰形容词，如例（5）。"岂"修饰动词最多，其中，可修饰能愿动词"可、可以、足以、能、得、欲、愿、肯"等，如例（6）等；可修饰"好、爱、怪、疑、忘、惮"等情绪类心理状态动词，如例（7）；可以修饰"知、以为、忍"等认知类心理动词，如例（8）；可修饰存现动词"有、无、在"等，如例（9），可修饰"谓、曰"等言语类动词，如例（10）等；修饰关系动词"若、如、犹"等，如例（11）；可以修饰其他动作动词，如例（12）。"岂"还可以修饰小句，如例（13）。

2. "其$_3$"

(1) 延季子，其天民也乎？(《上博楚简五·弟子问》)

(2) 当今之世，舍我其谁也？(《孟子·公孙丑下》)

(3) 孔子曰："才难，不其然乎？唐虞之际，于斯为盛。"(《论语·泰伯》)

(4) 赏罚信于所见，虽所不见，其敢为之乎？(《韩非子·难三》)

(5) 人生实难，其有不获死乎？(《左传·成公二年》)

(6) 今君即位，其无蒲、狄乎？(《左传·僖公二十四年》)

(7) 王送知䘲，曰："子其怨我乎？"(《左传·成公三年》)

(8) 宰我问曰："仁者，虽告之曰，'井有仁焉。'其从之也？"(《论语·雍也》)

(9) 人苟不狂惑戆陋者，其谁能睹是而不乐也哉！(《荀子·王霸》)

(10) 岂其士卒众哉？诚能振七威也。(《战国策·魏一》)

(11) 将执而不化，外合而内不訾，其庸讵可乎！(《庄子·人间世》)

(12) 祁大夫外举不弃仇，内举不失亲，其独遗我乎？（《左传·襄公二十一年》）

战国文献中表示"难道"义的"其"共102例，主要用于反问句中。主要位于谓语前或句首。"其"可以用于判断句中，如例（1）修饰名词谓语，例（2）（3）修饰代词谓语。"其"主要修饰动词谓语，经常修饰能愿动词，如例（4）；可以修饰存现动词，如例（5）（6）；可以修饰心理动词，如例（7）；可以修饰其他动作类动词，如例（8）。可以修饰疑问小句，如例（9）—（12）。"其"经常与其他语气副词连用修饰动词，如例（10）和语气副词"岂"连用，在"岂"后；例（11）—（12）分别与语气副词"庸讵""独"等连用，在这些副词之前。

3．"庸""庸讵"

(1) 子仪在位十四年矣，而谋召君者，庸非二乎。（《左传·庄公十四年》）

(2) 胜以直闻，不告女，庸为直乎？（《左传·哀公十六年》）

(3) 举天下之名无有，法者与天下之明王、明君、明士，庸有求而不虑？（《上博楚简三·恒先》）

(4) 庸有得之，庸有失之？（《上博楚简三·恒先》）①

(5) 今此行也，其庸有报志？（《左传·昭公五年》）

(6) 予虽有祈向，其庸可得邪？（《庄子·天地》）

(7) 纵夫子傲禄爵，吾庸敢傲霸王乎？（《吕氏春秋·下贤》）

(8) 数月于外，一旦于是，庸何伤？（《左传·昭公元年》）

(9) 女庸安知吾不得之桑落之下？（《荀子·宥坐》）

(10) 欲进美人，所效者庸必得幸乎？假之得幸，庸必为我用乎？（《战国策·魏四》）

(11) 虽奸之，庸知愈乎？（《左传·襄公十四年》）

(12) 曰："庸愈乎？"（《左传·昭公十年》）

---

① 此两句释文与原书不同，均按廖名春《上博藏楚竹书〈恒先〉新释》（《中国哲学史》2004年第3期）释文，同时结合李零等其他学者意见。

（13）庸讵知吾所谓知之非不知邪？庸讵知吾所谓不知之非知邪？（《庄子·齐物论》）

（14）庸讵知夫造物者之不息我黥而补我劓，使我乘成以随先生邪？（《庄子·大宗师》）

（15）将执而不化，外合而内不訾，其庸讵可乎！（《庄子·人间世》）

战国文献中语气副词"庸"共21例，主要用于反问句中表示反诘，可译为"怎么""难道"等。"庸"的用例虽然不多，但却非常有特色，集中体现了语气副词主观性的特征。"庸"可用于判断句中，修饰数词谓语，如例（1）；也可修饰准系词"为"，如例（2）。"庸"主要修饰动词，可以修饰存现动词"有"，如例（3）—（5）；可以修饰能愿动词"可、敢"等，如例（6）（7）；可以修饰动作动词，如例（8）—（10），这几例"庸"和表疑问的语气副词"何""安"或表肯定的语气副词"必"连用修饰动词；可以修饰认知类心理动词，如例（11）；可修饰少量状态动词，如例（12）。

语气副词"庸讵"的意义、用法、句法位置与"庸"相同，都主要位于谓语动词前。"庸讵"战国文献中仅《庄子》中出现6例，其中5例修饰认知心理动词"知"，如例（13）（14）；还有1例修饰能愿动词"可"，如例（15）。

4."几$_2$"

（1）利夫秋毫，害靡国家，然且为之，几为知计哉！（《荀子·大略》）

（2）几敢不以其先人之传志告？（《上博楚简五·季庚子问于孔子》）

（3）夫大国之人，不可不慎也，几为之笑而不陵我？（《左传·昭公十六年》）

（4）非不欲也，几不长虑顾后而恐无以继之故也？（《荀子·荣辱》）

（5）夫子虽有举，汝独正之，几不有往也。（《上博楚简三·中弓》）

(6) 王一动而亡二姓之帅,几如是而不及郢?(《左传·昭公二十四年》)

(7) 是于己长虑顾后,几不甚善矣哉!(《荀子·荣辱》)

战国文献中语气副词"几₂"共13例,主要用于反问句中,表示反诘,意同"岂"。"几"主要位于谓语动词前,可以修饰系动词"为",如例(1);可修饰能愿动词、心理动词、存现动词、关系动词等,如例(2)—(6)。也可以修饰形容词,如例(7)。句末一般有"也、哉、矣哉"语气词配合使用。战国文献中语气副词"几₂"虽然出现次数不多,但其修饰的词语却集中体现了语气副词的主观性特征。

5."盍"

(1) 公举首答之:"倘然,是吾所望於汝也,盍诛之?"(《上博楚简六·景公疟》)

(2) 子墨子曰:"盍学乎?"(《墨子·公孟》)

(3) 盍亦求之,以死谁怼?(《左传·僖公二十四年》)

(4) 君盍尝使诸周而察之?(《左传·成公十七年》)

(5) 夫子盍行乎?(《吕氏春秋·长利》)

(6) 子盍为我言之?(《孟子·公孙丑下》)

(7) 其若先人何?子盍谓之?(《左传·昭公八年》)

(8) 今吴不行礼于卫,而藩其君舍以难之,子盍见大宰?(《左传·哀公十二年》)

(9) 子曰:"盍各言尔志?"子路曰:"愿车马衣轻裘与朋友共蔽之而无憾。"(《论语·公冶长》)

战国文献中语气副词"盍"共55例,主要用于反问句中,表示"何不""为什么不",主要位于谓语前。修饰的动词多为动作动词,如"图、请、从、归、适、死、行、去、归、释"等,如例(1)—(5);可以修饰言语类动词、心理动词,如例(6)—(8)。还可以修饰句子,如例(9)。

战国时代副词研究

6. "独"

(1) 不遇世者众矣，何独丘也哉！（《荀子·宥坐》）
(2) 贪淫甚矣，独非罪乎？（《左传·昭公十六年》）
(3) 若然者，其用心也，独若之何？（《庄子·德充符》）
(4) 曰子然，我奚独不可以然也？（《墨子·小取》）
(5) 且比化者，无使土亲肤，于人心独无恔乎？（《孟子·公孙丑下》）
(6) 子独不闻涸泽之蛇乎？（《韩非子·说林上》）
(7) 夫介子推苟不欲见而欲隐，吾独焉知之？（《吕氏春秋·介立》）
(8) 吾独谓先王何乎？（《吕氏春秋·应同》）
(9) 故周公南征而北国怨，曰："何独不来也！"（《荀子·王制》）
(10) 上毋问陆，下虽善欲独何急？（《睡虎地秦简·为吏之道》）
(11) 若为其国，夫谁独举其国以攻人之国者哉？（《墨子·兼爱下》）

战国传世文献中语气副词"独"共77例，主要位于谓语前，可译为"难道"或不译。其中，用于否定式共62例，占81%，用于肯定式15例，占19%。可见，语气副词"独"主要用于否定式中。"独"可以用于判断句中，修饰名词性谓语，9例，如例（1）—（3）。"独"主要修饰动词，共64例。可以修饰能愿动词，14例，如例（4）等；可以修饰存现动词"无"，12例，如例（5）；可以修饰认知心理动词、情绪心理动词，如"闻、知、见、观、好"等，25例，其中，修饰最多的是"闻、见、知"等，如例（6）（7）；可以修饰言语类动词，如"说、谓、语"等，3例，如例（8）；修饰其他动作动词10例，如例（9）。可以修饰形容词，仅1例，如例（10）。"独"还可以修饰句子，3例，如例（11）。

7. "何""奚""焉""安""恶""曷"

(1) 是皇帝之所听荧也，而丘也何足以知之！（《庄子·齐物论》）

第九章 战国时代语气副词

（2）子文无后，何以劝善？（《左传·宣公四年》）

（3）土奚得而平？水奚得而清？草木奚得而生？禽兽奚得而鸣？（《上博楚简七·凡物流形》）

（4）故可道而从之，奚以损之而乱？不可道而离之，奚以益之而治？（《荀子·正名》）

（5）国，皆其国也。奚独赂焉？（《左传·襄公三十年》）

（6）或谓孔子曰："子奚不为政？"（《论语·为政》）

（7）心之所可失理，则欲虽寡，奚止于乱？（《荀子·正名》）

（8）楚邦有常故，焉敢杀祭？（《上博楚简四·柬大王泊旱》）

（9）少长以齿，终于沃洗者，焉知其能弟长而无遗也。（《荀子·乐论》）

（10）或曰："雍也仁而不佞。"子曰："焉用佞？"（《论语·公冶长》）

（11）翟上无君上之事，下无耕农之难，吾安敢废此？（《墨子·贵义》）

（12）今是人之口腹，安知礼义？安知辞让？安知廉耻隅积？（《荀子·荣辱》）

（13）安见方六七十如五六十而非邦也者？（《论语·先进》）

（14）今纳栾氏，将安用之？（《左传·襄公二十二年》）

（15）安有说人主不能出其金币锦绣，取卿相之尊者乎？（《战国策·秦一》）

（16）彼恶敢当我哉！（《孟子·梁惠王下》）

（17）吾恶乎知之！（《庄子·齐物论》）

（18）尔幼，恶识国？（《左传·昭公十六年》）

（19）弃父之命，恶用子矣？（《左传·桓公十六年》）

（20）祸福无有，恶有人灾也？（《庄子·庚桑楚》）

（21）彼固曷足称乎大君子之门哉！（《荀子·仲尼》）

（22）生不足以使之，则利曷足以使之矣？死不足以禁之，则害曷足以禁之矣？（《吕氏春秋·知分》）

（23）众庶百姓皆以争夺贪利为俗，曷若是而可以持国乎？（《荀子·强国》）

289

（24）夫以出乎众为心者，曷常出乎众哉？（《庄子·在宥》）

　　表示反问的"何"等可译为"难道""怎么""哪里"或不译。战国文献中语气副词"何"共141例，主要修饰能愿动词"可、足、足以、能、得、敢"等，如例（1），也可以是"何以""何独"的形式，如例（2）等。语气副词"奚"39例，主要修饰能愿动词，如例（3），其他常见格式还有"奚以""奚独""奚不"等，如例（4）—（6），也可以单用表示反问，如例（7）。语气副词"焉"128例，主要修饰能愿动词，72例，占56%，如例（8）；还经常修饰认知动词"知"、动作动词"用"等表示反问，50例，占40%，如例（9）（10）；修饰其他动词6例，占4%。语气副词"安"共119例，主要修饰能愿动词，共89例，占75%，如例（11）；还常常修饰认知心理动词"知、见"等，动作动词"用""取"等，存现动词"有""在"等，共28例，占24%，如例（12）—（15）。此外，还有固定搭配"安暇"2例。语气副词"恶"67例，主要修饰能愿动词，41例，占61%，如例（16）；还常常修饰认知心理动词"知、识"、动作动词"用"、存现动词"有"等，26例，占39%，如例（17）—（20）。语气副词"曷"13例，主要修饰能愿动词"足以"，如例（21）（22），还可以修饰关系动词或动作动词等，如例（23）（24）等。

　　可见，疑问副词"何"等虽然出现频率较高，但修饰的词语却较为单一、固定，主要修饰能愿动词、认知心理动词、存现动词等，体现了语气副词的主观性。

　　8."何必"

（1）何必读书，然后为学？（《论语·先进》）

（2）士何必待古哉？（《战国策·齐四》）

（3）王何必曰利？（《孟子·梁惠王上》）

（4）君人者何必安哉！（《上博楚简七·君人者何必安哉》）

（5）何必高宗，古之人皆然。（《论语·先进》）

（6）今之成人者何必然？（《论语·宪问》）

（7）天下多美妇人，何必是？（《左传·成公二年》）

（8）轻刑可以止奸，何必于重哉？（《韩非子·六反》）

战国文献中"何必"共 33 例,主要用于反问句,主要位于谓语前。可以修饰动词谓语,如例(1)—(3)修饰动作动词或言语类动词。可以修饰形容词谓语,如例(4)。可修饰名词性谓语,如例(5)—(7)。可以修饰介词短语,如例(8)。

9. "又""亦"

语气副词"又""亦"可以用在疑问句中,表示反问语气,可结合上下文译为"又""也"或"难道"等,或不译。

(1) 桓公兼此数节者而尽有之,夫又何可亡也!(《荀子·仲尼》)

(2) 飞廉、恶来知政,夫又恶有不可焉!(《荀子·儒效》)

(3) 而几死之散人,又恶知散木!(《庄子·人间世》)

(4) 求仁而得仁,又何怨?(《论语·述而》)

(5) 吾一妇人而事二夫,纵弗能死,其又奚言?(《左传·庄公十四年》)

(6) 仁义,真人之性也,又将奚为矣?(《庄子·天道》)

(7) 当是时也,夫又谁为恭矣哉!(《荀子·儒效》)

(8) 民以为小,不亦宜乎?(《孟子·梁惠王下》)

(9) 而彭祖乃今以久特闻,众人匹之,不亦悲乎!(《庄子·逍遥游》)

(10) 是不亦大示天下弱乎?(《战国策·赵三》)

(11) 则惟上帝鬼神降之罪厉之祸罚而弃之,则岂不亦乃其所哉!(《墨子·节葬下》)

(12) 且以尚贤为政之本者,亦岂独子墨子之言哉!(《墨子·尚贤中》)

战国文献中语气副词"又"共 71 例,语气副词"亦"共 176 例。语气副词"又"一般在疑问代词"何、奚、焉、谁"等前,可修饰能愿动词、存现动词、心理动词、言语类动词或动作动词等,如例(1)—(6),还可以修饰句子,如例(7)。语气副词"亦"常用于"不亦……乎"的格式,修饰形容词最常见,如例(8)(9)。也可修饰动词,如例(10)。

还可修饰名词谓语,如例(11)(12)。"亦"常常与语气副词"岂不""岂独"连用,可以在"岂不"之后,如例(11),也可在"岂不""岂独"之前,如例(12)。

疑问语气副词出现频率见表9-6:

表9-6　　　　　疑问语气副词出现频率统计表

岂	其₃	庸(庸讵)	几₂	盍	独	何	奚	焉	安	恶	曷	何必	又	亦
461	102	27	13	55	77	141	39	128	119	67	13	33	71	176

由上表可知,疑问语气副词中使用较多的主要有"岂、其、何、独、焉、安、又、亦、恶"等。

(二) 表示感叹

"何其""奚其"

语气副词"何其""奚其"主要表示感叹,可译为"多么",主要用于感叹句中。例如:

(1) 何其侮我也!(《墨子·鲁问》)

(2) 王曰:"何其暴而不敬也?"(《吕氏春秋·至忠》)

(3) 囊子行,今子止;囊子坐,今子起。何其无特操与?(《庄子·齐物论》)

(4) 念彼远方,何其塞矣。(《荀子·赋篇》)

(5) 悲夫!士何其易得而难用也!(《战国策·齐四》)

(6) 夫子之德登矣,何其崇?(《上博楚简三·彭祖》)

(7) 子贡曰:"何其躁也?"(《吕氏春秋·先己》)

(8) 君令三宿,而汝一宿,何其速也?(《韩非子·难三》)

(9) 二三子何其戚也?(《左传·僖公十五年》)

(10) 以至仁伐至不仁,而何其血之流杵也?(《孟子·尽心下》)

(11) 此非吾君也,何其声之似我君也?(《孟子·尽心上》)

(12) 有是哉,子之迂也!奚其正?(《论语·子路》)

(13) 自恃其不可侵,则强与弱奚其择焉?(《韩非子·难三》)

(14) 君人者奚其劳哉!(《韩非子·难二》)

（15）夫如是，奚其丧？（《论语·宪问》）

战国文献中语气副词"何其"共29例，基本上都用于对话中。主要位于动词谓语或形容词谓语前，如例（1）（2）修饰心理动词，例（3）修饰存现动词，例（4）（5）修饰动作动词。例（6）—（9）修饰形容词。例（10）（11）修饰主谓短语。"何其"修饰形容词较多，共15例，占总数的一半。这主要是因为"何其"是表示感叹的，感叹句往往带有说话人强烈的感情，并且有某种夸张的意味。而形容词不仅有较强的主观性，还具有某种修辞色彩，与感叹句的感情色彩相吻合。语气副词"奚其"较少，共5例，也是位于谓语前，主要修饰动词，如例（12）—（15）。

（三）表示谦敬

"敢""窃""请""谨""敬""幸"

语气副词"敢""请""窃""谨""敬""幸"等本是动词，虚化为副词后表示谦敬语气，可根据上下文灵活翻译或不译。谦敬语气副词一般用于对话中，殷国光认为谦敬副词都出现在对话的语言环境中，而且句子主语均指说话人自身[①]。例如：

（1）敢问夫子恶乎长？（《孟子·公孙丑上》）
（2）臣敢言往昔。（《战国策·秦一》）
（3）敢告于见日。（《包山楚简》132）
（4）以甲献典乙相诊，今令乙将之诣论，敢言之。（《睡虎地秦简·封诊式》）
（5）禹步三，勉壹步，呼："皋，敢告曰：某行毋（无）咎，先为禹除道。"（《睡虎地秦简·日书甲种》）
（6）老臣窃以为媪之爱燕后贤于长安君。（《战国策·赵四》）
（7）今先生立法术，设度数，臣窃以为危于身而殆于躯。（《韩非子·问田》）
（8）臣窃计，君宫中积珍宝。（《战国策·齐四》）

[①] 殷国光：《〈吕氏春秋〉词类研究》，商务印书馆2008年版，第317页。

(9) 臣窃以虑诸侯之不服者，其惟莒乎。（《吕氏春秋·重言》）
(10) 弊邑固窃为大王患之。（《战国策·东周》）
(11) 请问天子之正道。（《上博楚简八·成王既邦》）
(12) 嘻，圣人！请祝圣人，使圣人寿。（《庄子·天地》）
(13) 善哉！吾请无攻宋矣。（《墨子·公输》）
(14) 夫子卧而不听，请勿复敢见矣。（《孟子·公孙丑下》）
(15) 信陵君曰："无忌谨受教。"（《战国策·魏四》）
(16) 义渠君曰："谨闻命。"（《战国策·秦二》）
(17) 闻夫子明圣，谨奉千金以币从者。（《庄子·说剑》）
(18) 寡人闻之，敬以国从。（《战国策·楚一》）
(19) 平阳君曰："敬诺。"（《战国策·赵三》）
(20) 鲁人孔丘，闻将军高义，敬再拜谒者。（《庄子·盗跖》）
(21) 今主君以楚王之教诏之，敬奉社稷以从。（《战国策·韩一》）
(22) 先生何以幸教寡人？（《战国策·秦三》）
(23) 燕秦不两立，愿太傅幸而图之。（《战国策·燕三》）
(24) 臣窃愿陛下幸熟图之。（《韩非子·存韩》）

表示谦敬语气的"敢""窃""请""谨""敬""幸"等主要位于谓语动词前。战国文献中表谦副词"敢"出现频率较高，共275例，但修饰的动词却很有限，一般只修饰言语类动词如"问、言、告"等，如例(1)—(5)。

战国文献中表谦副词"窃"107例，句式较为固定，多为"（臣）窃（为大王、君）＋V"的格式，主语一般为"臣"，偶尔也有"弊邑、躬"等，一般修饰认知类心理动词，如"以为、计、见、观、闻、度"等和情绪类心理动词，如"忧、危（感到危险）、恐、羞、愧、患、悲、虑、疑、谏、惑、慕、怪、爱怜、嘉、敬"等，如例(6)—(10)。

战国文献中表敬副词"请"77例，"请"修饰的动词比较复杂，除了较多修饰言语类动词外，还可以修饰能愿动词或其他动作动词，如例(11)—(14)。殷国光认为"请"字是否虚化与其具体的语言环境密切相关[1]。副词

---

[1] 殷国光：《〈吕氏春秋〉词类研究》，商务印书馆2008年版，第316页。

"请"不像其他谦敬副词一样形成一些固定格式，因此判断动词"请"和副词"请"主要凭借语境和意义。

战国文献中表敬副词"谨"11例，一般用于"谨闻（受）命（令）"或"谨奉（受）教"的格式中，如例（15）—（17）。表敬副词"敬"29例，多用于"敬闻命""敬奉""敬诺"等固定形式中，如例（18）—（21）。表敬副词"幸"12例，一般用于"幸（而）教（图）"等句式中，如例（22）—（24）。

总之，表谦敬的"敢"等一般形成一些固定格式，出现频率特别高，已经成为礼貌用语，不宜再理解为动词。一些语法著作往往把谦敬副词单列，从以上的调查来看，谦敬副词无论在句法位置、表达语气或修饰动词的类别上都与其他语气副词十分一致。如一般在句首谓语前，主要表达说话人或谦或敬的感情或态度，带有强烈的主观性。修饰的动词多为表达主观认识的言语类动词、心理动词等。可见，无论从外部句法形式还是内部意义来看，谦敬副词都属于语气副词的一类。谦敬类语气副词中，最常用的是"敢、窃、请"，"谨、敬、幸"都比较少见。

三 评价类

评价类语气副词包括"曾、徒、竟"等。

"曾""徒""竟"

语气副词"曾""徒""竟"用于谓语前作状语，表示出乎意料或强调语气，意为"竟然""竟""难道"等，可用于陈述句，也常用于反问句中。例如：

（1）吾以子为异之问，曾由与求之问。（《论语·先进》）
（2）有酒食，先生馔，曾是以为孝乎？（《论语·为政》）
（3）知虞公之不可谏而去，之秦，年已七十矣，曾不知以食牛干秦穆公之为污也。（《孟子·万章上》）
（4）且臣之说齐，曾不欺之也。（《战国策·燕一》）
（5）尔何曾比予于是？（《孟子·公孙丑上》）
（6）故虽贱人也，上比之农，下比之药，曾不若一草之本乎？（《墨子·贵义》）

(7) 今学曾未如肬赘，则具然欲为人师。(《荀子·宥坐》)

(8) 君乃言此，曾不如早索我于枯鱼之肆。(《庄子·外物》)

(9) 子曰："呜呼！曾谓泰山不如林放乎？"(《论语·八佾》)

(10) 地曾不可得，乃取欺于亡国，是谋臣之拙也。(《韩非子·初见秦》)

(11) 弊邑之师过大国之邻，曾无一介之使以存之乎？(《战国策·宋卫》)

(12) 天下为秦相割，秦曾不出力；天下为秦相烹，秦曾不出薪。(《战国策·齐一》)

战国文献中"曾"共28例，主要位于谓语前。考察范围内仅3例用于肯定句，其他全部用于否定句。可见，语气副词"曾"主要用于否定形式。"曾"的主观性很强，这一点体现在"曾"修饰词语的特点上。"曾"可以用于表示主观判断的判断句中，修饰名词谓语，1例，如例（1）。"曾"主要修饰动词，可以修饰认知心理动词"以为、知、听"等，3例，如例（2）（3）；可修饰情绪心理动词，1例，如例（4）；较多修饰关系动词"比、若、如"等，多达9例，如例（5）—（8）；可以修饰言语类词语，2例，如例（9）；可以修饰能愿动词，5例，如例（10）；可以修饰存现动词"无"，3例，如例（11）；可以修饰其他动作动词，4例，如例（12）等。"曾"经常用于比较句中，对事物、情况的比较彰显了说话人较强的主观意识。

(13) 方以为文侯也，移车异路而避之，则徒翟黄也。(《韩非子·外储说左下》)

(14) 吾以为夫子无所不知，夫子徒有所不知。(《荀子·子道》)

(15) 张子曰："王徒不好色耳?"(《战国策·楚三》)

(16) 穰侯舅也，功莫大焉，而竟逐之。(《战国策·魏三》)

战国文献中语气副词"徒"4例，"竟"1例。"徒"可以修饰名词谓语，如例（13）；可以修饰存现动词、心理动词，如例（14）（15）。"竟"修饰动作动词，如例（16）。

义务类语气副词对中心语的选择情况见表9-7。

表9-7　　义务类语气副词对中心语的选择情况统计表

	能愿动词	存现动词	认知心理动词	情绪心理动词	言语动词	关系动词	动作动词	名词谓语	形容词	数词	句子
必₂	+	+	+	+		+	+			+	
其₂			+		+		+				
尚	+	+					+				+
唯₂			+				+				+
宁			+				+		+		+
慎	+				+		+				
岂	+	+	+	+	+	+	+	+	+	+	+
其₃	+	+					+	+			+
庸	+						+	+		+	
庸讵	+		+								
几₂	+		+		+			+			
盍		+		+		+					+
独	+	+	+	+	+		+	+	+		+
"何"类	+	+	+				+				
"敢"类	+		+	+							
何必				+			+	+			
又	+	+	+	+			+		+		+
亦							+	+	+		
何其		+		+		+		+			+
奚其		+					+				
曾	+	+	+	+	+	+	+				
徒		+		+				+			
竟							+				

由上表可知，义务类的语气副词中，绝大多数都能够修饰能愿动词、存现动词、动作动词、心理动词等。只有"岂、庸、尚₂"能够修饰数词，大多数语气副词不能修饰数词。能够修饰句子的语气副词明显增多，主要

297

有"尚、唯₂、宁、岂、其₃、盍、独、又、何其"等。

四　语气副词连用

战国文献中语气副词连用可以分为两种类型，第一种是同一小类连用，例如：

(1) 彼其发短而心甚长，其或寝处我矣。(《左传·昭公三年》)
(2) 天其或者欲使卫讨邢乎？(《左传·僖公十九年》)
(3) 晋为盟主，其或者未之祀也乎？(《左传·昭公七年》)
(4) 其无乃非德类也乎？(《左传·成公二年》)
(5) 今君内实有四姬焉，其无乃是也乎？(《左传·昭公元年》)
(6) 今季孙乃始血，其毋乃未可知也。(《韩非子·说林上》)
(7) 将可乎哉？殆必不可。(《左传·襄公二十五年》)
(8) 今西伯昌，人臣也，修义而人向之，卒为天下患，其必昌乎！(《韩非子·外储说左下》)

例（1）—（6）都是揣度性推断语气副词连用，例（1）—（3）为"其或""其或者"连用，例（4）—（6）是"其无（毋）乃"连用，相同语义词语连用能够加强语势，也是古汉语词汇常见模式。例（7）（8）是"殆必""其必"的格式，为"揣度性推断+确定性推断"语气副词连用，都是推断类语气副词，语义也比较接近，连用表示较为肯定的推断。

第二种是不同小类语气副词连用，例如：

(9) 秦王诚必欲伐齐乎？(《战国策·楚一》)
(10) 且诸侯盟，小国固必有尸盟者。(《左传·襄公二十七年》)
(11) 舜其信仁乎！(《韩非子·难三》)
(12) 其晋实有阙。(《左传·成公二年》)
(13) 今官之师旅，无乃实有所阙。(《左传·襄公十四年》)
(14) 名不可得而闻，身不可得而见，其惟江上之丈人乎？(《吕氏春秋·异宝》)

(15) 陈仲子岂不诚廉士哉？（《孟子·滕文公下》）

(16) 则此岂实仁义之道哉？（《墨子·节葬下》）

(17) 禹立三年，百姓以仁道，岂必尽仁？（《郭店楚简·缁衣》）

(18) 今由千里之外，欲进美人，所效者庸必得幸乎？假之得幸，庸必为我用乎？（《战国策·魏四》）

例（9）（10）是"诚必""固必"的格式，为"肯定类＋意志类"语气副词连用，表示确定无疑的推断。例（11）—（14）是"其信""其……实""无乃实""其惟"的格式，为"揣度性推断＋肯定类"语气副词连用或共现，也表明一种较为肯定的推断。例（15）（16）是"岂……诚""岂实"的格式，为"反问类＋肯定类"语气副词连用，反问也是表示肯定，因此这种格式表达了较为强烈的肯定语气。例（17）（18）是"岂必""庸必"的格式，在古汉语中十分常见，为"反问类＋意志类"语气副词连用，与"反问类＋肯定类"语气副词连用格式相似，也表达了较为强烈的肯定语气，只是比后者语气更为委婉。

史金生认为现代汉语各类语气副词连用的序列是（">"表示先于）：

A. 证实＞B. 疑问＞C. 或然＞D. 关系＞E. 特点＞F. 断定＞G. 必然＞H. 意志＞I. 感叹[1]

这个规律对于战国文献语气副词连用也是适用的。如例（9）（10）中"诚必""固必"符合"F. 断定＞H. 意志"。例（11）—（14）"其信""其……实""无乃实""其惟"符合"C. 或然＞F. 断定"。

我们认为决定语气副词连用位序的因素主要是语义管辖范围。如例（9）（10）中的"诚必""固必"，断定类语气副词"诚""固"意为"的确""本来"，语义特征为［＋肯定性］［±可控性］，可以表示对谓语所述事实的肯定，也可以表示对整个命题所述事实的肯定，谓语动词可以是可控动词或自主动词，也可以是不可控动词或非自主动词，因此语义辖域较宽。意志类语气副词"必"意为"必须"，语义特征为［＋必要性］

---

[1] 史金生：《语气副词的范围、类别和共现顺序》，《中国语文》2003 年第 1 期。

[-可控性]，一般只用来修饰谓语部分，很少修饰整个命题，并常常修饰可控动词或自主动词，因此辖域较窄。一般说来，管辖范围越宽的在句子中越靠前。虽然战国文献中语气副词"诚""固"和"必"都主要位于句中位置，但由于语义辖域不同，二者的发展方向是不一样的。现代汉语中断定类语气副词"的确""确实"不仅可以位于句中，还常常位于句首，修饰整个命题。而意志类语气副词"必"始终以位于句中为主，很少位于句首。李杰认为："主语前的句首位置紧靠话题区域，主观性较强，主语后的句中位置属于说明或陈述区域，主观性要弱一些。句位上的不同可以区别主观性的程度。"[①]语气副词连用时主观性越强的语气副词，位置越靠前。由此看来，副词的语法意义、句法形式是统一的，语义管辖范围的大小可以从句法形式上得到验证。

例（11）—（14）中"其信""无乃实""其惟"的排序也是由语气副词的管辖范围决定的。"其""无乃"意为"大概""恐怕"，其后跟"信、实、惟"等肯定类语气副词，表示对某种情况确定存在或发生的推测，是较为委婉地表示肯定。从人们对事物的认知规律和逻辑顺序上看，可以表达对一种情况确定性存在的推断，即"推断＋肯定"；而不太可能先肯定一种情况确实存在，同时又进行推测或估计，即"肯定＋推断"不符合人们的认知规律。由此可见，推断类语气副词"其""无乃"语义辖域要比肯定类语气副词"信""实""惟"宽，因此，"其""无乃"与"信""实""惟"连用时位置在前。

例（15）—（18）中"岂……诚""岂实""岂必""庸必"的排序也是由管辖范围原则决定的，"岂""庸"是疑问语气副词，"诚""实""必"是陈述语气副词。一般说来，疑问语气副词的管辖范围大于陈述语气副词[②]。因此，二者连用时，总是疑问语气副词在前。

第四节　语气副词的主观性特点及其认知解释

语气副词是表示说话人对相关命题主观认识、情感态度或评价的副

[①] 李杰：《试论现代汉语状语的情感功能》，《甘肃高师学报》2005年第1期。
[②] 史金生：《语气副词的范围、类别和共现顺序》，《中国语文》2003年第1期。

词，其主观性也表现在句法形式上。如对所修饰的中心语成分有一定的倾向性，可以出现在句首位置上，经常用于否定性结构中等。

一 修饰的中心语特点

总结表9-3、9-5、9-7，可以发现知识类和义务类的语气副词基本上都经常修饰的结构成分主要有能愿动词、存现动词、名词性谓语、形容词等，其次还有心理动词、言语类动词、关系动词、动作动词等。

（一）主要修饰能愿动词

语气副词最经常修饰的成分是能愿动词，战国文献中除了少数出现次数较少的以及表示感叹的语气副词以外，绝大多数语气副词都能够修饰能愿动词，且出现频率较高。如《战国策》中语气副词"诚"42例，修饰能愿动词"能、得、欲"等10例，占24%。《吕氏春秋》中语气副词"诚"7例，修饰能愿动词"能、可、欲"等4例，占57%。《墨子》中语气副词"实"32例，修饰能愿动词21例，约占66%。还有一些语气副词的主要功能就是修饰能愿动词，如表示反问的"何、焉、安、恶、独"等。战国文献中语气副词"焉"共128例，修饰能愿动词72例，占56%；语气副词"安"共119例，修饰能愿动词89例，占75%；语气副词"恶"67例，修饰能愿动词41例，占61%。

语气副词较多修饰能愿动词是因为二者具有语义相容性，都是表达主观情态的，因此经常连用或共现。贺阳认为汉语表达语气的书面形式标志主要有体现语调的句终标点符号、特殊句式、同现限制、助动词及其可能有的否定形式、语气副词及其可能有的否定形式、语气助词、叹词[1]。他所归类的或然语气既包括助动词（即能愿动词）"会、可能"等，也包括语气副词"也许、或许"等。崔诚恩认为情态动词（能愿动词）表示对谓词所指对象（如动作、行为、性质、状态、关系等）的真值主观判断，在语义上情态副词与情态动词有密切的关系。表示情态意义的副词和动词在语义上密切配合，但总是情态副词放在能愿动词前面[2]。

除了否定副词和语气副词以外，其余大多数副词都不能或很少修饰能

---

[1] 贺阳：《试论汉语书面语的语气系统》，《中国人民大学学报》1992年第5期。
[2] 崔诚恩：《现代汉语情态副词研究》，博士学位论文，中国社会科学院，2002年。

愿动词。据我们调查，情状方式副词几乎不能修饰能愿动词，这是因为能愿动词表示事件发生的某种可能性或对事件的判断，主观性较强；而情状方式副词描摹动作行为的方式，客观性较强，因此二者语义相互冲突，不能共现。除了少数时间副词如"始""将"外，时间副词也很少修饰能愿动词。因为事件发生的时间是相对明确客观的，与能愿动词表判断、意愿、可能性的主观性相抵牾。范围副词修饰的动词也很广泛，如可修饰存现动词、心理动词、言语类动词、动作动词、状态动词等，但是很少修饰能愿动词。如战国文献中出现次数较少的范围副词"毕、悉、遍、俱、具、备、咸、徒、适"等几乎不能修饰能愿动词，即便是出现频率较高的"皆""尽"也较少与能愿动词连用，如战国文献中范围副词"皆"共1651例，修饰能愿动词仅19例，范围副词"尽"共234例，修饰能愿动词仅2例。又如"独"可作情状方式副词、限定范围副词和语气副词，限定范围副词"独"由情状方式副词"独"虚化而来，限定副词"独"在特定的语境中又进一步虚化为语气副词"独"。我们发现，"独"作情状方式副词和限定副词时，几乎不修饰能愿动词，"独"修饰能愿动词的例子都是反问句中表示反问语气的，语义为"难道"或可不译，是典型的语气副词。可见，能够修饰能愿动词是语气副词重要的句法特征。程度副词主要修饰形容词，部分程度副词可以修饰心理动词，但较少修饰能愿动词。总之，情状方式副词、范围副词、时间副词和程度副词等都属于限定性副词，主要对动词在情状方式、时间、范围、程度方面进行限定，都是基于一定的客观事实或常识，与表示主观性的能愿动词语义冲突，因此往往很少共现。

（二）较多修饰存现动词，尤其是存现动词"有"

战国文献语气副词中，大部分肯定类、推断类都能够修饰存现动词，意志类中只有少数几个不能修饰存现动词，如"宁、慎"等，谦敬副词以及表示反问的"何必、盍"等也不能修饰存现动词，这主要是由于语义冲突，或者有的语气副词出现频率过低。如考察范围内语气副词"固"共363例，经常修饰存现动词"有、无、亡、存、在、丧、失"等，其中，修饰"有"最多，47例，占总量的13%。语气副词"庶""庶几"共16例，修饰"有"5例，占31%。语气副词"庸"共21例，修饰"有"5例，占24%。

这主要是由于战国时期存现动词"有"具有较大的主观性，与语气副词的主观性特点相契合。刘秀英通过对《论语》《孟子》《左传》中"有"字句进行数量统计和意义、用法分析，发现春秋战国时期"有"主要表示领有义，表示存在义很少。在领有义中，主要表示性状领有，并且一般表示拥有某种抽象的属性或状态，如表示疾病、感觉、情绪、力气、程度、志向等①。这与我们对战国时代"有"字句的观察结果是一致的，人们对这些性质或状态的认识带有很大的主观性。杜玉闪认为从语用上看，《孟子》中的"有"字句有四种表述类型：叙述类，描写类，解释类和评议类②。其中描写类，解释类和评议类明显具有主观色彩。

（三）经常修饰名词性谓语，用于判断句中

战国文献中能够修饰名词性谓语、用于判断句的语气副词占其总数的三分之一多，有些语气副词用于判断句的比例较高，如战国文献中表推测的语气副词"其"共231例，用于判断句共52例，占23%。《孟子》中语气副词"诚"12例，用于判断句6例，占50%。现代汉语语气副词也多用于判断句中。齐春红认为能够修饰"是"是现代汉语语气副词的典型特征③。古川裕对597个副词进行考察，发现约有三百个副词能够修饰"是"，其中一百多个是语气副词④。可见，用于判断句中是汉语语气副词的专有特点，其他类副词较少修饰"是"。情状方式副词、程度副词、时间副词等几乎不能修饰名词性谓语，范围副词中只有少数几个可以修饰名词性谓语，但不多见。崔承恩认为虽然现代汉语时间副词和范围副词也能修饰"是"，但是受句法和语义的制约，与情态副词修饰"是"的性质有所区别⑤。

语气副词多用于判断句中是由于语义相容性。吕叔湘先生认为："判断句有两个用处，一是解释事物的涵义，二是申辩事物的是非。"⑥ 解释和申辩都是带有个人的主观认识和看法的，有着个体深深的烙印。

---

① 刘秀英：《上古汉语"有"字句研究》，硕士学位论文，湖南大学，2015年。
② 杜玉闪：《〈孟子〉"有"字句研究》，硕士学位论文，华中科技大学，2015年。
③ 齐春红：《现代汉语语气副词研究》，博士学位论文，华中师范大学，2005年。
④ 古川裕：《副词修饰"是"字情况考察》，《中国语文》1989年第1期。
⑤ 崔诚恩：《现代汉语情态副词研究》，博士学位论文，中国社会科学院，2002年。
⑥ 吕叔湘：《吕叔湘文集》（第一卷），商务印书馆1990年版，第60页。

(四) 较多修饰形容词

战国文献中除了程度副词、否定副词以外，语气副词修饰形容词的数量和频率较其他副词要高一些。情状方式副词、频率副词、表统计的副词几乎不修饰形容词，范围副词和时间副词中仅有少数几个能修饰形容词，且出现频率也不高，这几类副词都主要是修饰动词的。战国文献中能够修饰形容词的语气副词约占总数一半，有些语气副词以修饰形容词为主，如表感叹的"何其""奚其"等。这与形容词的特点有关。刘月华等认为："汉语的形容词本身包含比较的意思。"[1] 因为性状总是在对比中存在的，比较本身就是一种主观行为。李佐丰认为："形容词所表示的性质特征是存在性与主观性的统一。'主观性'是说：对于某个事件是否具有形容词所表示的性质、特征等，虽然一方面常是人们所公认的，可是另一方面又会因人而异，对于同样的性质特征，不同的人会持有不同的看法。"[2] 朴镇秀从量的显现与形容词的重叠式、形容词含说话人的语气以及形容词相关句式等几个方面探讨了形容词的主观性问题[3]。由于形容词表示的性质特征带有一定程度的主观性，与语气副词的主观性相容，因此，语气副词修饰形容词较多。

汉语中的程度副词是专门修饰形容词的，人们一般根据程度副词是否表示比较、能否用于比较句对程度副词进行分类。如王力较早区分出"无所比较，泛言程度"的绝对程度副词和"有所比较"的相对程度副词。

值得注意的是，程度副词在句法特征上表现出与语气副词某些相似的特点。如战国文献中程度副词"甚""大"等除了主要修饰形容词外，还可以修饰一部分心理动词，程度副词可以修饰心理动词已经成为学术界的共识。对于其原因，学者们也多从量性角度或动词的"有界""无界"来解释。如毛帅梅认为心理动词可受程度副词修饰的原因在于心理动词的内部时间和外部时间都具有量性特征[4]。郝琳认为程度副词修饰的心理动词和一部分非心理动词在时间范畴和程度范畴方面都是无界的，属于无界动

---

[1] 刘月华等：《实用现代汉语语法》，商务印书馆2001年版，第197页。
[2] 李佐丰：《古代汉语语法学》，商务印书馆2004年版，第135页。
[3] 朴镇秀：《现代汉语形容词的量研究》，博士学位论文，复旦大学，2009年。
[4] 毛帅梅：《现代汉语副词及类副词的功能层级研究》，博士学位论文，上海外国语大学，2012年。

词①。学者们较少注意到程度副词与形容词、心理动词等在主观性方面的契合度。此外，战国文献中程度副词"甚""大"等也经常修饰主观性较强的存现动词"有"，而较多修饰"有"也是语气副词的句法特征之一。某些程度副词与语气副词在句法上的相似不是偶然的，而是有着内部联系：二者都具有主观性，不过语气副词的主观性更强一些。语气副词的主观性已得到普遍认可，程度副词的主观性较少被关注。实际上，已经有学者提到了程度副词表主观性的特点。如张桂宾认为绝对程度副词由于语义上没有比较对象，而仅仅以经验性的心理标准作出程度量幅的判断，与相对程度副词相比，主观性较强②。

（五）修饰的其他中心语成分

除了主要修饰上述中心语以外，语气副词还较多修饰心理动词、言语类动词、关系动词、动作动词等。战国文献中肯定类语气副词中除了"本"出现次数过少，未见修饰心理动词的例子，其余都能修饰心理动词。推断类除了出现频率较低的"或、庶、庶几、几、务"之外，都能修饰心理动词。义务类语气副词中意志类和感叹类不能修饰心理动词，这是因为语义不相容，但情感类修饰心理动词较多。有些语气副词修饰心理动词的频率较高，如战国文献中语气副词"独"共77例，修饰心理动词如"闻、知、见"等25例，占32%。又如语气副词"庸讵"战国文献中仅《庄子》中出现6例，其中5例修饰认知心理动词"知"，占83%。心理动词是表示人的主观认识和情感态度的，与语气副词语义相吻合。言语类动词表达说话人的主观看法，如战国文献中表谦副词"敢"出现频率较高，共275例，但修饰的动词却很有限，一般只修饰言语类动词如"问、言、告"等。关系动词"如、若、比、犹、愈（胜过）"主要表示比较，比较显示了说话人的主观看法，这和语气副词的主观性也是契合的。如战国文献中语气副词"曾"共28例，修饰关系动词"比、若、如"等9例，占总数的32%。语气副词常常修饰的动词还有主观性较强的可控动作动词或自主动作动词，这类动作动词体现了主体的主观能动性，与语气副词的主观性契合。

---

① 郝琳：《动词受程度副词修饰的认知解释》，《佳木斯大学社会科学学报》1999年第5期。
② 张桂宾：《相对程度副词和绝对程度副词》，《华东师范大学学报》（哲学社会科学版）1997年第2期。

以上语气副词对中心语的选择与现代汉语语气副词的情况基本一致。齐春红以能否出现在主语前、"是"前、"有"前以及能否修饰能愿动词、性质形容词、动作动词、心理动词等为判断现代汉语语气副词典型范畴和典型形式特征的标准。①

上述语气副词经常修饰的中心语成分，其他类副词也基本上都能够修饰（除情状方式副词以外），尤其否定副词、时间副词和范围副词修饰的中心语范围十分广泛。但是语气副词对中心语的选择有一定的倾向性，它修饰这几类中心语成分相对集中，出现频率较高，否定副词、时间副词和范围副词对中心语的选择并没有表现出明显的倾向性。

战国文献中语气副词对中心语的选择倾向可以分两种情况来讨论，一种是对中心语的范围选择相对广泛，能够修饰上述九类中心语（能愿动词、存现动词、心理动词、语言类动词、关系动词、动作动词、名词谓语、形容词、句子）中至少五种以上。如肯定类语气副词除出现极少的"本"外，其余都能修饰至少五种以上中心语成分。出现频率较高的语气副词，如"诚、实、果、唯₁、固"等，基本上能修饰除句子以外的全部中心语，有的也能够修饰句子。推断类语气副词除出现次数较少的"或、庶、得无、务"外，其余都能修饰五种以上中心语成分，出现频率较高的"其₁、必"等几乎能够修饰全部类别。义务类语气副词中，意志类可修饰的成分一般在三类左右，主要修饰动作动词，这是其语义特点决定的。疑问类语气副词可修饰的类别最广泛，一般在五类以上。评价类除出现次数较少的"几₁、庸讵、反、竟"外，其余可修饰的类别也较多。值得注意的是，一些出现频率较低的语气副词，如"信、即、盖、殆、或者、意者、庸、几₂、徒"等，经常修饰的成分也集中在上述这九类中。如语气副词"庸"共21例，可以修饰能愿动词、存现动词"有"、心理动词、动作动词、名词性谓语等。语气副词"几₂"仅13例，可以修饰能愿动词、心理动词、存现动词、关系动词、动作动词、形容词、名词谓语等。语气副词"徒"4例，修饰名词谓语、存现动词"有"、心理动词、动作动词各1例。

另一种情况是对中心语范围选择相对狭窄，主要修饰这九种中的某一

---

① 齐春红：《现代汉语语气副词研究》，博士学位论文，华中师范大学，2005年。

类或某几类中心语。如表示反问的"何、焉、安、恶、独"等,主要修饰能愿动词或心理动词"知"、动作动词"用"等。谦敬副词主要修饰言语类动词或心理动词等。如表谦副词"敢"出现频率较高,共275例,但一般只修饰言语类动词,如"问、言、告"等。表谦副词"窃"107例,主要修饰心理动词。肯定类语气副词"本"5例,有4例修饰存现动词"无"。

二 句式特点

一些语气副词只能或较多用于否定形式中也是其主观性的表现。据我们调查,副词当中能够修饰否定结构最多的是语气副词,战国文献中绝大多数语气副词都能修饰否定结构,而且一些语气副词只能或较多用于否定形式,其他类副词中很少有这种情况。能够修饰否定结构最少的是情状方式副词,在本书调查的52个情状方式副词中,仅有3个("适""佯""自")能够修饰否定性谓语中心语,其余都未见到用于否定式的例子。郑剑平列举了现代汉语否定性结构专用副词(即只能用于否定结构)共13个,如"并(表语气)、迟迟、从、断、断断、豪、决、绝(表语气)、丝毫、万、万万、压根(儿)、再也"[1],这里面绝大多数都是语气副词。他所列举的肯定性专用结构(即不能受否定词修饰的副词)中有语气副词、范围副词、情状方式副词、频率副词、时间副词,其中数量最多的是情状方式副词,最少的是语气副词。这说明一种倾向性,情状方式副词较多用于肯定结构,语气副词较多用于否定结构,这在古今汉语是一致的。

为什么一些语气副词倾向于用于否定结构呢?沈家煊认为否定句是"非现实句","在叙述文中,陈述句要叙述事件的进展,不断提供新情况,通常使用的是肯定句而不是否定句。……否定的作用不是提供新信息,而是否认或反驳听者或读者可能持有的信念。"[2] 他认为:"从情态上讲,否定句跟疑问句、条件句等非现实句一样都不是对现实的明确肯定,因此可以说否定也是一种情态。"[3] 因此,否定和语气副词一样都是表达主观情态

---

[1] 郑剑平:《副词修饰含"不/没有"的否定性结构情况考察》,《四川师范大学学报》(社会科学版)1996年第2期。

[2] 沈家煊:《不对称与标记论》,江西教育出版社1999年版,第54页。

[3] 沈家煊:《不对称与标记论》,江西教育出版社1999年版,第105页。

的，具有语义相容性。

三 句法位置特点

语气副词可以位于句首的句法位置是其主观性的表现。如语气副词"唯$_1$、或者、意者、几、庶几、尚$_1$、唯$_2$、宁、岂、其$_3$、盍、又、何其"等都可以位于句首主语前。史金生把句法位置作为判断是否为语气副词的标准之一，认为"语气副词是表达说话人主观情感认识的，具有很强的主观性，这样的特点决定了它在句子中通常处于最外层。"① 情状方式副词、程度副词、频率副词、关联副词、否定副词、时间副词等主要句法位置是句中，范围副词中绝大多数位于句中，只有"凡、唯"等少数几个可以位于句首。崔承恩认为语气副词与其他副词的主要区别是典型的情态副词可以出现在主语之前，修饰整个命题②。

总之，战国文献中语气副词的主观性主要表现在其修饰的句法成分、出现的句式及句法位置上。与现代汉语语气副词相比，战国文献中语气副词能够位于句首的仍然是少数，说明战国时期语气副词可能仍然在虚化过程中。

小　结

依据语气副词表达的情态类型，战国时代语气副词可以分为知识和义务两大类，知识类语气副词可以分为肯定类和推断类两种，义务类语气副词包括意志类、情感类、评价类三种。战国文献中最主要的肯定类语气副词是"诚、实、果、固"，不仅使用频率高，而且可修饰的中心语范围广泛。肯定类中只有"唯$_1$"能够修饰小句，"固"修饰句子仅1例。根据揣度性推断语气副词主要出现的语言环境，可以分为三个小类：可以修饰各种语义词语，没有褒贬倾向的有"其$_1$、盖、殆、或、或者、意者"等；主要修饰褒义色彩词语，运用于肯定、积极意义语言环境的有"庶、庶几"，主要修饰贬义色彩词语，运用于否定、消极意义语言环境的有"几、恐、无（毋）乃、得无"等。除了一些出现次数太少的推断语气副词，如"或""庶""庶几""得无"外，绝大多数推断类语气副词都能修饰能愿

---

① 史金生：《语气副词的范围、类别和共现顺序》，《中国语文》2003年第1期。
② 崔诚恩：《现代汉语情态副词研究》，博士学位论文，中国社会科学院，2002年。

第九章 战国时代语气副词

动词、存现动词、动作动词和形容词等。能够修饰句子的有"或者""意者""几""必"等。义务类的语气副词,能够修饰句子的明显增多,主要有"尚、唯₂、宁、昌、其₃、盖、又、何其"等。

战国文献中语气副词的主观性也表现在句法形式上,如对所修饰的中心语成分有一定的倾向性,可以出现在句首位置上,经常用于否定性结构、语气副词较多修饰能愿动词,心理动词,言语类动词,关系动词,动作动词,形容词等,较多用于判断句中。这是因为能愿动词、心理动词等也是主要表现主观情态的,与语气副词的语义相存现动词,心理动词等可以位于句首的句法位置是其主观义的主要表现。一部分语气副词否定结构,这是因为否定是非现实,主要表达情态。一部分语气副词可以位于句首的句法位置是其主观义的主要表现。

309

第十章　战国时代副词连用

副词可以连用共同修饰中心语,我们这里的"连用"是指在状语位置上两个或两个以上相邻副词连续使用。副词连用的顺序学界已有不少研究成果,但主要是研究现代汉语副词连用的,如黄河[1]、刘月华等[2]、赖先刚[3]、张谊生等[4]。古代汉语副词连用只偶尔见于一些专书副词研究的论著中,但都是简单提及,没有深入分析。战国文献中副词连用现象较多,从类别上看主要有同类副词连用、异类副词连用,从数量上看有两个副词连用、三个副词连用及四个副词连用。

第一节　同类副词连用

同类副词连用基本上都是两个副词连用。一般来说,副词的各个小类都存在连用现象,同类副词连用,往往用于加强语势,达到强调的目的。例如:

(1) 其臣尧不足以相治乎? 其遂相为君臣乎? (《庄子·齐物论》)

(2) 相与交食乎地而交乐乎天。(《庄子·庚桑楚》)

(3) 大溢逆流,无有丘陵沃衍、平原高阜,尽皆灭之。(《吕氏春

---

[1] 黄河:《常用副词共现时的顺序》,载《缀玉集》,北京大学出版社1990年版,第498页。
[2] 刘月华等:《实用现代汉语语法》,商务印书馆2001年版,第529页。
[3] 赖先刚:《副词的连用问题》,《汉语学习》1994年第2期。
[4] 张谊生:《副词的连用类别和共现顺序》,《烟台大学学报》(哲学社会科学版)1996年第2期。

310

秋·爱类》）

（4）四分公室，季氏择二，二子各一，<u>皆尽</u>征之，而贡於公。（《左传·昭公五年》）

（5）魏王虽无以应，韩之为不义<u>愈益</u>厚也。（《吕氏春秋·审应》）

（6）绝学捐书，弟子无挹于前，其爱<u>益加</u>进。（《庄子·山木》）

（7）<u>既已</u>告于君，故与叔向语而称之。（《左传·召公三年》）

（8）一薰一莸，十年<u>尚犹</u>有臭。（《左传·僖公四年》）

（9）金舌弊口，<u>犹将</u>无益也。（《荀子·正论》）

（10）晏子不对，公<u>又复</u>问，不对。（《墨子·非儒下》）

（11）我代韩而受魏之兵，<u>顾反</u>听命于韩。（《战国策·齐一》）

（12）此非特无术也，<u>又乃</u>无行。（《韩非子·六反》）

（13）冉求曰："<u>非不</u>说子之道，力不足也。"（《论语·雍也》）

（14）治地莫善于助，<u>莫不</u>善于贡。（《孟子·滕文公上》）

（15）而佞人之心翦翦者，<u>又奚</u>足以语至道！（《庄子·在宥》）

（16）将执而不化，外合而内不訾，<u>其庸</u>讵可乎！（《庄子·人间世》）

例（1）（2）是情状方式副词连用，例（3）（4）是范围副词连用，例（5）（6）是程度副词连用，例（7）—（9）是时间副词连用，例（10）是频率副词连用，例（11）（12）是关联副词连用，例（13）（14）是否定副词连用，例（15）（16）是语气副词连用。同类副词连用大多是同义连用，如例（1）—（8），例（10）（11）（15）（16）等，也有异义连用，如例（9）（12）（13）（14）等。

第二节　异类副词连用

异类副词连用指不同小类的副词连续使用，既包括两个副词连用，也包括三个、四个副词连用。战国文献中副词连用主要表现为异类连用。

一　两个副词连用

（一）否定副词与其他副词连用

否定副词比较特殊，是从逻辑角度划分出来的一类副词。一般说来，

战国时代副词研究

否定副词与其他类副词连用时，否定副词在后。但对于一些特殊副词，如范围副词"尽""俱"、频率副词"复"等，否定副词只能在这些副词前。还有一些副词如语气副词"必""亦"、限定范围副词"独""直""徒"等，受否定辖域制约，否定副词既可以在其前，也可以在其后。否定副词的辖域或语义指向一般是紧邻其后的整个句子结构，除了一部分范围副词和情状方式副词外，其他副词的语义指向一般也是紧邻其后的结构成分。

1. 否定副词＋语气副词

否定副词与语气副词连用时，一般是语气副词在前，否定副词的语义指向其后的谓语部分，语气副词的语义指向其后的否定结构，对整个否定性命题的真实性进行肯定判断或推测。例如：

(1) 语人曰'我不能'，是诚不能也。(《孟子·梁惠王上》)
(2) 河山之险，信不足保也。(《战国策·魏一》)
(3) 我实不能，民何罪？(《左传·文公十年》)
(4) 天下是非果未可定也。(《庄子·至乐》)
(5) 夫诗书礼乐之分，固非庸人之所知也。(《荀子·荣辱》)
(6) 国人皆以夫子将复为发棠，殆不可复。(《孟子·尽心下》)
(7) 臣以为天下之从，几不难矣。(《韩非子·初见秦》)
(8) 子赣曰："君其不没于鲁乎！"(《左传·哀公十六年》)
(9) 见士问曰：无乃不察乎？(《荀子·尧问》)
(10) 穴未得，慎毋追。(《墨子·备穴》)
(11) 且臣之说齐，曾不欺之也。(《战国策·燕一》)
(12) 而欲以乱成，必不免矣。(《左传·隐公四年》)
(13) 仁者，必有勇。勇者，不必有仁。(《论语·宪问》)

例（1）—（5）是肯定类语气副词与否定词连用，例（6）—（9）是揣度类语气副词与否定副词连用，例（10）（11）是意志类语气副词与否定副词连用。例（12）（13）语气副词"必"较为特殊，前后都可以有否定副词，但意思不一样。语气副词与否定词连用频率较高，几乎每一个语气副词都可以修饰否定结构，一些语气副词如"慎""曾"等只能修饰否定结构。

2. 否定副词+关联副词

否定副词与关联副词连用时，一般是关联副词在前。关联副词和否定副词的语义都后指。例如：

（1）齐景公曰："既不能令，又不受命，是绝物也。"（《孟子·离娄上》）
（2）且臣闻之曰：削柱掘，无与祸邻，祸乃不存。（《战国策·西周》）
（3）计其所得，反不如所丧者之多。（《墨子·非攻中》）
（4）燕遗二卵，北飞，遂不反。（《吕氏春秋·音初》）
（5）管仲且犹不可召，而况不为管仲者乎？（《孟子·公孙丑下》）
（6）乘亦不知也，坠亦不知也，死生惊惧不入乎其胸中。（《庄子·达生》）

关联副词也基本上都能够与否定副词连用。

3. 否定副词+频率副词

否定副词与频率副词连用时，一般是频率副词在前。但频率副词"复"与否定副词连用时，否定副词在前。否定副词与频率副词语义都指向其后成分。例如：

（1）赵王出轻锐以寇其后，秦数不利。（《战国策·中山》）
（2）悦贤不能举，又不能养也。（《孟子·万章下》）
（3）子其勉之！吾不复见子矣。（《左传·成公十六年》）
（4）兼士之言不然，行亦不然。（《墨子·兼爱下》）

受出现频率或语义限制，除了以上例子中的频率副词可以修饰否定结构外，其他频率副词如"屡""骤""每""每每""时"等很少与否定词连用。

4. 否定副词+时间副词

否定副词与时间副词连用时，一般是时间副词在前，时间副词和否定

战国时代副词研究

副词的语义都指向其后的结构成分。但对于一些特殊的时间副词,如"犹""尝",前后都可以有否定副词,例如:

(1) 高、鲍<u>将不</u>纳君,而立公子角。(《左传·成公十七年》)
(2) 夫夷节<u>已不</u>能,而况我乎!(《庄子·则阳》)
(3) 此求禁止大国之攻小国也,而<u>既已不</u>可矣。(《墨子·节葬下》)
(4) 仲父治外,夫人治内,寡人知<u>终不</u>为诸侯笑矣。(《吕氏春秋·精谕》)
(5) 当尧之时,天下<u>犹未</u>平,洪水横流,泛滥于天下。(《孟子·滕文公上》)
(6) 虽恶之,<u>不犹</u>愈于亡乎?(《左传·成公十四年》)
(7) 学、老身长子,而与愚者若一,<u>犹不</u>知错,夫是之谓妄人。(《荀子·解蔽》)
(8) 君子之至于斯也,吾<u>未尝不</u>得见也。(《论语·八佾》)

例(8)是双重否定,表示肯定和强调。时间副词绝大多数都能够与否定副词连用。

5. 否定副词+范围副词

否定副词与范围副词连用,可以分两种情况讨论。第一种是否定副词和限定范围副词连用,否定副词可以在前,也可以在后,但意思完全不一样,例如:

(1) 诸侯、县公皆庆寡人,女<u>独不</u>庆寡人,何故?(《左传·宣公十一年》)
(2) 凡法术之难行也,<u>不独</u>万乘,千乘亦然。(《韩非子·孤愤》)
(3) 君王<u>直不</u>好,若君王诚好贤,此五臣者,皆可得而致之。(《战国策·楚一》)
(4) 今吾为祭祀也,<u>非直</u>注之污壑而弃之也。(《墨子·明鬼下》)

314

例（1）否定副词在后，限定范围副词"独"修饰否定的谓词结构，可译为"只有……不"，"独"语义前指主语，"不"语义指向其后的动宾短语；例（2）否定副词在前，可译为"不只是"，"独"语义后指数量短语，"不"语义指向其后的状中结构"独万乘"。例（3）（4）限定范围副词"直"和否定副词语义都指向紧邻其后的结构成分。也可以前后都有否定副词，形成双重否定：

（5）人君非独不足于见难而已，或不足于断制。（《韩非子·难四》）
（6）非徒不爱子也，又不爱丈夫子独甚。（《战国策·燕策二》）

第二种是否定副词与总括范围副词连用，除了受否定辖域和语义因素约束，还有其他因素也制约否定副词的位置，如"皆"与否定副词连用时，否定副词在后，而"尽""俱"等与否定副词连用时，否定副词在前。这是由总括副词自身的特点决定的。例如：

（7）父兄百官皆不欲。（《孟子·滕文公上》）
（8）身故不肖，力不足以适二主，其势不俱适。（《韩非子·奸劫弑》）
（9）五谷尽收，则五味尽御于主，不尽收则不尽御。（《墨子·七患》）

例（7）"皆"语义前指主语，"不"语义后指谓语。例（8）"不"语义后指谓语结构，"俱"语义后指省略的宾语"二主"。例（9）"不"语义后指其后的状中结构，"尽"语义指向前面省略的受事主语"五谷""五味"。

6. 否定副词 + 程度副词

否定副词与程度副词连用可以分两种情况：绝对程度副词与否定副词连用时，一般是绝对程度副词在前；相对程度副词与否定副词连用时，一般是否定副词在前，尤其是相对程度副词"加"常常用于否定词后。程度副词和否定副词语义都后指。例如：

战国时代副词研究

(1) 寡人<u>甚</u>不喜诞者言也。(《庄子·田子方》)
(2) 成驩谓齐王曰:"王太仁,<u>太</u>不忍人。"(《韩非子·内储说上》)
(3) 象<u>至</u>不仁,封之有庳。(《孟子·万章上》)
(4) 有子十人,一人耕而九人处,则耕者不可以<u>不</u>益急矣。(《墨子·贵义》)
(5) 顺风而呼,声<u>不</u>加疾也;际(登)高而望,目<u>不</u>加明也。(《吕氏春秋·顺说》)

除了相对程度副词"加"外,程度副词主要修饰肯定结构,较少与否定词连用。

7. 否定副词+情状方式副词

情状方式副词一般不修饰动词的否定形式,只有少数几个如"适""佯""自"可以修饰否定结构,前面章节已详述。否定副词与情状方式副词连用时,一般是否定副词在前,即否定副词修饰情状方式副词与中心语构成的状中结构。例如:

(1) 此五等者,不可<u>不</u>善择也。(《荀子·王制》)
(2) 亲迎,则不得妻;<u>不</u>亲迎,则得妻,必亲迎乎!(《孟子·告子下》)
(3) 男女久<u>不</u>相见。(《墨子·非命下》)
(4) 寡君敢<u>不</u>固请于齐?(《左传·襄公二十七年》)
(5) 爱人<u>不</u>独利也,待誉而后利之;憎人<u>不</u>独害也,待非而后害之。(《韩非子·三守》)
(6) 名<u>不</u>徒生,而誉不自长。(《墨子·修身》)

情状方式副词与否定词连用并不多见,考察范围内仅少数几个情状方式副词受否定词的修饰。关涉主体类的情状方式副词语义都指向主语或省略的主语,如例(1)—(4)中的"善""亲""相""固"等;关涉动作或结果类的情状方式副词语义指向其后的谓语部分,如例(5)(6)的"独""徒"。否定副词语义都后指其后的状中结构。

（二）语气副词与其他副词连用

一般说来，语气副词表达命题以外的说话人的主观态度或情感，是对命题内容的主观评价，所以都在其他副词之前。

1. 语气副词+时间副词

（1）上之所罚，命<u>固且</u>罚，不暴故罚也。上之所赏，命<u>固且</u>赏，非贤故赏也。（《墨子·非命上》）
（2）晋、郑同侪，其过子弟，<u>固将</u>礼焉，况天之所启乎？（《左传·僖公二十三年》）
（3）壬<u>固已</u>数见于君矣。（《韩非子·内储说上》）
（4）王<u>固先</u>属怨于赵，而后与齐战。（《战国策·魏二》）
（5）故天将降大任于是人也，<u>必先</u>苦其心志，劳其筋骨，（《孟子·告子下》）
（6）后十七日，楚考烈王崩，李园<u>果先</u>入。（《战国策·楚四》）
（7）彼亦一是非，此亦一是非，<u>果且</u>有彼是乎哉？<u>果且</u>无彼是乎哉？（《庄子·齐物论》）
（8）天下有道，盗<u>其先</u>变乎！（《荀子·正论》）
（9）子<u>盍蚤</u>自贰焉。（《左传·僖公二十三年》）
（10）尧舜<u>其犹</u>病诸！（《论语·雍也》）
（11）今君德<u>无乃犹</u>有所阙，而以伐人，若之何？（《左传·僖公十九年》）

但是也会有例外，例如：

（12）我<u>且必</u>为镆铘！（《庄子·大宗师》）
（13）如臣知君王之为君，臣<u>将或</u>致焉。（《上博六·庄王既成申公臣灵王》）

例（12）语气副词"必"比较特殊，在句子中的位置较为灵活，与其他副词连用时，可以在前，也可以在后。如传世战国文献中"将必"共13例，"必将"56例，因此，语气副词"必"与时间副词"将"连用时，还

317

是以语气副词在前为主。例（13）时间副词在语气副词前，这可能是由于语义强调。

2. 语气副词+程度副词

(1) 公曰："清商固最悲乎？"（《韩非子·十过》）
(2) 我自后击之，必大败之。（《左传·定公四年》）
(3) 有裔子曰董父，实甚好龙。（《左传·昭公二十九年》）

3. 语气副词+范围副词

(1) 尧、舜之贤而死，孟贲之勇而死，人固皆死。（《吕氏春秋·慎行》）
(2) 秦从楚、魏攻齐独吞赵，齐、赵必俱亡矣。（《战国策·赵一》）
(3) 燕赵果俱辅中山而使其王，事遂定。（《战国策·中山》)
(4) 以夫桀跖之道，是其为相县也，几直夫刍豢稻粱之与糟糠尔哉！（《荀子·荣辱》）
(5) 夫生岂特随侯珠之重也哉？（《吕氏春秋·贵生》）

4. 语气副词+频率副词

(1) 秦惧，遽效煮枣，韩氏果亦效重宝。（《战国策·东周》）
(2) 有上令除之，必复请之。（《睡虎地秦简·秦律十八种·司空》）
(3) 则孝子仁人之掩其亲，亦必有道矣。（《孟子·滕文公上》）

频率副词"亦"较为特殊，常常出现在语气副词"必"前，但也可以出现在其后，如传世战国文献中"亦必"26例，"必亦"8例。这可能是因为"兼类同形"现象，张谊生认为一些副词可能兼有几种语法意义或语法功能，"比如'就、也、都、却'等副词除了表示时间、类同、概括、关联之外，还都可以表示口气。当这些词表示口气时，自然可以位于评注性副词之前了。"① "亦"的情况也是如此,"亦"除了表示重复之外还可以表示强调,因此可以位于语气副词"必"前。

5. 语气副词+情状方式副词

(1) 弊邑<u>固窃</u>为大王患之。(《战国策·东周》)
(2) 主好论议<u>必善</u>谋。(《荀子·成相》)
(3) 物<u>固相</u>累,二类相召也。(《庄子·山木》)
(4) 王适有言,<u>必亟</u>听从。(《韩非子·内储说下》)

(三)情状方式副词与其他副词连用

情状方式副词意义较实,有很强的附谓性,因此与其他副词连用时一般在后。例如:

1. 频率副词+情状方式副词

(1) 而<u>又善</u>为辞令,神<u>谌</u>能谋。(《左传·襄公三十一年》)
(2) 宋华弱与乐辔少相狎,长相优,<u>又相</u>谤也。(《左传·襄公六年》)

2. 范围(协同)副词+情状方式副词

(1) 故凡同类者,<u>举相</u>似也,何独至于人而疑之?(《孟子·告子上》)
(2) 城下里中家人<u>皆相</u>葆。(《墨子·备城门》)
(3) 示之其齿之坚也,六十而<u>尽相</u>靡也。(《战国策·楚四》)
(4) (今)〔令〕吴、越之国,<u>相与俱</u>残。(《吕氏春秋·顺民》)
(5) 上下<u>相与同</u>忧久矣。(《韩非子·存韩》)

范围副词或协同副词与情状方式连用时,一般情状方式副词在后,如

---

① 张谊生:《副词的连用类别和共现顺序》,《烟台大学学报》(哲学社会科学版)1996年第2期。

例（1）—（3），但是情状方式副词"相与"与范围副词或协同副词连用时在前面。这应该是由于韵律的制约，"相与"是双音节副词，本身形成一个音步，而与之连用的范围副词"俱"、协同副词"同"是单音节副词，很容易与后面的单音节谓词结合形成一个韵律节奏。例（1）—（5）中情状方式副词"相""相与"与范围副词"举""皆""尽""俱"、协同副词"同"的语义指向相同，都指向前面的主语。

3. 时间副词+情状方式副词

（1）令尹甚傲而好兵，子必谨敬，先亟陈兵堂下及门庭。（《韩非子·内储说下》）
（2）公乃身命祭。（《上博楚简五·鲍叔牙与隰朋之谏》）
（3）宋公以币请于卫，请先相见。（《左传·隐公八年》）
（4）夫以贤舜事圣尧，三年而后乃相知也。（《战国策·楚四》）
（5）尝相与无为乎！（《庄子·知北游》）

例（1）时间副词"先"和情状方式副词"亟"语义都指向谓语，例（2）时间副词"乃"语义指向谓语，情状方式副词"身"语义指向主语，例（3）（4）（5）时间副词"先""乃""尝"语义指向谓语，情状方式副词"相""相与"语义指向主语。

4. 程度副词+情状方式副词

（1）上说诸侯，下说列士，其于仁义则大相远也。（《墨子·天志上》）

例（1）程度副词"大"语义指向谓语，情状方式副词"相"语义指向主语。

（四）其他类副词连用

（1）自古以及今，生民以来者，亦尝有闻命之声，见命之体者乎？（《墨子·非命中》）
（2）是固尝矫驾吾车，又尝啖我以余桃。（《韩非子·说难》）

（3）人之可使为不善，其性<u>亦犹</u>是也。（《孟子·告子上》）

（4）<u>既皆</u>告，且祷也。（《新蔡楚简》甲三：138）

（5）今天下之诸侯，将<u>犹皆</u>侵凌攻伐兼并。（《墨子·天志下》）

（6）故天下<u>每每大</u>乱，罪在于好知。（《庄子·胠箧》）

例（1）—（3）是频率副词与时间副词连用，一般频率副词在前，语义都指向紧邻其后的成分。例（4）（5）是时间副词与范围副词连用，时间副词在前。时间副词"既""犹"语义指向其后的成分，范围副词"皆"语义指向主语或省略的主语。例（6）是频率副词与程度副词连用，频率副词在前，频率副词语义指向其后的成分"大乱"，程度副词指向其后的"乱"。

二 三个副词连用

（1）秦、魏<u>不终相</u>听者也。（《战国策·韩三》）

（2）前时五诸侯<u>尝相与共</u>伐韩。（《韩非子·李斯上韩王书》）

（3）故明君者，<u>必将先</u>治其国，然后百乐得其中。（《荀子·王霸》）

（4）祭、卫不枝，<u>固将先</u>奔。（《左传·桓公五年》）

（5）然已与疑言者，<u>亦必复</u>决之于蔡妪也。（《韩非子·外储说右上》）

例（1）是"否定副词+时间副词+情状方式副词"连用，情状方式副词在最后。否定副词"不"语义指向紧邻其后的全部成分"终相听"，时间副词"终"语义指向谓语"听"，情状方式副词"相"语义指向前面的主语部分。例（2）是"时间副词+情状方式副词+协同副词"连用，双音节情状副词"相与"在协同副词前，时间副词最靠前。时间副词"尝"语义指向其后结构成分，情状副词"相与"、协同副词"共"语义指向主语。例（3）（4）是"语气副词+时间副词+时间副词"连用，例（5）是"关联副词+语气副词+频率副词"连用。除了涉主情状方式副词和一部分范围副词语义可能指向主语外，三个副词连用时，语义一般都指

321

向紧邻其后的全部结构成分。余例皆如此，不再一一分析。

  (6) 且以尚贤为政之本者，亦岂独子墨子之言哉！(《墨子·尚贤中》)

  (7) 四邻诸侯之相与，不可以不相接也，然而不必相亲也。(《荀子·君道》)

  (8) 楚王欲取息与蔡，乃先佯善蔡侯，而与之谋曰。(《吕氏春秋·长攻》)

  (9) 请必无归，而造于朝！(《孟子·公孙丑下》)

  (10) 此固国家之珍，而社稷之佐也，亦必且富之，贵之，敬之，誉之。(《墨子·尚贤上》)

  (11) 刑人之父子也，其名又甚不荣。(《吕氏春秋·顺说》)

  (12) 为君舍人而内与夫人相爱，亦甚不义矣。(《战国策·齐三》)

  (13) 是于己长虑顾后，几不甚善矣哉！(《荀子·荣辱》)

  (14) 凡讯狱，必先尽听其言而书之，各展其辞。(《睡虎地秦简·封诊式》)

  (15) 公孙衍、张仪岂不诚大丈夫哉？(《孟子·滕文公下》)

  例(6)是"语气副词+语气副词+范围副词"连用，语气副词在前。例(7)是"否定副词+语气副词+情状方式副词"连用，情状副词在最后，否定副词最靠前。例(8)是"时间副词+时间副词+情状方式副词"连用；例(9)是"语气副词+语气副词+否定副词"连用；例(10)是"频率副词+语气副词+时间副词"连用；例(11)(12)是"关联副词+程度副词+否定副词"连用；例(13)是"语气副词+否定副词+程度副词"连用；例(14)是"语气副词+时间副词+范围副词"连用；例(15)是"语气副词+否定副词+语气副词"连用。

  从以上副词的连用可以看出，否定副词的位置受否定辖域制约，在句中位置最为自由，三个副词连用时既可以在前，也可以在后，还可以在中间。语气副词、关联副词与其他副词连用时，一般总是在最前面，但是语气副词"必"例外，句法位置比较灵活。情状方式副词与其他副词连用时，一般在最后贴近谓语中心语的位置，但是双音节情状方式副词"相与"

例外，在与其他单音节副词连用时，在其他副词前。程度副词位置也靠后贴近中心语。频率副词"亦"经常与其他副词连用，在句中位置也较灵活。

三　四个副词连用

(1) 我以为虽有朝夕之辩，<u>必将终未可得而从定也</u>。(《墨子·非命下》)

(2) 今亡之秦，<u>不亦太亟</u>忘乎！(《韩非子·内储说下》)

(3) 自此之后，欲发天下之大事，<u>未尝不独寝</u>，恐梦言而使人知其谋也。(《韩非子·外储说右上》)

(4) 河山之险，<u>岂不亦信固哉</u>！(《战国策·魏一》)

战国文献中四个副词连用不多。例(1)是"语气副词+时间副词+时间副词+否定副词"连用，语气副词在最前。例(2)是"否定副词+语气副词+程度副词+情状方式副词"连用，否定副词、语气副词在前，程度副词在中间，情状方式副词在最后。例(3)是"否定副词+时间副词+否定副词+情状方式副词"连用，情状方式副词在最后，否定副词的位置十分灵活，随否定辖域而定。例(4)是"语气副词+否定副词+语气副词+语气副词"连用。

第三节　副词连用的顺序及其认知解释

从上面副词连用的实际情况，我们得到一个副词连用的一般顺序：

> 语气副词、关联副词＞频率副词＞时间副词＞范围副词＞程度副词＞否定副词＞情状方式副词

需要说明的是，以上是一般情况的顺序。因为否定辖域的制约，否定副词与其他副词连用顺序的情况比较复杂，在句中位置也比较灵活，前面已经详述。现代汉语副词连用的顺序已有很多研究成果。如赖先刚认为副词连用递相修饰的结构的一般位序为：副$_1$（表关联和语气的副词）＋副$_2$

战国时代副词研究

（表时间频率和处所的副词）＋副₃（表范围副词）＋副₄（表程度和否定的副词）＋副₅（表情态方式的副词）＋中心词①。

刘月华等的分类同以上两种分类大致相同，认为多重状语的位置和顺序依次是：时间状语—语气副词—描写动作者的状语—表示目的、协同和依据的状语—表示处所、空间、方向和路线的状语—对象状语—描写动作、性状的状语②。

张谊生排列的各类副词相邻级位的常规顺序是评注性、关联、时间、频率、范围、程度、否定、协同、重复、描摹性③。

以上对现代汉语副词连用的顺序认识基本上是一致的，但由于对副词次类划分的不同，如协同副词是否归入范围副词，重复副词是归入频率副词还是情状方式副词等，都会造成副词连用顺序的不同。因此，不同的副词分类法势必有不同的副词连用顺序。比较一下战国文献中副词连用的顺序与现代汉语副词连用顺序，可以发现大体上也是相同的。如位于副词序列前端的都是语气副词或关联副词，位于副词序列最后、紧邻谓语中心语的一般是情状方式副词。另外，时间频率副词位序先于范围副词，范围副词位序先于程度副词也是古今一致的。

战国文献副词连用也有与现代汉语副词连用明显不同的地方。第一，战国汉语中否定副词的位置更为灵活，一般来说位于语气副词、关联副词、时间频率副词之后，但有时也可在一些特殊的语气副词、时间副词、频率副词前。既可以在一部分范围副词、程度副词之后，也可以在一些范围副词、程度副词前。第二，战国汉语中副词连用没有表现出现代汉语副词连用的较强的规律性，例外多。如语气副词"必"，频率副词兼语气副词"亦"在句中位置相当灵活。这首先是因为副词是由实词虚化而来，在战国时代，一些副词可能已经完成了虚化过程，另一些副词可能正在虚化当中，再加上语义等因素的影响，副词的个性强于共性，这表现在它们与否定副词或其他副词连用时顺序灵活多变。其次，由于古代汉语语法研究不能依靠语感，不能自拟例句，只能对现有语料范围内的例句进行归纳，

---

① 赖先刚：《副词的连用问题》，《汉语学习》1994年第2期。
② 刘月华等：《实用现代汉语语法》，商务印书馆2001年版，第529页。
③ 张谊生：《副词的连用类别和共现顺序》，《烟台大学学报》（哲学社会科学版）1996年第2期。

副词连用，尤其是三个以上副词连用的例子较少，这也影响对副词连用规律的总结。

如前所述，古今汉语中副词连用的顺序大体上是一致的。对于副词连用位序的原因，学者们已有一定的研究。如张谊生认为副词共现顺序的形成在很大程度上取决于副词的主观倾向的强弱、语义辖域的宽狭，认为主观倾向越强，位序越强；语义辖域越宽，位序越前①。史金生认为语气副词排序的制约因素，也适合于语气副词与整个副词连用的顺序。主要有四个原则：管辖范围原则、主观程度原则、连贯原则、凸显原则②。

综合以上学者们的观点，结合战国副词连用顺序的实际情况，我们认为决定副词连用位序的主要因素有：主观性因素和语义接近因素。

首先是主观性因素。一般说来，副词的主观性越强，位序越靠前。在副词位序最右端，即最靠近中心语位置的是情状方式副词，这是因为情状方式副词是实词虚化的第一个阶段，意义、句法功能与实词最接近，具有很强的附谓性，客观性较强。在副词位序的最左端，即离中心语最远的位置是语气副词或关联副词，这是因为语气副词一般不是实词直接虚化的，而是其他副词进一步虚化而来，是副词虚化链条的最后一个阶段，语气副词表达命题之外的判断、评价或情感、态度，意义较虚，主观性最强。关联副词也是由其他副词进一步发展而来，既修饰中心语，同时又有连接功能，并具有一定的主观性。但是主观性因素不是决定副词位序的唯一因素，如处于序列中间位置的时间频率副词、范围协同副词、程度副词等的主观性不是依次减弱的，甚至程度副词的主观性较范围副词、时间频率副词更强一些，因为性状的程度等级一般是主体主观判断的结果，而动作发生的时间却是相对客观的。因此，副词连用的排序应该还受到其他因素的制约。

其次是语义接近因素。离中心语最近的情状方式副词主要表示动作行为发生的情状，与中心语（主要是动词）的关系最紧密，因此紧邻中心语。程度副词主要修饰形容词或心理动词，表示性状或心理状态的程度量

---

① 张谊生：《副词的连用类别和共现顺序》，《烟台大学学报》（哲学社会科学版）1996年第2期。

② 史金生：《语气副词的范围、类别和共现顺序》，《中国语文》2003年第1期。

或等级，与中心语的关系十分密切，因此程度副词也一般靠近中心语位置。范围协同副词表示动作主体或动作的对象的数量范围，与动作本身关系稍远，因此位序更靠前。时间频率副词表示动作发生的时间或频率，"时间与动作行为的关系不是内在的，虽然动作行为是在一定的时间里发生的，但时间并不与动作行为的实质相关。"① 因此，表示时间频率的副词距离中心语较远。关联副词不仅修饰谓语中心语，而且表示分句之间的逻辑关系，所以离中心语的位置也较远。语气副词并不总是修饰谓语中心语的，而是表达对包含谓语结构在内的整个命题的主观态度或评价，因此距离中心语的位置最远，可以位于句首。因此，副词距离中心语位置的远近，在很大程度上跟副词表示的语义与中心语意义关系的远近有关，关系越近，离中心语也越近；关系越远，距离中心语也较远。语义接近原则有其深刻的认知原因，袁毓林认为："副词和语气词的小类都是按照其跟谓语动词的语义关系的紧密程度由近及远地进行排序的。这种语义接近原则也是可以从认知上得到解释的：为了人脑信息加工的方便，意义联系紧密的成分尽可能挨得近一点儿，以便人们通过词语的局部组合很快地得出局部的语义解释，从而使听、读者能从容地边听、读，边理解。"②

除了以上两个最重要的因素外，副词连用也受到其他一些因素的制约。如语义辖域因素，这在否定副词上表现得最为明显。古代汉语中否定副词的位序最为灵活，除了一些副词由于特殊的语义特点，要求否定副词必须在之前或之后外，其余大多数副词与否定副词的结合受否定辖域的影响，既可以在否定副词前，也可以在否定副词后。再如韵律因素的影响，情状方式副词一般紧邻谓语中心语，但双音节情状方式副词"相与"往往在其他副词之前。

副词连用位序的研究具有十分重要的意义。位序的前后可以在一定程度上揭示各小类副词在语法化链条上的地位和位置，反映副词小类的语法化程度和主观性程度。可以揭示副词各个小类的性质和功能，如情状方式副词多为描写性修饰功能，距离中心语最近。而时间频率副词、范围协同

---

① 董秀芳：《词汇化——汉语双音词的衍生和发展》，商务印书馆2011年版，第155—156页。

② 袁毓林：《定语顺序的认知解释及其理论蕴涵》，《中国社会科学》1999年第2期。

副词、程度副词是限制性修饰功能，距离中心语稍远。语气副词具有评价功能，关联副词具有连接功能，位序最靠前，距离中心语最远。

小　结

战国文献中副词连用现象较多，从类别上看主要有同类副词连用、异类副词连用，从数量上看有两个副词连用、三个副词连用及四个副词连用。同类副词连用主要是两个副词连用，往往用于加强语势，达到强调的目的。异类副词连用指不同小类的副词连续使用，既包括两个副词连用，也包括三个、四个副词连用。

战国文献中副词连用主要表现为异类连用，其中两个副词连用最为常见。一般来说，副词的各个小类都存在连用现象。否定副词与语气副词、关联副词、频率副词、时间副词连用时，一般是否定副词在后。否定副词和范围副词、程度副词连用时，否定副词有时候在前，有时候在后，跟否定辖域以及具体范围副词、程度副词本身的性质特点有关。语气副词与其他副词连用时，除了几个特殊的语气副词句法位置比较灵活外，一般是语气副词在前。情状方式副词与其他副词连用时一般在后。副词连用时的语义指向一般是该副词后面的全部结构成分，但一部分涉主类情状方式副词、范围副词、协同副词有时候语义指向前面的主语。

战国汉语副词连用的一般顺序是：

> 语气副词、关联副词 > 频率副词 > 时间副词 > 范围副词 > 程度副词 > 否定副词 > 情状方式副词

战国汉语副词连用的顺序与现代汉语副词连用顺序大体上是一致的。决定副词连用位序的主要因素有主观性因素和语义接近因素，其次还有语义管辖因素和韵律因素。副词的位序在一定程度上受人们的认知机制制约。

附录一　出土战国文献中的副词"乃"

一　以往的研究

"乃"在古代汉语中是一个出现频率高、意义用法非常复杂的虚词。[①]一般的语法著作都分为代词、副词、连词、助词等用法，其中分歧比较大的是"乃"的副词用法。如杨树达的《词诠》把副词"乃"分为时间副词、反诘副词、限制副词、承接副词以及表转折的副词等五类[②]。中国社会科学院编著的《古代汉语虚词词典》中"乃"的副词用法下面列有十多种不同的用法[③]。何乐士编著的《古代汉语虚词词典》把"乃"的副词用法分为判断副词、范围副词和关联副词三种[④]。以上对"乃"的研究主要是古代汉语泛时研究，且主要以传世文献为语料。

目前学者们对出土战国文献中"乃"的词性认识也有分歧。如李明晓把战国楚简中的"乃"统一视作连词[⑤]，魏德胜把《睡虎地秦墓竹简》中的"乃"主要看作语气副词[⑥]，吉仕梅把《睡虎地秦墓竹简》中的"乃"分视为时间副词和限定范围副词[⑦]。熊昌华讨论了秦简、楚简、楚帛书、

[①]　"乃"在甲骨文、金文中还可写作"迺"。出土战国文献中表示顺承义主要写作"乃"，很少写作"迺"，出土战国文献中"迺"共出现6例。峄山刻石中1例"迺今皇帝"，"迺"无义。其余2例出现于《上博简·周易》中，我们认为《周易》成书当在战国以前，故不在本书统计范围内，3例出现于《睡虎地秦简》，都是作指示代词用，如"迺二月"等。

[②]　杨树达：《词诠》，上海古籍出版社2007年版，第62—64页。

[③]　中国社会科学院语言研究所古代汉语研究室编：《古代汉语虚词词典》，商务印书馆1999年版，第380—382页。

[④]　何乐士：《古代汉语虚词词典》，语文出版社2006年版，第281页。

[⑤]　李明晓：《战国楚简语法研究》，武汉大学出版社2010年版，第112页。

[⑥]　魏德胜：《〈睡虎地秦墓竹简〉语法研究》，首都师范大学出版社2000年版，第193页。

[⑦]　吉仕梅：《〈睡虎地秦墓竹简〉副词考察》，《西南民族学院学报》（哲学社会科学版）2003年第5期。

汉简等几十种语料，认为"乃"主要作关联副词，偶尔也有时间副词和语气副词的用法①。

兰碧仙专门研究了出土战国文献中副词"乃"的用法及其源流发展关系，把出土战国文献中的副词"乃"分为7个义项，"乃$_1$"为纯粹时间顺承，"乃$_2$"为有时间关联的情理顺承，"乃$_3$"表示条件关系，"乃$_4$"表示"时间晚"，这四种"乃"表示顺承义。"乃$_5$"表示限止义，"乃$_6$"表示判断和强调，"乃$_7$"表示转折关联，这三种表示非顺承义②。该文对副词"乃"的研究细致，区分了"乃"的顺承义和非顺承义，探讨了各个义项之间的发展关系。但首先其主要问题是没有涉及"乃"的7个义项的词性问题，作者把表示逻辑关系的"乃$_2$"、"乃$_3$"、"乃$_7$"割裂，其实三者都是表示事理逻辑关系的关联副词。其次没有看到表示限止的"乃$_5$"与表示时间晚的"乃$_4$"在表量方面的语义相通性，把义项分的过细，不利于实际的教学和研究。再次作者认为表强调的"乃$_6$"来源于表示条件的"乃$_3$"，但并没有揭示出强调副词"乃"是如何发展出主观性用法的。最后，作者仅利用了出土文献，虽然出土文献有语料真实可靠等诸多优点，但也有显而易见的缺点，即受体例、内容所限，"乃"的有些用法出现很少甚至没有见到，如表示反问的"乃"在出土文献中未见到，而在传世文献中常见。所以，仅仅根据出土文献分析"乃"各个义项之间的发展关系有一定的局限性。

综上，综合利用出土和传世文献，重新梳理战国时代副词"乃"的意义和用法，分析各种意义之间的引申发展关系仍有必要。本书以目前公布的几十种出土战国文献为语料，同时以传世战国文献为补充，描写出土战国文献中副词"乃"的基本语法面貌，并试图揭示"乃"各个义项之间的引申发展关系。

出土战国文献中"乃"最常见的是表示时间先后或事理相关的用法，可以译为"于是、就、然后"等。学术界对这种"乃"有连词和副词两种看法，我们认为出土战国文献中表示时间或事理相关的"乃"为副词，而不是连词。副词的基本语法特征是作状语修饰谓语。从句法分布上看，出

---

① 熊昌华：《简帛副词研究》，博士学位论文，西南大学，2013年。
② 兰碧仙：《从出土文献看副词"乃"的顺承义衍化》，《集美大学学报》2016年第4期。

战国文献中表"于是"义的"乃"共163例,仅1例"乃"位于主语之前,其余162例或在主语后、谓语动词或形容词前,或在分句句首直接修饰谓语。传世战国文献中这种"乃"共1057例,全部用于谓语前作状语。

二 关联副词"乃"

甲骨文中"乃"主要表示两事之间的先后关系,即在时间上相承接。"'迺'(乃)是甲骨卜辞中常见的表示事情间先后关系的词,在周代金文中,这种'迺'(乃)也很常见。"[①] "乃"在表示单纯时间承接的基础上发展出表示逻辑关联的用法。由于表示事理承接时也往往包含时间先后关系,我们把表示时间承接或事理承接的"乃"都看作关联副词。

(一)表示时间承接

表示时间承接的"乃"可译为"然后""于是""就"等。"乃"位于复句的后一分句,有时是两个分句的后一个分句,有时是两个以上分句的后一分句。共66例。就"乃"的具体位置来看,又可以分为两种情况。

1. 位于主谓语之间,共17例。例如:

(1)既言,而尚父乃階至。(《上博楚简九·举治王天下》)
(2)是岁也,晋人伐齐,既至齐地,晋邦又(有)乱,师乃归。(《上博楚简九·鲍叔牙与隰朋之谏》)

例(1)(2)"乃"与前分句中的时间副词"既"相呼应,形成"既……,乃……"的格式。

2. 位于后一分句句首,共48例。例如:

(3)犧馬,先之以一璧,乃而归之。(《新蔡楚简》甲三:99)
(4)令成者勉补缮城,署勿令为它事;已补,乃令增塞埤塞。(《睡虎地秦简·秦律杂抄》)
(5)既听命,乃噬整师徒。(《上博楚简九·陈公治兵》)
(6)后稷既已受命,乃食於野,宿於野。(《上博楚简二·容成氏》)

[①] 张玉金:《甲骨卜辞语法研究》,广东高等教育出版社2002年版,第170页。

表示时间承接时,"乃"所在分句与前面分句联系较为松散。可以连接前面一个分句,如例(1)(2)等,也可以与前面几个分句在时间上相承接,如例(3)等。表示时间承接的"乃"常常出现在一些固定格式中。如例(3)中,"乃"与前分句中的时间副词"先"相呼应,形成"先……,乃……"的格式。例(4)中,"乃"与前分句中的时间副词"已"相呼应,形成"已……,乃……"的格式。例(5)"乃"与前分句中的时间副词"既"相呼应,形成"既……,乃……"的格式。例(6)"乃"与前分句中的时间副词"既已"相呼应,形成"既已……,乃……"的格式。这些句式中,"乃"表示的时间先后关系很明显。

3. 位于主语前,仅1例。如:

(7) 既言,乃吾固祝而止之。(《上博楚简九·邦人不称》)

例(7)前分句有"既"与"乃"配合使用,"乃"表示时间关系。

由上可知,表示时间先后的"乃"主要位于后分句句首,其次位于后分句的主谓语之间,位于主语前极为少见。

(二) 表示事理承接

"乃"表示某种因果、假设或条件关系,往往出现于具有逻辑关系的复句中,"乃"一般在后分句。共97例。从"乃"连接的两个分句间逻辑关系的类型来看,可以分为以下几种情况。

1. 前后分句间有隐含的因果关系。"乃"表示后一动作与前项在情理上顺承。可译为"就""于是"等。应当说明的是,不同于连词"故"等,"乃"表示一种轻微的因果关系,主要起承接作用,使前后分句联系更紧密,更有逻辑性。有一部分表示事理关联的"乃"其实也包含时间先后关系,即表示有时间关联的逻辑关系。共37例。

"乃"位于后分句的主谓语之间。例如:

(8) 三邻既亡,公家乃弱。(《上博楚简五·姑成家父》)

"乃"位于后一分句句首、谓语动词之前。例如:

（9）廿有六年，上荐高号，孝道显明，既献泰成，乃降専惠。（峄山刻石）

（10）山陵不疏，乃命山川四海。（《楚帛书·乙篇》）

例（9）使用了"既……，乃……"的格式，因果联系中包含时间先后关系。例（10）"乃"主要表示因果联系。

2. 前后分句间有假设关系。"乃"表示某种假设产生的结果，可译为"就"等。共30例。

"乃"位于后分句的主谓语之间。例如：

（11）表若不正，民心将移乃难亲。（《睡虎地秦简·为吏之道》）

（12）为善福乃来，为不善祸乃惑之。（《上博楚简五·三德》）

例（11）前分句中有表示假设的连词"若"与"乃"呼应，形成"若……，乃……"的格式。

"乃"位于后分句句首、谓语之前。例如：

（13）西国又（有）吝，如日月既乱，乃又（有）鼠爽。（《楚帛书·甲篇》）

（14）若弗得，乃弃其履于中道，则亡恙矣。（《睡虎地秦简·日书乙种》）

（15）处官无咎，又（有）疾乃适。（《上博楚简九·卜书》）

例（13）"乃"前有连词"如"与之相呼应，形成"如……，乃……"的格式。例（14）"乃"前有连词"若"与之相呼应，形成"若……，乃……"的格式，假设关系显豁。例（15）前分句有否定词与"乃"配合使用，表示某种假设的结果。

3. 前后分句间有条件关系。"乃"表示某种条件下产生的结果，即"有待而然"，可译为"才"等。共21例。

"乃"位于复句的后一分句主谓语之间。例如：

(16) 建恒怀民，五正乃明。(《楚帛书·甲篇》)

"乃"位于复句的后一分句句首、谓语动词之前。例如：

(17) 律所谓，非必珥所入乃为决，决裂男若女耳，皆当耐。(《睡虎地秦简·法律答问》)

(18) 凡兴土被甲、用兵五十人以上，必会王符，乃敢行之。(《新郪虎符铭》，《集成》18·12108)

例（17）中的"乃"，吉仕梅认为是表仅限的范围副词[1]。魏德胜认为这种"乃"表示一定条件下的结果，多用于法律条文，后跟表判断的"为"[2]。我们认为，例（17）（18）使用了"必……乃……"的格式，这是"乃"表示"有待而然"的常用句式。传世战国文献中常见，如"必以长安君为质，兵乃出。"(《战国策·赵四》)

4. 前后分句间有选择关系。"乃"表示二者必居其一的选择。出土文献中这种"乃"主要出现于"不（非）……乃……"的固定格式中，可译为"不是……就是……"。共7例。例如：

(19) 不沽大汗，乃沽大浴（谷）。(《上博楚简九·卜书》)

例（19）据整理者，"这里的'不沽……乃沽……'是表示两种或然性的选择。"[3]

(20) 丙亡，为问者不寡夫乃寡妇，其室在西方。(《睡虎地秦简·日书乙种》)

例（19）（20）是"不……乃……"的格式。

---

[1] 吉仕梅：《〈睡虎地秦墓竹简〉副词考察》，《西南民族学院学报》（哲学社会科学版）2003年第5期。

[2] 魏德胜：《〈睡虎地秦墓竹简〉语法研究》，首都师范大学出版社2000年版，第193页。

[3] 马承源主编：《上海博物馆藏战国楚竹书》（九），上海古籍出版社2012年版，第295页。

5. 前后分句间有轻微的转折关系。"乃"表示后一动作在情理上与前面的情况相反或相背，可以译为"却""反而"等。"乃"表示转折，程度较轻，杨伯峻说："'乃'可以译为'却'，比'但'略轻。"① 实际上，这种"乃"可以看作因果关系的"逆接"。共2例。例如：

（21）禹又（有）子五人，不以其子为后，见皋陶之贤也，而欲以为后。皋陶乃五让以天下之贤者，遂称疾不出而死。（《上博楚简二·容成氏》）

（22）不见大患，乃见死人。（《放马滩秦简》乙269）

例（21）"乃"用于主谓语之间，例（22）"乃"用于后一分句句首、谓语动词之前。对于例（22）中的"乃"，中科院编著的《古代汉语虚词词典》认为表示转折，可以译为"却""反""反倒"②。并举例"不见子充，乃见狡童。"（《诗经·郑风·山有扶苏》）我们认为，从深层次上看，这种"乃"依然是表示承接的，是表示时间承接"乃"的一种发展引申。"乃"连接的两个事件，如果从时间的角度看，是先后关系，如果从逻辑的角度看，是转折关系。

由上可知，表示事理承接的"乃"主要用于表示因果关系和假设关系，其次用于表示条件关系，表示选择关系和转折关系都较少。

总之，出土战国文献中关联副词"乃"主要表示时间先后和逻辑关系。从数量上看，"乃"表时间关系66例，表示事理相关97例（包含有时间关联的逻辑关系），表事理相关多于表时间关系。

三　语气副词"乃"

语气副词"乃"主要表示肯定、强调语气，可分为两大类，一类是仍然用于有时间先后或逻辑关系的复句中，但语义重点已经不是表示时间或逻辑关系，而是表示主观量强调。这种用法的"乃"往往与表示时间或数量的词语同用。第二类是用于单句中，完全不表承接，只表示肯定、强调

---

① 杨伯峻：《古汉语虚词》，中华书局1981年版，第105页。
② 中国社会科学院语言研究所古代汉语研究室编：《古代汉语虚词词典》，商务印书馆1999年版，第382页。

语气，主要用于判断句、反问句中。共 21 例。

（一）用于复句中的"乃"

"乃"除了表示承接，还可以表示动作行为或情况的发生比预想的要晚，或表示两事之间间隔的时间长，可译为"才"等。例如：

(1) 浴蚕必日才始出时浴之，十五日乃已。(《周家台秦简·病方及其它》)

(2) 甲杀人，不觉，今甲病死，已葬，人乃后告甲，甲杀人审，问甲当论及收不当？(《睡虎地秦简·法律答问》)

例（1）（2）中的"乃"均可译为"才"，表示时间晚。对于表示"时间晚"的"乃"，吉仕梅认为是时间副词[1]，魏德胜认为是语气副词[2]。我们认为这种"乃"虽然仍然连接两个动作行为或情况，但语义重点却发生了转移，主要强调后一行为或情况发生的晚。如例（1）"乃"连接"浴之"和"已"两个动作行为，但"乃"语义重点在前面"十五日"，"十五日"本身是一种客观量，在语境中可以理解为一种主观量，表示时间长。李宇明认为："主观量是客观世界的量范畴在语言中的一种表现，是一种含有说话人主观评价的量。"[3] 所谓时间长是读者根据上下文或常识判断的，是一种主观大量。除了数量词可以表示主观量，其他表时间段的词语如时间副词或表示时间的介词短语、动词短语等都可以表示主观量。如例（2）时间词语"后"是"乃"的直接语义成分，意为"后来"，表示主观大量，强调时间晚。例（2）中的"乃"依旧保留其承接关系，连接"甲杀人"和"告甲"两件既有时间先后又有因果联系的事情，只是句子的重心已经发生了转移，"乃"已经不是单纯地表示两事关系，而是强调"告甲"发生太晚，这是一种主观性评价。"乃"由单纯地表示两事承接发展出对命题的主观评价语气，可以看作是语气副词。

---

[1] 吉仕梅：《〈睡虎地秦墓竹简〉副词考察》，《西南民族学院学报》（哲学社会科学版）2003 年第 5 期。
[2] 魏德胜：《〈睡虎地秦墓竹简〉语法研究》，首都师范大学出版社 2000 年版，第 193 页。
[3] 李宇明：《数量词语与主观量》，《华中师范大学学报》（人文社会科学版）1999 年第 6 期。

战国时代副词研究

表示时间晚的"乃"可以进一步引申表示数量或范围、等级等,"乃"不仅可以表示主观大量,还可以表示主观小量,强调时间早或数量少等。例如:

(3) 今臣罢四国之兵,而王乃与臣五乘,此其称功,犹赢胜而履跻。(《韩非子·外储说左下》)

例(3)中"乃"虽然还表示两事先后关系,但语义指向其后数量词语"五乘",从上下文看,"五乘"与"罢四国之兵"对比,显然是一种主观小量,表示"赏赐太少",还伴随某种愤怒、慨叹等主观性情态。

这种"乃"类似于现代汉语的"才"。张谊生认为:"现代汉语的'才[1]'与其说是一个时间副词,不如说是一个表示主观评价的评注性副词。它的基本语法意义是强调说话人对所陈述的事态在时间、数量、范围等方面的主观评价。"[1] 表示主观量强调的语气副词"乃"往往有鲜明的语言标志,"乃"前、后一般有表示时间量或数量、范围等的词语。最初,"乃"表示主观大量或主观小量与"乃"的语义指前或指后是没有规律的。战国末期以后,"乃"表示主观大量时,语义前指,强调时间晚、数量大等;表示主观小量时,语义后指,强调时间早、数量小、范围小、等级低等。"乃"呈现出一种整齐对称的语义关系。由于出土战国文献"乃"数量有限,我们同时也结合同时期传世文献中的例子来说明"乃"的用法。

1. 表示主观大量

表示主观大量时,"乃"的直接语义成分一般在"乃"前,也有在"乃"后的,表示在动作或事件在时间、数量等方面的主观评价。如用于表示时间,强调时间长或时间晚,用于表示数量,强调数量多等。共18例。

1.1 强调时间晚。"乃"语义指向前面或后面表时间量的词语,可译为"才"。共17例。如前引例(1)(2),又如:

(4) 诬人盗值廿,未断,有(又)有盗,值百,乃后觉,当并赃以论且行真罪、有(又)以诬人论?(《睡虎地秦简·法律答问》)

---

[1] 张谊生:《现代汉语副词研究》(修订本),商务印书馆2014年版,第97页。

（5）其主富，三世之后乃宜畜生（牲）。(《放马滩秦简乙》14 贰)

（6）后稷既已受命，乃食于野，宿于野，复合换土，五年乃穰。(《上博楚简二·容成氏》)

（7）食之以喷，饮以霜露，三日乃能人矣。(《睡虎地秦简·日书甲种》)

例（4）"乃"语义指向其后的时间副词"后"，例（5）"乃"前有表时间的介词短语，例（6）（7）"乃"前是表时间的数量短语。

"乃"表示时间晚或时间长，传世战国文献多见。例如：

（8）齐以二十万之众攻荆，五年乃罢。(《战国策·赵三》)

"乃"本是表示时间关系的，引申为表示强调语气的语气副词后，也以强调时间晚为主。但这种用法进一步引申扩大，"乃"就可以表示数量、范围等方面的强调。

1.2 强调数量多。"乃"语义指向前面的数量词语，可译为"才"。由于语料有限，出土战国文献中这种"乃"少见，仅1例：

（9）三鼓乃行，灾内王卒不止，遂鼓乃行，君王喜之焉。(《上博楚简九·陈公治兵》)

例（9）"乃"用于紧缩复句中。这种用法在传世战国文献中多见。例如：

（10）夏生而恶暑，喜湿而恶雨，蛹以为母，蛾以为父，三俯三起，事乃大已，夫是之谓蚕理。(《荀子·成相》)

（11）桓公曰："吾闻布衣之士，不轻爵禄，无以易万乘之主；万乘之主，不好仁义，亦无以下布衣之士。"于是五往乃得见之。(《韩非子·难一》)

（12）今将军必负十万、二十万之众乃用之，此单之所不服也。(《战国策·赵三》)

(13) 赵兴兵而攻燕，再围燕都而劫大王，大王割十城乃却以谢。(《战国策·燕三》)

例（9）（10）（11）表示动作量，强调次数多，例（12）（13）强调数量大。

2. 表示主观小量

表示主观小量时，"乃"的直接语义成分一般在"乃"后，偶尔可在"乃"前，表示在时间、范围、等级等方面的主观评价。如用于表示时间，强调时间早或时间短；用于表示数量，强调数量少；用于表示范围，强调范围小；用于表示级别，强调级别低。这种用法的"乃"也主要出现在传世战国文献中。

2.1 强调时间早。可译为"才""刚刚"等。出土战国文献中仅1例，例如：

(14) 取而吞之，娠三年而划于膺，生乃呼曰"金"，是契也。(《上博楚简二·容成氏》)

例（14）"乃"语义指向前面的动词"生"，该动词是表示时间的，意为"刚刚生下来的时候"，"乃"强调时间早。

2.2 强调数量少。可译为"仅""只"等。出土战国文献中未见这种用法，传世战国文献中常见，例如：

(15) 及汤之时，诸侯三千。当今之世，南面称寡者，乃二十四。(《战国策·齐四》)

(16) 天下胜者众矣，而霸者乃五。(《吕氏春秋·义赏》)

例（15）（16）中"乃"直接修饰充当谓语的数词。这种"乃"学者们大都认为是范围副词，如中科院编著的《古代汉语虚词词典》[①]、何乐士

[①] 中国社会科学院语言研究所古代汉语研究室编：《古代汉语虚词词典》，商务印书馆1999年版，第380页。

编著的《古代汉语虚词词典》等①。我们认为，虽然从语义上看，这种"乃"表示"只""仅"义，同限定范围副词很接近，但从句子深层次看，"乃"仍然连接两个动作或情况，保留其承接功能。同时"乃"的语义重心发生转移，语义指向其后数量词语，表示一种主观量评价，强调数量少。这是一种主观小量，这种主观小量是读者根据上下文或常识判断的，如"三千"与"二十四"，"众"与"五"，对比中凸显后者数量少。这种"乃"与上面例（1）—（14）的"乃"是同一类型，都是表示数量范畴的，表示数量或范围的"乃"是表示时间晚/早的"乃"的语义扩展。给"乃"再划分出一个范围副词的类别，不仅显得累赘，而且与"乃"的强调语气和表量用法割裂，不能展示"乃"的语义网络关系，同时也看不清楚语气副词"乃"与关联副词"乃"的引申关系。

2.3 强调范围小。译为"只"等。例如：

（17）以故荆轲逐秦王，而卒惶急无以击轲，而乃以手共搏之。（《战国策·燕三》）

例（17）"乃"修饰状中短语，语义指向后面的"手"，强调只能用手搏击。范围也是一种"量"，"乃"既表示搏击的范围小，又表示使用的武器少。

2.4 强调等级低。可译为"才""仅"等。例如：

（18）北有甘鱼之口，权县宋、卫，宋、卫乃当桑阿、甄耳。（《战国策·秦四》）
（19）今夫士之高者，乃称匹夫，徒步而处农田，下则鄙野、监门、闾里，士之贱也，亦甚矣！（《战国策·齐四》）

例（18）（19）既是强调等级低，也是强调范围小，同样是修饰量级范畴。例（18）"乃"语义指向后面的"桑阿、甄耳"，言宋、卫等国才相当于小小的桑阿、甄耳县。例（19）省略了复句的前项，"乃"语义指

---

① 何乐士：《古代汉语虚词词典》，语文出版社2006年版，第282页。

战国时代副词研究

向"匹夫",不仅强调等级之低,而且表达了说话人的主观性评价,"士之贱也,亦甚矣!"

总之,"乃"表示时间晚、数量多或时间短、数量少、范围小、等级低等是语气副词"乃"在具体语言环境的不同表现形式,其基本语义都是表示量的强调。

表示主观大量或小量的语气副词"乃"是由表示时间或逻辑关系的关联副词"乃"发展而来。兰碧仙也认为表示时间晚的"乃$_4$"源自表示情理顺承的"乃$_2$",但她认为表时间晚的"乃$_4$"是表示顺承义的。如上述例子所示,表示时间、数量等的"乃"大都用于双事句中(双事句的前项可以省略),"乃"在强调时间晚等的同时也表示两事的时间或逻辑关系。因此这种"乃"既可看作关联副词(或时间副词),又可看作语气副词。这是语法化过渡阶段的表现。

表示主观量强调的"乃"进一步发展,便是单纯表示强调、肯定语气的"乃"。这种"乃"主要用于主观性较强的判断句或反问句中。

(二)用于单句中的"乃"

用于单句中的"乃"只表强调,不表承接或转折。可分为两种情况:

1. 用于判断句中,加强判断语气。出土战国文献中仅2例。例如:

(20) 古者虞舜笃事瞽叟,乃弋其孝;忠事帝尧,乃弋其臣。(《郭店楚简·唐虞之道》)

(21) 置豆俎鬼前未彻乃为"未羔"。(《睡虎地秦简·法律答问》)

例(20),据刘钊:"弋,读为'式','式',《尔雅·释言》:'式,用也。'"[①] 并把这句话译为:"往古虞舜专一地服侍瞽瞍,是用其孝;忠诚地服从于尧,是行其臣子的义务。""弋亓(其)孝""弋亓(其)臣"可以看作两个分句的谓语,虽然都是动宾短语,但已经指称化了,整个句子应该看成是判断句,"乃"可看作用于指称化的动词谓语前。陈长伟也认

---

① 刘钊:《郭店楚简校释》,福建人民出版社2003年版,第154页。

为此例中的"乃"用于判断句,译为"是"①。

例(21)中的"乃",魏德胜认为是语气副词②,熊昌华认为是表示肯定语气的语气副词,表示对谓语的确认与强调③。传世文献中这种"乃"常见,如"无伤也,是乃仁术也,见牛未见羊也。"(《孟子·梁惠王章句上》)对于判断句中"乃"的词性,一般认为是语气副词,如张玉金认为是表示肯定和强调语气的语气副词④,中科院编著的《古代汉语虚词词典》认为是副词,"表示对主语的辨明或申明,起加强肯定的作用。"⑤ 我们认为,用于判断句中的"乃"与上面表示时间晚的"乃"是同一个"乃",都是表示强调、肯定等主观性评价的语气副词。不同的是,表示时间晚等的"乃"主要用于双事句中,"乃"在表示强调的同时,仍然保留其基本语义,即表示两事时间或逻辑关系。而用于判断句中的"乃"一般用于单句中,只表示强调或肯定的语气。用于判断句中的"乃"是表示"时间晚"的"乃"进一步引申而来。

2. 用于反问句中,加强反问语气。

出土战国文献未见,传世战国文献常见,例如:

(22)"先君之败德,乃可数乎?"(《左传·僖公十五年》)

刘月华等认为反问是表示强调的一种方式,反问句的作用是对于一个明显的道理或事实用反问的语气来加以肯定或否定以达到加强语势的目的⑥。因此,表示强调语气的"乃"与反问句的强调语势是十分吻合的。这种"乃"也是表示"时间晚"的"乃"进一步引申而来。

出土战国文献中副词"乃"的出现频率见表1。(对于引用古书中的例子,如《康诰》云:"敬明乃罚。"因不能反映战国时期语言面貌,不予统计,残简不予统计)如表1所示,出土战国文献中副词"乃"共184

---

① 陈长伟:《〈郭店楚墓竹简〉虚词研究》,硕士学位论文,安徽大学,2010年。
② 魏德胜:《〈睡虎地秦墓竹简〉语法研究》,首都师范大学出版社2000年版,第193页。
③ 熊昌华:《简帛副词研究》,博士学位论文,西南大学,2013年。
④ 张玉金:《古代汉语法学》,广东高等教育出版社2010年版,第39页。
⑤ 中国社会科学院语言研究所古代汉语研究室编:《古代汉语虚词词典》,商务印书馆1999年版,第380页。
⑥ 刘月华等:《实用现代汉语语法》,外语教学与研究出版社1983年版,第508页。

例，在战国竹简中数量最多，战国金文和玉石文字中较少。"乃"作关联副词163例，占88%；作语气副词21例，占12%。

总之，副词"乃"在出土战国文献中主要是作关联副词表示承接的，其次作语气副词表示强调，既可以表示主观量的强调，也可以用于判断句或反问句中加强语势。

表1　　　　　　　出土战国文献副词"乃"出现频率统计表

	战国金文	战国竹简		战国帛书	战国玉石文字	总计
		秦简	楚简			
关联副词"乃"	2	58	91	11	1	163
语气副词"乃"		16	4		1	21
总计	2	74	95	11	2	184

四　"乃"由关联副词发展为语气副词的原因和机制

副词"乃"在甲骨文中是表示两事时间关系的，在此基础上引申出表示逻辑关系的用法。"乃"的基本语义是表示承接，其语法意义、词性发展可以用下图表示：

表示时间或事理承接（关联副词）→与表量范畴词语同用，既表承接，又表强调（关联副词或语气副词）→表示强调（语气副词）

"乃"由表顺承义的关联副词发展为表强调的语气副词的原因和机制是什么呢？由于"乃"最初是表示时间先后关系的，所以很容易与表示时间段或时间量的词语同用，表示行为或事件发生的时间晚或时间早，这是一种主观评价。表示时间早、晚的"乃"语义进一步泛化，就可表示动作或行为在数量或范围、等级等方面的主观评价，表示主观大量或主观小量。陈光认为："量级范畴的表达有一个重要的特点，就是主观性如影随形。"[①] 起初，这些时间量或数量成分的主观性并不是"乃"赋予的，而是读者根据句子内部信息并凭借常识判断的，多于常态量（或常识量）的数

[①]　陈光：《现代汉语量级范畴研究》，上海人民出版社2010年版，第39页。

量成分就是"言多",即表示主观大量;少于常态量的是"言少",即表示主观小量。久而久之,"乃"就吸收了语境中的主观量色彩,由表示时间先后或事理承接的关联副词发展为强调主观量的语气副词。因此,与表量范畴同用是"乃"语法化的条件,语境吸收是"乃"语法化的重要机制和原因。此外,徐杰、李英哲[1]和刘林都认为"数量/时间"成分是仅次于疑问代词的强焦点性成分,往往是句子的焦点所在[2]。语义直接指向这些时间或数量成分的"乃"很容易成为焦点标记词,产生强调语气和主观评价色彩。"乃"的强调用法进一步发展,可用于判断句和反问句中加强语势。

从汉语史看,"乃"与表量范畴的词语(主要是数量词语,也包括表示范围、等级的词语等)同用应当始见于战国时期。据张玉金,甲骨文中"乃"主要是表示两事时间关系的,未见到"乃"与表量词语共现的例子[3]。武振玉视作连词的"迺(乃)"在两周金文中主要表示时间或事理承接,两周金文中未见到"乃"表量的强调的用法[4]。那么,"乃"表示量的强调应该最早出现在战国时期,"乃"在战国时期由关联副词发展出表强调的语气副词的用法。兰碧仙也认为乃$_3$(表条件关系)、乃$_4$(表示时间晚)未见于殷商甲骨文、西周金文,始见于出土战国文献。乃$_5$(表示限止)、乃$_6$(表示强调和判断)是"乃"在战国时期新生义项[5]。这与我们的观察是一致的。兰文认为表示限止的"乃$_5$"由表示时间晚的"乃$_4$"引申而来,这与我们的结论也一致,因为表示数量、范围等是表示时间晚/早的"乃"用法的进一步扩大。但兰文没有看到二者都是表量范畴的,因而分为两个义项,我们认为这两种"乃"是一个,都是表示主观量强调的语气副词。表示主观量的"乃"发展出强调用法符合语法化的一般规律。现代汉语中表示时间、数量或范围的"才""只""就"等都发展出强调用法。董秀芳在分析了汉语全称量化副词和限止量化副词,以及表示极大量和极小量的词语演变过程后认为,表量成分与强调用法之间有

---

[1] 徐杰、李英哲:《焦点和两个非线性语法范畴:"否定""疑问"》,《中国语文》1993年第2期。
[2] 刘林:《现代汉语焦点标记词研究—以"是"、"只"、"就"、"才"为例》,博士学位论文,复旦大学,2013年。
[3] 张玉金:《甲骨文虚词词典》,中华书局1994年版,第135—139页。
[4] 武振玉:《两周金文词类研究(虚词篇)》,博士学位论文,吉林大学,2006年。
[5] 兰碧仙:《从出土文献看副词"乃"的顺承义衍化》,《集美大学学报》2016年第4期。

着密切的关联，表量成分很容易发展为强调成分①。董正存的《汉语中约量到可能认识情态的语义演变》认为："情态倾向于依附在表量的语言形式上，量是情态表达的一个前提和基础，情态是量发展演变的目标和方向之一。"②

此外，关联副词的主观性也越来越受到学者们的重视，前面曾详论关联副词的主观性特征。语气副词是典型地表达主观性的副词，可见，关联副词与语气副词在表达主观性方面有着天然的联系。"顺承义关联副词＞强调副词"的演变路径也是汉语语法化的普遍规律。如文桂芳的《汉语关联副词的来源及演变研究》认为强调副词"便"源于表承接的关联副词"便"③。董志翘、蔡镜浩在《中古虚词语法例释》中认为，承接副词"便"发展出强调用法后，也主要用于判断句中加强判断的语气④。

五 结语

出土战国文献中副词"乃"主要作关联副词表示时间承接和事理承接，其次作语气副词表示强调。语气副词"乃"既可以表示主观量的强调，也可以用于判断句或反问句中加强语势。

表示强调的语气副词"乃"由表示承接的关联副词"乃"发展而来。"乃"在表示时间承接时，如果"乃"前面或后面有表示时间段的成分，就会发展出表示行为或事件发生的时间晚或时间早的用法。这种用法进一步扩大，"乃"可以表示行为或动作在数量、范围、等级等方面的主观大量或主观小量，"乃"发展出表示主观量用法，成为表示主观量强调的语气副词。"乃"的强调用法进一步发展，可用于判断句和反问句中加强语势。

语境吸收是"乃"语法化的重要原因。如果"乃"前面或后面有表时间、数量等表量范畴的词语时，这些表量范畴往往是主观量成分。起初，这些时间或数量成分的主观性并不是"乃"赋予的，而是读者根据句子内

---

① 董秀芳：《量与强调》，载徐丹主编《量与复数的研究：中国境内语言的跨时空考察》，商务印书馆2010年版，第312—328页。
② 董正存：《汉语中约量到可能认识情态的语义演变》，《中国语文》2017年第1期。
③ 文桂芳：《汉语关联副词的来源及演变研究》，博士学位论文，江西师范大学，2021年。
④ 董志翘、蔡镜浩：《中古虚词语法例释》，吉林教育出版社1994年版，第32页。

部信息并凭借常识判断的，久而久之，"乃"就吸收了语境中的主观量色彩，发展出主观评价用法。此外，语言中表示"数量/时间"的成分往往是焦点成分，语义直接指向这些时间或数量成分的"乃"很容易成为焦点标记词，产生强调语气和主观评价色彩，"乃"由表顺承的关联副词引申为表强调的语气副词。"乃"发展为强调语气词符合表量成分向强调成分演变的语法化一般规律。

从汉语史看，"乃"与表量范畴的词语同用应当始见于战国时期，"乃"在战国时期由关联副词发展为表示强调的语气副词。

附录二　出土战国文献中的虚词"又（有）"

一　引言

关于现代汉语中的副词"又"，可谓讨论极多，论著颇丰。但专门讨论古代汉语中的"又（有）"的文章却很少见。古代汉语中的"又（有）"主要作存现动词，在传世文献和秦简中写作"有"，在战国金文、战国楚简中写作"又"。但"又（有）"还可以作虚词，主要有副词、连词及助词等用法。关于"又（有）"的副词用法，各家的认识分歧很大。如李佐丰的《古代汉语语法学》认为"又"是决断副词[①]，杨伯峻、何乐士的《古汉语语法及其发展》中把表示动作行为次数的"又"归入时间副词[②]。张玉金的《古代汉语语法学》将副词"又"分为两类，"时间频率副词"和"关联副词"[③]。李泉的《汉语语法考察与分析》一书也把"又"分为两类：表示频率的"又"为方式副词，主要起连接作用的"又"为关联副词[④]。

由于关于古代汉语中副词"又"的论著太多，我们只讨论传世和出土战国文献中关于副词"又（有）"的论著。传世战国文献中副词"又（有）"一般写作"又"，传世文献的研究大多散见于语法著作或专书语法研究的论著中，如上述语法专著等。专书研究中对副词"又"用法的认识也有很大分歧。如左梁的《〈论语〉虚词研究》一文把副词"又"分为频率副词、关联副词、语气副词三种[⑤]。研究传世战国文献副词的文章大多

[①] 李佐丰：《古代汉语语法学》，商务印书馆2004年版，第187页。
[②] 杨伯峻、何乐士：《古汉语语法及其发展》，语文出版社2001年版，第264页。
[③] 张玉金：《古代汉语语法学》，广东高等教育出版社2010年版，第33页，第42页。
[④] 李泉：《汉语语法考察与分析》，北京语言文化出版社2001年版，第72页，第89页。
[⑤] 左梁：《〈论语〉虚词研究》，硕士学位论文，四川师范大学，2010年。

附录二 出土战国文献中的虚词"又(有)"

笼统地把副词"又"归为某一种用法。如张海涛的《〈庄子〉副词研究》认为《庄子》中 111 例"又"全部是表示递进的连接副词[1];邹璐(2006)把《战国策》中 220 例"又(有)"都归为关联副词,表示两种情况同时存在或两种情况相续存在[2]。这些都把问题简单化了。据我们对传世和出土战国文献中副词"又(有)"的统计分析,"又(有)"的功能和语义是十分丰富的。

出土战国文献中的副词"又(有)"主要见于对近年出土的秦简、楚简语法专项研究的论著中。以一种出土文献为语料的文章主要有吉仕梅的《睡虎地秦墓竹简副词考察》,该文谈到了睡虎地秦简和郭店简中的频度副词"又(有)"的用法[3]。以多种出土文献为语料的有熊昌华的博士论文《简帛副词研究》,该文探讨了秦简、楚简帛、及汉代简帛等几十种出土文献中副词的意义、用法等问题,其中包含作为频度副词的"又(有)"[4]。该文虽然包括了楚简帛、秦简、汉简帛等几十种语料,但既没有进行地域上的对比,也没有进行时代上的分类,把战国、秦代以及汉代简帛放到一起讨论,没有进行断代研究,不能显示语言的历史发展轨迹。其他如李明晓的《战国楚简语法研究》一书等都讨论了"又(有)"作为频度副词的使用频率、用法等问题[5]。这些文章对副词"又(有)"的讨论不够深入细致,大多只是简单涉及,而且只讨论了"又"作为频率副词表示重复的用法,都没有涉及副词"又(有)"表示并存、递进、转折等用法。

"又(有)"还可作连词,主要作数间连词。传世文献中整数与余数之间很少用连词"又(有)",我们主要讨论关于出土文献中连词"又(有)"的研究。主要有李明晓的《战国楚简语法研究》[6],张玉金的《出土战国文献虚词研究》等,都讨论了"又"连接整数与余数的用法[7]。但

---

[1] 张海涛:《〈庄子〉副词研究》,硕士学位论文,广西师范大学,2003 年。
[2] 邹璐:《〈战国策〉副词研究》,硕士学位论文,湖南师范大学,2006 年。
[3] 吉仕梅:《〈睡虎地秦墓竹简〉副词考察》,《西南民族学院学报》(哲学社会科学版)2003 年第 5 期。
[4] 熊昌华:《简帛副词研究》,博士学位论文,西南大学,2013 年。
[5] 李明晓:《战国楚简语法研究》,武汉大学出版社 2010 年版,第 259—260 页。
[6] 李明晓:《战国楚简语法研究》,武汉大学出版社 2010 年版,第 102 页。
[7] 张玉金:《出土战国文献虚词研究》,人民出版社 2011 年版,第 409—410 页。

都没有谈到"又（有）"连接上级计量单位与下级计量单位的用法。同时，没有将秦简和楚简中连词"又（有）"的用法进行地域上的对比。龙仕平的《从出土文献看数字连接词"又（有）"的发展与消亡》一文以上博楚简、曾侯乙墓简、睡虎地秦简、龙岗秦简等当时已经公布的几种文献为语料，考察了数字连接词"又（有）"的发展与消亡问题①。该文不仅讨论了"又（有）"作为数间连词的用法，同时将秦简、楚简进行了对比，显示了"又（有）"作为连词的地域差异，但所用语料有限，仅为当时公布的一部分出土文献。目前尚未见到专门研究出土战国文献虚词"又（有）"的论著，本文拟以多种出土战国文献为语料，考察出土战国文献中"又（有）"的副词、连词、助词的频率、意义和用法等问题。同时与传世战国文献相对比，以比较其异同。

出土战国文献中的虚词"又（有）"主要有三种用法：一是作副词，包括主要表示重复的频率副词和表示递进、转折等意义的关联副词；二是作词语连词，主要连接数量词语，表示整数与零数或上级单位数与下级单位数之间的连接；三是依附于实词前作助词。（见表1）

表1　　　　出土战国文献虚词"又（有）"出现频率统计表

	战国金文	战国竹简		战国帛书	战国玉石文字	总计
		秦简	楚简			
副词	1	38	42		1	82
连词	7	1	58	2	1	69
语缀助词		1	22		4	27
总计	8	40	122	2	6	178

二　副词"又（有）"

出土战国文献中的"又（有）"主要作存现动词。据我们粗略的统计，出土战国文献中存现动词"又（有）"共1367次。动词"又（有）"与副词"又（有）"的区别是：从书写形式上看，动词"又（有）"在战国楚

---

① 龙仕平：《从出土文献看数字连接词"又（有）"的发展与消亡》，《古汉语研究》2011年第2期。

附录二　出土战国文献中的虚词"又（有）"

简、楚帛书、战国玉石文字中写作"又"，战国秦简中写作"有"，战国金文中"又""有"并见。副词"又（有）"在战国玉石文字中写作"又"，战国秦简中主要写作"有"，战国楚简或战国金文中主要写作"或"，《经传释词》卷三："或，犹'又'也。"杨伯峻的《古汉语虚词》说："'有'本从'又'声，所以又借为'又'，'有'和'或'古声纽相同，古韵部相通（平入对转），所以又借为'或'。"① 从意义、用法上看，作为存现动词的"又（有）"一般带宾语，主要带体词性宾语，也可带谓词性宾语，表示领有或存在。否定形式为"未有""亡有""毋有"等。如："又（有）人焉又（有）不善，乱出於人。先又（有）中，焉又（有）外。先又（有）少（小），焉又（有）大。先又（有）矛（柔），焉又（有）刚。先又（有）圆，焉又（有）方。"（《上博楚简三·亘先》）这个例子中"又（有）"带名词宾语和形容词宾语。又如："民则又（有）穀，亡又（有）相扰。"（《楚帛书·甲篇》）例中第二个"又（有）"带动词宾语。"又（有）"后的谓词性宾语一般都是指称化的谓词，表示事物化的动作、行为、性质或状态。副词"又（有）"只能修饰动词或形容词谓语。带体词性宾语的动词"又（有）"不会与副词"又（有）"相混淆，带谓词成分的动词"又（有）"与副词"又（有）"的区别主要是意义的不同，动词"又（有）"表示存在某种人、事物或情况，副词"又（有）"表示重复、递进或转折。吴振国认为，"又"字句总是与另一情况相关联，与"又"相关联的另一情况，称为"又"字句的"前项"②。这个意见是非常正确的，据我们对传世和出土战国文献全部例句的考察，副词"又（有）"出现的句子总是存在一个前项或隐含的前项，"又"表示在前项的基础上重复、并列、递增或转折。

根据出土战国文献中副词"又（有）"的语法功能和词汇意义，我们认为，出土战国文献中的副词"又（有）"可分为两类：主要表示动作行为次数的频率副词和表示递进、转折的关联副词。

（一）频率副词"又（有）"

频率副词"又（有、或）"共 56 例，主要表示动作行为的重复发生或

---

① 杨伯峻：《古汉语虚词》，中华书局 1981 年版，第 291 页。
② 吴振国：《前项隐含的"又"字句》，《语言教学与研究》1990 年第 2 期。

相继发生。

1. 表示重复

表示同一主体同一动作活动或性质状态的重复或反复发生。可译为"又",共37例。例如:

(1) 文夫人毉祷各一佩璧。或（又）毉祷於盛武君、命（令）尹之子敱,各大牢,百□（《新蔡楚简》乙一:13）

(2) 周幽王取妻于西申,生坪平王。王或取褒人之女,是褒姒,生伯盘。(《清华简贰·系年》第二章)

(3) 楚庄王立,吴人服于楚。……灵王伐吴,……吴人焉或（又）服于楚。(《清华简贰·系年》第二章)

(4) 其力能至安（焉）而弗为唬（乎）? 吾弗知也。意其力故不能至安（焉）乎? 吾或（又）弗知也。(《上博楚简五·鬼神之明》)

(5) 驾传马,一食禾,其顾来有（又）一食禾,皆八马共。(《睡虎地秦简·仓律》)

(6) 损之或（又）损,以至亡为也,亡为而亡不为。(《郭店楚简·老子》)

例（1）、（2）、（3）、（6）"又（有、或）"直接修饰动词谓语,例（4）、（5）频率副词与谓语动词之间分别插入了否定副词"弗"、数词"一"作动词谓语的修饰语,例（1）—（5）表示某一动作行为重复发生;例（6）表示某种动作活动或情况的多次重复、反复出现。

(7) 丙失火,有（又）公（火）起。(《睡虎地秦简·日书乙种》)

(8) 令令史某、隶臣某诊甲所诣子,已前以布巾裹,如虾血状,大如手,不可智（知）子。……出水中有（又）虾血状。(《睡虎地秦简·封诊式》)

(9) 阴则或（又）阴,阳则或（又）阳。(《上博楚简六·用曰》)

例（7）频率副词修饰主谓短语"公（火）起"，表示这一事件的重复出现。例（8）、（9）用于名词谓语前，表示某种情况重复或反复出现。

表示重复的"又（有、或）"都表示已然事件或动作行为的已然的重复。

2. 表示相继

可译为"又"、"后来又"，19例。

（10）即令令史某往执丙。……有（又）令隶妾数字者，诊甲前血及出痛状。有（又）讯甲室人甲到室居处及腹痛子出状。（《睡虎地秦简·封诊式》）

（11）遂取吾边城……今又悉兴其众，张矜意怒，饰甲底兵，奋士盛师，以偪（逼）吾边境。（《诅楚文·大沈厥湫文》）

（12）战死事不出，论其后。有（又）后察不死，夺后爵，除伍人。（《睡虎地秦简·秦律杂抄》）

（13）盗从南方入，有（又）从之出。（《放马滩秦简》乙269）

例（10）频率副词直接用于动词谓语前，例（11）、（12）、（13）频率副词与其所修饰的动词之间分别插入了副词"悉""后"与介词短语"从之"。这种用法的"又（有）"修饰的动词与前项动词为同质动词，即属于同一范畴，如"诬人"与"有盗"同属违法行为。

表示动作活动的相继发生可用"既……或（又）……"的格式，如：

（14）既失邦，或（又）得之。（《上博楚简九·邦人不称》）

例（14）频率副词表示先后发生的两个事件，时间关系很明显，副词"既"和"又"直接修饰意义相反的动词。表示相继时，前后事件都是已然事件。

（二）关联副词"又（有）"

关联副词是指在句子中起关联作用的副词。关联副词与连词的区分一向是有争议的，我们认为以下例子中的"又（有）"为关联副词，依据是："又（有）"虽然在句子中起到一定的连接上下文的作用，但主要是修饰谓语的，而且基本上只修饰动词或形容词，而连词不只连接这两类词语；关联副词"又（有）"一般不用在主语前，连词既可以出现在句首，也可以出现在句中；副词"又（有）"能在句法结构中充当结构成分，作状语，而连词不能；副词"又（有）"有实际的语义，如表示递进、转折等，而连词没有词汇意义，只起语法作用。考察范围内关联副词"又（有）"共26例。从关联副词"又（有）"表示的语义来看，可分为以下三种。

1. 表示并存

"又（有）"表示的后项与前项在意义上同时存在，可译为"又""同时"，14例。

（15）五人盗，赃一钱以上，斩左止，有（又）黥以为城旦。（《睡虎地秦简·法律答问》）

（16）凡良吏明法律令，事无不能也；有（又）廉洁敦慤而好佐上。以一曹事不足独治也，故有公心；有（又）能自端殹，而恶与人辨治。（《睡虎地秦简·语书》）

（17）大啬夫、丞智（知）而弗罪，以平罪人律论之，有（又）与主廥者共赏（偿）不备。（《睡虎地秦简·效律》）

例（15）、（16）"又（有）"直接修饰动词谓语或形容词谓语，例（17）关联副词与谓语动词之间插入了介词短语，表示两个或几个动作活动或性质状态同时发生或存在。这种用法的"又（有）"常常出现在法律判决中，如例（15）、（17）表示两种处罚同时实施。

"既……又……"的格式既可以表示两个动作活动或事件先后发生，也可表示两种情况或事件的并存。如：

（18）既为金桎，或（又）为酒池。（《上博楚简二·容成氏》）

例（18）副词"既"和"又"修饰的动词相同，表示两种行为或情况同时并存。"既……又……"的格式还可表示对立的并存，如：

（19）既跻於天，或（又）坠於渊。（《上博楚简三·彭祖》）

例（19）副词"既"和"又"都修饰动词短语，前后项词性相同、结构相同而意义相反。

无论是并列的并存，还是对立的并存，"既……又……"格式表示的动作活动或事情，一般都属于同一范畴，同一语义场，前后项意义并重且互为增益。

2. 表示递进

"又（有、或）"添加的后项是前项所表示的事情的基础上又深入一步或在原有性质状态上程度加深，后项意义重，前项意义轻。前后项位置不能互换。"又（有）"可译为"而且"，共6例。如：

（20）除其罪，有（又）赏之，如它人告☐（《龙岗秦简》146）

（21）君子不帝明乎民微而已，或（又）以知其式矣。（《郭店楚简·六德》）

（22）吾既长而或（又）老，孰为侍奉？（《上博楚简七·凡物流形》）

（23）既生畜之，或（又）从而教诲之，谓之圣。（《郭店楚简·六德》）

例（20）副词直接修饰动词短语，表示在原有的基础上增加赏赐，例（21）用"不帝（啻）……，或（又）……"的格式，递进的关系更加明显，表示在原有的基础上又加深一步。例（22）、（23）都用了"既……又……"的格式，例（22）副词"既"和"又"直接修饰形容词短语，表示性质状态地深入。例（23）副词"既"和"又"与所修饰的动词之间都插入了其他成分，分别为名词状语"生"和介词短语"从而"，表示在"生畜"的基础上又进一步加以"教诲"。

3. 表示转折

"又（有、或）"表示的后项与前项在意义上有轻微的转折关系，可译为"却""但""但又"。共6例。如：

（24）仁，性之方也，性或（又）生之。（《郭店楚简·性自命出》）

(25) 臣唯（虽）欲试，或（又）不得见公。(《上博楚简五·竞建内之》)

(26) 汝以此诘之，则善者或（又）不赏，而暴【者或（又）不罚】，故吾因嘉？(《上博楚简五·鬼神之明》)

(27) 小人幼，不能以它器得，此车或（又）不能御之以归。(《上博楚简九·灵王遂申》)

这种用法的"或（又）"往往与否定副词"不"连用或与否定副词、能愿副词同时连用，形成"或（又）不能"、"或（又）不得"的格式，如例（25）—（27），强调了语义的转折。

由于出土战国文献中副词"又（有）"的用例较少，我们同时又考察了传世战国文献中副词"又"的用例。传世战国文献中无论是频率副词还是关联副词基本上都写作"又"，偶尔写作"有"。通过对出土和传世文献全部副词"又（有）"的用例考察，我们发现，传世和出土文献中"又（有）"的功能和意义、用法基本上是相同的。根据句法功能和意义可以把战国文献中的副词"又（有）"分为两大类：频率副词和关联副词（见表2）。二者的异同是：第一，从句法功能上看，二者基本上一致，即都主要修饰动词或形容词谓语（副词与动词或形容词之间可以插入别的成分），在全部1141个例子中，修饰名词性谓语的例子仅15例，仅占1%。基本上只用于主语后，考察范围内用于主语前的例子仅3例（只见于频率副词"又"），占0.2%。第二，从句法位置来看，频率副词"又（有）"既可以出现在单句中，又可以出现在复句中。"又（有）"作频率副词的句子，其前项可以紧邻"又（有）"字句，如前引例（1）、（2）、（5），也可以远离"又（有）"字句，如前引例（3）、（4）、（8），乃至在前一个段落出现，甚至可以省略前项。"又（有）"作关联副词，一般都出现在复句中。"又（有）"字句一般都是复句的后分句，其前项紧邻"又（有）"字句，前项一般不能省略。如例（15）—（27）。即频率副词"又（有）"与其前项关系松散，而关联副词"又（有）"与其前项联系紧密，在语义上有明显的逻辑关系。在实际用例中，关联副词"又（有）"往往出现在一些固定格式中，如表示并存的"又（有）"常出现在正反对举的格式中，如前引例（18）、（19），又如"以能合从，又善连衡。"(《荀子·赋篇》)。又如

附录二 出土战国文献中的虚词"又（有）"

"退静默而莫余知兮，进号呼又莫吾闻。"（《楚辞·九章·惜诵》）。表递进的"又（有）"常出现在"非徒（非特、非独、岂徒、不止、不宁、纵）……，又……"或"……，又况……"的句式中。如前引例（21）。表示转折的"又"常常与否定词连用。固定格式"既……又……"用法非常广泛，可用于表示重复，但常常用于表示并存、递进和转折。如《楚辞》中"又"共出现 27 次，作关联副词 25 次，其中 10 例出现在"既……又……"格式中。值得注意的是，传世文献中"又"还常用于反问句中，如"求仁而得仁，又何怨?"（《论语·述而》）这种"又"在出土文献中未见到，在传世文献中共 143 例，于《左传》和《庄子》中尤其多见。由于"又"仍然是主要修饰动词或形容词的，语义上这种"又"带有轻微的转折之意，前分句和后分句联系紧密，往往有对立的关系，如"方存乎见少，又奚以自多。"（《庄子·秋水》）因此我们把这种"又"归入表示转折的关联副词。第三，从句法结构上看，频率副词"又（有）"表示重复时其前后项多为相同的动作行为或事件，表示相继时为不同的动作，主语一般相同，即"同主同（异）谓"；而关联副词"又（有）"其前后项往往为不同的动作行为或事件，即为不同的动词或形容词，主语大多相同，偶有不同的，即"同（异）主异谓"，但是不同的谓语在意义上必须属于同一类，即同一语义范畴才能用"又"来连接。正如邵敬敏、饶春红所说："又"的基本语法意义是表示同类动作、性质或状态的加合关系[①]。第四，从语义上看，频率副词"又（有）"的前项（或省略的前项）所表示的动作状态与"又（有）"所修饰的动作状态有明显的时间先后关系；而关联副词"又（有）"所修饰的动作状态与其前项所表示的动作状态一般没有时间先后关系，而只有逻辑上的联系。

《现代汉语词典》中关于副词"又"的义项主要有：表示重复或继续；表示几种情况或性质同时存在；表示意思上更进一层；表示在某个范围之外有所补充；表示转折等[②]。战国文献中的副词"又（有、或）"基本上具备了现代汉语副词"又"的主要语义。从表 2 来看，战国文献中副词

[①] 邵敬敏、饶春红：《说"又"——兼论副词研究的方法》，载邵敬敏《汉语语法的立体研究》，商务印书馆 2000 年版，第 278 页。
[②] 中国社会科学院语言研究所词典编辑室编：《现代汉语词典》，商务印书馆 1998 年版，第 1530—1531 页。

"又（有）"所表示的几种意义中，表示重复最多，其次为表示转折，其次为表示并存和递进。

表2　　传世、出土战国文献副词"又（有）"出现频率统计表

	频率副词"又（有）"	关联副词"又（有）"			总计
	表重复	表并存	表递进	表转折	
传世战国文献	503	200	116	240	1059
出土战国文献	56	14	6	6	82
总计	559	214	122	246	1141

三　连词"又（有）"

"又（有）"可以用作词语连词，连接数量词语，表示词语间的并列关系。传世战国文献中整数与余数结合时一般不用连接词，但也有例外。如"旬有五日而后返。"（《庄子·逍遥游》）"卫之遗民男女七百有三十人。"（《左传·闵公二年》）这应该是一种仿古，在《左传》中，记年时"经"都是使用连接词的，而"传"都不使用。如"经：十有三年春二月。……传：十三年春。"（《左传·桓公十三年》）

对于出土文献中的连词"又（有）"，一般的语法著作或专题论文只谈到了"又（有）"连接整数与余数的用法，没有注意到这种"又（有）"还有一种变式，即连接上级计量单位数与下级计量单位数，如"尺与寸"、"石与斗"等。在《新蔡楚简》和《九店楚简》中有相当多的连接两级或多级计量单位数的用例。连词"又（有）"在战国金文和楚简帛中写作"又"，在秦地文献中写作"有"。数间连接词"又（有）"的使用在出土战国文献中表现出鲜明的地域差异。秦地文献以及北方的魏、中山、卫等国称数时无论是整数与零数之间还是两级计量单位数之间基本上都不用连接词。如：

(1) 黄十七万七千一百四十七上□（《放马滩秦简·乙种日书284 贰》）

(2) 二百廿钱到百一十钱，耐为隶臣妾。（《龙岗秦简》40）

附录二　出土战国文献中的虚词"又（有）"

(3) 数而赢、不备，直（值）百一十钱以到二百廿钱，谇官啬夫；过二百廿钱以到千一百钱，赀啬夫一盾；过千一百钱以到二千二百钱，赀官啬夫一甲。（《睡虎地秦简·效律》）

(4) 外之则冒改厥心，不畏皇天上帝及大沈厥湫之光烈威神，而兼倍十八世之诅盟。（《诅楚文·大沈厥湫文》）

(5) 隹十四年。（《中山王礜鼎铭》，《集成》5·2840）

以上是整数与零数直接结合的例子。

(6) 月禾一石二斗半斗。（《睡虎地秦简·仓律》）

(7) 隶臣、城旦高不盈六尺五寸。（《睡虎地秦简·仓律》）

(8) 十三斤八两十四朱。（《卅六年私官鼎》《集成》4·2658）

(9) 十二年，称二镒六釿。（《信安君鼎铭》《集成》5·2773）

以上是上级计量单位数与下级计量单位数直接结合的例子。例（8）中"私官鼎"为战国秦昭襄王时期铜器，"两"和"铢"是重量单位，《说文·两部》："二十四铢为一两。"例（9）中的"刀"应该也是重量单位，具体含义不详。例（9）中"'镒'和'釿'都是重量单位，十二釿为一镒。"①

龙仕平认为："秦简……称数时连接词均已不再使用，没有例外。"②这话基本是对的，但秦地文献中也有少数例子称数时使用了"又（有）"。如：

(10) 廿有（又）六年，上荐高号，孝道显明。（《峄山刻石》）

(11) 以桂长尺有尊寸而中折。（《睡虎地秦简·日书甲种》）

例（10）整数与零数结合时用了连接词，例（11）中"尺"和"寸"前都省略了数词"一"，上级单位数与下级单位数结合时用了连接词。这些例子可以看作是连接词的残存或仿古。

而楚地文献（包括曾国）则与此有着很大不同，称数时连接词用与不

---

① 裘锡圭：《武功县出土平安君鼎读后记》，《考古与文物》1982年第2期。
② 龙仕平：《从出土文献看数字连接词"又（有）"的发展与消亡》，《古汉语研究》2011年第2期。

用同时并存，无论是整数与零数的结合还是两级或多级计量单位数之间的结合都是如此。根据连词"又"与数词、量词以及名词之间的结合关系，楚地文献中上位数带下位数的称数可分为以下几种类型：

A 式：数词 1 +（又）+数词 2 +量词/名词，这种格式中，量词或名词在数词 2 之后，一般说来，数词 1 是整数，数词 2 是零数。使用连接词"又"的例子共 22 个。如：

(13) 千又百岁，日月允生。(《楚帛书·乙篇》)
(14) 佳（唯）王廿二又六年。(《曾姬无恤壶铭》，《集成》15·9710)
(15) 尧于是虏为车十又五乘。(《上博楚简二·容成氏》)

这种格式可以省略量词，如：

(16) 二十又三。(《郭店楚简·缁衣》)

据《郭店楚简》整理者（1998：137）："这是简本《缁衣》全文的章数。"① 相当于"二十三章。"

不用"又"的例子共 2 个，如：

(17) ……彫者二十二足桱。(《信阳楚简》2-020)

B 式：名词+数词 1 +（又）+数词 2，这种格式中，名词在数词 1 之前，数词短语作谓语或独立成句。数词 1 是整数，数词 2 是零数。带"又"的例子共 15 例。如：

(18) 皇胫二十又五、囗胫二十又五。(《信阳楚简》2-026)
(19) 笞十又二，皆纺缯。(《望山楚简·遣策 1》)
(20) 囗囗囗囗筮四十又四、少（小）筮十又二。(《信阳楚简》2-06)

---

① 荆门市博物馆编：《郭店楚墓竹简》，文物出版社 1998 年版，第 137 页。

附录二　出土战国文献中的虚词"又（有）"

不用"又"的例子共1例。如：

（21）青幅廿＝（二十）二。（《望山楚简·遣策1》）

C式：数词1＋量词/名词＋（又）＋数词2＋量词/名词，这种格式中，"又"连接两个数量或数名短语，"又"前后的量词/名词相同，数词1是整数，数词2是零数。带"又"的例子共12例。如：

（22）……金十两又一两。（《包山楚简》145反）
（23）大凡六十真又四真。（《曾侯乙墓简》140）
（24）大凡四十乘又三乘。（《曾侯乙墓简》121）

C式中数词2后的量词/名词也可以省略，如：

（25）间音十石又四才（在）此。（《曾侯乙石编磬匣》）
（26）两又五。（《新蔡楚简》乙四：36）

不用"又"的例子共12例。如：

（27）……黄金卅＝（三十）益二益以翟种。（《包山楚简》107）
（28）囗凡二百人十一人。（《包山楚简》137）

以上A式、B式、C式是整数与零数结合的用例。

D式：数词1＋量词1＋（又）＋数词2＋量词2（＋（又）＋数词3＋量词3＋……）。这种格式中，"又"可连接两个或多个数量短语，数词1、数词2、数词3等大多为零数，量词1、量词2、量词3等为同一种类的量词，但大小、等级不同，一般说来，量词1＞量词2＞量词3……

D式为两级或多级计量单位数的结合。D式中带"又"共18例。如：

（29）嗇二稃又五来，敔秜之五檐（担）。（《九店楚简》1）
（30）嗇五稃又五来，敔秜之十檐（担）一檐（担）。（《九店楚

简》3）

（31）孙达受一䈞，又三赤。（《新蔡楚简》甲三：206）

（32）☐受二䈞，又二赤，又肍，又籿。（《新蔡楚简》甲三：211）

（33）吴㲃无受一赤，又籿，又弆重，又颜首。（《新蔡楚简》甲三：203）

（34）☐受三䈞又二赤……二赤又弆☐（《新蔡楚简》甲三：311）

（35）……受九䈞又肍。（《新蔡楚简》甲三：282）

例（29）（30）中，李家浩认为"秅"、"来"是量词，用来称量"峕"这种农作物，"䅽"是"秅"的异体，并认为"䅽"与"来"的比率是1：10①。例（31）—35）中，"䈞"和"赤"在新蔡楚简和包山楚简中多次出现，多用于数词后，因此学者们普遍认为是量词；关于"肍""籿""弆重""颜首"是否量词，目前还不确定。张玉金认为"肍""籿""颜首"等可能都是量词，但具体含义不太清楚②。广濑薰雄认为"肍""籿""弆重""颜首"是量器名，同时也是容量单位，容量分别为二分之一"斗"（2250毫升）、四分之一"斗"（1125毫升）、六分之一"斗"（750毫升）、九分之一"斗"（500毫升）③。我们认为这种分析是十分有道理的。"又"作连词时，其基本语义仍是同类事物的加合，"又（有）"连接的几项必须是同一类单位。如"尺有尊（寸）"中"尺"和"寸"都是长度单位，"秅（䅽）"与"来"都是容量单位。"又（有）"在连接两级计量单位时，一般是大单位在前，小单位在后，如"尺"大于"寸"，"秅（䅽）"大于"来"等。在新蔡楚简和九店楚简中，"䈞""赤""肍""籿""弆重""颜首"等总是出现在对同一种事物的称量中，且出现的前后顺序是"䈞""赤""肍""籿""弆重""颜首"。因此我们推测这几个应该都是测量同一种物品并且是从大到小的容量单位。

---

① 湖北省文物考古研究所，北京大学中文系编：《九店楚简》，中华书局2000年版，第59页。

② 张玉金：《出土战国文献虚词研究》，人民出版社2011年版，第410页。

③ ［日］广濑薰雄：《新蔡楚简所谓"赗书"简试析——兼论楚国量制》，载《简帛》（第1辑），上海古籍出版社2006年版，第211—221页。

D式中"又（有）"后的量词也可以省略，如：

（36）一秦弓，矢二秉又六。（《曾侯乙墓简》043）

D式不用"又"的例子共6例。如：

（37）□三赤二篇。（《九店楚简》5）
（38）又一肍、籿、颜首□（《新蔡楚简》甲三：90）
（39）……黄金十益一益四两以翟穜。（《包山楚简》111）

例（37）中的"篇"在简文中也多次出现于数词后，因此也被认定为量词。楚地文献中连接词在各式中的使用情况可见下表：

表3　　　　　　　　楚地文献称数时连接词使用统计表

	A式	B式	C式	D式	总计
带"又"	22	15	12	18	67
不带"又"	2	1	12	6	21
总计	24	16	24	24	88

从表3看来，楚地文献中称数时带连接词共67例，占76%，不带连接词21例，占24%。"A式"、"B式"和"D式"以带连接词为主，是比较原始的表达方式，"C式"带"又"与不带"又"一样多，是因为"又"前后的量词/名词相同，已属比较累赘的表达方式，所以倾向于省略连接成分。

楚简中称数时连接词可用可不用，有时候在同一个例子中用"又"与不用同时存在。如：

（40）青面廿=（二十）二，笒十又二，皆纺缫。（《望山楚简·遣策1》）
（41）吴殴无受一赤，又籿，又弁□，又颜首；吴惠受一臣二赤，弁□（《新蔡楚简》甲三：203）

(42) □某楮冬御钊受十匜，又二赤，或（又）受三匜，二赤□（《新蔡楚简》甲三：224）

此外，曾侯乙墓竹简称数时整数与零数之间都使用了"又"，但曾侯乙石编磬铭文中编磬的序号以及石编磬匣刻文中的序号整数与零数结合时都是不用连接词的，如"十四"、"廿一"、"卅一"、"卌一"等，多达43个。曾国靠近楚国，曾国文献称数的表达方法与楚简基本上是一致的。清华简的《算表》是楚国文献，其用于数学运算的数字整数与零数结合时也都是不用连接词的，如"四百九十"等。这说明在正式的文献中，楚地语言是比较保守的，称数时以带连接词为主，但在刻写序号、编号或数学运算中，基本上采用省略连接词的更简单的书写。

四 语缀助词"又（有）"

"又（有）"还可以附着于其他词前，作为该词的附加成分，"又（有）"没有词汇意义。对于这种"又（有）"学者们的看法有很大分歧。有的学者认为可能是构词语素，因此在其语法专著中实词和虚词部分都没有论及，如张玉金的《古代汉语语法学》和《出土战国文献虚词研究》等。有的认为是"词头"，如王力主编的《古代汉语》[1]和杨伯峻的《古汉语虚词》[2]，但仍放在虚词里面讨论。还有学者认为是"助词"，如杨树达认为是"语首助词"[3]，周秉均认为是"结构助词"[4]，杨伯峻、何乐士把这种用法的"又（有）"称为"语缀助词"等[5]。我们认为这种"又（有）"还是助词，跟典型的词缀还有区别。理由是：词缀是构词法范畴，词缀与其组合成分结合而成的词是固定的，稳固的，词缀作为词的附加成分不能去掉，去掉之后该词意义或词性发生改变。助词是句法范畴，助词与其组合成分的结合是临时的，助词作为词的附加成分可以去掉，去掉之后该词的意义、词性不变。结合这些特征，我们认为下面例子中的"又

---

[1] 王力主编：《古代汉语》，中华书局1999年版，第467页。
[2] 杨伯峻：《古汉语虚词》，中华书局1981年版，第292页。
[3] 杨树达：《词诠》，上海古籍出版社2007年版，第343页。
[4] 周秉钧编著：《古汉语纲要》，湖南教育出版社1981年版，第401页。
[5] 杨伯峻、何乐士：《古汉语语法及其发展》，语文出版社2001年版，第493页。

附录二 出土战国文献中的虚词"又(有)"

(有)"还没有完全虚化为构词语素,往往只是语助词,起凑足音节的作用。因此,我们认定下列"又(有)"为语缀助词。

"又(有)"用于专有名词前,表示朝代名、部族名、国名等。共20例。

(1) 又(有)秦曾孙小子骃曰:"……"。(《秦骃玉版铭》)
(2) 后稷之母,又(有)邰氏之女也。(《上博楚简二·子羔》)
(3) 融师又(有)成氏。(《上博楚简五·融师有成氏》)
(4) 一之日而车梁城,乃命百又(有)司曰:"又(有)夏氏观其容。……"(《上博楚简五·鲍叔牙与隰朋之谏》)
(5) 又(有)皇将起含兮,惟余教保子含兮。(《上博楚简八·有皇将起》)

以上"又(有)"用于专名的前面。如例(1)表示国名,例(2)表示古代部族名,例(3)表示上古传说中的帝王名,例(4)表示官职名和朝代名,例(5)表示古代传说中的神鸟。这种用法的"又(有)"在传世战国文献中写作"有",常常放在名词之前,表示古代的部族或人名、国名、地名等,如"有扈氏"、"有娀氏"、"有巢氏"、"有夏"、"有庳"。

"又(有)"用于动词前,共6例。如:

(6) 山又(有)崩,川又(有)竭,日月星辰犹左民,亡不又(有)过。(《上博楚简三·中弓》)

据整理者:"《国语·周语上》:'夫国必依山川,山崩川竭,亡之徵也。'"[1]

(7) 成公起曰:"臣将又(有)告,吾先君庄王至河淮之行……"(《上博楚简六·平王与王子木》)
(8) 凤夕衰赏,穆用工,其允有作。(《峋嵝碑》)

---

[1] 马承源主编:《上海博物馆藏战国楚竹书》(三),上海古籍出版社2003年版,第277页。

例（6）—（8）及下引例（9）"又（有）"虽然用于动词或形容词前，但根据上下文义，"又（有）"不应是副词，因为副词"又（有）"总是跟上文中的"另一情况"，即"前项"相关联，从上下文来看这几个例子中不存在"又"的前项，"又（有）"既不表重复，也不表递进或转折，而只是在动词或形容词前，起凑足音节、舒缓语气的作用。此外，也应当把助词"又（有）"与动词"又（有）"区别开来。用于动词或形容词前的助词"又（有）"没有实际的语义，去掉之后不影响意思的表达，而动词"又（有）"有词汇意义，表示指称化的事物或情况，不能省略，省略之后句子不能成立或意义改变。如"有能一日用其力于仁矣乎？我未见力不足者。盖有之矣，我未之见也。"（论语·里仁）传世战国文献中"有"作助词用于动词前的例子较少，但《诗经》中比较常见，如"女子有行，远父母兄弟。"（《诗经·泉水》）"有，句中助词。"① 又如，"春日载阳，有鸣仓庚。"（《诗经·七月》）王力主编《古代汉语》教材认为："有，动词词头。"② 例（8）可与《诗经·商颂·那》对照："自古在昔，先民有作。温恭朝夕，执事有恪。"

"又（有）"用于形容词前，仅1例。

（9）施而喜之，敬而起之，惠以聚之，宽以治之，有严不治。（《睡虎地秦简·为吏之道》）

例（9）据整理者："'有'，语首助辞，无义。"③ 传世战国文献中未见到"有"用于形容词前的例子。但《诗经》中较为多见，如"不以我归，忧心有忡。"（《诗经·击鼓》）又如"桃之夭夭，有蕡其实。"（《诗经·桃夭》）这两例"有"，《古代汉语虚词词典》认为是助词，用于单音节形容词前④。王力主编的《古代汉语》教材："有，形容词词头。"⑤ 一般说来，"又（有）"作语缀助词的用法比较古老，用于名词前常表示古代

---

① 韩峥嵘注译：《〈诗经〉译注》，吉林文史出版社1995年版，第46页。
② 王力主编：《古代汉语》，中华书局1999年版，第496页。
③ 睡虎地秦墓竹简整理小组编：《睡虎地秦墓竹简》，文物出版社1978年版，第289页。
④ 中国社会科学院语言研究所古代汉语研究室编：《古代汉语虚词词典》，商务印书馆1999年版，第754页。
⑤ 王力主编：《古代汉语》，中华书局1999年版，第476页。

的部族名或人名、国名、地名，用于动词、形容词前常用于诗歌或碑刻铭文等较保守的文献中。

五　结语

综上所述，出土战国文献中虚词"又（有）"主要是作副词和连词的，偶尔也可作助词。副词"又（有）"可分为两类，频率副词和关联副词。频率副词表示相同动作或性质状态的重复发生或相继发生，即"相同动作或性质的加合关系"。关联副词可以表示并存或递增，即"同类或同质动作、性质的加合关系"，也可表转折，表转折的关联副词仍表示加合，是"对待性的加合"。二者的句法功能一致，都主要修饰动词谓语或形容词谓语。关联副词常用于一些固定结构中，如"既……又……"或"非徒（不止、纵）……，又……"等。

连词"又（有）"主要连接数量词语，传世战国文献中整数与余数结合时一般不用连接词，出土文献中有两种情况：秦地文献以及北方诸国称数时整数与零数之间基本上都不用连接词，而南方的楚地文献以带连接词为主，反映了楚地文献的保守性。

助词"又（有）"主要用于名词前表示古代的部族名或国名，也可用于动词或形容词前，起凑足音节的作用。"又（有）"的这种用法比较古老，战国文献中少见，但《诗经》中较为多见。

"又（有）"本为存现动词，甲骨文中非常多见，且功能宽泛，既可带体词性宾语，如"壬寅卜，贞：五月我有事？"（《合集21637》）也可带谓词性宾语，如"辛卯卜，内贞：王有作祸？"（《合集536》）副词"又（有）"的直接来源，就是这种以"VP"为宾语的动宾结构（VP表示动词性或形容词性成分）。"有+VP"可以连续出现，"有"后的谓词宾语还可以相同。如"（白）牛惠二，有正？（白）牛惠三，有正？（合集29504）""正"在甲骨文中出现次数很多，从"正"出现的位置看，普遍认为是谓词。有的学者认为是祭祀动词（杨逢彬2003：359），有的认为是形容词（张玉金2001：7）。又如"辛亥卜，内贞：今一月雷各化有至？贞：雷各化其于二月有至？"（《合集10964》）这个例子中"有"的宾语是趋止动词"至"，两个贞句联系松散，"有"仍是存现动词，动宾结构的重点是"有"。张伯江指出，汉语的所谓"连动式"从来都不是一个稳定的结构形

战国时代副词研究

式,在比较紧凑的"V1 + V2"组合中,只能有一个动词作为语义焦点,另一个必然是辅助成分①。由于句子的新信息总是在后面,"有+VP"结构中"VP"一般出现在句末,"VP"更容易成为信息焦点。同时"有"本为存现动词,动作性不强,"有"很容易发生弱化或者虚化。如果两个或几个完全相同的"有+VP"句子经常连续使用,由于第二个及其后面的"有+VP"结构是前面的重复,就会进一步削弱"有"的动词性,随之重点后移,动宾结构变成状中结构,"VP"成分成为语义重点,第二个及其后面的"有"也就渐渐地由动词变为表重复的频率副词了。受后面"有+VP"结构变化的影响,第一个"有+VP"结构中的"VP"成分也会强化,第一个"有"逐渐弱化甚至省略,成为"VP,又+VP,又+VP……"的格式。同理,如果两个"有+VP"结构连用,"有"后的成分为同类或同质动作、性质,第二个"有"就容易发展成为表递进或并列的关联副词。

连词"又(有)"也来源于动词"又(有)"。甲骨文中"又(有)"可以连接两个名词,如"其牢有牛"(合集37095)也可以连接整数与零数,如"册十人有五"(合集27022)对于这种"有",许多学者认为是连词,但也有人认为"有"存在词汇意义"另有",应为动词②。无论是名词语之间的"有",还是整数与零数之间的"有",最初的意义应该比较实在,为存现动词,其前后的名词或数词联系比较松散。但随着这种句式的增多,"有"前后的成分联系逐渐紧密,"有"也就渐渐地虚化为连词了。

连续使用的两个或几个存现动词"又(有)"可以表示"加合关系",由于副词"又(有)"和连词"又(有)"都来源于存现动词"又(有)",它们有共同的语义,即表示加合,前者表示"同类或同质动作、性质的加合关系",后者表示"同类事物或数量的加合关系"。

"又(有)"作助词应为假借。"又(有)"在甲骨文中就可作语缀助词,如张玉金认为,"有"作为词头,可用在专有名词或普通名词前,与后面的名词组成一个双音节名词③。并举例:"归于有宗,其有雨?"(合集30322)"乙巳卜,殻贞:呼子宾侑于有祖宰?贞:勿呼子宾侑于有祖宰?"(合集924)此外,我们也发现了其他的用例,如"贞:呼子宾祼于有妣,

---

① 张伯江、方梅:《汉语功能语法研究》,江西教育出版社1996年版,第148页。
② 杨逢彬:《殷墟甲骨刻辞词类研究》,花城出版社2003年版,第413页。
③ 张玉金:《甲骨文语法学》,学林出版社2001年版,第95页。

鼎有蠚?"（合集3171）"'宗'，处所名词。"① "有宗"表示地名，"有祖"、"有妣"表示先祖、先妣名。甲骨文中未发现助词"又（有）"用于动词、形容词前的例子。

（原载《语言学论丛》2018年第57辑）

---

① 杨逢彬:《殷墟甲骨刻辞词类研究》，花城出版社2003年版，第160页。

附录三 出土战国文献中的
虚词"唯（隹）"

一 引言

关于古代汉语中的虚词"唯"，可谓论述颇多，观点各异。但目前还没有见到专门讨论出土战国文献中的虚词"唯"的论著。

由于"唯"在古代汉语各个时期的意义、用法有很大不同，对"唯"研究的论著也特别多，我们主要讨论关于战国时期"唯"的论著。对传世战国文献中"唯"的研究主要见于专书语法研究或副词研究的论著中。如何乐士的《"唯"在句中的多种位置及其作用——论〈左传〉的副词"唯"》，该文指出了限制副词"唯"在句中的多种位置及对主语、谓语、前置宾语的限定作用分析细致深入①，对研究范围副词"唯"很有启发。但李宗江认为："何先生的统计范围较宽，把一般看作语气词以及表示'原因'、'条件'，甚至表示应答而单独成句的'唯'都统计在内，把这些意义都和'限定'意义联系起来，作了统一的解释。这样做对共时研究或专书研究也许可以，但对历时研究这样做很危险。"② 此外，专书研究还见于近年的一些学位论文。如左梁的《〈论语〉虚词研究》分析了传世战国文献中副词"唯"的数量、意义、功能等问题③，但基本上只讨论了"唯"作范围副词的用法，没有论及"唯"的其他意义和用法，而这些传世文献中"唯"并不仅限于表示限制义。对出土战国文献中"唯"的研究主要见于对近年出土的秦简、楚简的语法研究或副词研究论著中。以一种出土文献为语料的主要有吉仕梅的《〈睡虎地秦墓竹简〉副词考察》等④，

---

① 何乐士：《〈左传〉范围副词》，岳麓书社1994年版，第249—276页。
② 李宗江：《汉语常用词演变研究》，汉语大词典出版社1999年版，第259页。
③ 左梁：《〈论语〉虚词研究》，硕士学位论文，四川师范大学，2010年。
④ 吉仕梅：《〈睡虎地秦墓竹简〉副词考察》，《西南民族学院学报》（哲学社会科学版）2003年第5期。

以多种出土文献为语料的有熊昌华的博士论文《简帛副词研究》①、李明晓的《战国楚简语法研究》等②，这些论著都分析了"唯"作范围副词的语义指向、句法功能等问题，李明晓还分析了"唯"作"连词"、"助词"等用法。但是以上对于副词"唯"的研究过于宽泛、笼统，认为战国楚简或秦简中的副词"唯"都是表仅限的范围副词，这是不符合语言事实的。有一些"唯"仍然是表示强调、提示的语气副词。张玉金讨论了"唯"作让步连词和原因连词的用法③，但没有涉及"唯"作副词的用法，也没有论及"唯"作副词和连词的区别。

专门研究战国时期（或先秦时期）"唯"的文章主要有裘燮君的《先秦文献中"唯"作助词的用法》，文章把先秦文献中纷繁复杂的"唯"归结为两种基本用法：肯定助词"唯"与范围助词"唯"，同时进行了历时演变研究④。但是，该文也存在明显的不足：把传世文献和出土文献混在一起讨论，把不同时期的出土文献如甲骨文和金文混在一起讨论，没有提及"唯"作连词的用法，对"唯"的历时演变研究也比较笼统，如仅使用"先秦前期"、"先秦后期"等模糊的词语，对"唯"的词性的认识，尤其是"范围助词"的提法也有待商榷。兰碧仙的博士论文《出土战国文献副词研究》分析了出土战国文献中副词"唯"的意义和用法，讨论了"唯"的历时演变，认为甲骨文时期的"唯"是语气副词，两周金文时期的"唯"主要是语气副词，战国时期语气副词"唯"与范围副词"唯"平分秋色⑤。该文也没有提及出土战国文献中"唯"作连词的用法（而连词"唯"在出土战国文献中用量很大），对传世战国文献只利用了《左传》，没有将传世文献与出土文献进行对比研究，对"唯"的历时研究讨论比较宽泛，没有展示不同时期"唯"字用法的差别。

根据"唯"的语法意义和句法功能，出土战国文献中的虚词"唯"可分为两大类：副词"唯"和连词"唯"。（"唯"还可以作为应答词，单独成句，还可以借作疑问代词"谁"，但数量较少，因此不在本文统计范围

---

① 熊昌华：《简帛副词研究》，博士学位论文，西南大学，2013年。
② 李明晓：《战国楚简语法研究》，武汉大学出版社2010年版，第226—228页。
③ 张玉金：《出土战国文献虚词研究》，人民出版社2011年版，第345—350页，第423页。
④ 裘燮君：《先秦文献中"唯"作助词的用法》，载《第一届国际先秦汉语语法研讨会论文集》，岳麓书社1994年版，第193页。
⑤ 兰碧仙：《出土战国文献副词研究》，博士学位论文，厦门大学，2012年。

> 战国时代副词研究

内。全文例句的写定，金文参照了两个《引得》，简帛文字主要依据原整理者的释读，玉石文字综合各家的释文择善者从之。对有争议的释字则在文中特别说明。对有残简而无法释读的"唯"的例句不予统计。）副词"唯"包括语气副词"唯"和范围副词"唯"两种，连词"唯"包括让步连词"唯"和原因连词"唯"两种。

二 副词"唯"

出土战国文献中的副词"唯"可分为语气副词和范围副词两种。副词"唯"在战国玉石文字、金文和楚帛书中写作"隹"，在楚简中写作"隹"或"唯"，秦简中主要写作"唯"，偶尔也写作"雖"。在传世战国文献中，副词"唯"还可写作"惟"或"维"。

（一）语气副词"唯"

语气副词"唯"的基本语气是表示提示、强调，可以根据上下文灵活翻译或不译。"唯"也可以表示判断语气或祈使语气，但用例不多。表示强调、提示语气的"唯"共68例，从句法位置看，这种"唯"主要位于时间词语前、主语前和谓语前。

1. "唯"位于句首表示时间的词语前。共25例，其中战国金文21例，楚帛书2例，战国玉石文字1例，楚简中1例。例如：

(1) 隹（唯）王二年六月丁酉，承嗣越臣宪亘朱句，凡以怒顺，厥日登，余盟于此。（岣嵝碑）

(2) 隹（唯）十年陈侯午朝群邦诸侯于齐。（《十年陈侯午敦铭》，《集成》9·4648）

(3) 隹（惟）十又（有）二［月］，隹（惟）悖惪懯，出自黄渊。（《楚帛书·甲篇》）

2. "唯"位于句首主语前，18例。例如：

(4) 隹（惟）天作福，神则格之；隹（惟）天作妖，神则惠之。（《楚帛书·甲篇》）

(5) 隹（唯）朕先王，茅蒐田猎，于彼新土。（《䣝盗壶铭》，

《集成》15·9743)

(6) 又（有）皇将起含可兮，惟余教保子含可兮。(《上博楚简八·有皇将起》)

(7) 今日隹（唯）不敏既茬矣，自望日以往必五六日，皆敝邑之期也。(《上博楚简七·吴命》)

例（4）（5）"唯"位于名词主语前，16例。例（6）位于代词主语前，1例。例（7）"唯"在主语前、时间状语后，1例。

3．"唯"位于谓语前，共24例。例如：

(8) 乍竟隹（唯）人，丕显隹（唯）德。(《上博楚简一·孔子诗论》)

(9) 善宿卫，闭门辄靡其旁火，慎守唯敫。(《睡虎地秦简·秦律十八种·内史杂》)

(10)《吕型（刑）》员（云）："苗民非甬命，制以刑，隹（惟）作五虐之型（刑）曰隺。"(《上博楚简一·纻衣》)

(11) 其未能逃，亟散离（?）之，唯毋令兽□(龙岗秦简119)

(12) 皇皇隹（唯）谨，怠生敬，口生诟。(《上博楚简七·武王践阼》)

(13) 善日过我，我日过善，贤者隹（唯）其止也以异。(《郭店楚简·语丛三》)

(14) 民之作物，隹（唯）言之又（有）信。(《上博楚简六·用曰》)

以上"唯"位于句中。例（8）"唯"位于名词谓语前，5例。例（9）（10）（11）"唯"位于动词谓语前，16例。例（12）"唯"位于形容词谓语前，1例。例（13）（14）"唯"位于主谓短语作谓语前，2例。

4．"唯"位于前置宾语前，仅1例。例如：

(15) 蔑师见兇，毁折鹿践，隹（唯）兹作彰。(《上博楚简五·融师有成氏》)

例（15）据整理者，"兹，同'此'。章，读为'彰'……引申为宣扬、表露。"①"隹（唯）"位于代词宾语前。

  对于上述例子中"唯"的词性，学者们有不同的意见，主要有"助词说"、"语气词说"、"语气副词说"。对于句首或句中的"唯"也有不同认识。如杨伯峻、何乐士认为句首的"唯（惟、维）"是语助词，标志说话人对所说内容的强调，有加强语气的作用，句中主谓语之间的"唯（惟、维）"是判断句的系词②。也有学者认为句首、句中"唯"的词性是相同的。如杨树达认为是"语首助词、句中助词"③。崔永东认为是"句首句中语助词，无义"④。武振玉认为是"句首句中语气词"。⑤ 张玉金认为这种"唯"是语气副词，表强调语气和希望祈使语气⑥。我们认为上述"唯"的语法意义是一样的，句首或句中主谓之间的"唯"都是语气副词，表示强调语气。对于时间词语前的"唯"，杨伯峻⑦、何乐士⑧以及中国社会科学院语言研究所编撰的《古代汉语虚词词典》等认为是句首助词，无义⑨。赵诚认为时间词语前的"唯"是"助词或介词"，"周代铜器铭文中表示时间的词语之前的隹（唯）并非都是助词，有的实际上已是带有助词性的介词，有的则完全是介词。"⑩ 武振玉认为"唯"用于时间词语前"尤其突出，这与西周金文特有的时间表达方式有关"⑪。出土战国文献中的情况也是如此，"唯"位于时间词语前共25例，战国金文21例，占83%。我们认为这与"唯"表达强调、提示的语气有关，铜器乃国之重器，铸造铜器本身就是神圣而庄重的活动，镌刻铭文往往都是为了记录重大事件，"这些铭文句子里所说的时间，是为了标明曾经发生过大事，时间前面的

---

  ① 马承源主编：《上海博物馆藏战国楚竹书》（五），上海古籍出版社2005年版，第325页。
  ② 杨伯峻、何乐士：《古汉语语法及其发展》，语文出版2001年版，第473页，第709页，第720页。
  ③ 杨树达：《词诠》，上海古籍出版社2007年版，第370—372页。
  ④ 崔永东：《两周金文虚词集释》，中华书局1994年版，第1页，第3页。
  ⑤ 武振玉：《两周金文词类研究（虚词篇）》，博士学位论文，吉林大学，2006年。
  ⑥ 张玉金：《古代汉语法学》，广东高等教育出版社2010年版，第41—42页。
  ⑦ 杨伯峻：《古汉语虚词》，中华书局1981年版，第185页。
  ⑧ 何乐士等：《古代汉语虚词通释》，北京出版社1985年版，第583页。
  ⑨ 中国社会科学院语言研究所古代汉语研究室编：《古代汉语虚词词典》，商务印书馆1999年版，第597页。
  ⑩ 赵诚：《金文的隹·唯（虽·谁）》，载《容庚先生百年诞辰纪念文集》，广东人民出版社1998年版，第421页。
  ⑪ 武振玉：《两周金文词类研究（虚词篇）》，博士学位论文，吉林大学，2006年。

那个隹或唯，也就有了强调的作用"①。如前引例（1）（2）（3）"唯"都用于发生大事的时间前。因此，我们认为时间词语前的"唯"也是语气副词。"唯"用于时间词语前属于比较保守的用法，出土战国文献中仅金文、帛书、石碑文字中出现，楚简仅1例，秦简未见到。

我们认为以上例句中的"唯"是语气副词而不是助词或语气词，理由如下：第一，上述例子中"唯"的意义和用法继承了甲骨文中"唯"的意义和用法。甲骨文中"唯"的词性，主要有"语气词说"、"语气副词说"等。如沈培②、杨逢彬等认为甲骨文中的"唯"是语气词③；向熹④、张玉金等认为是语气副词⑤。我们赞同张玉金的看法，张玉金认为："在惠和唯出现的场合，其他副词也可以出现……唯是表示强调、提示语气的语气副词。"⑥ 以上例子中的"唯"也主要是表示提示、强调，且"唯"的分布与甲骨文中基本是一致的，即可以出现在主语、谓语、前置宾语、时间词语前。因此我们认为上述例子中的"唯"也是语气副词。第二，从语义上看，"唯"不同于一般的语气词，如"也"、"乎"等，语气词的意义很虚，只表达某种语气，有的语气词只表示时体等语法意义，如"矣"等。也不同于一般的助词，"助词的独立性最差，意义最不实在。主要有标志某种语气、协调音节、变换词序、标志时态或被动等作用"⑦。学者们对于甲金文中"唯"的词性虽然有不同看法，但对于"唯"的语法意义认识基本是一致的，即表示提示、强调语气。"强调"表现了说话人的主观态度，而"情态是句中命题之外的成分，也是句中的非事实性成分，是说话人主观态度的语法化，也是说话人对句子命题和情景的观点和态度。……使用语气副词（评注性副词）无疑是表示汉语情态的一条重要途径。……强调态表示说话人对相关命题的高度重视和坚定的态度。"⑧ 第三，从句法分布

---

① 赵诚：《金文的隹·唯（虽·谁）》，载《容庚先生百年诞辰纪念文集》，广东人民出版社1998年版，第418页。
② 沈培：《殷墟甲骨刻辞语序研究》，台湾文津出版社1992年版，第162页。
③ 杨逢彬：《殷墟甲骨刻辞词类研究》，花城出版社2003年版，第273页。
④ 向熹编著：《简明汉语史》（下），高等教育出版社1993年版，第13页。
⑤ 张玉金：《甲骨文虚词词典》，中华书局1994年版，第193—213页。
⑥ 张玉金：《甲骨卜辞语法研究》，广东高等教育出版社2002年版，第191—195页。
⑦ 杨伯峻、何乐士：《古汉语语法及其发展》，语文出版社2001年版，第470页。
⑧ 张谊生：《现代汉语副词研究》（修订本），学林出版社2014年版，第60页。

战国时代副词研究

来看,语气词或助词在句中的位置一般是比较固定的,语气词多位于句中或句末,助词常用于句首,但语气副词"唯"的句法位置十分灵活,可以出现在施事主语、受事主语、谓语动词、前置宾语、时间词语、介词短语等成分前。第四,从语用上看,语气副词可以充当焦点标记,语气词或助词一般不能充当焦点标记,也不能随着焦点而移动。张谊生认为评注性副词(语气副词)在语用上有突出焦点的作用①。语气副词"唯"可以充当焦点标记。张玉金认为甲骨文中的"唯"是焦点和新信息的辅助标记,"唯"后的成分就是新信息,就是要强调的成分②。第五,由语气副词"唯"发展来的范围副词"唯"句法位置也十分灵活,"说它灵活,是因为它总是随着它所限定的对象而移动,无论是主语、前置宾语、谓语或复句的分句,只要是它限定的对象,它就出现在那里。"③如果认为表仅限义的"唯"是范围副词,那么也应当承认与范围副词"唯"句法位置相似、表示强调语气的"唯"是语气副词。

副词"唯"还可以用在主语、谓语之间,表示判断语气,共 8 例。例如:

(16)其鱼隹何,隹鱮隹鲤。(石鼓文)
(17)是隹(惟)四时。(《楚帛书·乙篇》)
(18)唯福之基,过而改新。
(19)率师征燕,大启邦宇,方数百里,隹(唯)邦之幹。(《䚄蛮壶铭》,《集成》15·9743)

例(16)"隹(唯)"位于代词谓语和名词谓语之前;例(17)"隹(惟)"位于名词谓语前,主语是代词"是";例(18)是倒装句,"唯"在名词性短语作谓语前,主语是动词性词语。据整理者的意见,这句话的意思是"知过而改才是福祉之基"④。例(19)"隹(唯)"在名词性短语作谓语前,主语承前省略。对于这种主语谓语之间的"唯(隹)",何乐

---

① 张谊生:《现代汉语副词研究》(修订本),商务印书馆 2014 年版,第 64 页。
② 张玉金:《甲骨卜辞语法研究》,广东高等教育出版社 2002 年版,第 194—195 页。
③ 何乐士:《〈左传〉范围副词》,岳麓书社 1994 年版,第 250 页。
④ 马承源主编:《上海博物馆藏战国楚竹书》(五),上海古籍出版社 2005 年版,第 291 页。

士、杨伯峻认为是系词，在主谓之间起联系作用[1]。张玉金认为是表示判断语气的副词[2]。我们认为这种"唯（隹）"虽然起到联系主语谓语的作用，但意义还没有那么实在，主要表示断定的语气，因此认为是表示判断语气的副词。表示判断语气的"唯"是由表示强调语气的"唯"引申而来。

语气副词"唯"也可表示祁使、希望的语气，仅1例。例如：

（20）鬼神䎽武，非所以教民，唯君其知之。（《上博楚简四·曹沫之陈》）

这一例中的"唯"表希望语气。表希望语气的"唯"也是由表强调语气的"唯"发展引申而来。

（二）范围副词"唯"

根据范围副词"唯"在句中的位置，可分为以下三种情况：

1. "唯"位于句首主语前。35例。例如：

（21）祸不降自天，亦不出自地，隹（唯）心自贼。（《上博楚简六·用曰》）

（22）可（何）谓"府中"？唯县少内为"府中"，其它不为。（《睡虎地秦简·法律答问》）

（23）道四述也，唯人道为可道也。（《上博楚简一·性情论》）

（24）子曰：隹（唯）君子能好其匹，小人豈能好其匹。（《上博楚简一·纺衣》）

（25）祗祗翼，昭后嗣：隹（唯）逆生祸，隹（唯）顺生福。载之简策，以戒嗣王。（《中山王䁥方壶铭》，《集成》15·9735）

（26）尹诰员（云）："隹（惟）尹㽙及汤，咸又（有）一德。"（《上博楚简一·纺衣》）

（27）参，百事吉。取妻吉，唯生子不吉。（《睡虎地秦简·日书甲种》）

---

[1] 杨伯峻、何乐士：《古汉语语法及其发展》，语文出版社2001年版，第709页。
[2] 张玉金：《甲骨文虚词词典》，中华书局1994年版，第211页。

(28) 唯又（有）其恒而可，能终之为难。（《郭店楚简·成之闻之》）

以上副词"唯"虽然出现在主语之前，但它限制包括主语在内的整个主谓结构，因此是表范围的副词。例（21）—（26）"唯"位于名词主语前，32例。例（27）（28）"唯"位于动宾短语作主语前，3例。

2. "唯"位于谓语前，16例。例如：

(29) 宁心抚忧，亦佳（惟）吴伯父。（《上博楚简七·吴命》）

(30) 百姓之所贵唯君，君之所贵唯心，心之所贵唯貌。（《上博楚简七·凡物流形》）

(31) 今与古亦然，亦佳（唯）闻夫禹、汤、桀、受矣。（《上博楚简四·曹沫之陈》）

(32) 上多下少，事君有初毋（无）后，贾市、行贩皆然，唯利贞罪、蛊、言语。（《放马滩秦简》乙243）

(33) 亲戚远近，唯其人所在，得其人则举安（焉），不得其人则止也。（《郭店楚简·六德》）

(34) 为故率民向方者，唯德可。（《郭店楚简·成之闻之》）

以上"唯"位于句中主谓之间，例（29）（30）在名词谓语前，例（31）（32）在动词谓语前，例（33）（34）在主谓短语作谓语前。

3) "唯"位于前置宾语前，共11例。例如：

(35) 季康子问于孔子曰："肥，从又（有）司之后，抑不知民务之安（焉）在？唯子之贻羞。"（《上博楚简五·季庚子问於孔子》）

"唯"虽然出现在宾语前，但它同样是对整个动宾结构进行限定。例（35）中最后一句原整理者释文为：唯子之訋（治）脜，把"訋"读为"治"，"脜"解释为"面和"[①]。认为此句可与《仲弓》26号简"恐贻吾

[①] 马承源主编：《上海博物馆藏战国楚竹书》（五），上海古籍出版社2005年版，第201页。

附录三　出土战国文献中的虚词"唯（隹）"

子羞"相对照，贻从贝从心，羞从頁从心，并认为此句是使用"之"字将宾语提前①。

"唯"在宾语前主要出现于"唯宾是动"格式，10例。例如：

（36）昔者，吾先考成王早弃群臣，寡人幼童未通智，佳（唯）傅姆是从。（《中山王䥽鼎铭》，《集成》5·2840）

（37）大（太）子乃亡闻，亡听，不闻不令，唯哀悲是思，唯邦之大粤是敬。（《上博楚简二·昔者君老》）

（38）其祝曰："毋（无）王事，唯福是司，勉饮食，多投福。"（《睡虎地秦简·日书乙种》）

（39）凡民之终頪，佳（唯）善是善。（《上博楚简六·用曰》）

（40）孤居保系纼之中，亦唯君是望。（《上博楚简七·吴命》）

对于"唯宾是动"中的"唯"的词性，各家也有不同看法。何乐士认为："在这种句式中，宾语藉助于助词'是'、'之'等而前置……同时在前置宾语前又加上表专限的副词'唯'，突出表现的动作对象的单一性和排他性。"② 其他如崔永东等也认为是限制副词③，但武振玉认为例（36）中的"唯"是表示强调的语气词④。唐钰明认为甲骨文中"唯宾动"中的"唯"是提宾标志，是助词，"宾是动"是"唯宾动"向"唯宾是动蜕变的中介环节，三者实属不同层次的历史变体⑤。据此，有人认为"唯宾是动"中的"唯"也是提宾标志。如李明晓把战国楚简中的"唯"分为两类：位于句首或句中主语或谓语前的"唯"是限止副词，"唯宾是动"这种格式中的"唯"作为提宾标志是语气助词⑥。我们认为在同一时期、同一类文献中位于主语、谓语或宾语前的"唯"应是同一种"唯"，词性和意义不应割裂开来。甲骨文时期"唯宾动"中的"唯"可能是提宾标志，

---

① 陈伟：《季康子问孔子》，载《出土文献研究》（第8辑），上海古籍出版社2007年版，第4页。
② 何乐士：《〈左传〉范围副词》，岳麓书社1994年版，第255—256页。
③ 崔永东：《两周金文虚词集释》，中华书局1994年版，第3页。
④ 武振玉：《两周金文词类研究（虚词篇）》，博士学位论文，吉林大学，2006年。
⑤ 唐钰明：《甲骨文"唯宾动"式及其蜕变》，《中山大学学报》1990年第3期。
⑥ 李明晓：《战国楚简语法研究》，武汉大学出版社2010年版，第226—227页，第333页。

为助词或语气副词，但春秋战国以来"唯"渐渐由表示强调的语气副词（或称助词）发展成表示仅独义的限制范围副词，受"唯"在其他句式中意义的影响，"唯宾动"或"唯宾是（之）动"中的"唯"的词性和意义也慢慢发生了变化，变成表示仅限义的范围副词了。上述例子中也有其他的语言标志表明"唯"是表仅限义的范围副词，如例（36）（37）（38）的"唯"在"不（无、未）……唯……"的句式中，排他性很明显，例（39）"唯"与"凡"等表总括类副词对举，例（40）的"唯"从文意判断应是限制副词。

由于范围副词"唯"源自语气副词"唯"，所以二者的句法位置基本相似（见表1）：都可以出现在主语前、谓语前，但语气副词"唯"较少出现在前置宾语前，尤其是"唯宾是动"的格式中，而范围副词"唯"则较多出现于前置宾语前。语气副词"唯"多出现于时间词语前，而范围副词"唯"几乎不出现在时间词语前。我们认为语气副词"唯"与范围副词"唯"的区别主要是意义上的区别。赵诚说："如果从唯表示了'只是'之意，有着对于事物或动作范围起了限定作用，则这个唯可以看成是副词。"①"这种排他性往往于对比中显示出来。"②"唯"作范围副词有着比较明确的语言标志。第一，在"非（不、未、勿）……唯……"格式中，强调了范围的排他性。如前引例（21）（22）（36）（37）（38）。第二，与"凡"、"皆"、"尽"等总括类范围副词对举，以突出事物的仅独性。如例（32）（39），又如：知氏尽灭，唯辅氏存焉。（《战国策·赵策一》）第三，与较大的范围比较。如例（23）（27）（31），又如：聶（攝）周孙﹦（子孙），隹（惟）舍（余）一人所豊（礼）。（《上博楚简七·吴命》）第四，正反两种事物、现象对比，以表现其中之一的排他性。如例（24）（25）。第五，比较的对象没有出现，但是隐含在文意中，这种排他性是隐含的。如例（26）（40）等。

---

① 赵诚：《金文的隹·唯（虽·谁）》，载《容庚先生百年诞辰纪念文集》，广东人民出版社1998年版，第435页。

② 汪业全：《〈诗经〉中"维"字再考察》，《华南理工大学学报》（社会科学版）2004年第4期。

表1　　　　　出土战国文献副词"唯"句法位置统计表

	语气副词"唯"	范围副词"唯"
时间词语前	25	0
主语前	19	35
谓语前	32	16
前置宾语前	1	11
总计	77	62

三　连词"唯（虽）"

（一）让步连词"唯（虽）"

"唯"在出土战国文献中还可以作让步连词，用于让步复句中。让步连词"唯"在金文中写作"隹"或"虽"，在楚简中写作"隹"或"唯"，在秦简中主要写作"雖"，有时也写作"唯"。这个意义在传世文献中主要写作"雖"，但偶尔也写作"唯"。

吕叔湘把让步句分为两类：纵予句和容认句，认为："容认句所承认的是实在的事实，纵予句所承认的是假设的事实。"① 考察出土战国文献中的让步句，既可表示事实让步，"唯（虽）"可译为"虽然"，也可表示虚拟让步，"唯（虽）"可译为"即使"。"区分这两种'虽'的方法，主要是根据上下文，看'虽'小句所表达的究竟是假设还是事实。"②

出土战国文献中让步连词"唯（虽）"共66例，其中用于容认句中，表示事实让步28例，例如：

（1）唯（虽）能丌事，不能丌心，不贵。（《郭店楚简·性自命出》）

（2）虽不养主而入粮者，不收。（《睡虎地秦简·法律答问》）

用于纵予句中，表示虚拟让步38例。如：

（3）甲寅之旬，不可取妻，毋（无）子。虽有，毋（无）男。（《睡虎地秦简·日书甲种》）

---

① 吕叔湘：《吕叔湘文集（第一卷）》，商务印书馆1990年版，第434页。
② 张玉金：《出土战国文献虚词研究》，人民出版社2011年版，第345页。

战国时代副词研究

(4) 唯（虽）至于死，从之。(《上博楚简四·内豊》)

从句法位置看，"唯（虽）"可位于让步分句句首或句中。具体主要有三种情况：

1. 位于让步分句句首主语前。共9例。例如：

(5) 虽雨霁，不可覆室盖屋。(《睡虎地秦简·日书甲种》)
(6) 文王闻之，曰："唯（虽）君亡道，臣敢勿事乎？唯（虽）父亡道，子敢勿事乎？"(《上博楚简三·容成氏》)
(7) 唯（虽）世不识，必或知之。(《上博楚简二·从政甲篇》)
(8) 唯（虽）其于善道也，亦非又（有）择数以多也。(《郭店楚简·成之闻之》)

例（5）、(6)、(7)"唯（虽）"在名词主语前，例（8）在代词主语前。例（7）"唯（虽）"与"必"相呼应。

2. 位于让步分句之首、分句谓语之前。让步分句的主语没有出现。共44例。例如：

(9) 隹（虽）又（有）死皋，及参世，亡不赦。(《中山王譽鼎铭》，《集成》5·2840)
(10) 燔隊事，虽毋会符，行殹（也）。(《新郪虎符铭》，《集成》18·12108)
(11) 唯（虽）然，丌存也不厚，丌重也弗多矣。(《郭店楚简·成之闻之》)
(12) 邦四益，是谓方芋，唯（虽）盈必虚；宫室过，皇天之所亚（恶），唯（虽）成弗居。(《上博楚简五·三德》)
(13) 唯（虽）难之而弗恶，必尽丌故。(《郭店楚简·语丛四》)
(14) 鲜多，虽非除道之时，而有陷败不可行。(《青川秦牍》)
(15) 凡是有为也，必先计月中间日，苟毋（无）直赤帝临日，它日虽有不吉之名，毋（无）所大害。(《睡虎地秦简·日书甲种》)
(16) 苟以丌情，唯（虽）过不恶；不以丌情，唯（虽）难不

贵。(《郭店楚简·性自命出》)

(17) 唯(虽)在草茅之中，苟贤……赏庆安(焉)。(《郭店楚简·六德》)

例(11)让步分句是"虽然"惯用词组，例(12)"唯(虽)"出现在紧缩复句中。例(13)、(14)"唯(虽)"与转折连词"而"前后呼应，前分句表让步，"而"后的内容表转折。例(15)、(16)、(17)"唯(虽)"与假设连词"苟"前后呼应，形成"苟……，虽……"、"虽……，苟……"的格式。

3. 位于让步分句主语或时间状语之后。共13例。例如：

(18) 凡人唯(虽)有性，心亡正志。(《上博楚简一·性情论》)

(19) 禾粟虽败而尚可食殹(也)，程之，以其耗(耗)石数论负之。(《睡虎地秦简·效律》)

(20) 财人虽多，财必尽。(《放马滩秦简》乙12貳)

(21) 它日唯(虽)有不吉之名，毋(无)大害。(《睡虎地秦简·日书乙种》)

以上"唯(虽)"位于句中，例(18)(19)(20)"唯(虽)"在名词主语后，例(21)在时间状语后。

从出土文献的情况看，让步连词"唯(虽)"主要是位于句首的，尤其是"唯(虽)"在谓语动词前是让步连词出现的主要形式。

由于让步连词"唯(虽)"是由表示强调、提示的语气副词"唯"虚化而来，因而它们的句法位置是相似的，如都能出现在句首主语前或句中主语后。唐贤清认为："参考黄盛璋提出的划分副词和连词的标准，是可以把副词和连词区分清楚的：凡在一个句子形式中永远不能出现在主语前面，只能出现在主语之后、谓语之前的，是副词；凡能出现在主语之前（并不排斥可以出现在主语之后、谓语之前），而单独一个句子能够自足的，也是副词；凡能出现在主语之前（并不排斥可以出现在主语之后、谓语之前），但单独一个句子不能自足的，是连词。"① 参考这个标准，副词"唯"与连词"唯（虽）"的区别是：第一，从句法位置上看，副词"唯"既可以出现在单句中，又可以出现在复句中，但"唯"小句是自足的。让步连词"唯（虽）"往往出现在让步复句中，"让步句式是先让步后转折的复句句式，也叫让转句式。"② 前分句先让步，后分句再转折，前后分句互相依存，有紧密的逻辑关系，不能单独存在。因此，"唯（虽）"小句不是自足的。第二，从意义上看，语气副词"唯"主要是表示提示、强调，范围副词"唯"主要表示仅限，范围副词"唯"的上下文一般包含对比关系或隐含的对比关系。而让步连词"唯（虽）"主要是表示让步关系。让步复句中前后分句意义总是相反或相对，"这种让步句承认 p 事实（或假设）的存在，却不承认 p 事对 q 事的影响。它故意借 p 事来从相反的方向托出 q 事，使 q 事特别突出，引人注意。"③（考察范围内，让步复句的前后分句肯定、否定相对或者前后分句意义相反或相对的例子共56个，占总量的85%。第三，从语言形式上看，副词"唯"所在小句往往单独存在，而连词"唯（虽）"常常出现在一些固定格式中，如"唯（虽）……而……"、"苟……，虽……"、"虽……，苟……"、"虽……必……"等。

从书写形式上看，出土战国文献中楚简和金文中副词"唯"和让步连词"虽"都写作"隹"或"唯"，秦简中副词"唯"主要写作"唯"，让步连词"虽"主要写作"雖"，但偶尔连词"虽"也会写作"唯"，副词"唯"也会写作"雖"。如如上引例（21）和下引例（25）（26）。由于楚简中副词"唯"和连词"唯"的书写形式是相同的，而秦简中偶尔也会"唯""雖"混用，因此很容易混淆连词"唯（虽）"和副词"唯"。例如：

(22) 吾毋又（有）它，正公事，唯死安（焉）逃之？（《上博楚简五·姑成家父》）

(23) 文王隹裕也，得乎？此命也。（《上博楚简一·孔子诗论》）

(24) 夫子唯又（有）举，女（汝）独正之，岂不又（有）怩也。（《上博楚简三·中弓》）

---

① 唐贤清：《〈朱子语类〉副词研究》，湖南人民出版社2004年版，第12页。
② 邢福义：《汉语复句研究》，商务印书馆2003年版，第457页。
③ 邢福义：《汉语复句研究》，商务印书馆2003年版，第467页。

（25）破日：毋可以有为殹，雖利破水。（《放马滩秦简》甲19壹）

（26）三月庚辛，六月壬癸，九月乙甲，十二月丙丁，不可兴垣、盖屋、上材、为祠、大会，凶。雖利坏徹，是谓日衝。（《放马滩秦简》乙294壹）

例（22）（23）（24）中的"隹"或"唯"上博简的整理者释作"唯"，我们认为，这3例中的"唯"应为让步连词"虽"。原因是这几例中的"唯"都处于让步复句中，前分句让步，后分句含有转折之意，如例（22）前分句"唯（虽）死"是对虚拟情况的让步，后分句"安（焉）逃之？"以反问句的形式表示转折，"即使死了也不能逃避。"例（22）还可以与《内礼》中的1例相对照：唯（虽）至於死，从之。（《上博楚简一·内礼》）例（23）（24）两个分句也是先让步再转折，分句之间关系紧密，互相依存，不能单说。例（25）、（26）中的"唯"写作"雖"，有人把例（25）中的"雖"看作是让步连词"虽"①，但孙占宇认为"雖"通"唯"②。这两例"唯"都在"毋（不）……唯……"的格式中，有明显的排他性，从上下文意来看，这两例"雖"应为限制范围副词"唯"。此外，据我们对出土文献66例让步复句、传世文献1026例让步复句的考察，让步连词"唯（虽）"所在分句一般是让步复句的前分句，考察范围内无一例是后分句，也没有省略前分句的情况。

（二）原因连词"唯"

原因连词"唯"只在楚简和诅楚文中见到，写作"唯"。仅5例。例如：

（27）天（夫）唯弗居也，是以弗去也。（《郭店楚简·老子甲篇》）

（28）夫唯啬，是以早。（《郭店楚简·老子乙篇》）

（29）夫唯是，故德可易而施可逗也。（《郭店楚简·尊德义》）

---

① 张玉金：《出土战国文献虚词研究》，人民出版社2011年版，第374页。
② 孙占宇：《天水放马滩秦简集释》，甘肃文化出版社2013年版，第70页。

(30) 唯是秦邦之羸众敝赋，鞴輸栈舆，礼叟介老，将之以自救也。(《诅楚文·大沈厥湫文》)

(31) 能祠者，而刑之以旱，夫唯母（毋）旱而百姓逐，以去邦家，此为君者之刑。(《上博楚简四·柬大王泊旱》)

对于例（27）—（31）中的"唯"，学者们有不同的看法。如例（27）中的"唯"兰碧仙认为是表示强调的语气副词①，例（28）中的"唯"熊昌华认为是限定副词②，张玉金认为例（27）—（29）中的"唯"是原因连词③。对于这种"唯"，杨伯峻认为是表示原因的副词④，但崔永东⑤、中科院语言研究室编撰的《古代汉语虚词词典》等认为是表原因的连词⑥。出土文献中这种"唯"比较少见，传世战国文献中这种"唯"也仅24例，这种"唯"的意义是"因为"或"由于"，并总是和后面分句中的"故"、"是以"等相呼应，"唯"所在的小句不能单说，因此把这种"唯"看作是原因连词。例（30）"唯"在代词"是"前，何乐士曾对《左传》中的"唯是"进行研究，认为："'唯是'表'就是因为这个'、'就是这样'等意思，用于复句中的一个紧缩分句。"⑦ 我们认为这种看法是很有道理的，但何乐士把《左传》中"唯是"中的"唯"都看作是范围副词，我们认为例（30）可与例（29）相对照，例（30）中的"唯"也是原因连词，表示"就是因为""只因为"。"唯是"是一个紧缩复句，"是"指代上文"楚王熊相……率诸侯之兵以临加我郢。……伐我社稷，伐灭我百姓。……遂取吾边城……今又悉兴其众，……以逼吾边竟，将欲复其兇迹。"等种种劣迹。正是由于这些原因，"秦自谓不得已，特遣一介之老将，屯羸众自救而已。"⑧ 例（31）中的"唯"有学者认为是让步连

---

① 兰碧仙：《出土战国文献副词研究》，博士学位论文，厦门大学，2012年。
② 熊昌华：《简帛副词研究》，博士学位论文，西南大学，2013年。
③ 张玉金：《出土战国文献虚词研究》，人民出版社2011年版，第423页。
④ 杨伯峻：《古汉语虚词》，中华书局1981年版，第183页。
⑤ 崔永东：《两周金文虚词集释》，中华书局1994年版，第1页。
⑥ 中国社会科学院语言研究所古代汉语研究室编：《古代汉语虚词词典》，商务印书馆1999年版，第597页。
⑦ 何乐士：《〈左传〉范围副词》，岳麓书社1994年版，第274—275页。
⑧ 孙作云：《秦〈诅楚文〉释要——兼论〈九歌〉的写作年代》，《河南师范大学学报》1982年第1期。

词"虽"①，根据文意我们认为"唯"表原因，与"而"呼应，是原因连词。《墨子》中"唯毋"常见，王念孙云："毋，语词耳，本无意义。"《墨子》中常见"唯毋"与"则"或"即"搭配表示原因的句子。如"今唯毋废一时，则百姓饥寒冻馁而死者，不可胜数。"（《墨子·非攻中》）从文意上看，"夫唯母（毋）潩（旱）"与"百眚（姓）迻"是顺承关系而不是转折关系。

出土战国文献中虚词"唯"作副词、连词的情况见表2。

表2　　　　出土战国文献虚词"唯"出现频率统计表

		战国金文	战国竹简		战国帛书	战国玉石文字	总计
			秦简	楚简			
副词	限制范围副词	6	12	44			62
	语气副词	26	2	34	9	6	77
连词	让步连词	2	21	43			66
	原因连词			4		1	5
	总计	34	35	125	9	7	210

从表2看来，在出土战国文献中，"唯"作语气副词略多于"唯"作范围副词和让步连词，作原因连词最少。值得注意的是，据我们统计，楚简中虽有77例"唯"可确定为语气副词，但其中14例都是引自《诗经》和《尚书》的，而这两部书成书年代显然不是战国时期，所以如果严格按照语料的年代，出土战国文献中的语气副词只有63例。因此，出土战国文献中"唯"作语气副词、范围副词和让步连词的数量是大致持平的。

由于出土战国文献资料有限，"唯"的用例不多，我们又对传世战国文献中的"唯"进行了分类统计。传世战国文献中的"唯"也分为副词和连词两类（对于传世文献中"唯"作应答词的用法不予统计），副词分为语气副词和范围副词，连词有让步连词和原因连词。（见表3）传世文献中副词"唯"主要写作"唯（惟、维）"，连词"虽"写作"雖"。但有时也会"唯""雖"混用，据我们统计，《墨子》中副词"唯"的意义写作

---

① 张玉金：《出土战国文献虚词研究》，人民出版社2011年版，第348页。

"雖"的形式共11例，连词"虽"的意义写作"唯"的形式共8例。如："上唯毋立而为政乎国家，为民正长，曰：人可赏，吾将赏之。若苟上下不同义，上之所赏，则众之所非。"(《墨子·尚同中》)又如："故虽昔者三代暴王桀纣幽厉之所以失措其国家，倾覆其社稷者，已此故也。"(《墨子·尚贤中》)王引之《经传释词》："虽即唯也，唯、虽古字通。"其他传世文献也偶尔"唯"、"雖"通用。如"以奉阳君甚食之，唯得大封，齐无大异。"(《战国策·赵策》)对于这种现象，前人以为是通假，杨树达云："虽，副词，用与唯同。……唯，推拓连词，与虽同用。"① 两周金文中一些"隹"用作让步连词"虽"，据此，赵诚认为："金文中表示这一类意义的隹，后来写作虽。虽是隹的孳乳字，则隹虽是古今字。隹先用作虽，然后产生出虽字。"② 对于传世文献中"唯"、"虽"混用的现象，他说："先秦文献在流传过程中曾经后人改动，很正常的现象就是把原来的隹改写成唯(惟、维)或虽，这期间也会形成一些交叉现象。……从金文隹字的运用、隹字孳乳为虽、唯(惟、维)以及后人的袭用、改动来看，虽作唯或唯作虽并非完全由于通假，甚至可以说大多不是由于通假。如果没有金文用字的现实，这一点认识可能至今不能得到。"③ 我们认为这种看法很有启示意义，金文中"隹(唯)"用作连词的例子较少，而出土楚简中大量的"隹(唯)"用作让步连词则充分说明了让步连词"虽"原来写作"隹(唯)"。我们认为传世战国文献中的"虽"原来也应写作"隹(唯)"，后世流传过程中很可能被改动。传世战国文献中"唯"、"虽"的使用情况见表3。

表3　　传世、出土战国文献虚词"唯"出现频率统计表

	传世战国文献	出土战国文献	总计
语气副词"唯"	140	77	217
范围副词"唯"	327	62	389

① 杨树达：《词诠》，上海古籍出版社2007年版，第294页，第371页。
② 赵诚：《金文的隹·唯(虽·谁)》，载《容庚先生百年诞辰纪念文集》，广东人民出版社1998年版，第433页。
③ 赵诚：《金文的隹·唯(虽·谁)》，载《容庚先生百年诞辰纪念文集》，广东人民出版社1998年版，第433页。

附录三 出土战国文献中的虚词"唯（隹）"

续表

	传世战国文献	出土战国文献	总计
让步连词"唯（虽）"	1026	66	1092
原因连词"唯"	24	5	29
总计	1517	210	1727

从表3来看，在传世战国文献中，"唯（虽）"作让步连词最多，占68%，其次是"唯"作范围副词，占22%，"唯"作语气副词占9%，作原因连词最少，仅占1%。传世战国文献中"唯（虽）"的出现频率颇能反映"唯"最终的发展方向：即主要用于让步复句中作让步连词。现代汉语中，"唯"作语气副词已经很少见到了，"唯"作范围副词表示仅限也只保留在书面语中，而大量使用开来的是写作"虽"，作让步连词的用法。

四 结语

甲骨文时期，只有语气副词"唯"（或称语气词），未见范围副词"唯"和连词"唯"。两周金文时期，"唯"的频率、用法是怎样的呢？两周出土文献中"唯"的出现频率见表4。表4中西周金文、春秋金文中语气副词"唯"、原因连词"唯"和让步连词"唯"的数据来自武振玉[1]。两周金文中有没有限制范围副词"唯"呢？各家的认识不一样，大多数学者认为有，但所举例子各不相同。武振玉认为："因为殷周金文中的'唯'本来就是一个表示强调的语气词，而各家所举的'唯'用表示强调亦可通释，并没有足够的证据证明其就是表示'只'一类限制义的，所以殷周金文中还不能肯定有此类范围副词。"[2] 为什么对"唯"词性的认识会出现如此大的分歧呢？原因就在于表限制的范围副词"唯"源于表强调的语气副词"唯"，甲骨文中只有语气副词"唯"，而两周金文时期是范围副词"唯"开始产生的时期，因此会出现一些例子看作表强调的语气副词"唯"和表仅限的范围副词"唯"都能解释得通的情况。这是语言在过渡时期的特殊表现。从表4来看，西周、春秋金文中，"唯"作语气副词（或语

---

[1] 武振玉：《两周金文词类研究（虚词篇）》，博士学位论文，吉林大学，2006年。
[2] 武振玉：《两周金文词类研究（虚词篇）》，博士学位论文，吉林大学，2006年。

词）的次数远远大于"唯"作范围副词和连词，"唯"作语气副词是其主要用法。从西周到春秋战国时期，语气副词"唯"呈现递减的趋势，范围副词"唯"和让步连词"唯（虽）"呈现递增趋势。原因连词"唯"一直是比较少的。西周和春秋时期是过渡时期，战国时代范围副词"唯"、让步连词"唯（虽）"开始大量出现，而语气副词"唯"逐渐衰退减少。裘燮君说："在先秦前期，肯定助词唯是唯字的主要用法，范围助词唯尚处在生长期，是唯字的次要用法。在卜辞、西周金文、《尚书》、《诗经》中，肯定助词唯在唯字各类用法中均占绝对优势，而范围助词唯的用例则十分有限。在先秦后期，肯定助词唯处在衰减、消亡期，变为唯字的次要用法，而范围助词唯逐步发展壮大，变为唯字的主要用法。"① 这话基本是正确的，但没有看到语气副词"唯"发展为让步连词的一面。

表4　　　　两周出土文献虚词"唯"出现频率统计表

	西周金文	春秋金文	出土战国文献	总计
语气副词"唯"	397	120	77	594
范围副词"唯"	2	0	62	64
让步连词"唯（虽）"	3	3	66	72
原因连词"唯"	7	0	5	12
总计	409	123	210	742

表仅限义的范围副词"唯"由表强调的语气副词"唯"引申而来，这已经得到大多数学者的认可。而让步连词"虽"的来源呢？蓝鹰、洪波认为让步连词"虽"是由表范围限定的副词"唯"和表已然的副词"唯"虚化而来②。从出土文献的情况看，西周和春秋金文中范围副词"唯"和让步连词"唯（虽）"都比较少，因此，连词"虽"不可能源自范围副词"唯"，而"唯"也从不表已然，蓝鹰、洪波的说法是站不住脚的。从传世

---

① 裘燮君：《先秦文献中"唯"作助词的用法》，载《第一届国际先秦汉语语法研讨会论文集》，岳麓书社1994年版，第199页。
② 蓝鹰、洪波：《上古汉语虚词研究》，四川人民出版社2001年版，第249—252页。

附录三 出土战国文献中的虚词"唯（隹）"

战国文献中"唯""虽"混用和出土文献中大量的"唯（隹）"用作让步连词的情况看，连词"虽"应源于语气副词"唯（隹）"。正如张玉金所说："'虽'在出土楚文献、出土中山文献中的写法，透露出了连词'虽'的来源：它应源自语气副词'唯'。"①

总之，"唯"的基本语气是提示、强调，由强调而肯定，"助词隹或唯由表示强调发展成为一种表示肯定的语气。"② 由肯定而限定，"对某事的肯定，正是在事物范围上的一种限定。"③ 如果"唯"表示排他性的限定，就发展成为限制范围副词。

连词"唯（虽）"也是由语气副词"唯"虚化而来。让步连词"唯"的形成机制是语境吸收，"语境吸收是指在词语的使用过程中诱发某个成分虚化的上下文。"④"唯"本是表强调的语气副词，如果"唯"经常使用在让步复句中，"唯"便具有了"虽然"的让步含义。同理，如果"唯"经常出现在因果复句中，表原因的句式义被"唯"吸收，"唯"也就慢慢虚化成原因连词了。

郭锡良说："要特别重视语言的系统性，把每个虚词都摆在一定时期的语言系统中去考察，一个虚词的各个语法意义、语法功能之间都是有联系的，自身形成一个系统。"⑤"唯"的发展正是这样。中国社科院语言研究所编的《古代汉语虚词词典》引《说文》："唯，诺也。"并认为"唯"的本义是作应对之辞，表示应允。"唯"的其他用法是假借字，可用作副词、连词、助词⑥。我们认为"唯"本是语气副词，限制副词和让步连词都是从语气副词引申虚化而来，用作应答词和疑问代词"谁"是假借用法。

（原载《语言科学》2019 年第 3 期）

---

① 张玉金：《出土战国文献虚词研究》，人民出版社 2011 年版，第 350 页。
② 赵诚：《金文的隹·唯（虽·谁）》，载《容庚先生百年诞辰纪念文集》，广东人民出版社 1998 年版，第 419 页。
③ 裴燮君：《诗经"维"字用法通考》，《河池师专学报》1986 年第 2 期。
④ 张谊生：《论与汉语副词相关的虚化机制——兼论现代汉语副词的性质、分类和范围》，《中国语文》2000 年第 1 期。
⑤ 郭锡良：《介词"于"的起源和发展》，《中国语文》1997 年第 2 期。
⑥ 中国社会科学院语言研究所古代汉语研究室编：《古代汉语虚词词典》，商务印书馆 1999 年版，第 596 页。

附录四　连词"而后"的词汇化过程探究

双音节词"而后"由不在一个句法层次上相邻的两个语言单位组合而成，这种在句法上没有组合关系、只是在线性序列上相邻的两个词或语素，董秀芳称为"跨层结构"①，彭睿称为"非结构性排列"或"非结构源构素语串"②。我们遵从多数学者的意见，称为"跨层结构"。一般认为双音节词"而后"是"而"和"后"凝固而来或由"跨层结构词汇化"而来。如解惠全认为："'而后''而况''以致'……都是通过'而''以'由连词虚化为类似词头词尾的前后附加成分发展成为双音虚词的。"③陈宝勤认为："'而后''而况'……先都是两个单音单纯词的连用，而逐渐凝固为固定结构，最后才发展为双音合成词的。"④董秀芳认为"后"最初是时间副词，"跨层词汇化发生之后，'而后'义为'以后''然后'，变为一个时间副词，'而'的意思消失了。"⑤李永春认为词汇化前"后"是时间名词，词汇化后"而后"是连词⑥。以往学者大多只是简单涉及"而后"的形成，并没有详细揭示"而后"成词的过程、机制及其成因。且已有的研究分歧较大，如对"而后"成词前"而"和"后"的词性以

---

① 董秀芳：《词汇化：汉语双音词的衍生和发展》，商务印书馆2011年版，第265页。
② 彭睿：《构式语法的机制和后果——以"从而""以及"和"极其"的演变为例》，《汉语学报》2007年第3期。
③ 解惠全：《谈实词的虚化》，见《汉语语法化研究》，商务印书馆2005年版，第130页。
④ 陈宝勤：《试论"而后""而已""而况""而且""既而""俄而""然而"》，《古汉语研究》1994年第3期。
⑤ 董秀芳：《词汇化：汉语双音词的衍生和发展》，商务印书馆2011年版，第274页。
⑥ 李永春：《双音节连词"而后"的词汇化》，《淮北师范大学学报》（哲学社会科学版）2015年第5期。

及"而后"发生语法化或词汇化后的词性都有争议。

那么"而后"由"跨层结构"到双音节词的过程是词汇化还是语法化呢？学界有不同意见。所谓"词汇化"，我们采用董秀芳的定义，"是指原来非词的语言形式在历时发展中变为词的过程。"① 沈家煊认为语法化通常指语言中意义实在的词转化为无实在意义、表语法功能的成分这样的一种过程或现象，中国传统的语言学称之为"实词虚化"②。实际上，在汉语词汇的演变中，这二者并不是泾渭分明、截然不同的。汉语词汇的形成尤其是虚词的形成往往是既包含语法化特征，也包括词汇化特征。我们认为双音节词"而后"的形成经历了两个演变阶段，第一个阶段是双核源构式的单核化过程，动词"后"虚化为副词"后"，这个过程涉及实词虚化，具有语法化性质。第二个阶段是连词"而"和副词"后"在特定的语法环境中凝固为一个双音节连词的过程，这是由非词成分到词的演变过程，也是典型的词汇化过程。

一 "后"的语法化

双音节连词"而后"形成的第一个阶段是"后"由动词到副词的语法化过程，跨层结构"而后"中的"后"最初应为动词。如：

（1）子路从而后，遇丈人。（《论语·微子》）

例（1）中的"后"为动词，表示"落后"，"而"是连词，连接两个动词。先秦文献中动词"后"常常有使动用法，"后"可以带体词性宾语，并常常与"先"共用，如：

（2）a. 事君，敬其事而后其君。（《论语·卫灵公》）
　　　b. 公必先韩而后秦，先身而后张仪。（《战国策·韩二》）

例（2）中的"后"意为"把……放在后面""以……为后"，"而"

---

① 董秀芳：《词汇化：汉语双音词的衍生和发展》，商务印书馆2011年版，第1页。
② 沈家煊：《"语法化研究"综观》，《外语教学与研究》1994年第4期。

是连词，连接两个并列的动宾结构。随着使用的增多，"后"后面还可以出现谓词性宾语，如：

(3) a. 请先言而后试。(《庄子·说剑》)
b. 先行其言，而后从之。(《论语·为政》)

例(3)"而"和"后"不在一个层次上。试比较：

(4) a. 先事后得，非崇德与？(《论语·颜渊》)
b. 先绝齐后责地。(《战国策·秦二》)

例(3)(4)句子格式基本相同，只是两个谓词结构之间是否使用连词"而"的差异。例(3)中的"后"可以有两种理解，一种是仍然把"后"看作动词。比较例(2)和(3)，句子格式也相同，但"后"所带宾语词性不同，例(3)a可以理解为"把'言'放在先，把'试'放在后。"另一种是把"后"重新分析为副词，表示动作发生的时间。

动词带上谓词性宾语的句式就是我们常说的连动式。如果连动式中的某一个动词比较特殊，如动作性弱或意义比较抽象，那么该动词往往是虚化的对象。"后+VP"本是一个双核源结构，其中"后"和"VP"都是句子的动词核心。由于"后"的动作性弱，意义抽象，是动词中的非典型成员，而"后"后的"VP"往往是动作性较强的动词，动词"后"就很容易发生虚化，最终变成修饰谓词、表示时间的副词。杨逢彬认为"后"在甲骨文里主要作动词[①]。但是动词"后"在先秦文献中使用较少，在后代文献中几乎消失。古代文献中"后"大都是表示空间位置或表示时间概念，这说明"后"作动词的性质相当不稳定，很容易在某种句法环境下发生虚化或转类。

从语义引申的机制来看，"后"由表示"行走而落后"的位移动词引申为表示时间上的"先后"符合人类认知域的映射顺序。Heine (1991) 曾将人类认知世界的认知域排列成一个由具体到抽象的序列，认知域之间

[①] 杨逢彬：《殷墟甲骨刻辞词类研究》，花城出版社2003年版，第49页，第334页。

映射的一般顺序为（转引自王寅、严辰松2005）①：

人 > 物 > 动作过程 > 空间 > 时间 > 性质

"后"的词义引申符合上述认知顺序。"后"本义为"行走而落后"，是位移动词，表示动作过程，动作过程是在一定的时空中进行的，动作上的落后很容易引申出空间位置在后和时间次序在后等意义。吴福祥认为："'後'由表达'走在後面'的位移过程通过语用推理促进的转喻过程引申出表示'参照体之后的空间位置'的意义，又由表示'空间位置在後'的意义衍生出'时间次序在後'的意义。"②

例（3）中的"后"既可分析为动词，又可分析为副词，歧解阶段是虚化语义链中必经环节。例（3）"后"跟动作性较强的动词，"后"还可以理解为动词。随着使用的增多，"后"带的动词范围逐渐扩大，可以是比较抽象的动词，这种语境中的"后"更倾向于理解为副词。如：

（5）a. 物生而后有象，象而后有滋，滋而后有数。（《左传·僖公十五年》）
　　b. 古之至人，先存诸己而后存诸人。（《庄子·人间世》）

例（5）"后"被重新分析为副词。"后"重新分析为副词后，最初紧邻谓语中心语，如例（5）。比较例（3）与（5），"后"重新分析为副词后，与把"后"理解为动词在表层形式上看没有什么变化，但是随着时间的推进，重新分析的结果会慢慢显现出来，最终导致表层形式的改变。双核结构"后+VP"是个紧凑的连动式，"后"与VP之间不能插入其他的修饰成分，但当"后"重新分析为副词后，"后"就成为VP的一个修饰成分，并且可以与其他修饰成分共同修饰VP，"后"的动词性特征逐渐去除，副词性特征逐渐增加，即"去范畴化（或非范畴化）"。所谓"去范畴化（或非范畴化）"，这里我们采用刘正光的定义："在语言研究层面，

---

① 王寅、严辰松：《语法化的特征、动因和机制——认知语言学视野总的语法化研究》，《解放军外国语学院学报》2005年第4期。
② 吴福祥：《汉语方所词语"後"的语义演变》，《中国语文》2007年第6期。

我们将非范畴化定义为：在一定的条件下范畴成员逐渐失去范畴特征的过程。"①

重新分析发生后，原有的表层形式会慢慢地改变，以便与重新分析后的底层结构相适应。汉语的表层形式主要表现为语序的变化。语言中的谓词前往往不止一个状语修饰成分，而是多个修饰成分连用或多重状语并列，副词"后"修饰的谓词也如此。"后"与其他成分共同修饰其后的谓词就是"后"副词特征的显现。刘月华认为从左到右，多重状语的位置和顺序如下：①时间状语；②表示语气的状语；③描写动作者的状语；④表示目的、关涉、协同、依据的状语；⑤表示处所、空间、方向等状语；⑥对象状语；⑦描写动作、性状的状语②。可以看到，在这个序列中，表示时间的状语与中心语距离最远，董秀芳认为这是"因为时间与动作行为的关系不是内在的，虽然动作行为是在一定的时间里发生的，但时间并不与动作行为的实质相关。"③ 这是非常正确的，据我们的考察，当时间副词"后"与其它修饰成分一起作状语修饰谓语中心语时，"后"总是处于离中心语较远的位置，几乎没有例外。如：

(6) a. 前以三鼎，而后以五鼎与？（《孟子·梁惠王下》）
b. 君子贵其身而后能及人。（《左传·昭公二十五年》）
c. 而王必待工而后乃使之。（《战国策·赵策三》）

例（6）"后"与中心语之间插入了介词短语、助动词、副词等，例（6）a 介词短语表示对象，据上述状语顺序表，表示对象的状语与中心语较近，仅次于描写动作、性状的状语，这是因为动作与其支配的对象关系密切，同时，对象是客观存在的，而动作的时间是人们主观的概念，更为抽象，所以表示对象的状语比表示时间的状语离中心语更近。例（6）b 副词"后"与中心词之间是能愿动词"能"，表示意愿，能愿动词一般紧邻谓语中心语。例（6）c "后"与中心语之间有语气副词"乃"，按照上述

---

① 刘正光：《语言非范畴化：语言范畴化理论的重要组成部分》，上海外语教育出版社2006年版，第61页。
② 刘月华等：《实用现代汉语语法》，商务印书馆2001年版，第529页。
③ 董秀芳：《词汇化：汉语双音词的衍生和发展》，商务印书馆2011年版，第156页。

顺序，表示语气的状语虽然也离中心语较远，但比表示时间的状语离中心语的距离近。"后"也可以出现在不用"而"连接的结构或句子里，"后"与多重状语并列时，仍然符合这个规律，如"和不成，则后必莫能以魏合与秦者矣。(《战国策·魏一》)"

以上例（5）（6）中的"后"是副词，尤其例（6）的"后"只能分析为副词，例（6）是"后"发生现实化后，副词特征逐渐增强的句法环境。"后"修饰谓语中心语，表示动作或状态的时间，"而"是连词，连接连动结构。"而"与"后"不在一个句法层面上。如果"而"连接的前分句中有"先""前"等时间副词与"后"对照，受前面"先""前"等副词提示，"后"的副词性质很明显，如例（5）a 的结构应该是：

前｜以三鼎，而｜后｜以五鼎｜与？

又如：

(7) 王固先属怨于赵，而后与齐战。(《战国策·魏策二》)

例（7）后分句的结构应为：

而｜后｜与｜齐｜战。

但"而"连接的前面的结构或分句中的"先"或"前"往往省略，如：

(8) 许子必种粟而后食乎？(《孟子·滕文公上》)

例（8）按照句子结构读应为：

许子｜必种粟｜而｜后｜食乎？

冯胜利认为汉语以双音节为一个音步，一个音步可以形成一个"韵律

395

词"。"汉语自然音步的实现方向只能是由左向右,即'右向音步'。"① 据此,受汉语韵律规律影响,"后"开始与前面的"而"连读,例(8)按照韵律节奏读就是以下形式:

许子｜必种粟｜而后｜食乎?

此时"而后"虽然连读,但只是音节上的一个韵律词,还不是句法上的复合词。即使例(6)(7)中"后"与谓语中心语的距离较远,但其与中心语之间的修饰关系仍然是清晰可见的,即"而"与"后"的结构理据仍然清晰,"而"是连词,连接两个谓词结构,"后"是副词,修饰中心语。"而后"并不是合法的句法结构单位。

"而后"在第一阶段的演变可以描述为:

[NP + VP] + 而 + 后(动词) > [NP + VP$_1$] + 而 + [后(副词) + VP$_2$]

无论"后"作动词还是虚化为副词,此时的"而后"还是跨层结构,"而"连接两个有共同主语的、有时间先后的谓词结构。

二 "而后"的词汇化

我们认为当"而后"出现在两个有同一主语的谓词结构之间时,"而后"依然是跨层结构。那么跨层结构"而后"的出现频率怎样呢?我们考察了先秦九部文献,根据"后"的词性,跨层结构"而后"可以分为两种情况:一种是"而+后(动词)"。"后"作动词多用于用"而"连接的谓词结构或分句中,如前引例(1)(2),又如"故王者先仁而后礼。(《荀子·大略》)"一种是"而+后(副词)"。"后"作副词表示动作发生的先后或迟后,可译为"然后""后来"等。这种"后"可以用于单动句中,通常在主语后谓语动词前,如"晋师归,范文子后入。(《左传·成公二年》)"由于"后"表示动作、情况落后或迟晚时本来就是与另一动作、

---

① 冯胜利:《论汉语的自然音步》,《中国语文》1998 年第 1 期。

附录四 连词"而后"的词汇化过程探究

情况相比较而言,因此常常用于两个有承接关系的谓词结构中,可以是单句中的连动式,也可以是两个分句组成的复句,且前项常有时间副词"先""前"等对照。V_1V_2之间可以不用"而"连接,构成"先(前)V_1后V_2"的格式。如"先事后贿,礼也。《左传·襄公二十八年》",又如"赵代先得意于燕,后得意于齐。(《韩非子·饰邪》)"V_1V_2之间也可以用"而"连接,形成"先(前)V_1而后V_2"的格式("先"或"前"可以省略)。如上举例(5)—(8)。考察范围内V_1V_2之间不用"而"连接的38例,占总次数(315例)的12%。V_1V_2之间用"而"连接的共277例,占88%。[①] 可见,在表示动作先后发生的两个谓词结构中,用"而"连接的例子占绝大多数,这说明用"而"连接谓词结构是当时语言使用的主流,这可能与连词"而"的高频使用有关。这就造成"而后"线性相邻,而且出现频率极高。

但是"而后"较高的出现频率只能使它成为一个韵律词,还不能让它变成一个合法的句法结构。那么"而后"是怎样由跨层结构演变为一个合成词呢?

我们认为双音节词"而后"的形成可能发生在以下句法环境中:

(9) a. 火伏而后蛰者毕。(《左传·哀公十二年》)
b. 公召之而后入。(《左传·昭公十年》)
c. 患至而后忧之,则无及已。(《战国策·楚策一》)

例(9)连词"而"连接两个有时间先后的主谓结构。古代汉语中连词"而"的功能十分强大,用法复杂。裘燮君认为先秦"而"可以连接单句中两个谓词结构,也可以连接复句中两个分句,分句主语可以相同,也可以不同[②]。

例(9)a 的格式是"[$NP_1 + VP_1$] + 而 + 后 + [$NP_2 + VP_2$]"。例

[①] "而后"之前还可以出现数词或时间词语,如"旬有五日而后反。(《庄子·逍遥游》)"这里"而"是连词,"后"是副词,"而"用于状语和中心语之间。由于"而"连接的不是两个谓词结构,所以这种情况下的"而后"不予统计。

[②] 裘燮君:《〈论语〉〈孟子〉〈荀子〉连词"而"的常用组合分布》,《河池学院学报》2009年第3期。

(9) a 可以有两种分析方法，第一种认为副词"后"在主语前、修饰后项动词"VP$_2$"，即分析为"[NP$_1$ + VP$_1$] + 而 + [后 + [NP$_2$ + VP$_2$]]"的格式。副词"后"能不能位于主语前呢？答案是肯定的。中国社科院编著的《古代汉语虚词词典》认为副词"后"多用于谓语动词前。但同时举出了"后"位于主语前的特例①。我们的考察也发现在先秦文献中，大多数副词"后"是位于谓语动词前（省略主语）或位于主语后、动词前的（包括"后"与其他状语成分共同修饰谓词）。也有少数"后"在主语之前，如"后孟尝君出记。（《战国策·齐四》）""若不早图，后君噬齐。（《左传·庄公六年》）"

第二种分析方法是把"[NP$_1$ + VP$_1$]"和"[NP$_2$ + VP$_2$]"看作并列结构，"后"与前面的连词"而"结合，共同连接两个主谓结构或分句。即重新分析为"[NP$_1$ + VP$_1$] + 而后 + [NP$_2$ + VP$_2$]"的格式。这样一来，副词"后"的功能就显得"没有着落"，即修饰动词的"功能悬空"。"而后"从一个韵律词变为一个双音节连词，"而后"取得句法上的合法地位。李宗江认为功能悬空是指一个句法成分由于某种原因在所处的语法位置上失去了或减弱了它的结构功能②。从而导致语法化。

例（9）b、c 是后分句省略主语的紧缩复句，这种句式由于后项主语省略，容易使人误解，把后项的谓词语当作前项的主语所发。因为从表层形式上看，这种句式与前面例（5）—（8）的格式相同，都是"[NP + VP$_1$] + 而 + [后 + VP$_2$]"的形式。

实际上，当"而"连接两个不同主语发出的有时间先后的动作时，还有一种最直接的形式，即后项主语在"而"后、副词"后"在主语后、谓语动词前。在我们考察的文献中，确实有这样的例子，但非常少，如：

(10) a. 从是以散，而君后择焉。（《战国策·魏三》）
b. 犀首立五王，而中山后持。（《战国策·中山》）

---

① 中国社会科学院语言研究所古代汉语研究室编：《古代汉语虚词词典》，商务印书馆1999年版，第230页。
② 李宗江：《句法成分的功能悬空和语法化》，载吴福祥、洪波主编《语法化与语法研究（一）》，商务印书馆2003年版，第309页。

附录四 连词"而后"的词汇化过程探究

例（10）的句式为"[$NP_1 + VP_1$] + 而 + [NP_2 + 后 + VP_2]"。比较例（9）（10），当"而"连接两个有时间先后的主谓结构时，有三种句式：

格式1：[$NP_1 + VP_1$] + 而 + 后 + [$NP_2 + VP_2$]
格式2：[$NP_1 + VP_1$] + 而 + [后 + VP_2]
格式3：[$NP_1 + VP_1$] + 而 + [NP_2 + 后 + VP_2]

在先秦文献中，格式1和格式2十分常见，远远多于格式3。而格式3其实是最清晰的表达方式，不仅"而"连接的前后项的主语都明确，而且副词"后"修饰动词也最清楚。但为什么符合句法规则的格式3在语言中反而少见（考察范围内我们仅发现2例），而有歧解的格式1、容易引起误解的格式2却成为主流表达方式呢？原因就在于，格式3中"而"与"后"之间插入了主语，把"而""后"隔断了。而格式1、格式2中"而后"没有被隔断。这说明由于"而后"的高频出现和汉语双音节音步的韵律规律的影响，不管在句法上"而后"是否已成为一个合法的双音词，人们的认识心理中"而后"意义已经整体化，或成为一个"组块"。人们更习惯于"而后"连用的句式。

双音节词"而后"的形成过程可以表述为：

[$NP_1 + VP_1$] + 而 + 后（副词）+ [$NP_2 + VP_2$] > [$NP_1 + VP_1$] + 而后 + [（NP_2）+ VP_2]

我们认为"而后"连接的后项出现与前项不同的主语是导致非结构虚词"而后"最终形成的关键步骤，也是双音节连词"而后"形成的标志。"而后"在先秦已经完成了语法化过程。合成词"而后"形成后的词性是什么呢？董秀芳认为"而后"词汇化后变成一个时间副词，李永春则认为词汇化后"而后"是连词。我们认为双音节词"而后"是连词。理由如下：第一，从"而后"的句法位置来看，古代文献中"而后"主要是连接两个谓词结构或分句，"而后"出现在第二个分句句首或主语前，而这正是语言中连词的位置。第二，"而后"从来不出现在副词典型的句法环境中，如在单句"主语后、谓语前"。第三，"而后"所在的小句一般不是自足的，不能单说，而是紧紧承接前一结构或分句。我们同意唐贤清划分副词和连词的标准："凡能出现在主语之前（并不排斥也能出现在主语之后、谓语之前），但单独一个句子不能自足的，是连词。"[①] 此外，古代汉语语法论著普遍认为"而后"是连词，何乐士、杨伯峻编著的《古汉语语法及其发展》认为"然后""而后"等词组兼有连接和表时作用，进一步发展为连词[②]。

三 "而后"词汇化的动因和机制

"而后"的演变具有词汇化和语法化的双重性质。跨层结构"而后"中，"而"本是连词，"后"是动词。跨层结构首先发生了"后"的语法化，动词"后"虚化为副词"后"。在语法化的基础上又发生了词汇化，即连词"而"和副词"后"在特定的句法环境中凝固为一个新的虚词。

重新分析和"去范畴化"是"而后"词汇化的重要机制。在"而后"的形成过程中经历了两次"重新分析"。首先是动词"后"的语法化，"后"被重新分析为副词。其次是"而后"在特定的句法环境中被重新分析为连词。可见汉语的语法化过程和词汇化过程都包含重新分析的机制。重新分析总是和"去范畴化（或非范畴化）"紧密相连，重新分析发生后，词项往往或早或晚会发生"去范畴化"。在双音节词"而后"形成过程中，语法化项"后"经历了两次"去范畴化"。第一次是动词"后"虚化为副词"后"，"后"成为 VP 的一个修饰成分。动词"后"发生了"去范畴化"或"非范畴化"。"后"的动词性特征逐渐去除，副词性特征逐渐增加，表现在"后"与其他状语成分共同修饰谓语动词。第二次是"而后"被重新分析为连词，副词"后"修饰谓语的"功能悬空"，刘红妮认为："功能悬空近似于句法成分的去范畴化（或称非范畴化）。"[③] 副词"后"也发生了"去范畴化"，即副词的句法特征悬空，丧失原来的副词句法特征，与连词"而"结合为一个新的句法成分，获得连词的句法特征。"去范畴化"主要指句法特征的消除，不涉及或较少涉及语义的变化。因此，

[①] 唐贤清：《〈朱子语类〉副词研究》，湖南人民出版社2004年版，第12页。
[②] 杨伯峻、何乐士：《古汉语语法及其发展》，语文出版社2001年版，第241页。
[③] 刘红妮：《"则已"的词汇化和构式语法化》，《古汉语研究》2009年第2期。

副词"后"发生"去范畴化"后，语义依然保留，"而后"意为"然后""以后"等。

汉语双音节虚词的形成除了具有语言演变的一般特征和机制外，还表现出汉语词汇化的独特特征。如汉语双音节的韵律规律无疑是双音节虚词形成的重要推动力量。"而"与"后"本来仅是线性相邻，由于汉语音节的右向性，副词"后"在音节上前属，渐渐"而后"成为一个韵律词。之前的论述表明，只有在"而后"先成为韵律词的基础上才有可能进一步进行句法上的重新分析，发生词汇化。

"而后"线性相邻的高频出现率也是"而后"成词的一个影响因素。如同样是时间副词，"先"和"后"的虚化路径基本一致，也是通过双核源构式的单核化，由动词虚化而来。"而"与时间副词"先"也会偶尔毗邻，如"知虞公之将亡而先去之，不可谓不智也。(《孟子·万章上》)""故舅犯有二功而后论，雍季无一焉而先赏。(《韩非子·难一》)"但因为"而先"出现次数少，最终没有形成合成词。

（原载《平顶山学院学报》2022 年第 4 期）

引用书目

《左传》十三经注疏本，中华书局，1980。
《论语》十三经注疏本，中华书局，1980。
《墨子》诸子集成本，上海书店影印本，1986。
《孟子》诸子集成本，上海书店影印本，1986。
《荀子》诸子集成本，上海书店影印本，1986。
《庄子》诸子集成本，上海书店影印本，1986。
《韩非子》诸子集成本，上海书店影印本，1986。
《吕氏春秋》诸子集成本，上海书店影印本，1986。
《战国策》上海古籍出版社，1985。
许慎（汉）撰，徐铉（宋）校订：《说文解字》中华书局影印本，1963。
王引之（清）撰：《经传释词》江苏古籍出版社，2000年版。
《殷周金文集成》（第1—18册）中华书局，1984—1994。
《近出殷周金文集录》（第1—4册）中华书局，2002年版。
李零：《长沙子弹库战国楚帛书研究》，中华书局，1985年版。
河南省文物研究所编：《信阳楚墓》，文物出版社，1986年版。
商承祚：《战国楚竹简汇编》，齐鲁书社，1995年版。
湖北省文物考古研究所编：《江凌望山沙冢楚墓》，文物出版社，1996年版。
湖北省文物考古研究所编：《望山楚简》，中华书局，1995年版。
湖北省文物考古研究所和北京大学中文系编：《九店楚简》，中华书局，2000年版。
湖北荆沙铁路考古队编：《包山楚简》，文物出版社，1991年版。
湖南省文物管理委员会编：《长沙仰天湖第25号木椁墓》，《考古学报》

1957 年第 2 期。

史叔青：《长沙仰天湖出土楚简研究》，群联出版社，1955 年版。

湖北省博物馆编：《曾侯乙墓》，文物出版社，1989 年版。

荆门市博物馆编：《郭店楚墓竹简》，文物出版社，1998 年版。

李零：《郭店楚简校读记》，北京大学出版社，2002 年版。

刘钊：《郭店楚简校释》，福建人民出版社，2003 年版。

马承源主编：《上海博物馆藏战国楚竹书》（一），上海古籍出版社，2001 年版。

马承源主编：《上海博物馆藏战国楚竹书》（二），上海古籍出版社，2002 年版。

马承源主编：《上海博物馆藏战国楚竹书》（三），上海古籍出版社，2003 年版。

马承源主编：《上海博物馆藏战国楚竹书》（四），上海古籍出版社，2004 年版。

马承源主编：《上海博物馆藏战国楚竹书》（五），上海古籍出版社，2005 年版。

马承源主编：《上海博物馆藏战国楚竹书》（六），上海古籍出版社，2007 年版。

马承源主编：《上海博物馆藏战国楚竹书》（七），上海古籍出版社，2008 年版。

马承源主编：《上海博物馆藏战国楚竹书》（八），上海古籍出版社，2011 年版。

马承源主编：《上海博物馆藏战国楚竹书》（九），上海古籍出版社，2012 年版。

清华大学出土文献研究与保护中心编；李学勤主编：《清华大学藏战国竹简（壹）》，中西书局，2010 年版。

清华大学出土文献研究与保护中心编；李学勤主编：《清华大学藏战国竹简（贰）》，中西书局，2011 年版。

清华大学出土文献研究与保护中心编；李学勤主编：《清华大学藏战国竹简（叁）》，中西书局，2012 年版。

清华大学出土文献研究与保护中心编；李学勤主编：《清华大学藏战国竹

简（肆）》，中西书局，2013 年版。

河南省文物考古研究所编：《新蔡葛陵楚墓》，大象出版社，2003 年版。

宋华强：《新蔡葛陵楚简初探》，武汉大学出版社，2010 年版。

睡虎地秦墓竹简整理小组编：《睡虎地秦墓竹简》，文物出版社，1990 年版。

《湖北省云梦睡虎地十一座秦墓发掘简报》，《文物》1976 年第 9 期。

李均明、何双全：《散见简牍合辑》，文物出版社，1990 年版。

何双全：《天水放马滩秦简概述》，《文物》1989 年第 2 期。

甘肃省文物考古研究所编：《天水放马滩秦简》，中华书局，2009 年版。

李学勤：《放马滩秦简中的志怪故事》，《文物》1990 年第 4 期。

刘信芳、梁柱编著：《云梦龙岗秦简》，科学出版社，1997 年版。

中国文物研究所和湖北省文物考古研究所主编：《龙岗秦简》，中华书局，2001 年版。

湖北省荆州市周梁玉桥遗址博物馆编：《关沮秦汉墓简牍》，中华书局，2001 年版。

赵超：《石刻古文字》，文物出版社，2006 年版。

曹锦炎：《岣嵝碑研究》，见于《鸟虫鱼通考》，上海书画出版社，1999 年版。

李零：《秦骃祷病玉版研究》，见于《国学研究》（第六卷），北京大学出版社，1999 年版。

姜亮夫：《秦诅楚文考释》，见于《楚辞学论文集》，上海古籍出版社，1984 年版。

参考文献

（一）著作类

Bernd Heine，Tania Kuteva：《语法化的世界词库》，龙海平，谷峰，肖小平译，洪波，谷峰注释，洪波，吴福祥校订，世界图书出版公司 2012 年版。

《古代汉语字典》编委会编：《古代汉语字典》，商务印书馆国际有限公司 2005 年版。

毕永峨：《"也"在三个话语平面上的体现：多义性或抽象性》，载戴浩一、薛凤生主编《功能主义与汉语语法》，北京语言学院出版社 1994 年版。

曹秀玲：《现代汉语量限研究》，延边大学出版社 2005 年版。

陈昌来：《现代汉语动词的句法语义属性研究》，学林出版社 2002 年版。

陈光：《现代汉语量级范畴研究》，上海人民出版社 2010 年版。

陈伟：《季康子问孔子》，载《出土文献研究》（第 8 辑），上海古籍出版社 2007 年版。

崔立斌：《〈孟子〉词类研究》，河南大学出版社 2004 年版。

崔永东：《两周金文虚词集释》，中华书局 1994 年版。

董秀芳：《词汇化：汉语双音词的衍生和发展》，商务印书馆 2011 年版。

董秀芳：《量与强调》，见徐丹主编《量与复数的研究——中国境内语言的跨时空考察》，商务印书馆 2010 年版。

董秀芳：《语义演变的规律性及语义演变中保留义素的选择》，载《汉语史学报》（第 5 辑），上海教育出版社 2005 年版。

董志翘、蔡镜浩：《中古虚词语法例释》，吉林教育出版社 1994 年版。

高育花：《中古汉语副词研究》，黄山书社 2007 年版。

葛佳才：《东汉副词系统研究》，岳麓书社 2005 年版。

广濑薰雄：《新蔡楚简所谓"赗书"简试析—兼论楚国量制》，载《简帛》（第1辑），上海古籍出版社2006年版。

韩峥嵘注译：《诗经译注》，吉林文史出版社1995年版。

汉语大字典编辑委员会编撰：《汉语大字典》，四川出版集团·四川辞书出版社2010年版。

何乐士等：《古代汉语虚词通释》，北京出版社1985年版。

何乐士：《〈左传〉范围副词》，岳麓书社1994年版。

何乐士：《〈左传〉虚词研究》，商务印书馆2004年版。

何乐士编：《古代汉语虚词词典》，语文出版社2004年版。

黄河：《常用副词共现时的顺序》，见《缀玉集》，北京大学出版社1990年版。

黄珊：《〈荀子〉虚词研究》，河南大学出版社2005年版。

解惠全：《谈实词的虚化》，载《语言研究论丛》（第4辑），南开大学出版社1987年版。

金良年撰：《孟子译注》，上海古籍出版社2004年版。

蓝鹰、洪波：《上古汉语虚词研究》，四川人民出版社2001年版。

李杰群：《商君书虚词研究》，中国文史出版社2000年版。

李零：《长沙子弹库战国楚帛书研究》，中华书局1985年版。

李零：《郭店楚简校读记》，北京大学出版社2002年版。

李明晓：《战国楚简语法研究》，武汉大学出版社2010年版。

李泉：《副词和副词的再分类》，载胡明扬主编《词类问题考察》，北京语言文化大学出版社1996年版。

李泉：《汉语语法考察与分析》，北京语言大学出版社2001年版。

李宇明：《汉语量范畴研究》，华中师范大学出版社2000年版。

李宗江：《汉语常用词演变研究》，汉语大词典出版社1999年版。

李宗江：《汉语重复副词的演变》，载《汉语史研究集刊》（第5辑），巴蜀书社2002年版。

李宗江：《句法成分的功能悬空和语法化》，载吴福祥、洪波主编《语法化与语法研究（一）》，商务印书馆2003年版。

李佐丰：《古代汉语语法学》，商务印书馆2004年版。

刘月华等：《实用现代汉语语法》，商务印书馆2001年版。

刘钊：《郭店楚简校释》，福建人民出版社2003年版。

刘正光：《语言非范畴化—语言范畴化理论的重要组成部分》，上海外语教学出版社2006年版。

楼宇烈主撰：《荀子新注》，中华书局2018年版。

陆俭明、马真：《关于时间副词》，载陆俭明、马真《现代汉语虚词散论》，语文出版社1999年版。

吕叔湘：《汉语语法分析问题》，商务印书馆1979年版。

吕叔湘：《吕叔湘文集（第一卷）》，商务印书馆2004年版。

马贝加：《汉语动词语法化》，中华书局2014年版。

马承源主编：《上海博物馆藏战国楚竹书》（九），上海古籍出版社2012年版。

马承源主编：《上海博物馆藏战国楚竹书》（五），上海古籍出版社2005年版。

马庆株：《略谈汉语动词时体研究的思路》，载《语法研究和探索》（九），商务印书馆2000年版。

马庆株：《自主动词和非自主动词》，载《汉语动词和动词性结构》，北京语言学院出版社1992年版。

潘海峰：《汉语副词的主观性与主观化研究》，同济大学出版社2017年版。

裘燮君：《先秦文献中"唯"作助词的用法》，载《第一届国际先秦汉语语法研讨会论文集》，岳麓书社1994年版。

邵敬敏：《说"又"——兼论副词研究的方法》，载邵敬敏《汉语语法的立体研究》，商务印书馆2000年版。

沈家煊：《不对称与标记论》，江西教育出版社1999年版。

沈培：《殷墟甲骨刻辞语序研究》，台湾文津出版社1992年版。

睡虎地秦墓竹简整理小组编：《睡虎地秦墓竹简》，文物出版社1990年版。

［清］孙诒让撰，孙启治点校：《墨子閒诂》，中华书局2001年版。

孙占宇：《天水放马滩秦简集释》，甘肃文化出版社2013年版。

唐贤清：《〈朱子语类〉副词研究》，湖南人民出版社2004年版。

王力：《同源字典》，商务印书馆1982年版。

王力：《王力文集　第1卷　中国语法理论》，山东教育出版社1984年版。

王力：《中国现代语法》，商务印书馆1985年版。

王力主编：《古代汉语》，中华书局1999年版。

王世舜注译：《庄子注译》，齐鲁书社2009年版。

魏德胜：《〈睡虎地秦墓竹简〉语法研究》，首都师范大学出版社2000年版。

吴福祥：《敦煌变文语法研究》，岳麓书社1996年版。

向熹编著：《简明汉语史》（下），高等教育出版社1993年版。

邢福义：《汉语复句研究》，商务印书馆2003年版。

徐颂列：《现代汉语总括表达式研究》，浙江教育出版社1998年版。

徐希燕：《墨学研究》，商务印书馆2001年版。

许维遹撰：《吕氏春秋集释》，中华书局2016年版。

杨伯峻：《论语译注》，古籍出版社1958年版。

杨伯峻：《古汉语虚词》，中华书局1981年版。

杨伯峻、何乐士：《古汉语语法及其发展》，语文出版社2001年版。

杨逢彬：《殷墟甲骨刻辞词类研究》，花城出版社2003年版。

杨荣祥：《近代汉语副词研究》，商务印书馆2005年版。

杨树达：《词诠》，上海古籍出版社2007年版。

杨泽生：《楚地出土简帛的总括副词》，载《简帛语言文字研究》（第2辑），巴蜀书社2006年版。

姚振武：《〈晏子春秋〉词类研究》，河南大学出版社2004年版。

殷国光：《〈吕氏春秋〉词类研究》，商务印书馆2008年版。

殷国光：《〈庄子〉动词配价研究》，商务印书馆2009年版。

张宝林：《关联副词的范围及其与连词的区分》，载胡明扬主编《词类问题考察》，北京语言文化大学出版社1996年版。

张伯江、方梅：《汉语功能语法研究》，江西教育出版社1996年版。

张双棣等注译：《吕氏春秋译注》，北京大学出版社2011年版。

张亚军：《副词与限定描状功能》，安徽教育出版社2002年版。

张亚茹：《谈谈古汉语的总括范围副词》，载《纪念马汉麟先生学术论文集》，南开大学出版社1998年版。

张谊生：《现代汉语副词探索》，学林出版社2004年版。

张谊生：《现代汉语副词研究》（修订本），商务印书馆2014年版。

张玉金：《甲骨文虚词词典》，中华书局1994年版。

张玉金：《甲骨文语法学》，学林出版社 2001 年版。

张玉金：《甲骨卜辞语法研究》，广东高等教育出版社 2002 年版。

张玉金：《西周汉语语法研究》，商务印书馆 2004 年版。

张玉金：《古代汉语语法学》，广东高教出版社 2010 年版。

张玉金：《出土战国文献虚词研究》，人民出版社 2011 年版。

张玉金：《出土战国文献动词研究》，暨南大学出版社 2018 年版。

赵诚：《金文的隹·唯（虽·谁）》，载《容庚先生百年诞辰纪念文集》，广东人民出版社 1998 年版。

赵元任著、吕叔湘译：《汉语口语语法》，商务印书馆 1979 年版。

中国社会科学院语言研究所词典编辑室编：《古代汉语虚词词典》，商务印书馆 1999 年版。

中国社会科学院语言研究所词典编辑室编：《现代汉语词典》，商务印书馆 1998 年版。

周秉钧编著：《古汉语纲要》，湖南教育出版社 1981 年版。

周守晋：《出土战国文献语法研究》，北京大学出版社 2005 年版。

朱德熙：《现代汉语语法研究》，商务印书馆 1980 年版。

朱德熙：《语法讲义》，商务印书馆 1982 年版。

（二）期刊类

陈宝勤：《试论"而后""而已""而况""而且""既而""俄而""然而"》，《古汉语研究》1994 年第 3 期。

陈一：《试论专职的动词前加词》，《中国语文》1989 年第 1 期。

储泽祥等：《通比性的"很"字结构》，《世界汉语教学》1999 年第 1 期。

董为光：《副词"都"的"逐一看待"特性》，《语言研究》2003 年第 1 期。

董正存：《"完结"义动词表周遍义的演变过程》，《语文研究》2011 年第 2 期。

董正存：《汉语中约量到可能认识情态的语义演变》，《中国语文》2017 年第 1 期。

冯胜利：《论汉语的自然音步》，《中国语文》1998 年第 1 期。

龚千炎：《现代汉语的时间系统》，《世界汉语教学》1994 年第 1 期。

古川裕：《副词修饰"是"字情况考察》，《中国语文》1989 年第 1 期。

谷峰：《古汉语副词"方"的多义性及其语义演变》，《语言科学》2008 年第 6 期。

郭锐：《过程和非过程——汉语谓词性成分的两种外在时间类型》，《中国语文》1997 年第 3 期。

郭锡良：《介词"于"的起源和发展》，《中国语文》1997 年第 2 期。

韩剑南、郝晋阳：《周家台秦简虚词研究》，《淮北煤炭师范学院学报》（哲学社会科学版）2004 年第 4 期。

郝琳：《动词受程度副词修饰的认知解释》，《佳木斯大学社会科学学报》1999 年第 5 期。

何琳仪：《长沙帛书通释》，《江汉考古》1986 年第 1 期、第 2 期。

贺阳：《试论汉语书面语的语气系统》，《中国人民大学学报》1992 年第 5 期。

黄珊：《古汉语副词的来源》，《中国语文》1996 年第 3 期。

黄瓒辉：《"都"和"总"事件量化功能的异同》，《中国语文》2013 年第 3 期。

黄瓒辉：《从集合到分配——"都"的语义演变探析》，《当代语言学》2021 年第 1 期。

吉仕梅：《〈睡虎地秦墓竹简〉副词考察》，《西南民族学院学报》（哲学社会科学版）2003 年第 5 期。

寇占民：《西周金文动词语法化初探》，《天津大学学报》（社会科学版）2014 年第 5 期。

赖先刚：《副词的连用问题》，《汉语学习》1994 年第 2 期。

兰碧仙：《从出土文献看副词"乃"的顺承义衍化》，《集美大学学报》2016 年第 4 期。

李宝伦、张蕾、潘海华：《汉语全称量化副词/分配算子的共现和语义分工——以"都""各""全"的共现为例》，《汉语学报》2009 年第 3 期。

李杰：《试论现代汉语状语的情感功能》，《甘肃高师学报》2005 年第 1 期。

李小军：《试论总括向高程度的演变》，《语言科学》2018 年第 5 期。

李瑛：《"不"的否定意义》，《语言教学与研究》1992 年第 2 期。

李永春：《双音节连词"而后"的词汇化》，《淮北师范大学学报》（哲学社会科学版）2015 年第 5 期。

李宇明：《数量词语与主观量》，《华中师范大学学报》（人文社会科学版）1999 年第 6 期。

廖名春：《上博藏楚竹书〈恒先〉新释》，《中国哲学史》2004 年第 3 期。

蔺璜、郭姝慧：《程度副词的特点范围与分类》，《山西大学学报》（哲学社会科学版）2003 年第 2 期。

刘红妮：《"则已"的词汇化和构式语法化》，《古汉语研究》2009 年第 2 期。

龙仕平：《从出土文献看数字连接词"又（有）"的发展与消亡》，《古汉语研究》2011 年第 2 期。

彭睿：《构式语法的机制和后果——以"从而""以及"和"极其"的演变为例》，《汉语学报》2007 年第 3 期。

裘锡圭：《武功县出土平安君鼎读后记》，《考古与文物》1982 年第 2 期。

裘燮君：《〈论语〉〈孟子〉〈荀子〉连词"而"的常用组合分布》，《河池学院学报》2009 年第 3 期。

裘燮君：《诗经"维"字用法通考》，《河池师专学报》1986 年第 2 期。

沈家煊：《"语法化"研究综观》，《外语教学与研究》1994 年第 4 期。

沈家煊：《"有界"与"无界"》，《中国语文》1995 年第 5 期。

石毓智：《现代汉语肯定性形容词》，《中国语文》1991 年第 3 期。

史金生：《语气副词的范围、类别和共现顺序》，《中国语文》2003 年第 1 期。

史金生：《情状副词的类别和共现顺序》，《语言研究》2003 年第 4 期。

史锡尧：《论副词"也"的基本语义》，《世界汉语教学》1988 年第 4 期。

孙作云：《秦〈诅楚文〉释要——兼论〈九歌〉的写作年代》，《河南师范大学学报》1982 年第 1 期。

唐钰明：《甲骨文"唯宾动"式及其蜕变》，《中山大学学报》1990 年第 3 期。

汪业全《〈诗经〉中"维"字再考察》，《华南理工大学学报》（社会科学版）2004 年第 4 期。

王诚：《试说副词"行"的产生与发展—兼及例证的商榷》，《古汉语研究》2018 年第 3 期。

王和：《〈左传〉的成书年代与编纂过程》，《中国史研究》2003年第4期。

王金鑫：《动词时间分类系统补议》，《汉语学习》1998年第5期。

王寅、严辰松：《语法化的特征、动因和机制——认知语言学视野总的语法化研究》，《解放军外国语学院学报》2005年第4期。

吴福祥：《汉语方所词语"後"的语义演变》，《中国语文》2007年第6期。

吴振国：《前项隐含的"又"字句》，《语言教学与研究》1990年第2期。

武振玉：《殷周金文范围副词释论》，《长沙理工大学学报》（社会科学版）2010年第1期。

武振玉：《殷周金文实词虚化研究》，《求是学刊》2013年第5期。

夏群：《试论现代汉语时间副词的性质及分类》，《语言与翻译（汉文）》2010年第1期。

萧鲁阳：《论墨子方言研究的意义》，《中州学刊》2004年第6期。

徐杰、李英哲：《焦点和两个非线性语法范畴："否定""疑问"》，《中国语文》1993年第2期。

徐希燕：《墨子姓名里籍年代考》，《复旦学报》（社会科学版）1999年第1期。

杨荣祥、李少华：《再论时间副词的分类》，《世界汉语教学》2014年第4期。

杨亦鸣：《"也"字语义初探》，《语文研究》1988年第4期。

殷何辉：《焦点敏感算子"只"的量级用法和非量级用法》，《语言教学与研究》2009年第1期。

袁明军：《非自主动词的分类补议》，《中国语文》1998年第4期。

袁毓林：《定语顺序的认知解释及其理论蕴涵》，《中国社会科学》1999年第2期。

张桂宾：《相对程度副词和绝对程度副词》，《华东师范大学学报》（哲学社会科学版）1997年第2期。

张国艳：《居延汉简的频率副词》，《唐山师范学院学报》2008年第6期。

张静：《论汉语副词的范围》，《中国语文》1961年第8期。

张蕾：《现代汉语排他性副词的语义研究》，《东北师大学报》（哲学社会科学版）2021年第6期。

张谊生：《副词的连用类别和共现顺序》，《烟台大学学报》（哲学社会科学版）1996 年第 2 期。

张谊生：《名词的语义基础及功能转化与名词修饰名词》，《语言教学与研究》1996 年第 4 期。

张谊生：《论与汉语副词相关的虚化机制——兼论现代汉语副词的性质、分类和范围》，《中国语文》2000 年第 1 期。

张谊生：《现代汉语副词的性质、范围与分类》，《语言研究》2000 年第 2 期。

张玉金：《出土战国文献中的介词"在""方""当"》，《古文字研究》2009 年第 1 期。

张玉金：《出土战国文献中的虚词"既"》，《殷都学刊》2010 年第 3 期。

郑剑平：《副词修饰含"不/没有"的否定性结构情况考察》，《四川师范大学学报》（社会科学版）1996 年第 2 期。

周国光：《儿童习得副词的偏向性特点》，《汉语学习》2000 年第 4 期。

周韧：《"全"的整体性语义特征及其句法后果》，《中国语文》2011 年第 2 期。

　　（三）学位论文类

蔡丽利：《新蔡葛陵楚墓卜筮简集释》，硕士学位论文，吉林大学，2007 年。

陈长伟：《〈郭店楚墓竹简〉虚词研究》，硕士学位论文，安徽大学，2010 年。

陈海生：《〈史记〉副词研究》，硕士学位论文，安徽师范大学，2006 年。

陈媛媛：《〈楚帛书·乙篇〉集释》，硕士学位论文，吉林大学，2009 年。

程燕：《望山楚简文字研究》，硕士学位论文，安徽大学，2002 年。

崔诚恩：《现代汉语情态副词研究》，博士学位论文，中国社会科学院研究生院，2002 年。

邓跃敏：《郭店楚简语法研究》，博士学位论文，四川大学，2007 年。

董正存：《汉语全称量限表达研究》，博士学位论文，南开大学，2010 年。

杜玉闪：《〈孟子〉"有"字句研究》，硕士学位论文，华中科技大学，2015 年。

房振三：《信阳楚墓文字研究》，硕士学位论文，安徽大学，2003 年。

胡波：《秦简副词研究》，硕士学位论文，西南大学，2010 年。

兰碧仙：《出土战国文献副词研究》，博士学位论文，厦门大学，2010 年。

栗学英：《中古汉语副词研究》，博士学位论文，南京师范大学，2011 年。

梁华荣：《西周金文虚词研究》，博士学位论文，四川大学，2005 年。

刘波：《〈楚帛书·甲篇〉集释》，硕士学位论文，吉林大学，2009 年。
刘林：《现代汉语焦点标记词研究——以"是"、"只"、"就"、"才"为例》，博士学位论文，复旦大学，2013 年。
刘秀英：《上古汉语"有"字句研究》，硕士学位论文，湖南大学，2015 年。
毛帅梅：《现代汉语副词及类副词的功能层级研究》，博士学位论文，上海外国语大学，2012 年。
朴镇秀：《现代汉语形容词的量研究》，博士学位论文，复旦大学，2009 年。
齐春红：《现代汉语语气副词研究》，博士学位论文，华中师范大学，2005 年。
孙尊章：《先秦时间副词研究》，硕士学位论文，西南师范大学，2005 年。
田河：《信阳长台关楚简遣策集释》，硕士学位论文，吉林大学，2004 年。
文桂芳：《汉语关联副词的来源及演变研究》，博士学位论文，江西师范大学，2021 年。
武振玉：《两周金文词类研究（虚词篇）》，博士学位论文，吉林大学，2006 年。
萧圣中：《曾侯乙墓竹简释文补正暨车马制度研究》，博士学位论文，武汉大学，2005 年。
熊昌华：《简帛副词研究》，博士学位论文，西南大学，2013 年。
姚小鹏：《汉语副词连接功能研究》，博士学位论文，上海师范大学，2011 年。
姚远：《限制类副词研究》，硕士学位论文，上海师范大学，2009 年。
于生洋：《〈墨子〉副词研究》，硕士学位论文，东北师范大学，2011 年。
袁金平：《新蔡葛陵楚简字词研究》，博士学位论文，安徽大学，2007 年。
张国宪：《现代汉语形容词的选择性研究》，博士学位论文，上海师范大学，1993 年。
张海涛：《〈庄子〉副词研究》，硕士学位论文，广西师范大学，2003 年。
张静：《郭店楚简文字研究》，博士学位论文，安徽大学，2006 年。
张守涛：《〈左传〉时间副词研究》，硕士学位论文，西北大学，2012 年。
赵娟：《〈战国策〉副词研究》，硕士学位论文，山东师范大学，2005 年。
邹璐：《〈战国策〉副词研究》，硕士学位论文，湖南师范大学，2006 年。
左梁：《〈论语〉虚词研究》，硕士学位论文，四川师范大学，2010 年。

后　　记

本书是2021年度教育部人文社会科学研究项目"战国时代副词研究"（批准号：21YJA740019）的最终成果。

2021年8月，我申报的教育部项目"战国时代副词研究"获批立项，之后开始了长达三年的研究工作。虽然在此之前已经发表过若干篇关于战国副词的文章，而且也清楚副词是块难啃的"硬骨头"，但真正开始系统研究之后，才发现课题的复杂、困难程度超出了我的想象。尤其是心中一直有一个目标，就是试图走出传统古汉语副词研究的路子，将古汉语副词研究纳入到当前功能主义和认知主义语言理论的背景之中。这样想想容易，真正做起来却很难。目前功能语法在国内已经蓬勃发展并渐至成熟，但成果多为现代汉语领域，运用功能语法来研究并解释古代汉语语法现象的论著仍不多见。而运用新的理论方法研究古代汉语语法十分必要且迫切。古代汉语拥有丰富的语料，尤其是20世纪80年代以来大批出土战国文献得到发掘、整理、研究，目前研究成果丰富，再加上同时期丰富的传世文献，二者结合就是研究汉语史的宝贵材料。对于汉语这样一种缺乏形态变化、有着悠久历史的语言来说，副词或虚词的研究以及实词虚化研究十分重要，运用古汉语丰富的语料进行语法化研究十分必要。

本项目基本上完成了初心目标，如尽可能详尽地探讨了范围副词的来源及其语法化过程、条件及规律，运用量级理论分析范围副词、程度副词，运用主观化理论分析语气副词和关联副词等。不同于传统的时间副词分类方法，注意区分主观、客观时间参照点，对战国时间副词进行系统分类等。在描写战国副词基本面貌的同时，也尽可能运用认知语言观去解释一些语法现象。由于战国时代方言词迭出，战国副词数量众多，研究材料异常繁杂，限于时间、篇幅、能力和精力，直至本书完稿之际，仍然有许多遗憾和不尽完美之处。如只对一部分副词探讨其语法化过程，也只解释了一小部分语法现象。本项目的缺憾就是我们今后仍需努力的方向。

  我们的研究是在前人和时贤所作研究的基础上进行的，对于这些研究成果，我一般都在参考文献中列出了，没有这些研究成果，不可能完成本书。若有遗漏，纯属疏忽，非敢掠美。

  本书得以顺利出版，要感谢许多人的无私帮助。首先感谢教育部为本项目立项，使"战国时代副词研究"得以顺利开展。其次感谢中国社会科学出版社编辑张浠女士的大力支持、鼓励和帮助，中国社会科学出版社的严谨治学之风，本人深深感佩！

刘春萍

2024 年 2 月